O problema do ser, do destino e da dor

Léon Denis

O problema do ser, do destino e da dor

OS TESTEMUNHOS — OS FATOS — AS LEIS

Estudos experimentais sobre os aspectos ignorados do ser humano — As personalidades duplas — A consciência profunda — A renovação da memória — As vidas anteriores e sucessivas etc.

Crescit eundo.
(Cresce, andando)

Copyright © 1919 by
FEDERAÇÃO ESPÍRITA BRASILEIRA – FEB

32ª edição – 18ª impressão – 2 mil exemplares – 7/2025

ISBN 978-85-7328-762-2

Título do original francês:
Le problème de l'être et de la destinèe

Todos os direitos reservados. Nenhuma parte desta publicação pode ser reproduzida, armazenada ou transmitida, total ou parcialmente, por quaisquer métodos ou processos, sem autorização do detentor do *copyright*.

FEDERAÇÃO ESPÍRITA BRASILEIRA – FEB
SGAN 603 – Conjunto F – Avenida L2 Norte
70830-106 – Brasília (DF) – Brasil
www.febeditora.com.br
editorial@febnet.org.br
+55 61 2101 6161

Pedidos de livros à FEB
Comercial
Tel.: (61) 2101 6161 – comercial@febnet.org.br

Adquirindo esta obra, você está colaborando com as ações de assistência e promoção social da FEB e com o Movimento Espírita na divulgação do Evangelho de Jesus à luz do Espiritismo.

Dados Internacionais de Catalogação na Publicação (CIP)
(Federação Espírita Brasileira – Biblioteca de Obras Raras)

D395p   Denis, Léon, 1846–1927

O problema do ser, do destino e da dor: os testemunhos, os fatos, as leis: estudos experimentais sobre os aspectos ignorados do ser humano; as personalidades duplas; a consciência profunda; a renovação da memória; as vidas anteriores e sucessivas etc. / por Léon Denis. – 32.ed. – 18. imp. – Brasília: FEB, 2025.

416 p.; 23 cm – (Coleção Léon Denis)

Tradução de: *Le problème de l'être et de la destinèe*

Inclui índice geral

ISBN 978-85-7328-762-2

1. Espiritismo. 2. Reencarnação. I. Federação Espírita Brasileira. II. Título. III. Coleção.

CDD 133.9
CDU 133.7
CDE 10.00.00

Sumário

Introdução 7

Primeira parte
O PROBLEMA DO SER

I   A evolução do pensamento 19

II   O critério da Doutrina dos Espíritos 27

III   O problema do ser 49

IV   A personalidade integral 57

V   A alma e os diferentes estados do sono 69

VI   Desprendimento e exteriorização. Projeções telepáticas 83

VII   Manifestações depois da morte 91

VIII   Estados vibratórios da alma. A memória 103

IX   Evolução e finalidade da alma 109

X   A morte 119

XI   A vida no Além 135

XII   As missões, a vida superior 145

Segunda parte
O PROBLEMA DO DESTINO

XIII   As vidas sucessivas. A reencarnação e suas leis 153

XIV   As vidas sucessivas. Provas experimentais. Renovação da memória . 169

XV   As vidas sucessivas. As crianças-prodígio e a hereditariedade 219

XVI	As vidas sucessivas. Objeções e críticas	235
XVII	As vidas sucessivas. Provas históricas	249
XVIII	Justiça e responsabilidade. O problema do mal	265
XIX	A lei dos destinos	277

Terceira parte
AS POTÊNCIAS DA ALMA

XX	A vontade	289
XXI	A consciência. O sentido íntimo	299
XXII	O livre-arbítrio	319
XXIII	O pensamento	325
XXIV	A disciplina do pensamento e a reforma do caráter	331
XXV	O amor	339
XXVI	A dor	347
XXVII	Revelação pela dor	361

Profissão de fé do século XX 373
Índice geral 375

Introdução

Uma dolorosa observação surpreende o pensador no ocaso da vida. Resulta também, mais pungente, das impressões sentidas em seu giro pelo espaço. Reconhece ele então que, se o ensino ministrado pelas instituições humanas, em geral — religiões, escolas, universidades —, nos faz conhecer muitas coisas supérfluas, em compensação quase nada ensina do que mais precisamos conhecer para encaminhamento da existência terrestre e preparação para o Além.

Aqueles a quem incumbe a alta missão de esclarecer e guiar a alma humana parecem ignorar a sua natureza e os seus verdadeiros destinos.

Nos meios universitários reina ainda completa incerteza sobre a solução do mais importante problema com que o homem jamais se defronta em sua passagem pela Terra. Essa incerteza se reflete em todo o ensino. A maior parte dos professores e pedagogos afasta sistematicamente de suas lições tudo que se refere ao problema da vida, às questões de termo e finalidade...

A mesma impotência encontramos no padre. Por suas afirmações despidas de provas, apenas consegue comunicar às almas que lhe estão confiadas uma crença que já não corresponde às regras duma crítica sã nem às exigências da razão.

Com efeito, na Universidade, como na Igreja, a alma moderna não encontra senão obscuridade e contradição em tudo quanto respeita ao problema de sua natureza e de seu futuro. É a esse estado de coisas que se deve atribuir, em grande parte, os males de nossa época, a incoerência das ideias, a desordem das consciências, a anarquia moral e social.

A educação que se dá às gerações é complicada, mas não lhes esclarece o caminho da vida; não lhes dá a têmpera necessária para as lutas da existência. O ensino clássico pode guiar no cultivo, no ornamento da inteligência; não inspira, entretanto, a ação, o amor, a dedicação. Ainda menos obtém se faça uma concepção da vida e do destino que desenvolva as energias profundas do eu e nos oriente os impulsos e os esforços para um fim elevado. Essa concepção, no entanto, é indispensável a todo ser, a toda sociedade, porque é o sustentáculo, a consolação suprema nas horas difíceis, a origem das virtudes másculas e das altas inspirações.

Carl du Prel refere o fato seguinte:[1]

> Um amigo meu, professor da Universidade, passou pela dor de perder a filha, o que lhe reavivou o problema da imortalidade. Dirigiu-se aos colegas, professores de Filosofia, esperando achar consolações em suas respostas. Amarga decepção: pedira um pão, ofereciam-lhe uma pedra; procurava uma afirmação, respondiam-lhe com um talvez!

Francisque Sarcey,[2] modelo completo do professor da Universidade, escrevia:[3] "Estou na Terra. Ignoro absolutamente como aqui vim ter e como aqui fui lançado. Não ignoro menos como daqui sairei e o que de mim será quando daqui sair".

Ninguém o confessaria mais francamente: a filosofia da escola, depois de tantos séculos de estudo e de labor, é ainda uma doutrina sem luz, sem calor, sem vida.[4] A alma de nossos filhos, sacudida entre sistemas diversos e contraditórios — o positivismo de Auguste Comte, o naturalismo de Hegel, o materialismo de Stuart Mill, o ecletismo de Cousin etc. —, flutua incerta, sem ideal, sem fim preciso.

Daí o desânimo precoce e o pessimismo dissolvente, moléstias das sociedades decadentes, ameaças terríveis para o futuro, a que se junta o

---

[1] Carl du Prel — *La Mort et l'Au-Delà*, p. 7.
[2] N.E.: François Sarcey de Suttières, célebre crítico literário e conferencista inspirado, era também conhecido como Francisque Sarcey.
[3] *Petit Journal*, crônica, 7 mar. 1894.
[4] A propósito dos exames universitários, escrevia M. Ducros, deão da Faculdade de Aix, no *Journal des Débats*, de 3 maio 1912:
"Parece que existe entre o discípulo e as coisas um como anteparo, não sei que nuvem de palavras aprendidas, de fatos esparsos e opacos. É sobretudo em Filosofia que se experimenta essa penosa impressão".

ceticismo amargo e zombeteiro de tantos moços da nossa época; em nada mais creem do que na riqueza, nada mais honram que o êxito.

O eminente professor Raoul Pictet assinala esse estado de espírito na introdução da sua última obra sobre as ciências psíquicas.[5] Fala ele do efeito desastroso produzido pelas teorias materialistas na mentalidade de seus alunos, e conclui assim:

> Esses pobres moços admitem que tudo quanto se passa no mundo é efeito necessário e fatal de condições primárias, em que a vontade não intervém; consideram que a própria existência é, forçosamente, joguete da fatalidade inelutável, à qual estão entregues de pés e mãos ligados. Esses moços cessam de lutar logo às primeiras dificuldades. Já não creem em si mesmos. Tornam-se túmulos vivos, onde se encerram, promiscuamente, suas esperanças, seus esforços, seus desejos, fossa comum de tudo o que lhes fez bater o coração até ao dia do envenenamento. Tenho visto desses cadáveres diante de suas carteiras e no laboratório, e tem-me causado pena vê-los.

Tudo isso não é aplicável somente a uma parte da nossa juventude, mas também a muitos homens do nosso tempo e da nossa geração, nos quais se pode verificar uma espécie de lassidão moral e de abatimento. Friedrich Myers o reconhece, igualmente: "Há", diz ele,[6] "como que uma inquietação, um descontentamento, uma falta de confiança no verdadeiro valor da vida. O pessimismo é a doença moral do nosso tempo".

As teorias de além-Reno, as doutrinas de Nietzsche, de Schopenhauer, de Haeckel etc., muito contribuíram, por sua parte, para determinar esse estado de coisas. Sua influência por toda parte se derrama. Deve-se-lhes atribuir, em grande parte, esse lento trabalho, obra obscura de ceticismo e de desânimo, que se desenvolve na alma contemporânea, essa desagregação de tudo que fortificava a alegria, a confiança no futuro, as qualidades viris de nossa raça.[7]

É tempo de reagir com vigor contra essas doutrinas funestas, e de procurar, fora da órbita oficial e das velhas crenças, novos métodos de ensino que correspondam às imperiosas necessidades da hora presente. É preciso dispor os

---

[5] *Étude Critique du Matérialisme et du Spiritisme par la Physique Expérimentale* — Félix Alcan ed., 1896.
[6] F. Myers — *Human Personality*.
[7] Estas linhas foram escritas antes da guerra de 1914–15. É preciso reconhecer que, no curso dessa luta gigantesca, a mocidade francesa demonstrou um heroísmo acima de todo elogio. Mas nisso em nada interveio a educação nacional. Devemos, pelo contrário, ver aí um acordar das qualidades étnicas que dormitavam no coração da raça.

Espíritos para os reclamos, os combates da vida presente e das vidas ulteriores; é necessário, sobretudo, ensinar o ser humano a conhecer-se, a desenvolver, sob o ponto de vista dos seus fins, as forças latentes que nele dormem.

Até aqui, o pensamento confinava-se em círculos estreitos: religiões, escolas, ou sistemas, que se excluem e combatem reciprocamente. Daí essa divisão profunda dos espíritos, essas correntes violentas e contrárias, que perturbam e confundem o meio social.

Aprendamos a sair destes círculos austeros e a dar livre expansão ao pensamento. Cada sistema contém uma parte de verdade; nenhum contém a realidade inteira.

O Universo e a vida têm aspectos muito variados, numerosos demais para que um sistema possa abraçar a todos. Destas concepções disparatadas, devem recolher-se os fragmentos de verdade que contêm, aproximando-os e pondo-os de acordo; é necessário, depois, uni-los aos novos e múltiplos aspectos da verdade que descobrirmos todos os dias, e encaminhar-nos para a unidade majestosa e para a harmonia do pensamento.

A crise moral e a decadência da nossa época provêm, em grande parte, de se ter o espírito humano imobilizado durante muito tempo. É necessário arrancá-lo à inércia, às rotinas seculares, levá-lo às grandes altitudes, sem perder de vista as bases sólidas que lhe vêm oferecer uma ciência engrandecida e renovada. Esta ciência de amanhã, trabalhamos em constituí-la.

Ela nos fornecerá o critério indispensável, os meios de verificação e de comparação, sem os quais o pensamento, entregue a si mesmo, estará sempre em risco de desvairar.

* * *

A perturbação e a incerteza que verificamos no ensino repercutem e se encontram, dizíamos, na ordem social inteira.

Em toda parte, dentro como fora, a crise existe, inquietante. Sob a superfície brilhante de uma civilização apurada, esconde-se um mal-estar profundo. A irritação cresce nas classes sociais. O conflito dos interesses e a luta pela vida tornam-se, dia a dia, mais ásperos. O sentimento do dever se tem enfraquecido na consciência popular, a tal ponto, que muitos homens já não sabem onde está o dever. A lei do número, isto é, da força cega, domina mais do que nunca. Pérfidos retóricos dedicam-se a desencadear as paixões, os maus instintos da multidão, a propagar teorias nocivas, às vezes criminosas. Depois, quando a maré sobe e sopra o vento de tempestade, eles afastam de si toda a responsabilidade.

Onde está, pois, a explicação deste enigma, desta contradição notável entre as aspirações generosas de nosso tempo e a realidade brutal dos fatos? Por que um regime que suscitara tantas esperanças ameaça chegar à anarquia, à ruptura de todo o equilíbrio social?

A inexorável lógica vai responder-nos: a democracia, radical ou socialista, em suas massas profundas e em seu espírito dirigente, inspirando-se nas doutrinas negativas, não podia chegar senão a um resultado negativo para a felicidade e elevação da Humanidade. Tal o ideal, tal o homem; tal a nação, tal o país!

As doutrinas negativas, em suas consequências extremas, levam fatalmente à anarquia, isto é, ao vácuo, ao nada social. A história humana já o tem experimentado dolorosamente.

Enquanto se tratou de destruir os restos do passado, de dar o último golpe nos privilégios que restavam, a democracia serviu-se habilmente de seus meios de ação. Mas, hoje, importa reconstruir a cidade do futuro, o edifício vasto e poderoso que deve abrigar o pensamento das gerações. Diante dessas tarefas, as doutrinas negativas mostram sua insuficiência e revelam sua fragilidade; vemos os melhores operários debaterem-se em uma espécie de impotência material e moral.

Nenhuma obra humana pode ser grande e duradoura se não se inspirar, na teoria e na prática, em seus princípios e em suas explicações, nas Leis Eternas do Universo. Tudo o que é concebido e edificado fora das leis superiores se funda na areia e desmorona.

Ora, as doutrinas do socialismo atual têm uma tara capital. Querem impor uma regra em contradição com a Natureza e a verdadeira lei da Humanidade: o nível igualitário.

A evolução gradual e progressiva é a lei fundamental da Natureza e da vida. É a razão de ser do homem, a norma do Universo. Insurgir-se contra essa lei, substituir-lhe por outro o fim, seria tão insensato como querer parar o movimento da Terra ou o fluxo e o refluxo dos oceanos.

O lado mais fraco da doutrina socialista é a ignorância absoluta do homem, de seu princípio essencial, das leis que presidem ao seu destino. E quando se ignora o homem individual, como se poderia governar o homem social?

A origem de todos os nossos males está em nossa falta de saber e em nossa inferioridade moral. Toda a sociedade permanecerá débil, impotente e dividida durante todo o tempo em que a desconfiança, a dúvida, o egoísmo, a inveja e o ódio a dominarem. Não se transforma uma sociedade por meio de leis. As leis e as instituições nada são sem os costumes, sem as crenças elevadas. Quaisquer que sejam a forma política e a legislação de um povo, se ele possui bons costumes e fortes convicções, será sempre mais feliz e poderoso do que outro povo de moralidade inferior.

Sendo uma sociedade a resultante das forças individuais, boas ou más, para se melhorar a forma dessa sociedade é preciso agir primeiro sobre a inteligência e sobre a consciência dos indivíduos.

Mas, para a democracia socialista, o homem interior, o homem da consciência individual não existe; a coletividade o absorve por inteiro. Os princípios que ela adota não são mais do que uma negação de toda filosofia elevada e de toda causa superior. Não se procura outra coisa senão conquistar direitos; entretanto, o gozo dos direitos não pode ser obtido sem a prática dos deveres. O direito sem o dever, que o limita e corrige, só pode produzir novas dilacerações, novos sofrimentos.

Eis por que o impulso formidável do Socialismo não faria senão deslocar os apetites, as ambições, os sofrimentos, e substituir as opressões do passado por um despotismo novo, mais intolerável ainda.

Já podemos medir a extensão dos desastres causados pelas doutrinas negativas. O Determinismo, o Monismo, o Materialismo, negando a liberdade humana e a responsabilidade, minam as próprias bases da Ética universal. O mundo moral não é mais que um anexo da Fisiologia, isto é, o reinado, a manifestação da força cega e irresponsável. Os Espíritos de escol professam o Niilismo metafísico, e a massa humana, o povo, sem crenças, sem princípios fixos, está entregue a homens que lhe exploram as paixões e especulam com suas ambições.

O Positivismo, apesar de ser menos absoluto, não é menos funesto em suas consequências. Por suas teorias do desconhecido, suprime ele as noções de fim e de larga evolução. Toma o homem na fase atual de sua vida, simples fragmento de seu destino, e o impede de ver para diante e para trás de si. Método estéril e perigoso, feito, parece, para cegos de espírito, e que se tem proclamado muito falsamente como a mais bela conquista do espírito moderno.

Tal é o atual estado da sociedade. O perigo é imenso e, se alguma grande renovação espiritualista e científica não se produzisse, o mundo soçobraria na incoerência e na confusão.

Introdução

Nossos homens de governo sentem já o que lhes custa viver numa sociedade em que as bases essenciais da moral estão abaladas, em que as sanções são factícias ou impotentes, em que tudo se funde, até a noção elementar do bem e do mal.

As igrejas, é verdade, apesar de suas fórmulas antiquadas e de seu espírito retrógrado, agrupam ainda ao redor de si muitas almas sensíveis, mas tornaram-se incapazes de conjurar o perigo, pela impossibilidade em que se colocaram de fornecer uma definição precisa do destino humano e do Além, apoiada em fatos probantes e bem estabelecidos. A religião, que teria, sobre esse ponto capital, o mais alto interesse em se pronunciar, conserva-se no vago.

A Humanidade, cansada dos dogmas e das especulações sem provas, mergulhou no materialismo, ou na indiferença. Não há salvação para o pensamento, senão numa doutrina baseada sobre a experiência e o testemunho dos fatos.

Donde virá essa doutrina? Do abismo em que nos arrastamos, que poder nos livrará? Que ideal novo virá dar ao homem a confiança no futuro e o fervor pelo bem? Nas horas trágicas da História, quando tudo parecia desesperado, nunca faltou o socorro. A alma humana não se pode afundar inteiramente e perecer. No momento em que as crenças do passado se velam, uma concepção nova da vida e do destino, baseada na ciência dos fatos, reaparece. A grande tradição revive sob formas engrandecidas, mais novas e mais belas. Mostra a todos um futuro cheio de esperanças e de promessas. Saudemos o novo reino da Ideia, vitoriosa da Matéria, e trabalhemos para preparar-lhe o caminho.

A tarefa a cumprir é grande. A educação do homem deve ser inteiramente refeita. Essa educação, já o vimos, nem a Universidade, nem a Igreja estão em condições de a fornecer, pois que já não possuem as sínteses necessárias para esclarecerem a marcha das novas gerações. Uma só doutrina pode oferecer essa síntese, a do Espiritualismo científico; já ela sobe no horizonte do mundo intelectual e parece que há de iluminar o futuro.

A essa filosofia, a essa ciência, livre, independente, emancipada de toda pressão oficial, de todo compromisso político, as descobertas contemporâneas trazem cada dia novas e preciosas contribuições. Os fenômenos do magnetismo, da radioatividade, da telepatia, são aplicações de um mesmo princípio, manifestações de uma mesma lei, que rege conjuntamente o ser e o Universo.

Ainda alguns anos de labor paciente, de experimentação conscienciosa, de pesquisas perseverantes, e a nova educação terá encontrado sua fórmula científica, sua base essencial. Esse acontecimento será o maior fato da História, desde o aparecimento do Cristianismo.

A educação, sabe-se, é o mais poderoso fator do progresso, pois contém em gérmen todo o futuro. Mas, para ser completa, deve inspirar-se no estudo da vida sob suas duas formas alternantes, visível e invisível, em sua plenitude, em sua evolução ascendente para os cimos da Natureza e do pensamento.

Os preceptores da Humanidade têm, pois, um dever imediato a cumprir. É o de repor o Espiritualismo na base da educação, trabalhando para refazer o homem interior e a saúde moral. É necessário despertar a alma humana adormecida por uma retórica funesta; mostrar-lhe seus poderes ocultos, obrigá-la a ter consciência de si mesma, a realizar seus gloriosos destinos.

A Ciência moderna analisou o mundo exterior; suas penetrações no universo objetivo são profundas; isso será sua honra e sua glória; mas nada sabe ainda do universo invisível e do mundo interior. É esse o império ilimitado que lhe resta conquistar. Saber por que laços o homem se liga ao conjunto, descer às sinuosidades misteriosas do ser, onde a sombra e a luz se misturam, como na caverna de Platão, percorrer-lhe os labirintos, os redutos secretos, auscultar o eu normal e o eu profundo, a consciência e a subconsciência; não há estudo mais necessário. Enquanto as escolas e as academias não o tiverem introduzido em seus programas, nada terão feito pela educação definitiva da Humanidade.

Já, porém, vemos surgir e constituir-se uma psicologia maravilhosa e imprevista, de onde vão derivar uma nova concepção do ser e a noção de uma lei superior que abarca e resolve todos os problemas da evolução e do movimento transformador.

**

Um tempo se acaba; novos tempos se anunciam. A hora em que estamos é uma hora de transição e de parto doloroso. As formas esgotadas do passado empalidecem-se e se desfazem para dar lugar a outras, a princípio vagas e confusas, mas que se precisam cada vez mais. Nelas se esboça o pensamento crescente da Humanidade.

O espírito humano está em trabalho, por toda parte, sob a aparente decomposição das ideias e dos princípios; por toda parte, na Ciência, na Arte, na Filosofia e até no seio das religiões, o observador atento pode verificar que uma lenta e laboriosa gestação se produz. A Ciência, essa sobretudo, lança em profusão sementes de ricas promessas. O século que começa será o das potentes eclosões.

As formas e as concepções do passado, dizíamos, já não são suficientes. Por mais respeitável que pareça essa herança, não obstante o sentimento piedoso com que se podem considerar os ensinamentos legados por nossos pais, compreende-se que esse ensinamento não foi suficiente para dissipar o mistério sufocante do porquê da vida.

Pode-se, entretanto, em nossa época, viver e agir com mais intensidade do que nunca; mas pode-se viver e agir plenamente, sem se ter consciência do fim a atingir? O estado d'alma contemporâneo pede, reclama uma Ciência, uma Arte, uma Religião de luz e de liberdade, que venham dissipar-lhe as dúvidas, libertá-lo das velhas servidões e das misérias do pensamento, guiá-lo para horizontes radiosos a que se sente levado pela própria natureza e pelo impulso de forças irresistíveis.

Fala-se muito de progresso; mas que se entende por progresso? É uma palavra vazia e sonora, na boca de oradores pela maior parte materialistas, ou tem um sentido determinado? Vinte civilizações têm passado pela Terra, iluminando com seus alvores a marcha da Humanidade. Seus grandes focos brilharam na noite dos séculos; depois, extinguiram-se. E o homem não discerne ainda, atrás dos horizontes limitados de seu pensamento, o além sem limites aonde o leva o destino. Impotente para dissipar o mistério que o cerca, estraga suas forças nas obras da Terra e foge aos esplendores de sua tarefa espiritual, tarefa que fará sua verdadeira grandeza.

A fé no progresso não caminha sem a fé no futuro, no futuro de cada um e de todos. Os homens não progridem e não se adiantam, senão crendo no futuro e marchando com confiança, com certeza para o ideal entrevisto.

O progresso não consiste somente nas obras materiais, na criação de máquinas poderosas e de toda a ferramenta industrial; do mesmo modo, não consiste em descobrir processos novos de Arte, de Literatura ou formas de eloquência. Seu mais alto objetivo é empolgar, atingir a ideia primordial, a ideia-mãe que há de fecundar toda a vida humana, a fonte elevada e pura de onde hão de dimanar conjuntamente as verdades, os princípios e os sentimentos que inspirarão as obras de peso e as nobres ações.

É tempo de o compreender: a civilização não se pode engrandecer, a sociedade não pode subir, se um pensamento cada vez mais elevado, se uma luz mais viva não vierem inspirar, esclarecer os Espíritos e tocar os corações, renovando-os. Somente a ideia é mãe da ação. Somente a vontade de realizar a plenitude do ser, cada vez melhor, cada vez maior, nos pode conduzir aos cimos longínquos em que a Ciência, a Arte, toda a obra humana, numa palavra, achará sua expansão, sua regeneração.

Tudo no-lo diz: o Universo é regido pela lei da evolução; é isso o que entendemos pela palavra progresso. E nós, em nosso princípio de vida, em nossa alma, em nossa consciência, estamos para sempre submetidos a essa lei. Não se pode desconhecer, hoje, essa força, essa lei soberana, ela conduz a alma e suas obras, através do infinito do tempo e do espaço, a um fim cada vez mais elevado; mas essa lei não é realizável senão por nossos esforços.

Para fazer obra útil, para cooperar na evolução geral e recolher todos os seus frutos, é preciso, antes de tudo, aprender a discernir, a reconhecer a razão, a causa e o fim dessa evolução, saber aonde ela conduz, a fim de participar, na plenitude das forças e das faculdades que dormitam em nós, dessa ascensão grandiosa.

Nosso dever é traçar a trajetória à Humanidade futura, de que fazemos ainda parte integrante, como no-lo ensinam a comunhão das almas, a revelação dos grandes Instrutores invisíveis e como a Natureza o ensina também por suas milhares de vozes, pelo renovamento perpétuo de todas as coisas, àqueles que a sabem estudar e compreender.

Vamos, pois, para o futuro, para a vida sempre renascente, pela via imensa que nos abre um Espiritualismo regenerado!

Fé do passado, ciências, filosofias, religiões, iluminai-vos com uma chama nova; sacudi vossos velhos sudários e as cinzas que os cobrem. Escutai as vozes reveladoras do túmulo; elas nos trazem uma renovação do pensamento com os segredos do Além, que o homem tem necessidade de conhecer para melhor viver, melhor agir e melhor morrer!

Léon Denis

Paris, 1908.

Primeira parte
O problema do ser

I
A evolução do pensamento

Uma lei, já o dissemos, rege a evolução do pensamento, como a evolução física dos seres e dos mundos; a compreensão do Universo se desenvolve com os progressos do espírito humano.

Essa compreensão geral do Universo e da vida foi expressa de mil maneiras, sob mil formas diversas no passado. Ela o é hoje em outros termos mais latos, e o será sempre com mais amplitude, à medida que a Humanidade for subindo os degraus de sua ascensão.

A Ciência vê alargar-se, sem cessar, seu campo de exploração. Todos os dias, com auxílio de seus poderosos instrumentos de observação e análise, descobre novos aspectos da matéria, da força e da vida; mas o que esses instrumentos verificam já muito tempo havia que o espírito o discernira, porque o voo do pensamento precede sempre e excede os meios de ação da ciência positiva. Os instrumentos nada seriam sem a inteligência, sem a vontade que os dirige.

A Ciência é incerta e mutável, renova-se sem cessar. Os seus métodos, teorias e cálculos, com grande custo arquitetados, desabam ante uma observação mais atenta ou uma indução mais profunda, para darem lugar a novas teorias, que não terão maior estabilidade.[8] A teoria do átomo indivisível,

---

[8] O professor Charles Richet assim o reconhece: "A Ciência nunca deixou de ser uma série de erros e aproximações, elevando-se constantemente para constantemente cair com rapidez tanto maior quanto mais elevado é o seu grau de adiantamento" (*Anais das ciências psíquicas*, Jan. 1905, p. 15).

por exemplo, que, há dois mil anos, servia de base à Física e à Química, é atualmente qualificada como hipótese e puro romance pelos nossos químicos mais eminentes.

Quantas decepções análogas não têm demonstrado no passado a fraqueza do espírito científico, que só chegará à realidade quando se elevar acima da miragem dos fatos materiais para estudar as causas e as leis!

Dessa maneira foi que a Ciência pôde determinar os princípios imutáveis da Lógica e das matemáticas. Não sucede o mesmo nos outros campos de investigação. A maior parte das vezes, o sábio para eles leva os seus preconceitos, tendências, práticas rotineiras, todos os elementos de uma individualidade acanhada, como se pode verificar no domínio dos estudos psíquicos, principalmente na França, onde até agora poucos sábios houve bastante corajosos e suficientemente ilustrados para seguirem a estrada já amplamente traçada pelas mais belas inteligências de outras nações.

Não obstante, o espírito humano avança passo a passo no conhecimento do ser e do Universo; o nosso saber, quanto à força e à matéria, modifica-se dia a dia; a individualidade humana revela-se com aspectos inesperados. À vista de tantos fenômenos verificados experimentalmente, em presença dos testemunhos que de toda parte se acumulam,[9] nenhum Espírito perspicaz pode continuar a negar a realidade da outra vida, a esquivar-se às consequências e às responsabilidades que ela acarreta.

O que dizemos da Ciência poder-se-ia, igualmente, dizer das filosofias e das religiões que se têm sucedido através dos séculos. Constituem elas outros tantos estágios ou trechos percorridos pela Humanidade, ainda criança, elevando-se a planos espirituais cada vez mais vastos e que se ligam entre si. No seu encadeamento, essas crenças diversas nos aparecem como o desenvolvimento gradual do ideal divino, que o pensamento reflete, com tanto mais brilho e pureza quanto mais delicado e perfeito se vai tornando.

É essa a razão por que as crenças e os conhecimentos de um tempo ou de um meio parecem, para o tempo ou o meio onde reinam, a representação da verdade, tal qual a podem alcançar e compreender os homens dessa época, até que o desenvolvimento das suas faculdades e consciências os torne capazes de perceber uma forma mais elevada, uma radiação mais intensa dessa verdade.

Sob esse ponto de vista, o próprio feiticismo, apesar dos seus ritos sangrentos, tem uma explicação. É o primeiro balbuciar da alma infantil,

---

[9] Ver a minha obra *No invisível, passim.*

ensaiando-se para soletrar a linguagem divina e fixando, em traços grosseiros, em formas apropriadas ao seu estado mental, a concepção vaga, confusa, rudimentar de um mundo superior.

O Paganismo representa uma concepção mais elevada, posto que mais antropomórfica. Nele os deuses são semelhantes aos homens, têm todas as suas paixões, todas as suas fraquezas, mas já a noção do ideal se aperfeiçoa com a do bem. Um raio de beleza eterna vem fecundar as civilizações no berço.

Mais acima vem a ideia cristã, essencialmente feita de sacrifício e abnegação. O Paganismo grego era a religião da natureza radiosa; o Cristianismo é a da Humanidade sofredora — religião das catacumbas, das criptas e dos túmulos, nascida na perseguição e na dor, conservando o cunho da sua origem. Reação necessária contra a sensualidade pagã, tornar-se-á ela, pelo seu próprio exagero, impotente para vencê-la, porque, com o ceticismo, a sensualidade renascerá.

O Cristianismo, na sua origem, deve ser considerado como o maior esforço tentado pelo Mundo Invisível para comunicar-se ostensivamente com a nossa Humanidade. É, segundo a expressão de F. Myers, *a primeira mensagem autêntica do Além*. Já as religiões pagãs eram ricas de fenômenos ocultos de toda espécie e de fatos de *adivinhação*, mas a ressurreição, isto é, as aparições do Cristo, materializado, depois de ter morrido, constituem a mais poderosa manifestação de que os homens têm sido testemunhas. Foi o sinal de uma entrada em cena do Mundo dos Espíritos, entrada que, nos primeiros tempos cristãos, se produziu de mil maneiras. Dissemos em outra parte[10] como e por que pouco a pouco foi descendo de novo o véu do Além e o silêncio se fez, salvo para alguns privilegiados: videntes, extáticos, profetas.

Assistimos hoje a uma nova florescência do Mundo Invisível na História. As manifestações do Além, de passageiras e isoladas, tendem a converter-se em permanentes e universais. Entre os dois mundos desdobra-se um caminho, a princípio simples carreiro, estreita senda, mas que se alarga, melhora pouco a pouco e que se tornará estrada larga e segura. O Cristianismo teve como ponto de partida fenômenos de natureza semelhante aos que se verificam em nossos dias, no domínio das ciências psíquicas. É por esses fatos que se revelam a influência e a ação de um Mundo Espiritual, verdadeira morada e pátria eterna das almas. Por meio

---

[10] Ver *Cristianismo e espiritismo*, cap. 5.

deles rasga-se um claro azul na vida infinita. Vai renascer a esperança nos corações angustiados e a Humanidade vai reconciliar-se com a morte.

* * *

As religiões têm contribuído poderosamente para a educação humana; têm oposto um freio às paixões violentas, à barbaria das idades de ferro, e gravado fortemente a noção moral no íntimo das consciências. A estética religiosa criou obras-primas em todos os domínios; teve parte ativa na revelação de arte e de beleza que prossegue pelos séculos além. A arte grega criara maravilhas; a arte cristã atingiu o sublime nas catedrais góticas, que se erguem, bíblias de pedra, sob o céu, com as suas altaneiras torres esculpidas, as suas naves imponentes, cheias de vibrações dos órgãos e dos cantos sagrados, as suas altas ogivas, de onde a luz desce em ondas e se derrama pelos afrescos e pelas estátuas; mas o seu papel está a terminar, visto que, atualmente, ou se copia a si mesma ou, exausta, entra em descanso.

O erro religioso e, principalmente, o erro católico, não pertence à ordem estética, que não engana; é de ordem lógica. Consiste em encerrar a Religião em dogmas estreitos, em moldes rígidos. Quando o movimento é a própria lei da vida, o Catolicismo imobilizou o pensamento, em vez de provocar-lhe o voo.

Está na natureza do homem exaurir todas as formas de uma ideia, ir até aos extremos, antes de prosseguir o curso normal da sua evolução. Cada verdade religiosa, afirmada por um inovador, enfraquece-se e altera-se com o tempo, por serem quase sempre incapazes os discípulos de se manterem na altura a que o Mestre os atraíra. Desde esse momento, a doutrina torna-se uma fonte de abusos e provoca, pouco a pouco, um movimento contrário, no sentido do ceticismo e da negação. À fé cega sucede a incredulidade, o Materialismo faz a sua obra e somente quando ele mostra toda a sua impotência na ordem social é que se torna possível uma renovação idealista.

Correntes diversas — judaica, helênica, gnóstica, misturam-se e chocam-se, desde os primeiros tempos do Cristianismo, na esteira da religião nascente; declaram-se cismas. Sucedem-se rupturas, conflitos, no meio dos quais o pensamento do Cristo se vai pouco a pouco velando e obscurecendo.

Mostramos[11] quais as alterações, as acomodações sucessivas de que foi objeto a doutrina cristã na sucessão dos tempos. O verdadeiro Cristianismo

---
[11] *Cristianismo e espiritismo* (Primeira parte, passim).

era uma lei de amor e liberdade; as igrejas fizeram dele uma lei de temor e escravidão. Daí o se afastarem gradualmente da igreja os pensadores; daí o enfraquecimento do espírito religioso em nosso país.

Com a perturbação que invadiu os espíritos e as consciências, o Materialismo ganhou terreno. A sua moral, que pretende foros de científica, que proclama a necessidade da luta pela vida, o desaparecimento dos fracos e a seleção dos fortes, reina hoje, quase como soberana, tanto na vida pública, quanto na vida privada. Todas as atividades se aplicam à conquista do bem-estar e dos gozos físicos. Por falta de preparação moral e de disciplina, a alma francesa perde as suas energias; insinuam-se por toda parte o mal-estar e a discórdia, na família e na nação. É, dizíamos, um período de crise. Não obstante as aparências, nada morre; tudo se transforma e renova. A dúvida, que assedia as almas em nossa época, prepara o caminho para as convicções de amanhã, para a fé inteligente e esclarecida, que há de reinar no futuro e estender-se a todos os povos, a todas as raças.

Posto que nova ainda e dividida pelas necessidades de território, de distância, de clima, a Humanidade começou a ter consciência de si mesma. Acima e fora dos antagonismos políticos e religiosos, constituem-se agrupamentos de inteligências. Homens preocupados com os mesmos problemas, aguilhoados pelos mesmos cuidados, inspirados pelo Invisível, trabalham numa obra comum e procuram as mesmas soluções. Pouco a pouco vão aparecendo, fortificando-se, aumentando, os elementos de uma ciência psicológica e de uma crença universais. Um grande número de testemunhas imparciais vê nisso o prelúdio de um movimento do pensamento, tendendo a abranger todas as sociedades da Terra.[12]

A ideia religiosa acaba de percorrer o seu ciclo inferior e se vão desenhando os planos de uma espiritualidade mais elevada. Pode dizer-se que a Religião é o esforço da Humanidade para se comunicar com a Essência Eterna e Divina.

É essa a razão por que haverá sempre religiões e cultos, cada vez mais liberais e conformes às leis superiores da Estética, que são a expressão da Harmonia universal. O belo, nas suas regras mais elevadas, é uma Lei Divina, e as suas manifestações em relação com a ideia de Deus revestirão forçosamente um caráter religioso.

---

[12] "*Sir* Oliver Lodge, reitor da Universidade de Birmingham, membro da Academia Real, vê nos estudos psíquicos o próximo advento de nova e mais livre religião (*Annales des Sciences Psychiques*, dez. 1905, p. 765).
Ver também *Os fenômenos psíquicos*, p. 11, de Maxwell, advogado geral na Corte de Apelação de Paris.

À proporção que o pensamento se vai aperfeiçoando, missionários de todas as ordens vêm provocar a renovação religiosa no seio das humanidades. Assistimos ao prelúdio de uma dessas renovações, maior e mais profunda que as precedentes. Já não tem somente homens por mandatários e intérpretes, o que tornaria a nova dispensação tão precária como as outras. São os Espíritos inspiradores, os gênios do Espaço, que exercem ao mesmo tempo a sua ação em toda a superfície do globo e em todos os domínios do pensamento. Sobre todos os pontos aparece um novo Espiritualismo.

Imediatamente surge a pergunta: "Que és tu, Ciência ou Religião? Espíritos de pouco alcance, credes então que o pensamento há de seguir eternamente os carreiros abertos pelo passado?!"

Até aqui todos os domínios intelectuais têm estado separados uns dos outros, cercados de barreiras, de muralhas — a Ciência de um lado, a Religião do outro. A Filosofia e a Metafísica estão eriçadas de sarças impenetráveis. Quando tudo é simples, vasto e profundo no domínio da alma como no do Universo, o espírito de sistema tudo complicou, apoucou, dividiu. A Religião foi emparedada no sombrio ergástulo dos dogmas e dos mistérios; a Ciência foi enclausurada nas mais baixas camadas da matéria. Não é essa a verdadeira religião, nem a verdadeira ciência. Bastará nos elevemos acima dessas classificações arbitrárias para compreendermos que tudo se concilia e reconcilia numa visão mais alta.

A nossa ciência, posto que elementar, quando se entrega ao estudo do espaço e dos mundos, não provoca, desde logo e imediatamente, um sentimento de entusiasmo, de admiração quase religiosa? Lede as obras dos grandes astrônomos, dos matemáticos de gênio. Dir-vos-ão que o Universo é um prodígio de sabedoria, de harmonia, de beleza, e que já na penetração das leis superiores se realiza a união da Ciência, da Arte e da Religião, pela visão de Deus na sua obra. Chegado a essas alturas, o estudo converte-se em contemplação e o pensamento em prece!

O Espiritualismo Moderno vai acentuar, desenvolver essa tendência, dar-lhe um sentido mais claro e mais rigoroso. Pelo lado experimental, ainda não é mais do que uma ciência; pelo objetivo das suas investigações, penetra nas profundezas invisíveis e eleva-se até aos mananciais eternos, donde dimanam toda a força e toda a vida. Por essa forma une o homem ao Poder Divino e torna-se uma doutrina, uma filosofia religiosa. É, além disso, o laço que reúne duas humanidades. Por ele, os Espíritos prisioneiros na carne e os que estão livres chamam e respondem uns aos outros. Entre eles estabelece-se uma verdadeira comunhão.

Cumpre, pois, não ver nele uma religião, no sentido restrito, no sentido atual dessa palavra. As religiões do nosso tempo querem dogmas e sacerdotes, e a doutrina nova não os comporta; está patente a todos os investigadores. O espírito de livre crítica, exame e verificação preside às suas investigações.

Os dogmas e os sacerdotes são necessários e sê-lo-ão por muito tempo ainda às almas jovens e tímidas, que todos os dias penetram no círculo da vida terrestre e não se podem reger por si, nem analisar as suas necessidades e sensações.

O Espiritualismo Moderno dirige-se principalmente às almas desenvolvidas, aos Espíritos livres e emancipados, que querem por si mesmos achar a solução dos grandes problemas e a fórmula do seu *Credo*. Oferece-lhes uma concepção, uma interpretação das verdades e das leis universais baseada na experiência, na razão e no ensino dos Espíritos. Acrescentai a isso a revelação dos deveres e das responsabilidades, única condição que dá base sólida ao nosso instinto de justiça; depois, com a força moral, as satisfações do coração, a alegria de tornar a encontrar, pelo menos com o pensamento, algumas vezes até com a forma,[13] os seres amados que julgávamos perdidos. À prova da sua sobrevivência junta-se a certeza de irmos ter com eles e com eles reviver vidas inumeráveis, vidas de ascensão, de felicidade ou de progresso.

Assim, esclarecem-se gradualmente os problemas mais obscuros, entreabre-se o Além; o lado divino dos seres e das coisas se revela. Pela força desses ensinamentos, a alma humana cedo ou tarde subirá e, das alturas a que chegar, verá que tudo se liga, que as diferentes teorias, contraditórias e hostis na aparência, não são mais do que aspectos diversos de um mesmo todo. As leis do majestoso Universo resumir-se-ão para ela numa Lei única, força ao mesmo tempo inteligente e consciente, modo de pensamento e ação. Por ela achar-se-ão ligados numa mesma unidade poderosa todos os mundos, todos os seres, associados numa mesma harmonia, arrastados para um mesmo fim.

Dia virá, em que todos os pequenos sistemas, acanhados e envelhecidos, fundir-se-ão numa vasta síntese, abrangendo todos os reinos da ideia. Ciências, filosofias, religiões, divididas hoje, reunir-se-ão na luz e será então a vida, o esplendor do espírito, o reinado do *Conhecimento*.

---

[13] Ver *No invisível* — cap. 20 — "Aparições e materializações de Espíritos".

Nesse acordo magnífico, as ciências fornecerão a precisão e o método na ordem dos fatos; as filosofias, o rigor das suas deduções lógicas; a poesia, a irradiação das suas luzes e a magia das suas cores; a Religião juntar-lhes-á as qualidades do sentimento e a noção da estética elevada. Assim, realizar-se-á a beleza na força e na unidade do pensamento. A alma orientar-se-á para os mais altos cimos, mantendo ao mesmo tempo o equilíbrio de relação necessário para regular a marcha paralela e ritmada da inteligência e da consciência na sua ascensão para a conquista do bem e da verdade.

II
O critério da Doutrina dos Espíritos

O Espiritualismo Moderno baseia-se num completo conjunto de fatos. Uns, simplesmente físicos, revelam-nos a existência e o modo de ação de forças por muito tempo desconhecidas; outros têm um caráter inteligente. Tais são: a escrita direta ou automática, a tiptologia, os discursos pronunciados em transe ou por incorporação. Todas estas manifestações, já as passamos em revista, analisando-as, noutra parte.[14] Vimos que são acompanhadas, frequentes vezes, de sinais, de provas que estabelecem a identidade e a intervenção de almas humanas que viveram na Terra e às quais a morte deu a liberdade.

Foi por meio desses fenômenos que os Espíritos[15] espalharam os seus ensinamentos no mundo, e esses ensinamentos foram, como veremos, confirmados em muitos pontos pela experiência.

O novo Espiritualismo dirige-se, pois, conjuntamente, aos sentidos e à inteligência. Experimental, quando estuda os fenômenos que lhe servem de base; racional, quando verifica os ensinamentos que deles derivam, e constitui um instrumento poderoso para a indagação da

---
[14] Ver *No invisível*, Segunda parte. Falamos aqui somente dos fatos espíritas e não dos fatos de animismo ou manifestações dos vivos a distância.
[15] Chamamos *Espírito* à alma revestida de seu corpo sutil.

verdade, pois que pode servir simultaneamente em todos os domínios do conhecimento.

As revelações dos Espíritos, dizíamos, são confirmadas pela experiência. Dando-lhes o nome de *fluidos*, os Espíritos ensinaram-nos teoricamente e demonstraram praticamente, desde 1850,[16] a existência de forças imponderáveis que a Ciência rejeitava então *a priori*. Depois, *Sir* William Crookes, entre os sábios que gozam de grande autoridade, foi o primeiro a verificar a realidade dessas forças, e a Ciência atual, dia a dia, vai reconhecendo a sua importância e variedade, graças às descobertas célebres de Roentgen, Hertz, Becquerel, Curie, Gustave Le Bon etc.

Os Espíritos afirmavam e demonstravam a ação possível da alma sobre a alma, em todas as distâncias, sem o auxílio dos órgãos. Não obstante, essa ordem de fatos levantava oposição e incredulidade.

Ora, os fenômenos da telepatia, da sugestão mental, da transmissão dos pensamentos, observados e provocados hoje em todos os meios, vieram, aos milhares, confirmar essas revelações.

Os Espíritos ensinavam a preexistência, a sobrevivência, as vidas sucessivas da alma. E eis que as experiências de F. Colavida, E. Marata, as do Coronel de Rochas, as minhas etc., estabelecem que, não somente a lembrança das menores particularidades da vida atual até à mais tenra infância, mas também a das vidas anteriores estão gravadas nos recônditos da consciência. Um passado inteiro, velado no estado de vigília, reaparece, revive no estado de transe. Com efeito, essa rememoração pôde ser reconstituída num certo número de pacientes adormecidos, como mais tarde o estabeleceremos, quando especialmente tratarmos dessa questão.[17]

---

[16] Ver Allan Kardec — *O livro dos espíritos, O livro dos médiuns*.
Pode ler-se na *Revista Espírita* de 1860, p. 81, uma mensagem do Espírito Dr. Vignal, declarando que os corpos irradiam luz obscura. Não está aí a radioatividade verificada pela Ciência atual, mas que, então, a Ciência ignorava?
Allan Kardec, em 1867, escreveu em *A gênese* (Os fluidos), cap. 14 — I, it. 6, o seguinte: "Quem conhece a constituição íntima da matéria tangível? Talvez ela só seja compacta em relação aos sentidos e o que disso poderia ser prova é a facilidade com que é atravessada pelos fluidos espirituais e pelos Espíritos, aos quais não opõe mais obstáculos do que os corpos transparentes aos raios da luz.
Tendo a matéria tangível como elemento primitivo o fluido cósmico etéreo, deve poder, *desagregando-se*, voltar ao estado de eterização, assim como o diamante, o mais duro dos corpos, pode volatilizar-se em gás impalpável. *A solidificação da matéria não é, na realidade, mais do que um estado transitório do fluido universal, que pode voltar ao estado primitivo, quando as condições de coesão deixam de existir*".

[17] Ver *Compte rendu du Congrès Spirite* de 1900, p. 349 e 350 e *Revista Científica e Moral do Espiritismo*, jul. e ago. 1904. Ver também: Albert de Rochas, *As vidas sucessivas*, Chacornac, ed. 1911.

Vê-se, pois, que o Espiritualismo Moderno não pode, a exemplo das antigas doutrinas espiritualistas, ser considerado como pura concepção metafísica. Apresenta-se com caráter mui diverso e corresponde às exigências de uma geração educada na escola do criticismo e do racionalismo, a qual os exageros de um misticismo mórbido e agonizante tornaram desconfiada.

Hoje, já não basta crer; quer-se saber. Nenhuma concepção filosófica ou moral tem probabilidade de triunfar, se não tiver por base uma demonstração que seja, ao mesmo tempo, lógica, matemática e positiva, e se, além disso, não a coroar uma sanção que satisfaça a todos os nossos instintos de justiça.

"Se alguém", disse Leibniz, "quisesse escrever como matemático sobre filosofia e moral, poderia, sem obstáculo, fazê-lo com rigor".

Mas acrescenta Leibniz: "Raras vezes tem sido isso tentado, e, ainda menos, com bom resultado".

Pode-se observar que estas condições foram perfeitamente preenchidas por Allan Kardec na magistral exposição por ele feita no seu *O livro dos espíritos*.

Esse livro é o resultado de um trabalho imenso de classificação, coordenação e eliminação, que teve por base milhões de comunicações, de mensagens, provenientes de origens diversas, desconhecidas umas das outras, mensagens obtidas em todos os pontos do mundo e que o eminente compilador reuniu depois de se ter certificado da sua autenticidade. Tendo o cuidado de pôr de parte as opiniões isoladas, os testemunhos suspeitos, conservou somente os pontos em que as afirmações eram concordes.

Falta muito para que fique terminado esse trabalho, que, desde a morte do grande iniciador, não sofreu interrupção. Já possuímos uma síntese poderosa, cujas linhas principais Kardec traçou e que os herdeiros do seu pensamento se esforçam por desenvolver com o concurso do invisível. Cada um traz o seu grão de areia para o edifício comum, para esse edifício cujos fundamentos a experimentação científica torna de dia para dia mais sólidos, mas cujo remate elevar-se-á cada vez mais alto.

Há trinta anos que, sem interrupção, eu mesmo, posso dizê-lo, tenho recebido ensinamentos de guias espirituais, que não têm cessado de me dispensar sua assistência e conselhos. As suas revelações tomaram caráter particularmente didático no decurso de sessões que se sucederam no espaço de oito anos e das quais muitas vezes falei numa obra precedente.[18]

---

[18] Ver *No invisível*.

No livro de Allan Kardec, o ensino dos Espíritos é acompanhado, para cada pergunta, de considerações, comentários, esclarecimentos, que fazem sobressair com mais nitidez a beleza dos princípios e a harmonia do conjunto. Aí é que se mostram as qualidades do autor. Esmerou-se ele, primeiro que tudo, em dar sentido claro e preciso às expressões que habitualmente emprega no seu raciocínio filosófico; depois, em definir bem os termos que podiam ser interpretados em sentidos diferentes. Ele sabia que a confusão que reina na maioria dos sistemas provém da falta de clareza das expressões usadas pelos seus autores.

Outra regra, não menos essencial em toda a exposição metódica, e que Allan Kardec escrupulosamente observou, é a que consiste em circunscrever as ideias e apresentá-las em condições que as tornem bem compreensíveis para qualquer leitor. Enfim, depois de ter desenvolvido essas ideias numa ordem e concatenamento que as ligavam entre si, soube deduzir conclusões, que constituem já, na ordem racional e na medida das concepções humanas, uma realidade, uma certeza.

Por isso nos propomos a adotar aqui os termos, as vistas, os métodos de que se serviu Allan Kardec, como sendo os mais seguros, reservando-nos o acrescentar ao nosso trabalho todos os desenvolvimentos que resultaram das investigações e experiências feitas nos cinquenta anos decorridos desde o aparecimento das suas obras.

Por tudo quanto acabamos de dizer, vê-se que a Doutrina dos Espíritos, de que Kardec foi o intérprete e o compilador judicioso, reúne, do mesmo modo que os sistemas filosóficos mais apreciados, as qualidades essenciais de clareza, lógica e rigor; mas o que nenhum outro sistema podia oferecer é o importante conjunto de manifestações por meio das quais essa doutrina se afirmou a princípio no mundo, e pôde, depois, ser posta à prova, dia a dia, em todos os meios. Ela se dirige aos homens de todas as classes, de todas as condições; não somente aos seus sentidos e à sua inteligência, mas também ao que neles há de melhor, à sua razão, à sua consciência. Não constituem, na sua união, essas íntimas potências, um *critério* do bem e do mal, do verdadeiro e do falso, mais ou menos claro ou velado, sem dúvida, segundo o adiantamento das almas, mas que em cada uma delas se encontra como um reflexo da Razão eterna, da qual elas emanam?[19]

---

[19] Os fatos não têm valor sem a razão que os analisa e deles deduz a lei. Os fenômenos são efêmeros; a certeza que nos dão é apenas aparente e sem duração. A certeza só existe no espírito, as verdades únicas são de ordem subjetiva, a História no-lo demonstra.

O critério da Doutrina dos Espíritos

* * *

Há duas coisas na Doutrina dos Espíritos: uma revelação do Mundo Espiritual e uma descoberta humana, isto é, de uma parte, um ensinamento universal, extraterrestre, idêntico a si mesmo nas suas partes essenciais e no seu sentido geral; da outra, uma confirmação pessoal e humana, que continua a ser feita segundo as regras da lógica, da experiência e da razão. A convicção que daí deriva fortalece-se e cada vez se torna mais rigorosa, à proporção que as comunicações aumentam em número e que, por isso mesmo, os meios de verificação se multiplicam e estendem.

Até agora, só tínhamos conhecido sistemas individuais, revelações particulares; hoje, são milhares de vozes, as vozes dos defuntos que se fazem ouvir. O Mundo Invisível entra em ação e, no número dos seus agentes, Espíritos eminentes deixam-se reconhecer pela força e beleza dos seus ensinamentos. Os grandes gênios do Espaço, movidos por um impulso divino, vêm guiar o pensamento para cumes radiosos.[20]

Não está aí uma vasta e grandiosa manifestação da Providência, sem igual no passado? A diferença dos meios só tem par na dos resultados. Comparemos.

A revelação pessoal é falível. Todos os sistemas filosóficos humanos, todas as teorias individuais, tanto as de Aristóteles, Tomás de Aquino, Kant, Descartes, Spinoza, como as dos nossos contemporâneos, são necessariamente influenciados pelas opiniões, tendências, preconceitos e sentimentos do revelador. Dá-se o mesmo com as condições de tempo e de lugar nas quais elas se produzem; outro tanto se pode dizer das doutrinas religiosas.

A revelação dos Espíritos, impessoal, universal, escapa à maior parte dessas influências, ao passo que reúne a maior soma de probabilidades,

---

Durante séculos acreditou-se, e muitos creem ainda, que o Sol nasce. Foi preciso descobrir-se pela inteligência o movimento da Terra, inapreciável para os sentidos, para se compreender o regresso dos mesmos pontos à mesma posição em relação a ele. Que é feito da maior parte das teorias da Física e da Química? Certo, pouco mais há do que as leis da atração e da gravidade e, ainda assim, talvez só o sejam para uma parte do Universo. Por conseguinte, o método que se impõe é: 1) a observação dos fatos; 2) a sua generalização e a investigação da lei; 3) a indução racional que, além dos fenômenos fugitivos e mutáveis, percebe a causa permanente que os produz.

[20] Ver as comunicações publicadas por Allan Kardec em *O livro dos espíritos* e em *O céu e o inferno*. "Ensinos Espiritualistas" obtidos por Stainton Moses.
Indicamos também — *Le Problème de l'Au-Delà (Conseils des Invisibles)*, coleção de mensagens publicadas pelo general Amade. Leymarie, Paris, 1902.
As comunicações de um "Envoyé de Marie" e de um "Guide Spirituel" publicadas na revista *L'Aurore*, da duquesa de Pomar, de 1894 a 1898; as recolhidas por *Mme.* Krell com o título *Révélations sur ma Vie Spirituelle; La Survie*, coleção de comunicações obtidas por *Mme.* Noeggerath.
Instructions du Pasteur B., editadas pelo jornal *Le Spiritualisme Moderne* etc.

senão de certezas. Não pode ser abafada nem desnaturada. Nenhum homem, nenhuma nação, nenhuma igreja tem o privilégio dela. Desafia todas as inquisições e produz-se onde menos se espera encontrá-la. Têm-se visto homens que lhe eram mais hostis, convertidos às novas ideias pelo poder das manifestações, comovidos até ao fundo da alma pelos rogos e exortações dos seus parentes falecidos, e fazerem-se espontaneamente instrumentos de ativa propaganda.

Não faltaram no Espiritismo os que, como São Paulo, têm sido avisados: fenômenos semelhantes ao do caminho de Damasco lhes têm operado a conversão.

Os Espíritos têm suscitado numerosos médiuns em todos os meios, no seio das classes e dos partidos mais diversos e até no fundo dos santuários. Sacerdotes têm recebido as suas instruções e as têm propagado abertamente ou, então, sob o véu do anonimato.[21]

Os seus parentes, os seus amigos falecidos desempenhavam junto deles as funções de mestres e reveladores, ajuntando aos seus ensinos provas formais, irrecusáveis, da sua identidade.

Foi por tais meios que, em cinquenta anos, conseguiu o Espiritismo assenhorear-se do mundo e sobre ele derramar a sua claridade. Existe um acordo majestoso em todas essas vozes que se têm elevado simultaneamente para fazer ouvir às nossas sociedades céticas a boa nova da sobrevivência e resolver os problemas da morte e da dor. A revelação tem penetrado por via mediúnica no coração das famílias, chegando até ao fundo dos antros e dos infernos sociais. Não dirigiram, como é sabido, os forçados da prisão de Tarragona ao Congresso Espírita Internacional de Barcelona, em 1888,

---

[21] Ver Rafael, *Le Doute*; Padre Marchal, "O espírito consolador". Reverendo Stainton Moses, "Ensinos espiritualistas".
O Padre Didon escrevia (4 ago. 1876), nas suas *Letres à Mlle. Th. V.* (Plon-Nourrit, edit., Paris, 1902), p. 34: "Creio na influência que os mortos e os santos exercem misteriosamente sobre nós. Vivo em profunda comunhão com os invisíveis e sinto com delícia os benefícios de sua secreta convivência".
Em outro lugar citamos os sermões de certos pastores ligados ao Espiritismo (Ver *Cristianismo e espiritismo*, nota complementar nº 6).
Um pastor eminente da igreja reformada da França escrevia-nos recentemente (fev. 1905), a respeito de fenômenos observados por ele mesmo:
"Pressinto que o Espiritismo pode realmente vir a ser uma religião positiva, não à maneira das reveladas, mas na qualidade de religião de acordo com o racionalismo e a Ciência. Coisa estranha! Na nossa época de materialismo, em que as igrejas parecem estar a ponto de se desorganizarem e dissolverem, o pensamento religioso volta a nós por sábios, acompanhado pelo maravilhoso dos tempos antigos. Todavia, esse maravilhoso, que eu distingo do milagre, visto que não é mais do que um fato natural superior e raro, não continuará a estar a serviço de uma igreja particularmente honrada com os favores da divindade; será propriedade da Humanidade, sem distinção de cultos. Quanto maior grandeza e moralidade não há nisso?"

uma tocante adesão em favor de uma doutrina que, diziam eles, os convertera ao bem e os reconciliara com o dever?![22]

No Espiritismo, a multiplicidade das fontes de ensino e de difusão constitui, portanto, um contraste permanente, que frustra e torna estéreis todas as oposições, todas as intrigas. Por sua própria natureza, a revelação dos Espíritos furta-se a todas as tentativas de monopólio ou falsificação. Em relação a ela é de todo impotente o espírito de domínio ou dissidência, porque, quando conseguissem extingui-la ou desnaturá-la num ponto, imediatamente ela reviveria em cem pontos diversos, malogrando assim ambições nocivas e perfídias.

Nesse imenso movimento revelador, as almas obedecem a ordens que partem do Alto; são elas próprias que o declaram. A sua ação é regulada de acordo com um plano traçado de antemão e que se desenrola com majestosa amplitude. Um conselho invisível preside, do seio dos Espaços, à sua execução. É composto de grandes Espíritos de todas as raças, de todas as religiões, da fina flor das almas que viveram neste mundo segundo a lei do amor e do sacrifício. Essas potências benfazejas pairam entre o céu e a Terra, unindo-os num traço de luz por onde sem cessar sobem as preces, por onde descem as inspirações.

Há, contudo, no que diz respeito à concordância dos ensinamentos espirituais, um fato, uma exceção que impressionou certos observadores e de que eles se têm servido como de um argumento capital contra o Espiritismo. Por que, objetam eles, os Espíritos que, na totalidade dos países latinos, afirmam a lei das vidas sucessivas e as reencarnações da alma na Terra, negam-na ou passam-na em claro nos países anglo-saxões? Como explicar uma contradição tão flagrante?

Não há aí cabedal suficiente para destruir a unidade de doutrina que caracteriza a Revelação Nova?

Notemos que não há contradição alguma, mas simplesmente uma graduação originada de preconceitos de casta, de raça e de religião, inveterados em certos países.

O ensino dos Espíritos, mais completo, mais extenso desde o princípio nos centros latinos, foi, em sua origem, restringido e graduado em outras regiões, por motivos de oportunidade. Pode verificar-se que todos os dias aumenta na Inglaterra e na América o número das comunicações

---

[22] Ver *Compte rendu du Congrès Spirite de Barcelone*, 1888. Livraria das Ciências Psíquicas, Paris,

espíritas que afirmam o princípio das reencarnações sucessivas. Muitas delas fornecem até argumentos preciosos à discussão travada entre espiritualistas de diferentes escolas.

Tem lavrado de tal modo além do Atlântico a ideia reencarnacionista, que um dos principais órgãos espiritualistas americanos lhe é inteiramente favorável. O *Light*, de Londres, que ainda há pouco afastava essa questão, discute-a, hoje, com imparcialidade.

Parece, pois, que, se a princípio houve sombras e contradições, eram elas apenas aparentes e quase nenhuma resistência oferecem a um exame sério.[23]

* * *

A Revelação Espírita levantou, como sucede com todas as doutrinas novas, muitas objeções e críticas. Ponderemos algumas. Acusam-nos, primeiro que tudo, de termos grande empenho em filosofar; acusam-nos de termos edificado, sobre a base de fenômenos, um sistema antecipado, uma doutrina prematura, e de havermos comprometido assim o caráter positivo do Espiritualismo Moderno.

Um escritor de valia, fazendo-se intérprete de um certo número de psiquistas, resumia as suas críticas nestes termos: "Uma objeção séria contra a hipótese espírita é a que se refere à filosofia com que certos homens demasiadamente apressados dotaram o Espiritismo. O Espiritismo, que apenas devia ser uma ciência no seu início, é já uma filosofia imensa para a qual o Universo não tem segredos".

Poderíamos lembrar a esse autor que os homens de quem ele fala representaram em tudo isso simplesmente o papel de intermediários, limitando-se a coordenar e publicar os ensinamentos que recebiam por via mediúnica.

Por outro lado, devemos notar, haverá sempre indiferentes, céticos, Espíritos retardados, prontos a achar que andamos com muita pressa. Não haveria progresso possível, se se tivesse de esperar pelos retardatários. É deveras engraçado ver pessoas, cujo interesse por essas questões apenas data de ontem, darem regras a homens como Allan Kardec, por exemplo, que só se atreveu a publicar os seus trabalhos ao cabo de anos de investigações laboriosas e de maduras reflexões, obedecendo nisso a ordens formais e

---

[23] Ver mais adiante, caps. XIV e XVI, os testemunhos obtidos na América e na Inglaterra, favoráveis à reencarnação.

bebendo em fontes de informação de que os nossos excelentes críticos nem sequer parecem ter ideia.

Todos aqueles que seguem com atenção o desenvolvimento dos estudos psíquicos podem verificar que os resultados adquiridos vieram confirmar em todos os pontos e fortalecer cada vez mais a obra de Kardec.

Friedrich Myers, o eminente professor de Cambridge, que foi durante vinte anos, diz Charles Richet, a alma da *Society for Psychical Researches*, de Londres, e que o Congresso *oficial* internacional de Psicologia de Paris elevou, em 1900, à dignidade de presidente honorário, Myers declara nas últimas páginas de sua obra magistral — *La Personnalité Humaine*, cuja publicação produziu no mundo sábio uma sensação profunda: "Para todo investigador esclarecido e consciencioso essas indagações vão dar lugar, lógica e necessariamente, a uma vasta síntese filosófica e religiosa". Partindo desses dados, consagra o décimo capítulo a uma "generalização ou conclusão que estabelece um nexo mais claro entre as novas descobertas e os esquemas já existentes do pensamento e das crenças dos homens civilizados".[24]

Termina assim a exposição de seu trabalho:

> Bacon previra a vitória progressiva da observação e da experiência em todos os domínios dos estudos humanos; em todos, exceto um — o domínio das coisas divinas. Empenho-me em mostrar que essa grande exceção não é justificada. Pretendo que existe um método para chegar ao conhecimento das coisas divinas com a mesma certeza, a mesma segurança com que temos alcançado os progressos que possuímos no conhecimento das coisas terrestres. A autoridade das igrejas será substituída, assim, pela da observação e experiência. Os impulsos da fé transformar-se-ão em convicções racionais e firmes, que darão origem a um ideal superior a todos os que a Humanidade houver conhecido até esse momento.

Assim, o que certos críticos de pouca sagacidade consideram como tentativa prematura, aparece a F. Myers como "evolução necessária e inevitável". A síntese filosófica, que remata a sua obra, recebeu, no meio científico, a mais alta aprovação. Para *Sir* Oliver Lodge, o acadêmico inglês,

---

[24] F. Myers — *La Personnalité Humaine, sa Survivance, ses Manifestations Supranormales*, Félix Alcan, edição de 1905, p. 401 a 403.

"constitui ela um dos mais vastos, compreensíveis e bem fundados esquemas que, acerca da existência, têm sido vistos".[25]

O prof. Flournoy, de Genebra, tece-lhe o maior elogio nos seus *Archives de Psychologie de la Suisse Romande* (jun. 1903).

Na França, outros homens de ciência, sem ser espíritas, chegam a conclusões idênticas.

Sr. Maxwell, doutor em Medicina, substituto do Procurador Geral junto à Corte de Apelação de Paris, exprimia-se assim:[26]

> O Espiritismo vem a seu tempo e corresponde a uma necessidade geral... A extensão que essa doutrina está tomando é um dos fenômenos mais curiosos da época atual. Assistimos ao que me parece ser o nascimento de uma verdadeira religião sem cerimônias rituais e sem clero, mas com assembleias e práticas. Pelo que me diz respeito, acho extremo interesse nessas reuniões e sinto a impressão de assistir ao nascimento de um movimento religioso fadado para grandes destinos.

À vista de tais apreciações, as argúcias e as recriminações dos nossos contraditores caem por si mesmas. A que devemos atribuir a sua aversão à Doutrina dos Espíritos? Será por se tornar o ensino espírita, com a sua lei das responsabilidades, o encadeamento de causas e efeitos que se desenvolvem no domínio moral, e a sanção dos exemplos que nos traz, um terrível embaraço para grande número de pessoas que pouca importância ligam à Filosofia?

* * *

Falando dos fatos psíquicos, diz F. Myers:[27] "Essas observações, experiências e induções abrem a porta a uma revelação". É evidente que no dia em que se estabeleceram relações com o Mundo dos Espíritos pela própria força das coisas, levantou-se imediatamente, com todas as suas consequências, com aspectos novos, o problema do ser e do destino.

Diga-se o que se disser, não era possível comunicar com os parentes e amigos falecidos, abstraindo de tudo o que diz respeito ao seu

---

[25] A síntese de F. Myers pode resumir-se assim: Evolução gradual e infinita, com estágios numerosos, da alma humana, na sabedoria e no amor. A alma humana tira a sua força e a sua graça de um universo espiritual. Esse universo é animado e dirigido pelo Espírito Divino, o qual é acessível à alma e está em comunicação com ela.
[26] J. Maxwell — *Les Phénomènes Psychiques*, F. Alcan, 1903, p.8 e 11.
[27] F. Myers — *La Personnalité Humaine*, idem, p. 417.

modo de existência, sem tomar interesse pelas suas vistas forçosamente ampliadas e diferentes do que eram na Terra, pelo menos para as almas já desenvolvidas.

Em nenhuma época da História o homem pode subtrair-se aos grandes problemas do ser, da vida, da morte, da dor. Apesar da sua impotência para resolvê-los, eles o têm preocupado incessantemente, voltando sempre com mais força, todas as vezes que ele tentava afastá-los, insinuando-se em todos os acontecimentos de sua vida, em todos os escaninhos do seu entendimento; batendo, por assim dizer, às portas da sua consciência. E quando uma nova fonte de ensinamentos, de consolação, de forças morais, quando vastos horizontes se abrem ao pensamento, como poderia ele ficar indiferente? Não se trata de nós, ao mesmo tempo que de nossos parentes? Não é, pois, nossa sorte futura, nossa sorte de amanhã que está em litígio?

Pois quê! O tormento, a angústia do desconhecido que afligem a alma, através dos tempos, a intuição confusa de um mundo melhor, pressentido, desejado, a procura ansiosa de Deus e da sua justiça podem ser, em nova e mais larga medida, acalmados, esclarecidos, satisfeitos, e havíamos de desprezar os meios de o fazer? Não há nesse desejo, nessa necessidade, que o pensamento tem de sondar o grande mistério, um dos mais belos privilégios do ser humano? Não é isso o que constitui a dignidade, a beleza, a razão de ser da sua vida?

Não se tem visto, todas as vezes que temos desconhecido esse direito, esse privilégio, todas as vezes que temos renunciado por algum tempo a volver as vistas para o Além, a dirigir os pensamentos para uma vida mais elevada, o havermos querido restringir o horizonte; não se tem visto, concomitantemente, se agravarem as misérias morais, o fardo da existência cair com maior peso sobre os ombros dos desgraçados, o desespero e o suicídio aumentarem a área da sua devastação e as sociedades se encaminharem para a decadência e para a anarquia?

**

Há outro gênero de objeção: a filosofia espírita, dizem, não tem consistência; as comunicações em que se funda provêm as mais das vezes do médium, do seu próprio inconsciente, ou, então, dos assistentes. O médium em transe "lê no espírito dos consulentes as doutrinas que aí se acham acumuladas, doutrinas ecléticas, tomadas de todas as filosofias do mundo e, principalmente, do hinduísmo".

Refletiu bem o autor dessas linhas nas dificuldades que tal exercício deve apresentar? Seria capaz de explicar os processos com cuja intervenção se pode ler, à primeira vista, no cérebro de outrem, as doutrinas que nele estão "acumuladas"? Se pode, faça-o; então, teremos fundamentado para ver, nas suas alegações, tão somente palavras, nada mais do que palavras, empregadas levianamente e ao serviço de uma crítica apaixonada. Aquele que não quer parecer enganar-se com os sentimentos é muitas vezes logrado pelas palavras. A incredulidade sistemática num ponto torna-se às vezes credulidade ingênua em outro.[28]

Lembraremos antes de tudo que as opiniões da maior parte dos médiuns, no princípio das manifestações, eram opostas inteiramente às opiniões enunciadas nas comunicações. Quase todos haviam recebido educação religiosa e estavam imbuídos das ideias de paraíso e inferno. As suas ideias acerca da vida futura, quando as tinham, diferiam sensivelmente das que os Espíritos expunham, o que, ainda hoje, é o caso mais frequente; era o que sucedia com três médiuns do nosso grupo, senhoras católicas e dadas às respectivas práticas, que, apesar dos ensinos filosóficos que recebiam e transmitiam, nunca renunciaram completamente aos seus hábitos cultuais.[29]

Quanto aos assistentes, ouvintes, ou às pessoas designadas pelo nome de "consulentes", não olvidemos tampouco que, ao alvorecer do Espiritismo na França, isto é, na época de Allan Kardec, os homens que possuíam noções de Filosofia, quer oriental, quer druídica, comportando

---

[28] É notório que a sugestão e a transmissão do pensamento só podem exercer ação em pacientes preparados para esse fim, desde muito tempo e por pessoas que, sobre eles, tomaram certo ascendente. Até agora, essas experiências não vão além de palavras ou de séries de palavras e nunca conseguiram constituir um conjunto de *doutrinas*. Um médium, ledor de pensamentos, inspirando-se, se fosse possível, nas opiniões dos assistentes, tiraria daí, não noções precisas acerca de um princípio qualquer de filosofia, mas os dados mais confusos e contraditórios.

[29] Russell-Wallace, o acadêmico inglês, na sua bela obra *Os milagres e o espiritismo moderno*, exprime-se assim: "Havendo, em geral, sido os médiuns educados em qualquer uma das crenças ortodoxas usuais, como se explica que as noções sobre o paraíso não sejam nunca confirmadas por eles? Nos montões de volumes ou brochuras da literatura espiritualista não se encontra nenhum vestígio de Espírito descrevendo *anjos com asas, harpas de ouro ou o trono de Deus*, junto dos quais os mais modestos cristãos ortodoxos pensam que serão colocados, se forem para o Céu.
Nada mais maravilhoso há na história do espírito humano do que o seguinte fato: — Quer seja no fundo dos bosques mais remotos da América, quer seja nas cidades menos importantes da Inglaterra, mulheres e homens ignorantes, quase todos educados nas crenças sectárias habituais do céu e do inferno, desde que foram tomados pelo estranho poder da mediunidade, deram a esse respeito ensinamentos que são mais filosóficos do que religiosos, e diferem totalmente do que tão profundamente lhes havia sido gravado no espírito".

a teoria das transmigrações ou vidas sucessivas da alma, eram em pequeno número e tornava-se preciso ir procurá-los no seio das academias ou em alguns centros científicos muito retraídos.

Aos nossos contraditores perguntaremos como teria sido possível a médiuns inumeráveis, espalhados em toda a superfície da Terra, desconhecidos uns dos outros, constituírem sozinhos as bases de uma doutrina, com solidez bastante para resistir a todos os ataques, a todos os assaltos; assaz exata para que os seus princípios tenham sido confirmados e recebam todos os dias a confirmação da experiência, como o mostramos no princípio deste capítulo.

A respeito da sinceridade das comunicações medianímicas e do seu alcance filosófico, vamos citar as palavras de um orador, cujas opiniões não parecerão suspeitas a todos aqueles que conhecem a aversão que a maior parte dos eclesiásticos tem ao Espiritismo.

Num sermão pronunciado a 7 de abril de 1899, em Nova Iorque, o reverendo J. Savage, pregador de fama, dizia:

> Formam legião as supostas patacoadas que, dizem, vêm do outro mundo, ao mesmo tempo que existe uma literatura moral completa das mais puras e de ensinos espiritualistas incomparáveis. Sei de um livro, cujo autor, diplomado de Oxford, pastor da Igreja inglesa, veio a ser espírita e médium.[30] Esse livro foi escrito automaticamente. Às vezes, para desviar o pensamento do trabalho que a mão executava, o autor lia Platão em grego, e o seu livro, contrariamente ao que, em geral, se admite para obras desse gênero, achava-se em oposição absoluta às próprias crenças religiosas do autor, se bem que ele se tivesse convertido antes de o haver concluído. Essa obra contém ensinamentos morais e espirituais dignos de qualquer das Bíblias que existem no mundo.
>
> As primeiras idades do Cristianismo eram (basta que leiais São Paulo para vos recordardes) compostas de gente com quem as pessoas de consideração nada queriam ter em comum. O Espiritualismo Moderno estreou por uma forma semelhante; mas, à sombra da sua bandeira, enfileiram-se em nossos dias muitos nomes de fama e encontram-se os

---

[30] Trata-se do livro de Stainton Moses — *Ensinos espiritualistas*.

homens melhores e mais inteligentes. Lembrai-vos, pois, de que é, em geral, um grande movimento muito sincero.[31]

No seu discurso, o reverendo Savage soube dar a cada coisa o seu lugar. É certo que as comunicações medianímicas não oferecem todas o mesmo grau de interesse. Muitas há que são um conjunto de banalidades, de repetições, de lugares-comuns. Nem todos os Espíritos têm capacidade para nos dar ensinamentos úteis e profundos. Como na Terra, e mais ainda, a escala dos seres no Espaço comporta graus infinitos. Ali se encontram as mais nobres inteligências, como as almas mais vulgares, mas, às vezes, os próprios Espíritos inferiores, descrevendo a sua situação moral, as suas impressões à hora da morte e no Além, iniciando-nos nas particularidades da sua nova existência, fornecem materiais preciosos para determinarmos as condições da sobrevivência segundo as diversas categorias de Espíritos. Podemos, pois, em nossas relações com os invisíveis, granjear elementos de instrução; todavia, nem tudo se deve aproveitar. Ao experimentador prudente e sagaz incumbe saber separar o ouro da ganga. A verdade não nos chega sempre pura, e a ação do Alto deixa às faculdades e à razão do homem o campo necessário para se exercitarem e desenvolverem.

Em tudo isso é preciso andar com todas as cautelas, a tudo aplicar contínuo e atento exame,[32] precaver-se contra as fraudes, conscientes ou inconscientes, e ver se não há, nas mensagens escritas, um simples caso de automatismo. Para isso, convém averiguar se as comunicações são, pela forma e pelo fundo, superiores às capacidades do médium. É preciso exigir, da parte dos manifestantes, provas de identidade e não abrir mão de todo o rigor, senão nos casos em que os ensinamentos, em virtude da sua superioridade e majestosa amplitude, se impõem por si mesmos e estão muito acima das faculdades do transmissor.

Uma vez reconhecida a autenticidade das comunicações, é preciso ainda comparar entre si e submeter a exame severo os princípios científicos e filosóficos que elas expõem e aceitar somente os pontos em que há quase unanimidade de vistas.

---

[31] Reproduzido pela *Revue du Spiritualisme Moderne*, 25 out. 1901.
Cumpre se faça notar que, em casos como o de Stainton Moses, além da escrita automática, as mensagens podem ser obtidas pela escrita direta sem nenhuma intervenção de mão humana.
[32] Ver, para as condições de experimentação — Allan Kardec, *O livro dos médiuns*; Gabriel Delanne, *Recherches sur la Mediumnité*; Léon Denis, *No invisível*, cap. 9.

Além das fraudes de origem humana, há também as mistificações de origem oculta. Todos os experimentadores sérios sabem que existem duas espécies de Espiritismo: um, praticado a torto e a direito, sem método, sem elevação de pensamento, atrai para nós os basbaques do Espaço, os Espíritos levianos e zombeteiros, que são numerosos na atmosfera terrestre; o outro, de mais circunspecção, praticado com seriedade, com sentimento respeitoso, põe-nos em relação com os Espíritos adiantados, desejosos de socorrer e esclarecer aqueles que os chamam com fervor de coração. É o que as religiões têm conhecido e designado pelo nome de *comunicação dos santos*.

Pergunta-se também: como se pode distinguir, na vasta massa das comunicações, cujos autores são invisíveis, o que provém das entidades superiores e deve ser conservado? Para essa pergunta há uma só resposta. Como distinguimos nós os bons e maus livros dos autores falecidos há muito tempo? Como distinguir uma linguagem nobre e elevada de uma linguagem banal e vulgar? Não temos nós um estalão, uma regra para aquilatar os pensamentos, provenham eles do nosso mundo ou do outro? Podemos julgar as mensagens medianímicas principalmente pelos seus efeitos moralizadores, que inúmeras vezes têm melhorado muitos caracteres e purificado muitas consciências. É esse o critério mais seguro de todo o ensino filosófico.

Em nossas relações com os invisíveis há também meios de reconhecimento para distinguir os bons Espíritos das almas atrasadas. Os sensitivos reconhecem facilmente a natureza dos fluidos, que, nos Espíritos bons, são sutis, agradáveis, e, nos maus, são violentos, glaciais, custosos de suportar. Um dos nossos médiuns anunciava sempre com antecipação a chegada do "Espírito azul", cuja presença era revelada por vibrações harmoniosas e radiações brilhantes.[33]

Outros há que certos médiuns distinguem pelo cheiro. Delicados, suaves nuns,[34] são esses cheiros repugnantes noutros. Avalia-se a elevação de um Espírito pela pureza dos seus fluidos, pela beleza da sua forma e da sua linguagem.

---

[33] Durante as sessões de Stainton Moses produziu-se o mesmo fenômeno: "As principais personalidades que se manifestavam com S. Moses", dizem os relatores, "anunciavam geralmente a sua presença por meio de um som musical invariável para cada uma delas e que permitia identificá-las" (*Anais das ciências psíquicas*, fev. 1905, p. 91).

[34] Ver, Dr. Maxwell, advogado geral, *Les Phénomènes Psychiques*, p. 164.

Nessa ordem de investigações, o que mais impressiona, persuade e convence, são as conversas travadas com os nossos parentes e amigos que nos precederam na vida do Espaço. Quando provas incontestáveis de identidade nos têm dado a certeza da sua presença, quando a intimidade de outrora, a confiança e a familiaridade reinam de novo entre eles e nós, as revelações, que nestas condições se obtêm, tomam um caráter dos mais sugestivos,

Diante delas, as últimas hesitações do ceticismo dissipam-se forçosamente, dando lugar aos impulsos do coração.

É possível, na realidade, resistir às vozes, aos chamamentos daqueles que compartilharam a nossa vida, cercaram os nossos primeiros passos de terna solicitude, às vozes, aos chamamentos dos companheiros da nossa infância, da nossa juventude, da nossa virilidade que, um por um, se sumiram na morte, deixando, ao partir, mais solitário, mais desolado o nosso caminho? No transe, eles voltam com atitudes, inflexões de voz, evocações de lembranças, com milhares e milhares de provas de identidade, banais nas suas particularidades para os estranhos, tão comovedoras, entretanto, para os interessados! Dão-nos instruções relativas aos problemas do Além, exortam-nos e consolam-nos. Os homens mais fleumáticos, os mais doutos experimentadores, como o professor Hyslop, não puderam resistir às influências de Além-Campa.[35]

Demonstra isso que no Espiritismo não há tão somente, como o pretendem alguns, práticas frívolas e abusivas, mas que nele se encontra um móvel nobre e generoso, isto é, a afeição pelos nossos mortos, o interesse que temos pela sua memória. Não é esse um dos lados mais respeitáveis da natureza humana, um dos sentimentos, uma das forças que elevam o homem acima da matéria e estabelecem a diferença entre ele e a alimária?

Depois, a par disso, acima das exortações comovidas dos nossos parentes, devemos assinalar os surtos poderosos dos gênios do Espaço, as páginas escritas febrilmente, na meia obscuridade, por médiuns do nosso conhecimento, incapazes de compreender-lhes o valor e a beleza, páginas em que o esplendor do estilo se alia à profundeza das ideias, ou, então, os discursos impressionantes, como muitas vezes ouvimos em nosso grupo de estudos, discursos pronunciados pelo órgão de um médium de saber e caráter modestos e em que um Espírito discorria, falando-nos do eterno

---

[35] Ver *No invisível*, as conversações do professor Hyslop, da Universidade de Colúmbia, com o pai, irmãos e tios falecidos.

enigma do mundo e das leis que regem a vida espiritual. Aqueles que tiveram a honra de assistir a essas reuniões sabem qual a influência penetrante que elas exercem em todos nós. Apesar das tendências céticas e do espírito zombador dos homens da nossa geração, há acentos, formas de linguagem, rasgos de eloquência aos quais eles não poderiam resistir. Os mais prevenidos seriam obrigados a reconhecer neles o característico, o sinal incontestável de uma grande superioridade moral, o cunho da verdade. Na presença desses Espíritos, que por momentos desceram ao nosso mundo obscuro e atrasado, para nele fazerem brilhar uma fulguração do seu gênio, o criticismo mais exigente turba-se, hesita e cala-se.

Durante oito anos recebemos, em Tours, comunicações dessa ordem, comunicações que tocavam todos os grandes problemas, todas as questões importantes de filosofia e moral. Formavam muitos volumes manuscritos. O resumo deste trabalho, demasiadamente extenso, de texto copioso demais para ser publicado na íntegra, quisera-o eu apresentar aqui. Jerônimo de Praga, o meu amigo, o meu guia do presente e do passado, o Espírito magnânimo que dirigiu os primeiros voos da minha inteligência infantil em idades remotas, é seu autor. Quantos outros Espíritos eminentes não espalharam assim os seus ensinamentos pelo mundo, na intimidade de alguns grupos! Quase sempre anônimos, revelam-se apenas pelo alto valor das suas concepções. Foi-me dado soerguer alguns dos véus que encobriam a sua verdadeira personalidade. Devo, porém, guardar segredo, porque a fina flor dos Espíritos se distingue precisamente pela particularidade de se esconder sob designações emprestadas e querer ficar ignorada. Os nomes célebres que subscrevem certas comunicações, planas e vazias, não são, na maioria dos casos, mais do que um engodo.

Quis com estes pormenores demonstrar uma coisa: que esta obra não é exclusivamente minha, que é, antes, o reflexo de um pensamento mais elevado que procuro interpretar. Está de acordo em todos os pontos essenciais com as vistas expressas pelos instrutores de Allan Kardec; todavia, pontos que eles deixaram obscuros, nela começam a ser discutidos. Tive também em consideração o movimento do pensamento e da ciência humana, de suas descobertas, e o cuidado de assinalá-los nesta obra. Em certos casos, acrescentei-lhe as minhas impressões pessoais e os meus comentários, porque, no Espiritismo, nunca é demais dizê-lo, não há dogmas e cada um dos seus princípios pode e deve ser discutido, julgado, submetido ao exame da razão.

Considerei como um dever conseguir que destes ensinamentos tirassem proveito os meus irmãos da Terra. Uma obra vale pelo que é. Seja o que for que pensem e digam da Revelação dos Espíritos, não posso admitir que, quando em todas as Universidades se ensinam sistemas metafísicos arquitetados pelo pensamento dos homens, se possa desatender e rejeitar os princípios divulgados pelas nobres Inteligências do Espaço.

O estimarmos os mestres da razão e da sabedoria humana não é motivo para deixarmos de dar o devido apreço aos mestres da razão sobre-humana, aos representantes de uma sabedoria mais alta e mais grave. O espírito do homem, comprimido pela carne, privado da plenitude dos seus recursos e percepções, não pode chegar de per si ao conhecimento do universo invisível e de suas leis. O círculo em que se agitam a nossa vida e o nosso pensamento é limitado, assim como é restrito o nosso ponto de vista. A insuficiência dos dados que possuímos torna toda a nossa generalização impossível. Para penetrarmos no domínio desconhecido e infinito das leis, precisamos de guias. Com a colaboração dos pensadores eminentes dos dois mundos, das duas humanidades, é que alcançaremos as mais altas verdades, ou pelo menos chegaremos a entrevê-las, e que serão estabelecidos os mais nobres princípios. Muito melhor e com muito mais segurança do que os nossos mestres da Terra, os do Espaço sabem pôr-nos em presença do problema da vida e do mistério da alma, e, igualmente, ajudar-nos a adquirir a consciência da nossa grandeza e do nosso futuro.

* * *

Às vezes, fazem-nos uma pergunta, opõem-nos uma nova objeção. Em vista da infinita variedade das comunicações e da liberdade que cada um tem de apreciá-las, de verificá-las à sua vontade, que há de ser, dizem-nos, da unidade de doutrina, essa unidade poderosa que tem feito a força, a grandeza das religiões sacerdotais e lhes tem assegurado a duração?

O Espiritismo, já o dissemos, não dogmatiza; não é uma seita nem uma ortodoxia. É uma filosofia viva, patente a todos os Espíritos livres, e que progride por evolução. Não faz imposições de ordem alguma; propõe, e o que propõe apoia-se em fatos de experiência e provas morais; não exclui nenhuma das outras crenças, mas se eleva acima delas e abraça-as numa fórmula mais vasta, numa expressão mais elevada e extensa da verdade.

As Inteligências superiores abrem-nos o caminho, revelam-nos os princípios eternos, que cada um de nós adota e assimila, na medida da sua compreensão, consoante o grau de desenvolvimento atingido pelas faculdades de cada um na sucessão das suas vidas.

Em geral, a unidade de doutrina é obtida unicamente à custa da submissão cega e passiva a um conjunto de princípios, de fórmulas fixadas em moldes inflexíveis. É a petrificação do pensamento, o divórcio da Religião e da Ciência, a qual não pode passar sem liberdade e movimento.

Esta imobilidade, esta inflexibilidade dos dogmas priva a Religião, que a si mesma as impõe, de todos os benefícios do movimento social e da evolução do pensamento. Considerando-se como a única crença boa e verdadeira, chega ao ponto de proscrever tudo o que está fora dela e empareda-se assim numa tumba para dentro da qual quisera arrastar consigo a vida intelectual e o gênio das raças humanas.

O que o Espiritismo mais toma a peito é evitar as funestas consequências da ortodoxia.

A sua revelação é uma exposição livre e sincera de doutrinas, que nada têm de imutáveis, mas que constituem um novo estágio no caminho da Verdade eterna e infinita. Cada um tem o direito de analisar-lhe os princípios, que apenas são sancionados pela consciência e pela razão. Mas, adotando-os, deve cada um conformar com eles a sua vida e cumprir as obrigações que deles derivam. Quem a eles se esquiva não pode ser considerado como adepto verdadeiro.

Allan Kardec pôs-nos sempre de sobreaviso contra o dogmatismo e o espírito de seita; recomenda-nos sem cessar, nas suas obras, que não deixemos cristalizar o Espiritismo e evitemos os métodos nefastos, que arruinaram o espírito religioso do nosso país.

Nos nossos tempos de discórdias e lutas políticas e religiosas, em que a Ciência e a ortodoxia estão em guerra, quiseram demonstrar aos homens de boa vontade, de todas as opiniões, de todos os campos, de todas as crenças, assim como a todos os pensadores verdadeiramente livres e de largo descortino, que há um terreno neutro, o do Espiritualismo experimental, onde nos podemos encontrar, dando-nos mutuamente as mãos. Não mais dogmas! Não mais mistérios! Abramos o entendimento a todos os sopros do espírito, bebamos em todas as fontes do passado e do presente. Digamos que em todas as doutrinas há parcelas da verdade; nenhuma, porém, a encerra completamente, porque a verdade, em sua plenitude, é mais vasta do que o espírito humano.

É somente no acordo das boas vontades, dos corações sinceros, dos espíritos livres e desinteressados que se realizarão a harmonia do pensamento e a conquista da maior soma de verdade assimilável para o homem da Terra, no atual período histórico.

Dia virá em que todos hão de compreender que não há antítese entre a Ciência e a verdadeira Religião. Há apenas mal-entendidos. A antítese se dá entre a Ciência e a ortodoxia, o que nos é provado pelas recentes descobertas da Ciência, que nos aproximam sensivelmente das doutrinas sagradas do Oriente e da Gália, no que diz respeito à unidade do mundo e à evolução da vida. Por isso é que podemos afirmar que, prosseguindo a sua marcha paralela na grande estrada dos séculos, a Ciência e a crença virão forçosamente a encontrar-se um dia, pois que idênticos são ambos os seus alvos, que acabarão por se penetrar reciprocamente. A Ciência será a análise; a Religião virá a ser a síntese. Nelas unificar-se-ão o mundo dos fatos e o mundo das causas, os dois termos da inteligência humana vincular-se-ão, rasgar-se-á o véu do Invisível; a Obra Divina aparecerá a todos os olhares em seu majestoso esplendor!

* * *

As alusões que acabamos de fazer às doutrinas antigas poderiam levantar outra objeção: "Não são, pois, dir-nos-ão, inteiramente novos os ensinamentos do Espiritismo?" Não, sem dúvida. Em todos os tempos da Humanidade, têm rebentado relâmpagos, o pensamento em marcha tem sido iluminado por lampejos, e as verdades necessárias têm aparecido aos sábios e aos investigadores. Os homens de gênio, do mesmo modo que os sensitivos e os videntes, têm recebido sempre do Além revelações apropriadas às necessidades da evolução humana.[36]

É pouco provável que os primeiros homens pudessem ter chegado, espontaneamente e só com o auxílio dos próprios recursos mentais, à noção de *leis* e mesmo às primeiras formas de civilização. Consciente ou não, a comunhão entre a Terra e o Espaço tem existido sempre.

---

[36] Ver *No invisível*, cap. 26 — "A mediunidade gloriosa".

Por isso, tornaríamos a encontrar nas doutrinas do passado a maior parte dos princípios que o ensino dos Espíritos de novo trouxe à luz.

De resto, esses princípios, reservados à minoria, não haviam penetrado até à alma das multidões. Essas revelações produziam-se, de preferência, sob a forma de comunicações insuladas, de manifestações que apresentavam caráter esporádico, as quais eram as mais das vezes consideradas como milagrosas; mas, volvidos vinte ou trinta séculos de trabalho lento e gestação silenciosa, o espírito crítico desenvolveu-se e a razão elevou-se até ao conceito de leis superiores. Esses fenômenos, com o ensino que lhes é conexo, reaparecem, generalizam-se, vêm guiar as sociedades hesitantes na árdua via do progresso.

É sempre nas horas turvas da História que as grandes concepções sintéticas se formam no seio da Humanidade. Então, as religiões decrépitas, com as vozes enfraquecidas pela idade, e as filosofias com a sua linguagem demasiadamente abstrata, já não são suficientes para consolar os aflitos, levantar os ânimos abatidos, arrastar as almas para os altos cimos. Todavia, ainda há nelas muitas forças latentes e focos de calor que podem ser reavivados. Por isso, não compartilhamos das vistas de certos teóricos que, neste domínio, cogitam mais de demolir do que de restaurar. Seria um erro. Há distinções a fazer na herança do passado e mesmo nas religiões exotéricas, criadas para espíritos infantis, as quais correspondem todas às necessidades de certa categoria de almas. A sabedoria consistiria em recolher as parcelas de vida eterna, os elementos de direção moral que elas contêm, eliminando ao mesmo tempo as superfetações inúteis que a ação das idades e das paixões lhes foi adicionando.

Esta obra de discriminação, de seleção, de renovação, quem a poderia executar? Os homens estavam mal preparados para isso. Apesar dos avisos imperiosos da hora presente, apesar da decadência moral do nosso tempo, nem no santuário nem nas cátedras acadêmicas se tem elevado uma voz autorizada para dizer as palavras fortes e graves que o mundo esperava.

Só do Alto, pois, é que podia vir o impulso. Veio. Todos aqueles que têm estudado o passado, com atenção, sabem que há um plano no drama dos séculos. O pensamento divino manifesta-se de maneiras diferentes e a revelação é graduada de mil modos, conforme as exigências das sociedades. Foi por isso que, havendo soado a hora da nova dispensação, o Mundo Invisível saiu do seu silêncio. Por toda a Terra, afluíram as comunicações dos defuntos, trazendo os elementos de uma doutrina em que se resumem e se fundem as filosofias e as religiões de duas humanidades. O escopo do Espiritismo não é destruir, mas unificar e completar, renovando. Vem separar, no domínio das crenças, o que tem vida do que está morto. Recolhe e ajunta, dos numerosos sistemas em que até o presente se tem encerrado a consciência da Humanidade, as verdades relativas que eles contêm, para juntá-las às verdades de ordem geral que proclama. Em resumo, o Espiritismo vincula à alma humana, ainda incerta e débil, as asas poderosas dos largos espaços e, por este meio, eleva-a a alturas donde pode abranger a vasta harmonia das leis e dos mundos e obter, ao mesmo tempo, visão clara do seu destino.

Esse destino se encontra incomparavelmente superior a tudo que lhe haviam segregado as doutrinas da Idade Média e as teorias de outro tempo. É um futuro de imensa evolução que para ela se abre e que continua de esferas em esferas, de claridades em claridades, para um fim cada vez mais belo, cada vez mais iluminado pelos raios da justiça e do amor.

III
O problema do ser

O primeiro problema que se apresenta ao pensamento é o do próprio pensamento, ou, antes, do ser pensante. É isto, para todos nós, assunto capital, que domina todos os outros e cuja solução nos reconduz às próprias origens da Vida e do Universo.

Qual a natureza da nossa personalidade? Comporta um elemento suscetível de sobreviver à morte? A esta resposta estão afetas todas as apreensões, todas as esperanças da Humanidade.

O problema do ser e o problema da alma fundem-se num só. É a alma[37] que fornece ao homem o seu princípio de vida e movimento. A alma humana é uma vontade livre e soberana, é a unidade consciente que domina todos os atributos, todas as funções, todos os elementos materiais do ser, como a alma divina domina, coordena e liga todas as partes do Universo para harmonizá-las.

A alma é imortal, porque o nada não existe e nenhuma coisa pode ser aniquilada, nenhuma individualidade pode deixar de ser. A dissolução das formas materiais prova simplesmente uma coisa: que a alma é separada do organismo por meio do qual comunicava com o meio terrestre. Não deixa, por esse fato, de prosseguir a sua evolução em novas condições, sob formas mais perfeitas e sem nada perder da sua identidade. De cada vez que ela abandona o seu corpo terrestre, encontra-se novamente na vida do Espaço,

---

[37] Demonstrá-lo-emos mais adiante com uma série completa de fatos de observação, de experiência e de provas objetivas.

unida ao seu corpo espiritual, de que é inseparável, à forma imponderável que para si preparou com os seus pensamentos e obras.

Esse corpo sutil, essa duplicação fluídica existe em nós no estado permanente. Embora invisível, serve, entretanto, de molde ao nosso corpo material. Este não representa, no destino do ser, o papel mais importante. O corpo visível, o corpo físico varia. Formado de acordo com as necessidades da vida terrestre, é temporário e perecível; desagrega-se e dissolve-se quando morre. O corpo sutil permanece; preexistindo ao nascimento, sobrevive às decomposições da campa e acompanha a alma nas suas transmigrações. É o modelo, o tipo original, a verdadeira forma humana, à qual vêm incorporar-se temporariamente as moléculas da carne. Essa forma sutil, que se mantém no meio de todas as variações e de todas as correntes materiais, mesmo durante a vida pode separar-se, em certas condições, do corpo carnal, e também agir, aparecer, manifestar-se a distância, como mais adiante veremos, de modo a provar de maneira irrecusável sua existência independente.[38]

* * *

As provas da existência da alma são de duas espécies — morais e experimentais.

Vejamos primeiro as provas morais e as de ordem lógica; não obstante haverem servido muitas vezes, conservam toda a sua força e valor.

Segundo as escolas Materialista e Monista, a alma não é mais do que a resultante das funções cerebrais. "As células do cérebro", disse Haeckel, "são os

---

[38] A ciência fisiológica, a que escapa ainda a maior parte das leis da vida, entreviu, no entanto, a existência do perispírito ou do corpo fluídico, que é ao mesmo tempo o molde do corpo material, o vestuário da alma e o intermediário obrigatório entre eles. Claude Bernard escreveu (*Recherches sur les Problèmes de la Physiologie*): "Há como um *desenho preestabelecido* de cada ser e de cada órgão, de modo que, se considerado insuladamente, cada fenômeno do organismo é tributário das forças gerais da Natureza, parecem eles revelar um laço especial, *parecem dirigidos por alguma condição invisível pelo caminho que seguem, na ordem que os concatena*".
Sem a noção do corpo fluídico, a união da alma com o corpo material torna-se incompreensível. Daí veio o enfraquecimento de certas teorias espiritualistas, que consideravam a alma como "Espírito puro". Nem a razão nem a Ciência podem admitir um ser sem forma. Leibniz, no prefácio das suas *Nouvelles Recherches sur la Raison Humaine*, dizia: "Creio, com a maior parte dos antigos, que todos os Espíritos, todas as almas, todas as substâncias simples, ativas, estão sempre unidas a um corpo e que nunca existem almas completamente desprovidas deles".
Enfim, existem numerosas provas, objetivas e subjetivas, da existência do perispírito. São, em primeiro lugar, as sensações chamadas "de integridade", que acompanham sempre a amputação de qualquer membro. Alguns magnetizadores afirmam que podem exercer influência nos seus doentes, magnetizando o prolongamento fluídico dos membros amputados (Carl du Prel, *La Doctrine Monistique de l'Ame*, cap. VI). Vêm depois as aparições dos fantasmas dos vivos. Em muitos casos, o corpo fluídico, concretizado, tem impressionado placas fotográficas, deixado impressões e moldagens em substâncias moles, traços no pó e na fuligem, provocado o deslocamento de objetos etc. (Ver *No invisível*, caps. XII e XX).

verdadeiros órgãos da alma. Esta está ligada à integridade delas. Cresce, decai e desaparece com elas. O gérmen material contém o ser completo, físico e mental".

Responderemos em substância: A matéria não pode gerar qualidades que ela não tem. Átomos, sejam triangulares, circulares ou aduncos, não podem representar a razão, o gênio, o amor puro, a caridade sublime. O cérebro, dizem, cria a função. É caso compreensível que uma função possa conhecer-se, possuir a consciência, e a sensibilidade? Como explicar a consciência, a não ser pelo espírito? Vem da matéria? Quantas vezes não está a primeira em luta com a última! Vem do interesse e do instinto de conservação? Revolta-se ela contra eles e leva-nos até ao sacrifício!

O organismo material não é o princípio da vida e das faculdades; é, ao contrário, o seu limite. O cérebro é um simples instrumento que serve ao Espírito para registrar as suas sensações. É comparável a um harmônio, em que cada tecla representaria um gênero especial de sensações. Quando o instrumento está perfeitamente afinado, as teclas dão, sob a ação da vontade, o som peculiar a cada uma delas e reina a harmonia em nossas ideias e em nossos atos; mas, se as teclas estiverem estragadas, ou desfalcadas, o som que se produzir não será o que deve ser, a harmonia será incompleta. Resultará daí uma desafinação, por mais esforços que faça a inteligência do artista, ao qual será impossível tirar do instrumento defeituoso uma combinação de manifestações regulares. Assim se explicam as doenças mentais, as nevroses, a idiotia, a perda temporária da palavra ou da memória, a loucura etc., sem que, por isso, a existência da alma fique comprometida. Em todos esses casos o Espírito subsiste, mas as suas manifestações são contrariadas e, às vezes, até aniquiladas por uma falta de correlação com o seu organismo.

Sem dúvida, o desenvolvimento do cérebro denota, de maneira geral, altas faculdades. Uma alma delicada e poderosa precisa de um instrumento mais perfeito, que se preste a todas as manifestações de um pensamento elevado e fecundo. As dimensões e circunvoluções do cérebro estão muitas vezes em relação direta com o grau de evolução do Espírito.[39] Não se deve daqui deduzir que a memória é um simples jogo das células cerebrais. Estas modificam-se e renovam-se sem cessar, diz a Ciência, a tal ponto que o cérebro e o corpo passam por uma completa mudança material em poucos anos.[40]

---

[39] A regra não é absoluta. O cérebro de Gambetta, por exemplo, não pesava mais do que 1.246 gramas, ao passo que a média humana é de 1.500 a 1.800 gramas.
[40] Claude Bernard — *La Science Expérimentale, Phénomènes de la Vie*.

Nestas condições, como explicar que nos possamos recordar dos fatos que remontam a dez, vinte, trinta anos? Como? Como rememoram os velhos com surpreendente facilidade todos os pormenores da sua infância?

Como podem a memória, a personalidade, o "eu" persistir e manter-se no meio das contínuas destruições e reconstruções orgânicas? Outros tantos problemas insolúveis para o Materialismo!

Os sentidos, dizem os psicólogos contemporâneos, são o único veículo para a alma, a suspensão dos primeiros implica o desaparecimento da outra. Notemos, entretanto, que o estado de anestesia, isto é, a supressão momentânea da sensibilidade, não elimina, de modo algum, a ação da inteligência. Esta se ativa, ao contrário, em casos nos quais, segundo as doutrinas materialistas, deveria estar aniquilada.

Buisson escrevia: "Se existe alguma coisa que possa demonstrar a independência do 'eu', é com certeza a prova que nos fornecem os pacientes submetidos à ação do éter. Nesse estado as suas faculdades intelectuais resistem aos agentes anestésicos".

Velpeau, tratando do mesmo assunto, dizia: "Que mina fecunda não são para a Fisiologia e para a Psicologia os fatos como estes, que separam o espírito da matéria, a inteligência do corpo!"

Havemos de ver também por que forma, no sono comum ou no provocado, no sonambulismo e na exteriozação, a alma pode viver, perceber e agir sem o auxílio dos sentidos.

* * *

Se a alma, como diz Haeckel, representasse unicamente a soma dos elementos corporais, haveria sempre no homem correlação entre o físico e o mental. A relação seria direta e constante, e perfeito o equilíbrio entre as faculdades, as qualidades morais de uma parte, e a constituição material da outra. Os mais bem-dotados no ponto de vista físico possuiriam também as almas mais inteligentes e mais dignas. Sabemos que assim não sucede, porque, muitas vezes, almas de escol têm habitado corpos débeis. A saúde e a força não implicam, nos que as possuem, um espírito sutil e brilhantes faculdades.

Mens sana in corpore sano, diz-se, é verdade; mas há tantas exceções a esta máxima, que não é possível considerá-la como regra absoluta. A carne cede sempre à dor; não sucede o mesmo com a alma, que, muitas vezes, resiste, exalta-se no sofrimento e triunfa dos agentes externos.

Os exemplos de Antígono, de Jesus, de Sócrates, de Joana d'Arc, os dos mártires cristãos, dos hussitas e de tantos outros que embelezam a História e enobrecem a raça humana, aí estão para lembrar-nos que as vozes do sacrifício e do dever podem elevar-se muito acima dos instintos da matéria. Nas horas decisivas, a vontade dos heróis sabe dominar as resistências do corpo.

Se o homem estivesse integralmente contido no gérmen físico, encontrar-se-iam nele unicamente as qualidades e os defeitos dos seus progenitores e na mesma proporção; mas, ao contrário, veem-se por toda a parte crianças que diferem dos pais, são-lhes superiores ou ficam-lhes inferiores. Irmãos, irmãos gêmeos, de uma semelhança física flagrante, apresentam, mental e moralmente considerados, caracteres dessemelhantes entre si e com os seus ascendentes.

As teorias do atavismo e da hereditariedade são impotentes para explicar os casos célebres de crianças artistas ou sábias — músicos como Mozart ou Paganini, calculistas como Mondeux e Inaudi, pintores de dez anos como Van der Kerkhove e tantos outros meninos-prodígio, cujas aptidões não se encontram nos pais ou só se encontram em grau muito inferior, como, por exemplo, nos ascendentes de Mozart.

As propriedades da substância material, transmitidas pelos pais, manifestam-se na criança pela semelhança física e pelos males constitucionais; mas a semelhança só persiste, quando muito, durante o primeiro período da vida. Desde que o caráter se define, desde que a criança se faz homem, veem-se as feições se modificarem pouco a pouco, ao mesmo tempo que as tendências hereditárias vão diminuindo e dando lugar a outros elementos, que constituem uma personalidade diferente, um ser às vezes muito distinto, pelos gostos, pelas qualidades, pelas paixões, de tudo quanto se encontra nos ascendentes. Não é, pois, o organismo material o que constitui a personalidade, mas sim o homem interior, o ser psíquico. À medida que este se desenvolve e se afirma por sua própria ação na existência, vê-se a herança física e mental dos pais ir pouco a pouco enfraquecendo e, muitas vezes, desaparecer.

* * *

A noção do bem, gravada no fundo das consciências, é, igualmente, prova evidente da nossa origem espiritual. Se o homem procedesse do pó ou fosse resultante das forças mecânicas do mundo, não poderíamos conhecer o bem e o mal, sentir remorso nem dor moral.

"Essas noções", dizem-nos, "provêm dos vossos antepassados, da educação, das influências sociais!"

Mas, se essas noções são heranças exclusivas do passado, de onde foi que ele as recebeu? E por que se multiplicam em nós, não achando terreno favorável nem alimento?

Se a vista do mal vos tem causado sofrimento, se tendes chorado por vós e pelos outros, haveis de ter podido entrever, nessas horas de tristeza, de dor reveladora, as secretas profundezas da alma, as suas ligações misteriosas com o Além, e deveis compreender o encanto amargo e o fim elevado da existência, de todas as existências. Este fim é a educação dos seres pela dor; é a ascensão das coisas finitas para a vida infinita.

Não, o pensamento e a consciência não derivam de um universo químico e mecânico. Ao contrário, dominam-no, dirigem-no e subjugam-no do Alto. Com efeito, não é o pensamento que pesa os mundos, mede a extensão e discrimina as harmonias do cosmo? Só por um lado pertencemos ao mundo material. É por isso que tão vivamente padecemos com os seus males. Se lhe pertencêssemos completamente, sentir-nos-íamos muito mais em nosso elemento e ser-nos-iam poupados muitos sofrimentos.

A verdade acerca da natureza humana, da vida e do destino, o bem e o mal, a liberdade e a responsabilidade não se descobrem no fundo das retortas nem na ponta dos escalpelos. A ciência material não pode julgar coisas do espírito. Só o Espírito pode julgar e compreender o Espírito, e isso na razão do grau da sua evolução. É da consciência das almas superiores, dos seus pensamentos, dos seus trabalhos, dos seus exemplos, dos seus sacrifícios, que brotam a luz mais intensa e o mais nobre ideal que podem guiar a Humanidade no seu caminho.

O homem é, pois, ao mesmo tempo, espírito e matéria, alma e corpo, mas talvez que espírito e matéria não sejam mais do que simples palavras, exprimindo de maneira imperfeita as duas formas da vida eterna, a qual dormita na matéria bruta, acorda na matéria orgânica, adquire atividade, se expande e se eleva no espírito.

Não haverá, como admitem certos pensadores, mais do que uma essência única das coisas, forma e pensamento ao mesmo tempo, sendo a forma um pensamento materializado e o pensamento a forma do espírito?[41]

---

[41] Entendemos aqui por espírito o princípio da inteligência.

É possível. O saber humano é limitado e até os olhares do gênio não são mais do que relâmpagos no domínio infinito das ideias e das leis.

Todavia, o que caracteriza a alma e absolutamente a diferencia da matéria é a sua unidade consciente. Sob a ação da análise, a matéria dispersa-se e dissipa-se. O átomo físico divide-se em subátomos, que, por sua vez, fragmentam-se indefinidamente. A matéria é inteiramente desprovida de unidade, como o estabeleceram as recentes descobertas de Becquerel, Curie, Le Bon.

No Universo, só o Espírito representa o elemento uno, simples, indivisível e, por conseguinte, logicamente indestrutível, imperecível, imortal!

IV
A personalidade integral

A consciência, o "eu", é o centro do ser, a própria essência da personalidade.

Ser pessoa é ter uma consciência, um "eu" que reflete, examina-se, recorda-se. Poder-se-á, porém, conhecer, analisar e descrever o "eu", os seus misteriosos recônditos, as suas forças latentes, os seus germens fecundos, as suas atividades silenciosas? As psicologias, as filosofias do passado debalde o tentaram. Os seus trabalhos não fizeram mais do que tocar ao de leve a superfície do ser consciente. As camadas internas e profundas continuaram obscuras, inacessíveis, até ao dia em que as experiências do hipnotismo, do Espiritismo, da renovação da memória, aí projetaram, afinal, alguma luz.

Então se pôde ver que em nós se reflete, se repercute todo o universo na sua dupla imensidade, de espaço e de tempo. Dizemos "de espaço", porque a alma, nas suas manifestações livres e plenas, não conhece as distâncias. Dizemos "de tempo", porque um passado inteiro dorme nela ao lado do futuro que aí jaz no estado de embrião.

As escolas antigas admitiam a unidade e a continuidade do "eu", a permanência, a identidade perfeita da personalidade humana e a sua sobrevivência. Os seus estudos basearam-se no sentir íntimo, no que em nossos dias se chama a introspecção.

A nova psicologia experimental considera a personalidade como um agregado, um composto, uma "colônia". Para ela é apenas aparente a unidade do ser, que pode decompor-se. O "eu" é uma coordenação passageira, disse Th. Ribot.[42] Estas afirmações assentam em fatos de experiência, que não se podem deixar de parte, tais como: vida intelectual inconsciente, alterações da personalidade, correlação entre as doenças da memória e as lesões do cérebro etc.

Como aproximar e conciliar teorias tão dessemelhantes e contudo baseadas — ambas — na ciência de observação? De maneira simples. Pela própria observação, mais atenta, mais rigorosa. Myers disse-o por estes termos:[43]

> Uma investigação mais profunda, mais audaz, exatamente na direção que os psicólogos (materialistas) preconizam, mostra que eles se enganaram afirmando que a análise não provava a existência de nenhuma faculdade acima das que a vida terrestre, assim como eles a concebem, é capaz de produzir e o meio terrestre de utilizar. Porque, na realidade, a análise revela os vestígios de uma faculdade que a vida material ou planetária nunca poderia ter gerado e cujas manifestações implicam e fazem necessariamente supor a existência de um Mundo Espiritual. Por outro lado, e em favor dos partidários da unidade do "eu", pode dizer-se que os dados novos são de natureza a fornecer às suas pretensões uma base muito mais sólida e uma prova presuntiva que se avantaja em força a todas as que eles poderiam ter imaginado, a prova, especialmente, de que o "eu" pode sobreviver, e sobrevive realmente, não só às desintegrações secundárias, que o afetam no curso da sua vida terrestre, mas também à desintegração derradeira que resulta da morte corporal.
>
> Muito falta ao "eu consciente" de cada um de nós para poder compreender a totalidade da nossa consciência e das nossas faculdades. Existem uma consciência mais vasta e faculdades mais profundas, cuja maior parte se conserva virtual em relação à vida terrestre, das quais se desprenderam, por via de seleção, a consciência e as faculdades da vida terrestre; tais

---

[42] Th. Ribot — *Les Maladies de la Personnalité*, p. 170 e 172.
[43] F. W. Myers — *La Personnalité Humaine; sa Survivance, ses Manifestations Supranormales*, p. 19. Essa obra representa o mais grandioso esforço tentado pelo pensamento para resolver os problemas do ser.
O professor Flournoy, da Universidade de Genebra, escrevia a respeito desse livro: "O nome de Myers será inscrito no livro de ouro dos grandes iniciadores, a par dos de Copérnico e Darwin, para completar a tríade dos gênios que mais profundamente revolucionaram as noções científicas na ordem da Cosmologia, da Biologia e da Psicologia".

consciência mais alta e faculdades mais profundas de novo se afirmam em toda a plenitude depois da morte.

Tenho sido, há cerca de catorze anos, levado lentamente a essa conclusão, que revestiu para mim a sua forma atual, em consequência de uma longa série de reflexões baseadas em provas, cujo número ia aumentando progressivamente.

Em certos casos vê-se aparecer em nós um ser muito diferente do ser normal, possuindo não só conhecimentos e aptidões mais extensas que as da personalidade comum, mas, além disso, dotado de modos de percepção mais poderosos e variados. Às vezes mesmo, nos fenômenos de "segunda personalidade", o caráter se modifica e difere por tal forma do caráter habitual, que tem havido observadores que se julgaram na presença de um outro indivíduo.

Cumpre fazer bem a distinção entre esses casos e os fenômenos de incorporações de defuntos. Os médiuns, no estado de desdobramento, de sonambulismo, emprestam às vezes o seu organismo, conservado livre, a entidade do Além, a Espíritos desencarnados, que deles se servem para comunicar com os homens; mas, então, os nomes, as particularidades, as provas de identidade fornecidas pelos manifestantes não permitem confusão alguma. A individualidade invasora difere radicalmente da do paciente. Os casos de G. Pelham,[44] de Robert Hyslop, de Fourcade etc., nos demonstram que as substituições de Espíritos não podem ser confundidas com os casos de personalidade dupla.

Sem embargo, o erro era possível. Com efeito, do mesmo modo que as incorporações de Espíritos, a intervenção de personalidades secundárias é precedida de um sono curto. Estas surgem as mais das vezes num acesso de sonambulismo ou mesmo após uma comoção. O período de manifestação, a princípio de breve duração, prolonga-se pouco a pouco, repete-se e vai-se destacando, cada vez com maior precisão, até adquirir e constituir uma cadeia de recordações particulares que se distinguem do conjunto das recordações registradas na consciência normal. Este fenômeno pode ser facilitado ou provocado pela sugestão hipnótica. É mesmo provável que nos casos espontâneos, em que nenhuma vontade humana intervém, o fenômeno seja devido à sugestão de agentes invisíveis, guias e protetores

---

[44] Ver a nossa obra *No invisível*, cap. 19, *passim* e G. Delanne, *A alma é imortal*.

do *sujet*. Exercem eles nesses casos, como veremos, a sua ação para um fim curativo, terapêutico.

No caso, célebre, de Félida, estudado pelo doutor Azam,[45] os dois estados de consciência ou variações da personalidade são nitidamente estabelecidos:

> Quase todos os dias, sem causa conhecida ou sob o domínio de uma comoção, ela é tomada pelo que chama *a sua crise*. De fato, entra no seu segundo estado. Acha-se sentada com um trabalho de costura na mão; de repente, sem que nada o possa fazer prever e depois de uma dor nas fontes, mais violenta que de costume, a cabeça cai-lhe sobre o peito, as mãos ficam inativas e descem inertes ao longo do corpo. Dorme ou parece dormir um sono especial, porque nenhum barulho, nenhuma excitação, beliscadura ou picada a podem acordar. Demais, essa espécie de sono sobrevém subitamente e dura dois ou três minutos. Dantes durava muito mais.
>
> Depois, Félida acorda: mas o seu estado intelectual não é o mesmo que era antes de adormecer. Tudo parece diferente. Ergue a cabeça e, abrindo os olhos, cumprimenta sorrindo as pessoas que a cercam, como se tivesse chegado nessa ocasião; a fisionomia, triste e silenciosa antes, ilumina-se e respira alegria. A sua palavra é breve. Cantarolando, continua a obra de agulha que, no estado precedente, havia começado. Levanta-se. O seu andar é lesto e quase não se queixa das mil dores que, momentos antes, a faziam sofrer. Cuida dos arranjos domésticos, anda pela rua etc. O seu gênio mudou completamente; de triste fez-se alegre. A sua imaginação está mais exaltada; o motivo mais insignificante a entristece ou alegra; de indiferente passou a uma sensibilidade excessiva.
>
> Nesse estado, lembra-se perfeitamente de tudo o que se passou nos outros estados semelhantes anteriores e também durante a sua vida normal. Nessa vida, como na outra, as suas faculdades intelectuais e morais, posto que diferentes, acham-se incontestavelmente na sua integridade: nenhuma ideia delirante, nenhuma falsa apreciação, nenhuma alucinação. Félida é outra, nada mais. Pode mesmo dizer-se que, nesse segundo estado, nessa *segunda condição*, como lhe chama M. Azam, todas as suas faculdades parecem mais desenvolvidas e completas.

---

[45] Dr. Binet — *Altérations de la Personnalité*, F. Alcan, Paris, p. 6 e 20.

A personalidade integral

Esta segunda vida, em que a dor física não se faz sentir, é muito superior à outra, principalmente pelo fato notável de, enquanto ela dura, Félida lembrar-se não só do que se passou durante os precedentes acessos, mas também de toda a sua vida normal; ao passo que, durante a vida normal, nenhuma lembrança tem do que se passou durante os acessos.

Vê-se que não há aí em jogo várias personalidades, mas simplesmente vários estados da mesma consciência. A relação subsiste entre estes diversos aspectos do ser psíquico. Pelo menos, o segundo estado, o mais completo, nada ignora do que fez o primeiro; ao passo que este não conhece o outro senão por ouvir dizer. O modo de existência nº 2 trata o nº 1 com algum desdém. Félida, no segundo estado, fala da "rapariga estúpida", do mesmo modo que nós mesmos o faríamos falando do menino desajeitado, do bebê trapalhão, que fomos em outro tempo.

No caso de Louis Vivé[46] achamo-nos na presença de um fenômeno de "regressão da memória". O *sujet*, sob a influência da sugestão hipnótica, revive todas as cenas da sua vida, como diz Myers, com a rapidez e a facilidade de imagens cinematográficas. Não só os estados mentais passados e esquecidos voltam à memória ao mesmo tempo que as impressões físicas dessas variações, mas também quando um estado mental passado e esquecido é sugerido ao paciente, como sendo o seu estado atual, ele recebe imediatamente as impressões físicas correspondentes.

Veremos mais adiante que, graças a experiências da mesma ordem, se tem podido reconstituir as excitações anteriores de certos pacientes com a mesma nitidez, o mesmo poder de impressões e sensações, o que nos há de levar a reconhecer que a ciência profunda do ser nos reserva muitas surpresas.

Em Mary Reynolds[47] assistimos a uma transformação completa do caráter, que apresenta três fases distintas: uma caracterizada pelo desleixo e outra com disposições para a tristeza, tendendo a fundir-se num terceiro estado superior aos dois precedentes.

Outro caso fornecer-nos-á indicações preciosas sobre a natureza do segundo estado nas variações da personalidade. É o da srta. R. L..., observado pelo Dr. Dufay e publicado na *Revue Scientifique*, de 5 de julho de 1876.

---

[46] F. W. Myers — *La Personnalité Humaine*, idem, p. 60. Ver também Camuset, *Annales Médico-Psychologiques*, 1882, p. 15.
[47] William James — *Principles of Psychology*.

A Srta. R. L..., diz o Dr. Dufay, apresenta dois estados da personalidade. Tem perfeita consciência, no segundo estado, que é o estado de sonambulismo, da acuidade surpreendente que adquirem os seus sentidos. A alma é mais sensível; a inteligência e a memória recebem também um desenvolvimento considerável. Pode contar os fatos mais insignificantes de que teve conhecimento em qualquer época e de que se não recorda quando volta ao estado normal.

Não podemos passar em silêncio as observações da mesma natureza, feitas pelo Dr. Morton-Prince na senhorita Beauchamp.[48] Esta apresenta muitos aspectos da mesma personalidade, que se revelaram sucessivamente, e foram sendo denominados, à medida que apareciam, B1, B2, B4, B5.

B1 é a Srta. Beauchamp em estado normal, pessoa séria, reservada, escrupulosa em excesso. B2 é a mesma em estado de hipnose, com mais desembaraço, simplicidade e memória mais extensa. B4, que se revela mais tarde, distingue-se das precedentes por um estado completo de unidade harmônica e de equilíbrio normal, mas a quem faz falta a memória dos seis últimos anos, em consequência de uma emoção violenta. Enfim, B5 que reúne, como em síntese, a memória dos estados já descritos.

A originalidade deste caso consiste na intervenção, em meio desses diversos aspectos da personalidade da Srta. Beauchamp, de uma personalidade que lhe é completamente estranha, como nos parece. Trata-se de B3, que se diz chamar Sally, ser esperta, travessa, na verdade, faceta, pregando-lhe peças repetidas, uma vida bem difícil... Sally adapta-se, fisiologicamente, muito mal aos órgãos da médium.

Essa misteriosa Sally não poderia ser, segundo nós, senão uma entidade do Espaço, conseguindo substituir-se no sono à pessoa normal, e dispor, por um lapso de tempo, de um organismo cujo estado de equilíbrio está momentaneamente perturbado. Este fenômeno pertence à categoria das incorporações de Espíritos, de que tratamos especialmente em outra obra.[49]

Por seu turno, o Dr. Herbert Mayo aponta um fenômeno de memória quíntupla.[50] "O estado normal do *sujet* era interrompido por quatro variedades de estados mórbidos de que ele não se recordava ao acordar,

---

[48] Dr. Morton Prince. Ver *The Association of a Personality*, bem como a obra do coronel A. de Rochas, *Les Vies Successives*, Chacornac, ed., Paris, 1911, p. 398 e 402.
[49] Ver *No invisível*, cap. 19.
[50] *Revue Philosophique*, 1887, I, p. 449.

mas cada um desses estados conservava uma forma de memória que lhe era peculiar."

Finalmente, F. Myers, na sua obra magistral,[51] relata, segundo o Dr. Mason, um caso de personalidade múltipla, que entendemos dever reproduzir:

> Alma Z... era uma donzela muito sã e inteligente, de gênio inalterável e insinuante, espírito de iniciativa em tudo que empreendia, estudo, esporte, relações sociais. Em seguida a um cansaço intelectual e a uma indisposição de que não fez caso, viu sua saúde seriamente comprometida e, decorridos dois anos de grandes sofrimentos, fez brusca aparição uma segunda personalidade. Numa linguagem meio infantil, meio indiana, esta personalidade anunciava-se como sendo o nº 2, que vinha para aliviar os sofrimentos do nº 1. Ora, o estado do nº 1 neste momento era dos mais deploráveis — dores, debilidade, síncopes frequentes, insônias, estomatite mercurial, de origem medicamentosa, impossibilitando a alimentação. O nº 2 era alegre e terno, de conversa sutil e espirituosa, inteligência clara, alimentando-se bem e abundantemente, com maior proveito, dizia ela, do que nº 1. A conversa, por mais aprimorada e interessante que fosse, nada deixava suspeitar dos conhecimentos adquiridos pela primeira personalidade. Manifestava uma inteligência supranormal relativamente ao que se passava na vizinhança. Foi nessa época que o autor começou a observar este caso e eu não o perdi de vista, durante seis anos consecutivos. Quatro anos depois de ter aparecido a segunda personalidade, manifestou-se inopinadamente uma terceira, que se fez conhecer pelo nome de "moleque". Era completamente distinta e diferente das outras duas e tomara o lugar do nº 2, que este ocupara por quatro anos.
>
> Todas estas personalidades, posto que absolutamente distintas e características, eram, cada qual no seu gênero, interessantes, e a nº 2, em particular, tem feito e continua a fazer a alegria dos seus amigos, todas as vezes que aparece e que lhes é dado se aproximarem dela. Aparece sempre nos momentos de fadiga excessiva, de excitação mental, de prostração. Sobrevém então e persiste às vezes durante alguns dias. O "eu" original afirma sempre a sua superioridade, estando ali as outras apenas em atenção a ela e para seu proveito. A nº 1 nenhum

---

[51] F. Myers — *La Personnalité Humaine*, p. 61 e 62.

conhecimento pessoal tem das outras duas personalidades; contudo, conhece-as bem, a nº 2, principalmente, pelas narrativas das outras e pelas cartas que muitas vezes delas recebe, e admira as mensagens sutis, espirituosas e muitas vezes instrutivas que lhe trazem estas cartas ou as narrativas dos amigos.

Limitar-nos-emos à citação dos fatos que acabamos de transcrever para não nos alongarmos demais. Existem muitos outros da mesma natureza, cuja descrição o leitor poderá encontrar nas obras especiais.[52]

No seu conjunto, estes fenômenos demonstram uma coisa. É que, abaixo do nível da consciência normal, fora da personalidade comum, existem em nós planos de consciência, camadas ou zonas dispostas de tal maneira que, em certas condições, se podem observar alternações nesses planos. Vê-se então emergirem e manifestarem-se, durante um certo tempo, atributos, faculdades que pertencem à consciência profunda, mas que não tardam a desaparecer para volverem ao seu lugar e tornarem a mergulhar na sombra e na inação.

O nosso "eu" ordinário, superficial, limitado pelo organismo, não parece ser mais do que um fragmento do nosso "eu" profundo. Neste está registrado um mundo inteiro de fatos, de conhecimentos, de recordações referentes ao longo passado da alma. Durante a vida normal, todas essas reservas permanecem latentes, como que sepultadas por baixo do invólucro material; reaparecem no estado de sonambulismo. O apelo da vontade e a sugestão as mobilizam e elas entram em ação e produzem os estranhos fenômenos que a Psicologia oficial comprova sem os poder explicar.

Todos os casos de desdobramento da personalidade, todos os fenômenos de clarividência, telepatia, premonição, aparecimento de sentidos novos e de faculdades desconhecidas, todo esse conjunto de fatos, cujo número aumenta e constitui já um grandíssimo amálgama, deve ser atribuído à intervenção das forças e recursos da personalidade oculta.

O estado de sonambulismo, que permite a sua manifestação, não é um estado "regressivo" ou mórbido, como o julgaram certos observadores; é, antes, um estado superior e, segundo a expressão de Myers, "evolutivo". É

---

[52] Ver, entre outras, as dos Drs. Bourru e Burot, *Les Changements de la Personnalité; De la Suggestion Mentale*. Biblioteca científica contemporânea, Paris, 1887. Binet, *Les Altérations de la Personnalité*. Berjon, *La Grande Hystérie chez l'Homme*. Dr. Osgood Mason, *Double Personnalité, ses Rapports avec l'Hypnotisme et la Lucidité*.
Ver também *Proceedings S. P. R.*, o caso da Srta. Beauchamp, estudado por Morton, o de Annel Bourne, descrito pelo Dr. Hodgson e o de Mollie Faucher, observado pelo juiz americano Cain Dailey.

A personalidade integral

verdade que o estado de degenerescência e enfraquecimento orgânico facilita, em alguns pacientes, a emergência das camadas profundas do "eu", o que é designado pelo nome de histeria. Tudo o que, de um modo geral, deprime o corpo físico, favorece, convém notar, o desprendimento, a saída do Espírito. A esse respeito, muitos testemunhos nos seriam fornecidos pela lucidez dos moribundos; mas, para avaliar somente esses fatos, é mister considerá-los principalmente sob o ponto de vista psicológico. Aí está toda a sua importância.

A ciência materialista viu nesses fenômenos o que ela chama "desintegrações", isto é, alterações e dissociações da personalidade. Os diversos estados da consciência aparecem algumas vezes tão distintos, e os tipos que surgem são de tal modo diferentes do tipo normal, que têm levado a crer que se está em presença de várias consciências autônomas, em alternação no mesmo paciente. Acreditamos, com Myers, que nada disso sucede. Há aí simplesmente uma variedade de estados sucessivos coincidindo com a permanência do "eu". A consciência é uma, mas se manifesta de diversos modos: de maneira restrita, na vida normal, enquanto está limitada ao campo do organismo; mais completa, mais extensa em estados de desprendimento, e, finalmente, de maneira cabal, perfeita, na ocasião da morte, depois da separação definitiva, como o demonstram as manifestações e os ensinamentos dos Espíritos. A cisão é, pois, apenas aparente. A única diferença entre os estados variados de consciência é uma diferença de graus. Esses graus podem ser numerosos. O espaço que, por exemplo, medeia entre o estado de incorporação e a exteriorização completa, parece considerável. A personalidade não deixa, por isso, de permanecer idêntica através da concatenação dos fatos da consciência, que um laço contínuo liga entre si, desde as modificações mais simples do estado normal, até os casos que comportam transformação da inteligência e do caráter; desde a simples ideia fixa e os sonhos até a projeção da personalidade no Mundo Espiritual, nesse Além onde a alma recupera a plenitude das suas percepções e dos seus poderes.

Já no decurso da existência terrestre, da infância à velhice, vemos o "eu" modificar-se incessantemente; a alma atravessa uma série de estados, anda em mudança contínua. Não obstante, no meio dessas diversas fases, é invariável a fiscalização que exerce sobre o organismo. A Fisiologia salientou a sábia e harmoniosa coordenação de todas as partes do ser, as leis da vida orgânica e do mecanismo nervoso, que não podem ser explicadas sem a presença de uma unidade central. Essa unidade soberana é a origem e a causa conservadora da vida; relaciona-lhe todos os elementos, todos os aspectos.

Foi por uma consequência não menos perniciosa das teorias materialistas que os "psicólogos" da escola oficial chegaram a considerar o gênio como uma nevrose, quando ele pode ser a utilização, em maior escala, dos poderes psíquicos ocultos no homem.

Myers, falando da categoria dos histéricos que conduzem o mundo, emite a opinião de que "a inspiração do gênio não seria mais do que a emergência, no domínio das ideias conscientes, de outras ideias em cuja elaboração a consciência não tomou parte, mas que se têm formado isoladamente, por assim dizer, independentemente da vontade, nas regiões profundas do ser".[53]

Em geral, aqueles que tão levianamente são qualificados como "degenerados" são muitas vezes "progenerados", e, nestes, sensitivos, histéricos ou nevróticos, as perturbações do organismo físico e as alterações nervosas podem realmente ser um processo de evolução pelo qual toda a Humanidade terá de passar para chegar a um grau mais intenso da vida planetária.

O desenvolvimento do organismo humano até à sua expansão completa é sempre acompanhado de perturbações, do mesmo modo que o aparecimento de cada novo ser na Terra é delas precedido. Em nossos esforços dolorosos para maior soma de vida, os valores mórbidos transmutam-se em forças morais. As nossas necessidades são instintos em fusão, que se concretizam em novos sentidos para adquirir mais poder e conhecimento.

Mesmo no estado ordinário, no estado de vigilância, podem emergências, impulsos do "eu" profundo, remontar até às camadas exteriores da personalidade, trazendo intuições, percepções, lampejos bruscos sobre o passado e o futuro do ser, os quais denotam faculdades muito extensas, que não pertencem ao "eu" normal.

Cumpre relacionar com essa ordem de fenômenos a maior parte dos casos de escrita automática. Dizemos a maior parte, porque sabemos de outros que têm como causa agentes externos e invisíveis.

---

[53] F. Myers, *La Personnalité Humaine*, p. 69.
Cremos, todavia, que, no exame deste problema de gênio, Myers não atendeu bastante às aquisições anteriores, fruto das existências acumuladas, tampouco à inspiração medianímica, muito caracterizada em certas inteligências geniais, como em outro lugar vimos (*No invisível*, último capítulo).

Há em nós um como reservatório de águas subterrâneas, donde, em certas horas, rompe e sobe à superfície uma corrente rápida e em ebulição. Os profetas, os mártires de todas as religiões, os missionários, os inspirados, os entusiastas de todos os gêneros e de todas as escolas conheceram estes impulsos surdos e poderosos, que nos têm brindado com as maiores obras que hão revelado aos homens a existência de um mundo superior.

V
A alma e os diferentes estados do sono

O estudo do sono fornece-nos sobre a natureza da personalidade indicações de grande importância. Em geral não se profunda muito o mistério do sono. O exame atento deste fenômeno, o estudo da alma e da sua forma fluídica durante a parte da existência que consagramos ao descanso, conduzir-nos-ão a uma compreensão mais alta das condições do ser na vida do Além.

O sono possui não só propriedades restauradoras que a Ciência não pôs no devido relevo, mas também um poder de coordenação e centralização sobre o organismo material. Pode, além disso, acabamos de o ver, provocar uma ampliação considerável das percepções psíquicas, maior intensidade do raciocínio e da memória.

Que é então o sono?

É simplesmente a alma que se desprende, que sai do corpo. Diz-se: o sono é irmão da morte. Estas palavras exprimem uma verdade profunda. Sequestrada na carne, no estado de vigília, a alma recupera, durante o sono, a sua liberdade relativa, temporária, ao mesmo tempo que o uso dos seus poderes ocultos. A morte será a sua libertação completa, definitiva.

Já nos sonhos, vemos os sentidos da alma, esses sentidos psíquicos, de que os do corpo são a manifestação externa e amortecida, entrar em ação.[54] À

---
[54] A visão ocular não é mais do que a manifestação externa da faculdade visual, que tem a sua expressão

medida que as percepções externas se enfraquecem e apagam, quando os olhos estão fechados e suspenso o ouvido, outros meios mais poderosos despertam nas profundezas do ser. Vemos e ouvimos com os sentidos internos. Imagens, formas, cenas a distância sucedem-se e desenrolam-se; travam-se conversas com pessoas vivas ou falecidas. Esse movimento, muitas vezes incoerente e confuso no sono natural, adquire precisão e aumenta com o desprendimento da alma no sono provocado, no transe de sonambulismo e no êxtase.

Às vezes, a alma afasta-se durante o descanso do corpo e são as impressões das suas viagens, os resultados das suas indagações, das suas observações, que se traduzem pelo sonho. Neste estado, um laço fluídico ainda a liga ao organismo material e, por esse vínculo sutil, espécie de fio condutor, as impressões e as vontades da alma podem transmitir-se ao cérebro. É pelo mesmo processo que, nas outras formas do sono, a alma governa o seu invólucro terrestre, fiscaliza-o, dirige-o. Esta direção, no estado de vigília, durante a incorporação, exercita-se de dentro para fora; efetuar-se-á em sentido inverso nos diferentes estados de desprendimento. A alma, emancipada, continuará a influenciar o corpo mediante o laço fluídico que continuamente liga um à outra. Desde esse momento, no seu poder psíquico reconstituído, a alma exercerá sobre o organismo carnal uma direção mais eficaz e segura. A marcha dos sonâmbulos, à noite, em lugares perigosos, com inteira segurança, é uma demonstração evidente desse fato.

Sucede o mesmo com a ação terapêutica provocada pela sugestão. Esta é eficaz, principalmente no sentido de facilitar o desprendimento da alma e dar-lhe o poder absoluto de fiscalização, a liberdade necessária para dirigir a força vital acumulada no perispírito e, por este meio, restaurar as perdas sofridas pelo corpo físico.[55] Comprovamos este fato nos casos de personalidade dupla. A segunda personalidade, mais completa, mais integral que a personalidade normal, substitui-a para um fim curativo, por meio de uma sugestão exterior, aceita e transformada em autossugestão pelo Espírito do *sujet*. Com efeito, este nunca abandona os seus direitos e

---

mais ampla na visão interna. A visão interior exterioriza-se e traduz-se pela ação dos sentidos, tanto na vida física como na vida psíquica. No primeiro caso, o órgão terminal pertence ao corpo material; no outro caso são os órgãos do corpo fluídico.

A visão no sonho é acompanhada de uma luz especial, constante, diferente da luz do dia.

[55] O Espírito exteriorizado pode tirar do organismo mais força vital do que o homem normal, o homem encarnado, pode obter. Foi demonstrado por experiências que um Espírito pode, através do organismo, exercer maior pressão num dinamômetro do que o Espírito encarnado.

poderes de fiscalização. Assim, como disse Myers, "não é a ordem do hipnotizador, mas antes a faculdade do paciente que forma o nó da questão".[56]

O sábio professor de Cambridge disse mais:[57] "O fim único de todos os processos hipnogênicos é dar energia à vida; é alcançar mais rápida e completamente resultados que a vida abandonada a si mesma só realiza lentamente e por forma incompleta".

Por outros termos, o hipnotismo é a aplicação, num grau mais intenso, das energias reparadoras que entram em jogo no sono natural. A sugestão terapêutica é a arte de libertar o Espírito do corpo, de abrir-lhe uma saída pelo sono e permitir-lhe que exerça com plenitude os seus poderes sobre o corpo doente. As pessoas sugestionáveis são aquelas cujas almas indolentes ou que pouco têm evolvido não estão aptas para desprenderem-se por si mesmas e agir utilmente no sono ordinário para restaurar as perdas do organismo.

A sugestão em si mesma não é, pois, mais do que um pensamento, um ato da vontade, diferindo somente da vontade ordinária por sua concentração e intensidade. Em geral, os nossos pensamentos são múltiplos e hesitantes. Nascem e passam ou, então, quando coexistam em nós, chocam-se e confundem-se. Na sugestão, o pensamento e a vontade fixam-se num ponto único. Ganham em poder o que perdem em extensão. Por sua ação, que se torna mais penetrante, mais incisiva, provocam no *sujet* o despertar de faculdades não utilizadas no estado normal. A sugestão torna-se, então, uma espécie de impulso, de alavanca que mobiliza a força vital e dirige-a para o ponto onde ela tem de operar.

A sugestão pode exercer-se, tanto na ordem física, por uma influência direta sobre o sistema nervoso, como na ordem moral, sobre o "eu" central e a consciência do *sujet*. Bem empregada, constitui ela um meio muito apreciável de educação, destruindo as tendências ruins e os hábitos perniciosos. A sua influência sobre o caráter produz, então, os mais felizes resultados.[58]

* * *

Voltemos ao sono ordinário e ao sonho. Enquanto o desprendimento da alma é incompleto, as sensações, as preocupações da vigília e as recordações

---

[56] F. Myers — *La Personnalité Humaine*, p. 204.
[57] Id. Ibid., p. 187.
[58] Em resumo, os frutos que a sugestão hipnótica pode e deve proporcionar e em vista dos quais se deve aplicar, são estes: concentração do pensamento e da vontade; aumento de energia e vitalidade; atenção fixa em coisas essencialmente úteis; alargamento do campo da memória; manifestação de sentidos novos por meio de impulsões internas ou externas.

do passado misturam-se com as impressões da noite. As percepções registradas pelo cérebro desenrolam-se automaticamente, em desordem aparente, quando a atenção da alma está desviada do corpo e deixa de regular as vibrações cerebrais. Daí a incoerência da maior parte dos sonhos; mas, à medida que a alma se desprende e se eleva, a ação dos sentidos psíquicos torna-se predominante, e os sonhos adquirem uma lucidez, uma nitidez notáveis. Clareiras cada vez mais largas, vastas perspectivas abrem-se no Mundo Espiritual, verdadeiro domínio da alma e lugar do seu destino. Neste estado ela pode penetrar as coisas ocultas e até os pensamentos e os sentimentos de outros Espíritos.[59]

Há em nós uma dupla vista, pela qual pertencemos, ao mesmo tempo, a dois mundos, a dois planos de existência. Uma está em relação com o tempo e o espaço, como nós os concebemos em nosso meio planetário com os sentidos do corpo: é a vida material; a outra, mediante os sentidos profundos e as faculdades da alma, liga-nos ao universo espiritual e aos mundos infinitos. No decurso da nossa existência terrestre, é principalmente quando dormimos que essas faculdades podem exercer-se e entrar em vibração as potências da alma. Esta torna a pôr-se em contato com o universo invisível, que é a sua pátria e do qual estava separada pela carne. Retempera-se no seio das energias eternas para continuar, quando desperta, a sua tarefa penosa e obscura.

Durante o sono, a alma pode, segundo as necessidades do momento, aplicar-se a reparar as perdas vitais causadas pelo trabalho cotidiano e a regenerar o organismo adormecido, infundindo-lhe as forças tiradas do mundo cósmico, ou, quando está acabado esse movimento reparador, continuar o curso

---

[59] Segundo os antigos, existem duas espécies de sonhos: o sonho propriamente dito, em grego, "onar", é de origem física, e o sonho "repar", de origem psíquica. Encontra-se esta distinção em Homero, que representa a tradição popular, assim como em Hipócrates, que é representante da tradição científica. Muitos ocultistas modernos adotaram definições análogas. Em tese geral, segundo eles dizem, o sonho propriamente dito seria um sonho produzido mecanicamente pelo organismo, e o sonho psíquico, um produto da clarividência adivinhadora; ilusório um, verídico o outro. É, porém, às vezes, muito difícil estabelecer uma limitação nítida e distinta entre essas duas classes de fenômenos.
O sonho vulgar parece devido à vibração cerebral automática, que continua a produzir-se no sono, quando a alma está ausente. Estes sonhos são muitas vezes absurdos; mas este mesmo absurdo é uma prova de que a alma está fora do corpo físico e deixou de regular-lhe as funções. Com menos facilidade nos lembramos do sonho psíquico, porque não impressiona o cérebro físico, mas somente o corpo psíquico, veículo da alma, que está exteriorizada no sono.
"Os sentidos", diz o Dr. Pascal (*Mémoire Présenté au Congrès de Psychologie de Paris*, em 1900), "depois da atividade do dia, já não produzem sensações tão vivas e, como é a energia destas sensações que tem a consciência 'concentrada' no cérebro, esta consciência, quando os sentidos adormecem, escapa-se para fora do corpo físico e fixa-se no corpo psíquico".
O sonho lúcido representa o conjunto das impressões recolhidas pela alma no estado de liberdade e transmitidas ao cérebro, quer no decurso das suas migrações, quer no momento de despertar. Poder-se-ia distingui-lo do sonho vulgar ou automático pelo fato de não causar nenhuma fadiga, contrariamente ao que sucede com a atividade cerebral da vigília.

da sua vida superior, pairar sobre a Natureza, exercer as suas faculdades de visão a distância e penetração das coisas. Nesse estado de atividade independente vive já antecipadamente a vida livre do Espírito; porque essa vida, que é uma continuação natural da existência planetária, espera-a depois da morte, devendo a alma prepará-la não somente com as suas obras terrestres, mas também com as suas ocupações quando desprendida durante o sono. É graças ao reflexo da luz do Alto, que cintila em nossos sonhos e ilumina completamente o lado oculto do destino, que podemos entrever as condições do ser no Além.

Se nos fosse possível abranger com o olhar toda a extensão de nossa existência, reconheceríamos que o estado de vigília está longe de constituir-lhe a fase essencial, o elemento mais importante. As almas, que de nós cuidam, servem-se do nosso sono para exercitarem-nos na vida fluídica e no desenvolvimento dos nossos sentidos de intuição. Efetua-se, então, um trabalho completo de iniciação para os homens ávidos de se elevarem.

Os vestígios desse trabalho encontram-se nos sonhos. Assim, quando voamos, quando deslizamos com rapidez pela superfície do solo, significa isso a sensação do corpo fluídico, ensaiando-se para a vida superior.

Sonhar que subimos sem cansaço, com facilidade surpreendente, através do espaço, sem embaraço nem medo, ou então que estamos pairando por cima das águas; atravessar paredes e outros obstáculos materiais sem ficarmos admirados de praticar atos que são impossíveis enquanto estamos acordados, não é a prova de que nos tornamos fluídicos pelo desprendimento? Tais sensações, tais imagens, que comportam completa inversão das leis físicas que regem a vida comum, não poderiam vir ao nosso espírito se não fossem o resultado de uma transformação do nosso modo de existência.

Na realidade, já não se trata aqui de sonhos, mas de ações reais praticadas em outro domínio da sensação e cuja lembrança se insinuou na memória cerebral. Essas lembranças e impressões no-lo demonstram bem. Possuimos dois corpos, e a alma, sede da consciência, fica ligada ao seu invólucro sutil, enquanto o corpo material está deitado e em completa inércia.

Apontemos, todavia, uma dificuldade. Quanto mais a alma se afasta do corpo e penetra nas regiões etéreas, tanto mais fraco é o laço que os une, tanto mais vaga a lembrança ao acordar. A alma paira muito longe na imensidade e o cérebro deixa de registrar as suas sensações. Daí resulta não podermos analisar os nossos mais belos sonhos. Algumas vezes, a última das impressões sentidas no decurso dessas peregrinações noturnas subsiste ao despertar.

E se, nesse momento, tivermos o cuidado de fixá-la fortemente na memória, pode ficar lá gravada. Tive, uma noite, a sensação de vibrações percebidas no espaço, as últimas notas de uma melodia suave e penetrante, e a lembrança das derradeiras palavras de um cântico que findava assim: "Há céus inumeráveis!"

Às vezes sentimos, ao acordar, a vaga impressão de poderosas coisas entrevistas, sem nenhuma lembrança determinada. Esta espécie de intuição, resultante de percepções registradas na consciência profunda, mas não na consciência cerebral, persiste em nós durante certo tempo e influencia os nossos atos. Outras vezes, essas impressões traduzem-se nitidamente no sonho. Eis o que a respeito diz Myers:[60]

> O resultado permanente de um sonho é muitas vezes de tal ordem que nos mostra claramente que o sonho não é o efeito de uma simples confusão com lembranças avivadas da vida passada, mas que possui um poder inexplicável que lhe é próprio e que ele tira, semelhante nisso à sugestão hipnótica, *das profundezas da nossa existência*, a que a vida de vigília é incapaz de chegar. Desse gênero, dois grupos de casos há que, pela clareza com que se patenteiam, facilmente podem ser reconhecidos; um deles, principalmente, em que o sonho acabou por uma transformação religiosa decidida, e o outro em que o sonho foi o ponto de partida de uma ideia obsidente ou de um acesso de verdadeira loucura.

Estes fenômenos poderiam explicar-se pela comunicação, no sonho, da consciência superior com a consciência normal, ou pela intervenção de alguma Inteligência elevada que julga, reprova, condena o proceder do sonhador, ocasionando-lhe perturbação e um salutar receio. A obsessão pode também exercer-se por meio do sonho até ao ponto de causar perturbação mental ao despertar. Terá como autores Espíritos malfazejos, a quem o nosso procedimento no passado e os danos que lhes causamos deram domínio sobre nós.

Insistimos também na propriedade misteriosa que tem o sono de fazer-nos senhores, em certos casos, de camadas mais extensas da memória.

A memória normal é precária e restrita, não vai além do círculo estreito da vida presente, do conjunto dos fatos, cujo conhecimento é indispensável por causa do papel que se tem de desempenhar na Terra e do fim que se

---

[60] F. Myers — *La Personnalité Humaine*, p. 117.

deve alcançar. A memória profunda abrange toda a história do ser, desde a sua origem, os seus estágios sucessivos, os seus modos de existência, planetários ou celestes. Um passado inteiro, feito de recordações e sensações, esquecido, ignorado no estado de vigília, está gravado em nós. Esse passado só desperta quando o Espírito se exterioriza durante o sono natural ou provocado. Uma regra conhecida de todos os experimentadores é que, nos diferentes estados do sono, à medida que se vai ficando a maior distância do estado de vigília e da memória normal, tanto mais a hipnose é profunda, tanto mais se acentua a expansão, a dilatação da memória. Myers confirma o fato nos seguintes termos:[61]

> A memória mais distanciada da vida de vigília é a que mais vasto alcance tem, é a que mais profundo poder exerce sobre as impressões acumuladas no organismo. Por mais inexplicável que esse fenômeno se tenha apresentado aos observadores, que com ele depararam sem possuírem a decifração do enigma, é certo que as observações independentes de centenas de médicos e de hipnotizadores atestam a sua realidade. O exemplo mais comum é fornecido pelo sono hipnótico ordinário. O grau de inteligência que se manifesta no sono varia segundo os *sujets* e as épocas; mas todas as vezes que esse grau é suficiente para autorizar um juízo, achamos que existe durante o sono hipnótico a memória considerável, que não é necessariamente uma memória completa ou razoável do estado de vigília; ao passo que na maior parte dos *sujets* acordados, salvo o caso de uma injunção especial dirigida ao "eu" hipnótico, nenhuma lembrança existe que se relacione com o estado de sono.
> O sono ordinário pode ser considerado como ocupando uma posição que está entre a vida acordada e o sono hipnótico profundo; e parece provável que a memória pertencente ao sono ordinário liga-se, por um lado, à que pertence à vida de vigília e, pelo outro, à que existe no sono hipnótico. Realmente assim é, estando os fragmentos da memória do sono ordinário intercalados nas duas cadeias.

Myers, em apoio das suas palavras, cita[62] vários casos em que fatos retrospectivos esquecidos, e outros de que o que dorme nunca teve conhecimento, se revelam no sonho.

---

[61] F. Myers — *La Personnalité Humaine*, p. 121 e 122.
[62] F. Myers — *La Personnalité Humaine*, p. 123 e 124.

As experiências de que Myers fala, vê-las-emos quando tratarmos da questão das reencarnações, foram levadas muito mais longe do que ele o previa, e as consequências que daí provêm são imensas. Não só tem sido possível, pela sugestão hipnótica, reconstituir as menores recordações da vida atual, desaparecidas da memória normal dos *sujets*, mas também reatar o encadeamento das suas vidas passadas, interrompido já.

Ao mesmo tempo que uma memória mais vasta e mais rica, vemos aparecer no sono faculdades que são muito superiores a todas as de que gozamos no estado de vigília. Problemas estudados em vão, abandonados como insolúveis, são resolvidos no sonho ou no sonambulismo; obras geniais, operações estéticas da ordem mais elevada, poemas, sinfonias e hinos fúnebres são concebidos e executados. Há em tudo isso uma obra exclusiva do "eu" superior ou a colaboração de entidades espirituais que vêm inspirar os nossos trabalhos? É provável que esses dois fatores intervenham nos fenômenos dessa ordem.

Myers cita o caso de Agassiz descobrindo, enquanto dormia, o arranjo esquelético de ossadas dispersas que ele tentara, por várias vezes e sem resultado, acertar durante a vigília.

Lembraremos os casos de Voltaire, La Fontaine, Coleridge, S. Bach, Tartini etc., executando obras importantes em condições análogas.[63]

Finalmente, importa mencionar uma forma de sonhos, cuja explicação escapou até agora à Ciência. São os *sonhos premonitórios*, complexo de imagens e visões que se referem a acontecimentos futuros e cuja exatidão é ulteriormente verificada. Parecem indicar que a alma tem o poder de penetrar o futuro ou que este lhe é revelado por inteligências superiores.

Assinalemos o sonho da Duquesa de Hamilton, que viu com antecipação de quinze dias a morte do Conde de L... com particularidades de natureza íntima que acompanharam esse acontecimento.[64]

Um fato da mesma natureza foi publicado pelo *Progressive Thinker* de Chicago, a 1º de novembro de 1913. Um magistrado de Hauser, M. Reed, morreu imediatamente, em consequência de uma guinada do automóvel em que viajava. Seu filho, de 10 anos de idade, tinha tido, por duas vezes seguidas, a visão desta catástrofe em todos os seus pormenores. Apesar dos avisos e das súplicas de sua mulher, M. Reed achou que não

---

[63] Ver *No invisível*, cap. 12.
[64] *Proceedings*, S. P. R., XI, p. 505.

devia renunciar ao projetado passeio, em que veio a encontrar a morte, nas circunstâncias idênticas às percebidas no sonho da criança.

M. Henri de Parville, no seu folhetim científico do *Journal des Débats* (maio 1904) refere um caso afiançado por testemunhos dignos de fé:

> Uma senhora, cujo marido desapareceu sem deixar vestígios e que ela não pôde descobrir apesar de todas as pesquisas a que procedeu, teve um sonho. Um cãozinho, que por muito tempo havia vivido na sua companhia, mas que o marido levara, aparece-lhe, dá latidos de alegria e cobre-a de carícias. Instala-se-lhe ao pé, não tira os olhos dela; depois, passado um momento, levanta-se e começa a arranhar a porta. Está feita a sua visita e precisa ir-se embora. Ela abre-lhe a porta e, no sonho, segue o animal, que se afasta, correndo; corre também atrás dele e, passado algum tempo, o vê entrar numa casa, cujo rés do chão é ocupado por um café. A rua, a casa e o bairro gravam-se-lhe na memória, que conserva a recordação de tudo isso depois de acordada. Preocupada com este sonho, conta-o a três pessoas da vizinhança, que depois deram testemunho da autenticidade dos fatos. Decide-se, finalmente, a seguir a pista do cão e encontra o marido na rua e na casa que vira em sonho.

Les Annales des Sciences Psychiques, de julho de 1905, citava dois sonhos premonitórios acompanhados de circunstâncias que lhe dão caráter muito comovente.

Finalmente, achamos na *Revue de Psychologie de la Suisse Romande*, 1905, página 379, o caso de um mancebo que se via muitas vezes numa alucinação autoscópica, precipitado do cimo de um rochedo e estendido, ensanguentado e contundido, no fundo de um barranco. Essa premonição fatal realizou-se, ponto por ponto, a 10 de julho de 1904, no monte Salève, perto de Genebra.

* * *

À proporção que nos vamos elevando na ordem dos fenômenos psíquicos, vão-se eles apresentando com maior clareza, com maior rigor e trazem-nos provas mais decisivas da independência e da sobrevivência do Espírito.

As percepções da alma no sono são de duas espécies. Verificamos primeiramente a visão a distância, a clarividência, a lucidez; vem depois um conjunto de fenômenos designados pelos nomes de *telepatia* e *telestesia* (sensações e simpatias a distância). Compreende a recepção e transmissão dos pensamentos, das sensações, dos impulsos motrizes. Com esses fatos relacionam-se os casos de desdobramentos e aparições designados pelos nomes de *fantasmas dos vivos*. Esses casos, teve a Psicologia oficial de verificá-los em grande número, sem os explicar.[65] Todos esses fatos ligam-se entre si e formam uma cadeia contínua. Em princípio, constituem, no fundo, um só e mesmo fenômeno, variável na forma e intensidade, isto é, o desprendimento gradual da alma. Esse desprendimento, vamos segui-lo nas suas diversas fases, desde o despertar dos sentidos psíquicos e das suas manifestações em todos os graus, até a projeção, a distância, de todo o Espírito, alma e corpo fluídico.

Examinemos primeiramente os casos em que a visão psíquica se exerce com agudeza notável. Citamos alguns nas nossas obras precedentes. Aqui apresentamos um, mais recente, publicado por toda a imprensa londrina.

O desaparecimento da Srta. Holland, processo criminal que apaixonou a Inglaterra, foi explicado por um sonho. A polícia procurava baldamente. O acusado, Samuel Douglas, que estava para ser solto, pretendia que ela havia partido para destino desconhecido. Os jornais de Londres publicaram desenhos que representavam a casa em que morava a Srta. Holland e o jardim da mesma casa. Uma criada grave viu a gravura e exclamou: "Aí está o meu sonho!", e indicou um lugar, ao pé de uma árvore, dizendo: "Está ali um cadáver!" Soube-o a polícia e, na presença dos agentes, ela confirmou as suas declarações. Explicou que vira em sonho esse jardim e, no solo, no lugar indicado, um corpo enterrado. A polícia mandou escavar o terreno nesse lugar e nele foi encontrado o cadáver da Srta. Holland. Ficou provado que a criada nunca conhecera essa pessoa nem pusera os pés nesse jardim.

Camille Flammarion, na sua obra *O desconhecido e os problemas psíquicos*, menciona uma série completa de visões diretas, a distância, durante o sono, resultante de um inquérito feito na França sobre os fenômenos dessa ordem.

Vamos referir um caso mais complicado. Os *Annales des Sciences Psychiques*, de Paris, setembro de 1905 (p. 551), contêm a relação circunstanciada e autenticada pelas autoridades legais de Castel di Sangro (Itália), de um sonho macabro, coletivo e verídico:

> O guarda rural do Barão Raphäel Corrado viu em sonho, na noite de 3 de março último, seu pai, falecido havia dez anos. Exprobrou-lhe, a ele,

---

[65] Ver *Proceedings* da Sociedade de Pesquisas Psíquicas de Londres.

aos irmãos e irmãs, o terem-no esquecido e, coisa mais grave, deixarem os seus pobres ossos desenterrados pelos coveiros, abandonados sobre a neve, por trás da torre do cemitério, à mercê dos lobos. A irmã do guarda sonhou exatamente a mesma coisa, e o irmão, muito impressionado, pegou na espingarda e, não obstante a tempestade de neve que atormentava a região, dirigiu-se para o cemitério, situado num monte que dominava a cidade. Aí, por trás da torre, entre as silvas e por cima da neve, em que havia sinais de patas de lobo, viu ossos humanos.

Os *Annales* dão depois a narrativa circunstanciada do inquérito e das pesquisas feitas pelo juiz de paz. Estabelecem que os ossos eram, na realidade, do pai do guarda, que os coveiros, terminado o prazo legal, haviam exumado. Iam eles transportá-los para o ossuário, à noitinha, quando o frio e a neve os obrigaram a deixar o serviço para o dia seguinte. Os documentos relativos a este caso, que foi objeto de um processo, estão assinados pelo tabelião, pelo juiz de paz e pelo síndico da localidade. Foram publicados pelo *Eco del Sangro*, de 15 de março de 1905.

O prof. Newbold, da Universidade da Pensilvânia, relata nos *Proceedings of S. P. R.*, XII, página 11, vários exemplos de sonhos que indicam uma grande atividade da alma durante o sono e dão ensinamentos que vêm do Mundo Invisível. Entre outros, citaremos o do Dr. Hilprecht, professor de língua assíria na mesma Universidade, o qual achou, enquanto dormia, o sentido de uma inscrição antiga, sentido que até então não havia descoberto. Num sonho mais complexo, em que intervém um sacerdote dos antigos templos de Nippur, dele recebeu a explicação de um enigma de difícil decifração. Foram reconhecidas como exatas todas as particularidades desse sonho. As indicações do sacerdote versavam sobre pontos de Arqueologia completamente desconhecidos dos seres que vivem na Terra.

Convém notar que, em todos esses fatos, o corpo do percipiente está em repouso e os seus órgãos físicos estão adormecidos; mas nele o ser psíquico continua em vigília, em atividade; vê, ouve e comunica, sem o auxílio da palavra, com outros seres semelhantes, isto é, com outras almas.

Esse fenômeno tem caráter geral e dá-se em cada um de nós. Na transição da vigília para o sono, exatamente no momento em que os nossos meios ordinários de comunicação com o mundo exterior estão suspensos, abrem-se em nós novas saídas para a natureza e, por elas, escapa-se uma irradiação mais intensa da nossa visão. Já nisso vemos revelar-se uma nova forma de vida, a vida psíquica, que vai amplificar-se nos outros fenômenos de que nos vamos ocupar, provando que existem para o ser humano modos de percepção e de manifestação muito diferentes do dos sentidos materiais.

Depois dos fenômenos de visão no sono natural, vamos apresentar um caso de clarividência no sono provocado.

O Dr. Maxwell, advogado geral no Supremo Tribunal de Bordeaux, provoca na Sra. Agullana, *sujet* muito sensível, o sono magnético. Ela desprende-se, exterioriza-se, afasta-se em espírito da sua morada. O Dr. Maxwell manda-lhe observar, a certa distância, o que está fazendo um seu amigo M. B... Eram 10 horas e 20 minutos da noite. Damos a palavra ao experimentador:[66]

> A médium, com grande surpresa nossa, disse-nos que estava vendo M. B..., meio despido, a passear descalço sobre pedra. Pareceu-me que isso não tinha sentido algum. No dia seguinte ofereceu-se-me ensejo de ver o meu amigo. Mostrou-se muito admirado com o que lhe contei e disse-me textualmente: "Ontem, à noite, não me senti bem. Um amigo meu, M. S..., que mora comigo, aconselhou-me que experimentasse o sistema Kneip e instou tanto que, para satisfazê-lo, fiz pela primeira vez, ontem à noite, a experiência de passear descalço na pedra fria. Estava efetivamente meio despido quando a fiz. Eram 10 horas e 20 minutos e passeei durante algum tempo nos degraus da escada, que é de pedra.

Os casos de clarividência no estado de sonambulismo são numerosos. Vêm relatados em todas as obras e revistas que se ocupam especialmente desses assuntos. A *Médecine Française*, de 16 de abril de 1906, refere um fato de clarividência relativo às minas de Courrières. A Sra. Berthe, a vidente consultada, descreveu exatamente a mina e passou pelas torturas dos sobreviventes, cuja morte ou libertação ela anunciou.

Ajuntemos dois exemplos recentes:

> O Sr. Louis Cadiou, diretor da Usina de la Grand-Palud, perto de Landerneau (Finistère), tendo desaparecido em fins de dezembro de 1913, não se lhe podiam descobrir os traços, apesar das buscas minuciosas. Das sondagens efetuadas na ribeira, o Elorn, nenhum resultado

---

[66] J. Maxwell — *Les Phénomènes Psychiques*, p. 173, F. Alcan, Paris, 1903.

adveio. Uma vidente, moradora em Nancy, a Sra. Camille Hoffmann, tendo sido consultada, declarou, em estado de sono magnético, que o cadáver seria encontrado na orla de um bosque vizinho à usina, oculto sob ligeira camada de terra.

Por estas indicações, o irmão da vítima descobriu, depois, o corpo em uma situação idêntica à que a vidente tinha descrito.

Todos os jornais, entre outros *Le Matin*, de 5 de fevereiro de 1914, relatam pormenorizadamente o caso Cadiou, que toda a França acompanhou com apaixonado interesse.

Alguns dias depois, produziu-se fenômeno análogo. Havendo-se afogado no Saône, perto de Mâcon, um jovem chamado Charles Chapeland, seu irmão recorreu à Sra. Camille Hoffmann para encontrar o cadáver. Ela assegurou que ele seria lançado pelas águas, 60 dias depois do acidente, perto da portagem de Cormoranche, o que se realizou exatamente.[67]

---

[67] Ver *Le Matin*, de 23 fev. 1914.

VI
Desprendimento e exteriorização. Projeções telepáticas

Chegamos agora a uma ordem de manifestações que se produzem a distância sem o concurso dos órgãos, tanto na vigília quanto no sono. Esses fenômenos, conhecidos pelo termo um tanto genérico e vago de "telepatia", não são, dissemos, atos doentios e mórbidos da personalidade, como certos observadores o têm acreditado, mas, pelo contrário, casos parciais, rebentos isolados da vida superior no seio da Humanidade. Deve ver-se neles o primeiro aparecimento dos poderes futuros com que o homem terrestre será dotado. O exame desses fatos levar-nos-á a reconhecer que o "eu" exteriorizado durante a vida e o "eu" que sobrevive após a morte são idênticos e representam dois aspectos sucessivos da existência de um único e mesmo ser.

A telepatia, ou projeção a distância do pensamento e mesmo da imagem do manifestante, faz-nos subir mais um degrau na escala da vida psíquica. Aqui, achamo-nos na presença de um ato poderoso da vontade. A alma comunica-se a si própria, comunicando a sua vibração, o que demonstra, à evidência, que a alma não é um composto, uma resultante, nem um agregado de forças, mas sim, pelo contrário, o centro da vida e da vontade, centro dinâmico que governa o organismo e dirige-lhe as funções.

As manifestações telepáticas não comportam limites. O poder e a independência da alma nelas se revelam soberanamente, porque o corpo nenhum papel representa no fenômeno. É mais um obstáculo do que um auxílio. Produzem-se, por este motivo, ainda com maior intensidade, depois da morte, como a seu tempo veremos.

"A autoprojeção", diz Myers,[68] "é o único ato definido que o homem parece capaz de executar, tanto antes como depois da morte corporal".

A comunicação telepática a distância foi estabelecida por experiências que se tornaram clássicas. Devem citar-se as do Sr. Pierre Janet, hoje professor da Sorbonne, e do Dr. Gilbert, do Havre, no seu *sujet* Léonie que eles, de noite, a um quilômetro de distância, fazem vir ao seu encontro por meio de chamamentos sugestivos.[69]

Desde então as experiências se foram multiplicando com êxito constante. Apontemos apenas vários casos de transmissão de pensamento a grande distância:

Os *Annales des Sciences Psychiques*, Paris, 1891, página 26, relatam uma experiência de transmissão de imagem, mental, feita a 171 quilômetros de distância, de Paris a Ribemont (Aisne). Os operadores eram os senhores Debaux e Léon Hennique.

O *Daily Express*, de 17 de julho de 1903, refere notáveis ensaios de permuta de pensamentos, que se efetuaram nos escritórios da *Review of Reviews*, em Norfolk Street, Strand, Londres. Essas experiências eram fiscalizadas por uma comissão de seis membros, da qual faziam parte o Dr. Wallace, de Harley Street, 39, e o eminente publicista W. Stead. As mensagens telepáticas foram enviadas pelo Sr. Richardson, de Londres, e recebidas pelo Sr. Franck, de Nottingham, a uma distância de 110 milhas inglesas.

Finalmente, o *Banner of Light*, de Boston, no seu número de 12 de agosto de 1905, informa-nos que uma americana, a Sra. Burton Johnson, de Des Moines, conquistou recentemente o recorde nesse gênero de transmissão. Sentada no seu quarto do Hotel Vitória, recebeu quatro vezes mensagens telepáticas de Palo Alto (Califórnia), que fica a distância de três mil milhas. Trata-se, diz o jornal, de fatos devidamente comprovados, rigorosamente fiscalizados e que não deixam subsistir dúvida alguma.

---

[68] F. Myers — *La Personnalité Humaine*, p. 250.
[69] Ver *Bulletin de la Société de Psychologie Physiologique*, I, p. 24.

Desprendimento e exteriorização. Projeções telepáticas

A transmissão dos pensamentos e das imagens opera-se, dissemos, indistintamente, tanto durante o sono, como no estado de vigília. Já expusemos vários casos: serão encontrados outros, em grande número, nas obras especiais. Mencionemos, por exemplo, o de um médico chamado telepaticamente durante a noite, e o de Agnés Paquet, citados por Myers.[70] Acrescentemos o caso da Sra. Elgee, que, estando no Cairo, teve a visão de um amigo que, naquele mesmo momento, na Inglaterra, pensava nela ardentemente.[71]

Nos últimos dias da sua vida, minha mãe via-me muitas vezes junto de si, em Tours, conquanto eu andasse então muito longe dali, em viagem pelo oriente da França.

Todos esses fenômenos podem ser explicados pela projeção da vontade do manifestante, que evoca no percipiente a própria imagem do agente.

Nos casos que se vão seguir, veremos a personalidade psíquica, a alma, destacar-se completamente do invólucro corpóreo e aparecer na sua forma de fantasma. A esse respeito abundam os testemunhos.

Relatamos em outra obra[72] os resultados dos inquéritos da Sociedade de Pesquisas Psíquicas, de Londres. Permitiram eles que se recolhessem cerca de mil casos de aparições, a distância, de pessoas vivas, apoiados por atestados de alto valor. Os testemunhos foram consignados em muitos volumes sob a forma de autos.

Estão assinados por homens de ciência pertencentes a academias ou diversos corpos científicos. Entre esses nomes figuram os de Gladstone, Balfour etc.

Atribui-se, geralmente, a esses fenômenos, caráter subjetivo, mas essa opinião não resiste a um exame atento. Certas aparições foram vistas sucessivamente, por várias pessoas, nos diferentes andares de uma casa; outras impressionaram animais, como cães, cavalos etc. Em certos casos, os fantasmas atuam sobre a matéria, abrem portas, deslocam objetos, deixam indícios no pó que cobre os móveis; ouvem-se vozes, que dão informações a respeito de fatos ignorados, sendo mais tarde essas informações reconhecidas como exatas.

No número desses casos devemos incluir o da senhora Hawkins, cujo fantasma foi visto simultaneamente por quatro pessoas e do

---
[70] *Phantasms of the living*, I, 267. *Proceedings*, VII, p. 32 e 35.
[71] Idem, II, 239.
[72] Ver *Depois da morte*, 3ª Parte; e *No invisível*, cap. 11.

mesmo modo;[73] as visões de MacAlpine, de Carrol, Stevenson;[74] a de um marinheiro que, estando a velar junto de um camarada moribundo, viu aparecer uma família inteira de fantasmas, trajando luto;[75] o caso de Clerk em que o irmão moribundo apareceu a uma negra que nunca o conhecera.[76]

Na França, foram recolhidos numerosos fatos da mesma natureza e publicados pelos *Annales des Sciences Psychiques*, do Dr. Dariex e do Prof. Charles Richet, e por Camille Flammarion, na sua obra *O desconhecido e os problemas psíquicos*.

Vamos citar um caso recentíssimo. Os grandes jornais de Londres, o *Daily Express*, o *Evening News*, o *Daily News*, de 17 de maio de 1905, o *The Umpire*, de 14 de maio etc., narram a aparição, em plena sessão do Parlamento, na Câmara dos Comuns, do fantasma de um deputado, o major *Sir* Carne Raschse, retido nesse momento em casa por causa de uma indisposição. Três outros deputados atestam a realidade da manifestação. *Sir* Gilbert Parker exprime-se da seguinte maneira:[77]

> Eu queria tomar parte no debate, mas se esqueceram de chamar-me. Quando voltava para o meu lugar, dei com os olhos em *Sir* Carne Raschse sentado perto do seu lugar de costume. Como sabia que ele tinha estado doente, fiz-lhe um gesto amigável, dizendo-lhe: "Estimo que esteja melhor"; mas ele não deu resposta alguma, o que me causou admiração. A fisionomia do meu amigo estava muito pálida. Ele estava sentado, quieto, com a fronte encostada à mão; a expressão do seu rosto era impassível e dura. Pensei um instante no que havia de fazer. Quando me voltei para *Sir* Carne, havia ele desaparecido. Imediatamente fui à sua procura, esperando encontrá-lo no vestíbulo; mas Raschse não estava lá; ninguém aí o vira...
> O próprio *Sir* Carne não duvidava de ter realmente aparecido na Câmara sob a forma do seu duplo, por causa da preocupação em que estava de dar ao Governo o apoio do seu voto.

---

[73] *Phantasms of the living*, II, 18.
[74] *Proceedings*, X, 332; *Phantasms*, II, 96 e 100.
[75] *Phantasms*, II, 144.
[76] *Phantasms*, II, 61.
[77] *The Umpire* de 14 de maio de 1905, reprodução feita pelos *Annales des Sciences Psychiques*, jul. 1905.

No *Daily News* de 17 de maio de 1905, *Sir* Arthur Hayter junta o seu testemunho ao de *Sir* Gilbert Parker. Diz que ele também não só viu *Sir* Carne Raschse, como chamou a atenção de *Sir* Henry Campbell Bannerman, para a sua presença na Câmara.

A exteriorização ou desdobramento do ser humano pode ser provocado pela ação magnética. Fizeram-se experiências que tornam impossível a dúvida. O paciente, adormecido, desdobra-se e vai produzir, a distância, atos materiais.

Citamos o caso do magnetizador Lewis.[78] Em outras circunstâncias semelhantes foi a aparição fotografada. Aksakof, na sua obra *Animismo e espiritismo*, cita três desses casos; outros fatos análogos foram observados pelo Capitão Volpi e por W. Stead, diretor do "Borderland".

No caso Istrati e Hasdeu — este último senador da Romênia — a forma desdobrada do professor Istrati impressionou placas fotográficas, à noite, à distância de 50 quilômetros do lugar onde estava o seu corpo adormecido.

Assim, a objetividade da alma, com a sua forma fluídica manifestando-se em pontos afastados daquele onde o corpo se acha em descanso, está demonstrada de maneira positiva e não pode ser contestada seriamente.

Demais, basta consultar a História para reconhecer-se que o passado está cheio de fatos desse gênero. Os fenômenos de *bilocação dos vivos* são frequentes nos anais religiosos. O passado não é menos rico em narrações e testemunhos a respeito dos Espíritos dos mortos e essa abundância de afirmações, essa persistência através dos séculos são bem próprias para indicar que, no meio das superstições e dos erros, alguma coisa de realidade deve existir.

Com efeito, a comunicação e a manifestação a distância entre Espíritos encarnados conduzem, lógica e necessariamente, à comunicação possível entre Espíritos encarnados e desencarnados. "Nós podemos", assim como o disse Myers,[79] "impressionar-nos reciprocamente a distância e, se os nossos Espíritos encarnados podem assim atuar, de maneira independente do organismo carnal, há nisto uma presunção favorável à existência de outros Espíritos independentes dos corpos e suscetíveis de nos impressionar do mesmo modo".

Os habitantes do Espaço têm facultado muitas provas experimentais da lei da comunhão universal na medida fraca e estreita em que na Terra ela pode ser verificada com rigor.

---

[78] *Revue Scientifique du Spiritisme*, fev. 1905, p. 457.
[79] F. Myers — *La Personnalité Humaine*, p. 25.

Devemos apontar, entre outros fatos, a experiência da Sociedade de Pesquisas, de Londres, à qual o mundo sábio é devedor de tantas descobertas no domínio psíquico. Estabeleceu ela um sistema de permutas de pensamentos entre os Estados Unidos e a Inglaterra, simplesmente com o auxílio de dois médiuns em transe, que serviram para transmitir uma mensagem *de um Espírito a outro Espírito*. A mensagem consistia em quatro palavras latinas, e o latim era língua que os médiuns não conheciam.

Essa experiência foi feita sob a vigilância e a fiscalização do Prof. Hyslop, da Universidade de Colúmbia, em Nova Iorque, e tomaram-se todas as precauções necessárias para serem evitadas as fraudes.[80]

Quando se estuda, nos seus diversos aspectos, o fenômeno da telepatia, as vistas gerais que daí resultam aumentam pouco a pouco, e somos levados a reconhecer nele um processo de comunicação de alcance incalculável. A princípio, apresentou-se-nos esse fenômeno como uma simples transmissão, quase mecânica, de pensamentos e imagens entre dois cérebros, mas o fenômeno vai revestir as formas mais variadas e impressionantes. Depois dos pensamentos vêm as projeções, a distância, dos fantasmas dos vivos, as dos moribundos e, finalmente, sem que nenhuma solução de continuidade interrompa o encadeamento dos fatos, as aparições dos mortos, quando o vidente, na maior parte dos casos, nenhum conhecimento tem do falecimento das pessoas que aparecem. Há aí uma série contínua de manifestações, que se vão graduando nos seus efeitos e concorrem para demonstrar a indestrutibilidade da alma.

A ação telepática não conhece limites; suprime todos os obstáculos e liga os vivos da Terra aos vivos do Espaço, o mundo visível aos mundos invisíveis, o homem a Deus; une-os da maneira mais estreita, mais íntima.

Os meios de transmissão que ela nos revela constituem a base das relações sociais entre os Espíritos, o seu modo usual de permutarem as ideias e as sensações. O fenômeno que na Terra se chama telepatia não é outra coisa senão o processo de comunicação entre todos os seres pensantes na Vida superior e a oração é uma das suas formas mais poderosas, uma das suas aplicações mais elevadas e mais puras. A telepatia é a manifestação de uma lei universal e eterna.

Todos os seres, todos os corpos permutam vibrações. Os astros exercem influência através das imensidades siderais; do mesmo modo, as almas, que são sistemas de forças e focos de pensamentos, impressionam-se reciprocamente

---

[80] Pode ler-se a narração desse fato na *Daily Tribune*, de Chicago, 31 out. 1904 e nos *Proceedings* da S. P. R.

e podem comunicar-se a todas as distâncias.[81] A atração estende-se às almas como aos astros; atrai-os para um centro comum, Centro eterno e divino. Uma dupla relação se estabelece. Suas aspirações sobem para ele na forma de apelos e orações. Sob a forma de graças e inspirações, descem socorros.

Os grandes poetas, escritores, artistas, os sábios e os puros conhecem estes impulsos, estas inspirações súbitas, estes clarões de gênio que iluminam o cérebro como relâmpago e parecem provir de um mundo superior, cuja grandeza e inebriante beleza refletem, ou, então, são visões da alma. Num arrojo extático ela vê entreabrir-se esse mundo inacessível, percebe-lhe as radiações, as essências, as luzes.

Tudo isso demonstra-nos que a alma é suscetível de ser impressionada por meios diferentes dos órgãos, que ela pode recolher conhecimentos que excedem as faculdades humanas e provêm de uma causa espiritual. Graças a esses clarões, a esses relâmpagos, é que ela entrevê, na vibração universal, o passado e o futuro; percebe a gênese das formas, formas de arte e pensamento, de beleza e santidade, da qual perenemente derivam formas novas, numa variedade inesgotável como o manancial de que emanam.

Consideremos estas coisas sob um ponto de vista mais direto; vejamos as suas consequências no meio terrestre. Já pelos fatos telepáticos se acentua a evolução humana. O homem conquista novos poderes psíquicos que lhe permitirão, um dia, manifestar o seu pensamento a todas as distâncias, sem intermediário material. Este progresso constitui um dos mais magníficos estágios da Humanidade para uma vida mais intensa e livre. Poderá ser o prelúdio da maior revolução moral que se tenha realizado em nosso globo. Por este modo seria realmente vencido o mal ou consideravelmente atenuado.

Quando o homem já não tiver segredos, quando se lhe puder ler no cérebro os pensamentos, ele não mais se atreverá a pensar no mal, e, por conseguinte, a fazer o mal. Assim, a alma humana elevar-se-á sempre, subindo pela escala dos desenvolvimentos infinitos. Tempos virão em que a inteligência há de predominar cada vez mais, desembaraçando-se da crisálida carnal, estendendo, afirmando o seu domínio sobre a matéria,

---

[81] *Sir* William Crookes, num discurso na *British Association* em 1898, sobre a lei das vibrações, declara que ela é a Lei Natural que rege "todas as comunicações psíquicas". Parece que a telepatia até se estende aos animais. Existem fatos que indicam uma comunicação telepática entre homens e animais. Ver, nos *Annales des Sciences Psychiques*, ago. 1905, p. 459 e seguintes, o estudo muito documentado de Ernesto Bozzano, *Perceptions Psychiques et les Animaux*.

criando com os seus esforços meios novos e mais amplos de percepção e manifestação. Apurando-se, por sua vez, os sentidos, verão eles ampliar-se--lhes o círculo de ação. O cérebro humano tornar-se-á um como templo misterioso, de vastas e profundas naves, cheias de harmonias, vozes e perfumes, instrumento admirável ao serviço de um Espírito que se tornou mais sutil e poderoso. Ao mesmo tempo que a personalidade humana, alma e organismo, a pátria terrestre se transformará. Para que se opere a evolução do meio é preciso que primeiramente se efetue a evolução do indivíduo. É o homem que faz a Humanidade, e a Humanidade, por sua ação constante, transforma a sua morada. Há equilíbrio absoluto e relação íntima entre o moral e o físico. O pensamento e a vontade são a ferramenta por excelência, com a qual tudo podemos transformar em nós e à roda de nós. Tenhamos somente pensamentos elevados e puros; aspiremos a tudo o que é grande, nobre e belo. Pouco a pouco sentiremos regenerar-se o nosso próprio ser, e com ele, do mesmo modo, todas as camadas sociais, o globo e a Humanidade!

E, em nossa ascensão, chegaremos a compreender e praticar melhor a comunhão universal que une todos os seres. Inconsciente nos estados inferiores da existência, essa comunhão torna-se cada vez mais consciente, à medida que o ser se eleva e percorre os graus inumeráveis da evolução, para chegar, um dia, ao estado de espiritualidade em que cada alma, irradiando o brilho das potências adquiridas nos impulsos do seu amor, vive da vida de todos e a todos se sente unida na Obra eterna e infinita.

VII
Manifestações depois da morte

Acabamos de seguir o espírito do homem através das diferentes fases do desprendimento — sono ordinário, sono magnético, sonambulismo, transmissão do pensamento, telepatia em todas as suas formas. Vimos a sua sensibilidade e os seus meios de percepção aumentarem na razão do afrouxamento dos laços que o prendem ao corpo. Vamos agora vê-lo no estado de liberdade absoluta, isto é, depois da morte, manifestando-se ao mesmo tempo física e intelectualmente aos seus amigos da Terra. Não há solução de continuidade entre estes diferentes estados psíquicos. Quer estes fenômenos se deem durante a vida material ou depois, são idênticos nas suas causas, nas suas leis e nos seus efeitos; produzem-se segundo modos constantes.

Há continuidade absoluta e graduação entre todos esses fatos, desvanecendo-se assim a noção de sobrenatural, que, por muito tempo, os tornou suspeitos à Ciência. O antigo adágio, "A Natureza não dá saltos", verifica-se mais uma vez. A morte não é um salto; é a separação e não a dissolução dos elementos que constituem o homem terrestre, é a passagem do mundo visível ao Mundo Invisível, cuja delimitação é puramente arbitrária e devida simplesmente à imperfeição dos nossos sentidos. A vida de cada um de nós no Além é o prolongamento natural e lógico da vida atual, o desenvolvimento da parte invisível do nosso ser. Há concatenação no domínio psíquico, como no domínio físico.

Nas duas ordens de aparições, quer dos vivos exteriorizados, quer dos defuntos, é sempre, como vimos, a forma fluídica, o veículo da alma, reprodução ou, antes, esboço do corpo físico, que se concretiza e se torna perceptível para os sensitivos. A Ciência, depois dos trabalhos de Becquerel, Curie, Le Bon etc., familiariza-se de dia para dia com os estados sutis e invisíveis da matéria, numa palavra, com os fluidos utilizados pelos Espíritos nas suas manifestações, e que os espíritas bem conhecemos. Graças às descobertas recentes, a Ciência pôs-se em contato com um mundo de elementos, de forças, de potências, cuja existência nem sequer imaginava, e mostrou-se-lhe afinal a possibilidade de formas de existência durante muito tempo ignoradas.

Os sábios que estudaram o fenômeno espírita, *Sir* W. Crookes, R. Wallace, R. Dale Owen, Aksakof, O. Lodge, Paul Gibier, Myers etc., verificaram numerosos casos de aparições de pessoas mortas. O Espírito Katie King, que, durante três anos, se materializou em casa de *Sir* W. Crookes, membro da Academia Real de Londres, foi fotografado em 26 de março de 1874, na presença de um grupo de experimentadores.[82]

Sucedeu o mesmo com os Espíritos Abdullah e John King, fotografados por Aksakof. O acadêmico R. Wallace e o Dr. Thompson obtiveram a fotografia espírita de suas respectivas mães, falecidas havia muitos anos.[83]

Myers fala de 231 casos de aparições de pessoas mortas. Cita alguns tirados dos *Phantasms*.[84] Assinalemos nesse número uma aparição anunciando uma morte iminente.[85]

> Um caixeiro viajante, homem muito positivo, teve certa manhã a visão de uma sua irmã que falecera havia nove anos. Quando contou o fato à família, foi ouvido com incredulidade e ceticismo; mas, ao descrever a visão, mencionou a existência de uma arranhadura na face da irmã. Essa particularidade de tal maneira impressionou sua mãe, que ela caiu desmaiada. Depois que voltou a si, contou que fora ela que, sem querer, fizera essa arranhadura na filha, no momento em que a depunha no caixão; que, em seguida, para disfarçá-la, cobrira-a com pó, de modo que

---

[82] Ver W. Crookes – *Recherches sur les Phénomènes du Spiritisme*.
[83] Aksakof — *Animismo e espiritismo*, p. 620 e 621.
[84] Myers — *La Personnalité Humaine*, p. 268.
[85] Idem, p. 280.

ninguém no mundo estava ao fato dessa particularidade. O sinal que seu filho vira, pois, prova a veracidade da visão e ela viu nele ao mesmo tempo o anúncio da sua morte que, efetivamente, sobreveio algumas semanas depois.[86]

Devem ser citados igualmente os casos seguintes:

O de um mancebo que se comprometera, se morresse primeiro, a aparecer a uma donzela, sem lhe causar grande susto. Apareceu efetivamente um ano depois à irmã dela, no momento em que ia subir para uma carruagem;[87] o caso do Sr. Town, cuja imagem foi vista por seis pessoas;[88] o caso da Sra. de Fréville, que gostava de frequentar o cemitério e passear em volta da campa do marido e aí foi vista, sete ou oito horas depois do seu falecimento, por um jardineiro que por ali passava;[89] o de um pai de família, falecido em viagem e que apareceu à filha com um vestuário desconhecido que, depois de morto, uns estranhos lhe haviam vestido. Falou-lhe de uma quantia que ela ignorava estar em seu poder. A exatidão desses dois fatos foi reconhecida ulteriormente;[90] o caso de Edwin Russell, que se fez visível ao seu mestre de capela com a preocupação das obrigações e compromissos contraídos durante a vida.[91] Finalmente, o caso de Robert Mackenzie. Quando ainda o patrão ignorava a sua morte, apareceu-lhe ele para desculpar-se de uma acusação de suicídio que pesava sobre a sua memória. Foi reconhecida a falsidade dessa acusação, por ter sido acidental a sua morte.[92]

Na memória apresentada ao "Congrès International de Psychologie" de Paris, em 1900, o Dr. Paul Gibier, diretor do Instituto Pasteur de Nova Iorque, fala das "materializações de fantasmas"[93] obtidas por ele no seu próprio laboratório, na presença de muitas senhoras da sua família e dos preparadores que habitualmente o auxiliavam nos seus trabalhos de Biologia. As ditas senhoras tinham especialmente o encargo de vigiar a médium, Sra.

---

[86] Há necessidade de fazer notar que o Espírito quis aparecer com esse "arranhão" somente para dar, por esse meio, uma prova da sua identidade. O mesmo se dá em muitos dos casos que se vão seguir, em que Espíritos se mostraram com trajes ou atributos que constituíam outros tantos elementos de convicção para os percipientes.
[87] *Proceedings*, X, 284.
[88] Idem, X, 292.
[89] *Phantasms*, I, 212.
[90] *Proceedings*, X, 283.
[91] *Idem*, VIII, 214.
[92] *Idem*, II, 95.
[93] Ver *Compte rendu officiel du IV Congrès de Psychologie*, Paris, F. Alcan, fev. 1901, reproduzido *in extenso* pelos *Annales des Sciences Psychiques*.

Salmon, despi-la antes da sessão para lhe examinarem os vestidos, sempre pretos, ao passo que os fantasmas apareciam de branco. Por excesso de precaução, metiam a médium dentro de uma gaiola metálica fechada com cadeado e, durante as sessões, o Dr. Gibier não largava a chave.

Foi nessas condições que se produziram, à meia-luz, formas numerosas, talhes diferentes, desde aparições de crianças até fantasmas de alta estatura. A formação é gradual, opera-se à vista dos assistentes. As formas falam, passam de um lugar para outro, apertam as mãos dos experimentadores. "Interrogadas", diz Paul Gibier, "declaram todas ser entidades, pessoas que viveram na Terra, Espíritos desencarnados, cuja missão é nos mostrar a existência da outra vida".

A identidade de um desses Espíritos foi estabelecida com precisão: a de uma entidade chamada Blanche, parenta falecida de duas senhoras que assistiam às sessões, as quais puderam abraçá-la repetidas vezes e conversar com ela em francês, língua ignorada da médium.

No congresso espiritualista realizado no mesmo ano em Paris, na sessão de 23 de setembro, o Dr. Bayol, senador das Bocas do Ródano, ex-governador de Dahomey, expunha verbalmente os fenômenos de aparição de que foi testemunha em Arles e Eyguières. O fantasma de Acella, donzela romana, cujo túmulo está em Arles, no antigo cemitério de Aliscamps, materializou-se ao ponto de deixar uma impressão do seu rosto em parafina fervente, não em entalhe, como se produzem habitualmente as moldagens, mas em relevo, o que seria impossível a qualquer ser vivo. Essas experiências, cercadas de todas as precauções necessárias, efetuaram-se na presença de personagens tais como o prefeito das Bocas do Ródano, o poeta Mistral, um general de Divisão, médicos, advogados etc.[94]

Numa ata, com a data de 11 de fevereiro de 1904, publicada pela *Revue des Études Psychiques*, de Paris,[95] o Prof. Milèsi, da Universidade de Roma, "um dos campeões mais estimados da novel escola psicológica italiana", conhecido na França por suas conferências, na Sorbonne, sobre a obra de Auguste Comte, deu público testemunho da realidade das materializações de Espíritos, entre outras da de sua própria irmã falecida em Cremona havia três anos.

Damos aqui um extrato dessa ata:

---

[94] Ver *Compte rendu du Congrès Spiritualiste International* de 1900, p. 241 e seguintes. Leymarie, editor.
[95] Número de março de 1904.

O que de mais maravilhoso houve, nesta sessão, foram as aparições, que eram de natureza luminosa, posto que se produzissem na meia claridade. Foram em número de nove; todos os assistentes as viram... As três primeiras foram as que reproduziram as feições da irmã do Prof. Milèsi, falecida havia três anos em Cremona, no convento das Filhas do Sacré-Coeur, com a idade de 32 anos. Apareceu sorrindo, com o esquisito sorriso que lhe era habitual. Do mesmo modo o Sr. Squanquarillo viu uma aparição, na qual reconheceu sua mãe. Foi a quarta. As cinco restantes reproduziam as feições dos dois filhos do Sr. Castoni. Este afirma ter sido abraçado pelos filhos, ter conversado com eles várias vezes, ter recebido respostas suas e apertos de mãos, sentiu-os, mesmo, sentarem-se nos seus joelhos.

Assinaram J. -B. Milèsi, P. Cartoni, F. Simmons, J. Squanquarillo etc.
No seu artigo do *Figaro* de 9 de outubro de 1905, intitulado "Par delà la Science", Charles Richet, da Academia de Medicina de Paris, dizia, a propósito de outros fenômenos da mesma ordem: "O mundo oculto existe. Correndo embora o risco de ser tido pelos meus contemporâneos como insensato, creio que há fantasmas".

O célebre professor Lombroso, da Universidade de Turim, no número de junho de 1907 da revista italiana *Arena*, expõe o resultado de suas experiências com Eusapia Palladino: fenômenos de levitação, transportes de flores etc., e acrescenta:

> O leitor vai interpelar-me com ar de compaixão e perguntar-me: "Não se deixou simplesmente ludibriar por farsantes vulgares?" O fato indiscutível é que com Eusapia tomaram-se as medidas de precaução mais absolutamente rigorosas contra a possibilidade de qualquer fraude, porque se lhe ligavam as mãos e os pés, ficando uns e outros cercados por um fio elétrico que, ao menor movimento, punha em ação uma campainha. O médium Politi foi, na Sociedade de Psicologia de Milão, metido, nu em pelo, num saco, e a Sra. D'Espérance ficou imobilizada numa rede como um peixe, e, não obstante, os fenômenos se produziram.
>
> Depois de tudo isso, assisti ainda a sessões em que Eusapia Palladino em transe dava respostas exatas e muito sensatas em línguas que ela não conhecia, como, por exemplo, o inglês. Juntando a esses fatos pessoais tudo o que soube das experiências de Crookes com Home

e Katie King, das do médium alemão que fazia às escuras as mais curiosas pinturas, adquiri a convicção de que os fenômenos espíritas se explicam, pela maior parte, por forças inerentes ao médium, e também, por um lado, pela intervenção de seres supraterrestres, que dispõem de forças de que as propriedades do radium podem dar ideia, por analogia.

[...]Um dia, depois do transporte, sem contato, de um objeto muito pesado, Eusapia, em estado de transe, disse-me: "Por que estás a perder o tempo com bagatelas? Sou capaz de fazer com que vejas tua mãe; mas é necessário que penses nisso com veemência". Impulsionado por essa promessa, no fim de meia hora de sessão, tomou-me o desejo intenso de vê-la cumprir-se, e a mesa, levantando-se com os seus movimentos habituais e sucessivos, parecia dar a sua anuência ao meu pensamento íntimo. De repente, em meia obscuridade, à luz vermelha, vi sair dentre as cortinas uma forma um tanto curvada, como era a da minha mãe, coberta com um véu. Deu a volta da mesa para chegar até a mim, murmurando palavras que muitos ouviram, mas que a minha meia surdez não me permitiu escutar. Como, sob a influência de uma viva emoção, eu lhe suplicava que as repetisse, ela me disse: *"Cesare, fiol mio!"* o que, confesso, não era costume seu, visto que, sendo de Veneza, dizia *mio fiol*; depois, afastando o véu, deu-me um beijo.

Lombroso fala, depois, das casas mal-assombradas e diz:
"Convém acrescentar que os casos de casas em que, durante anos, se reproduzem aparições ou barulhos, concordando com a narrativa de mortes trágicas e observadas sem a presença de médiuns, pleiteiam contra a ação exclusiva destes em favor da ação dos finados".[96]

No grupo de estudos que por muito tempo dirigi em Tours, os médiuns descreviam aparições de defuntos visíveis para eles só, é verdade, mas que nunca haviam conhecido, de que nunca tinham visto nenhum retrato, ouvido fazer nenhuma descrição, e que os assistentes reconheciam pelas suas indicações.

Às vezes os Espíritos se materializam até ao ponto de poderem escrever, na presença de pessoas e à sua vista, mensagens numerosas, que ficam

---

[96] N.E.: Recomendamos a leitura da obra *Hipnotismo e mediunidade*, de Lombroso.

como outras tantas provas da sua passagem. Foi o que se deu com a mulher do banqueiro Livermore, cuja letra foi reconhecida como idêntica à que ele possuía durante a sua existência terrestre;[97] mas, muito mais frequentes vezes, os Espíritos incorporam-se no invólucro de médiuns adormecidos, falam, escrevem, gesticulam, conversam com os assistentes e fornecem-lhes provas certas da sua identidade.

Nesses fenômenos, o médium abandona momentaneamente o corpo; a substituição é completa. A linguagem, a atitude, a letra e o jogo de fisionomia são os de um Espírito estranho ao organismo de que dispõe por algum tempo.

Os fatos de incorporação da Sra. Piper, minuciosamente observados, e comprovados pelo Dr. Hodgson e pelos professores Hyslop, W. James, Newbold, O. Lodge e Myers, constituem o complexo de provas mais poderoso em favor da sobrevivência.[98] A personalidade de G. Pelham revelou-se, *post-mortem*, aos seus próprios parentes, a seu pai, a sua mãe, aos seus amigos de infância, cerca de 30 vezes, a tal ponto que não deixou dúvida alguma no espírito deles acerca da causa dessas manifestações.

Sucedeu o mesmo com o Prof. Hyslop, que, tendo feito ao espírito do seu pai 205 perguntas sobre assuntos que ele mesmo ignorava, obteve 152 respostas absolutamente exatas, 16 inexatas e 37 duvidosas, por não poderem ser conferidas. Essas verificações foram feitas no decurso de numerosas viagens efetuadas através dos Estados Unidos para se chegar a conhecer minuciosamente a história da família Hyslop, antes do nascimento do professor, história a que essas perguntas se referiam.

Os *Annales des Sciences Psychiques* de Paris, julho de 1907, lembram o seguinte fato, que igualmente se produziu na América pelo ano de 1860.

O grande juiz Edmonds, presidente do Supremo Tribunal de Justiça do Estado de Nova Iorque, presidente do Senado dos Estados Unidos, tinha uma filha, Laura, em quem surgiu uma mediunidade com fenômenos espontâneos, que se produziram em volta dela, e não tardaram a despertar a sua curiosidade, de tal modo que começou a frequentar sessões espíritas. Foi então que se tornou "médium-falante". Quando nela se manifestava outra personalidade, Laura falava, por vezes, diferentes línguas que ignorava.

Numa noite, em que uma dúzia de pessoas estavam reunidas em casa do Sr. Edmonds, em Nova Iorque, o Sr. Green, artista nova-iorquino,

---
[97] Ver Aksakof — *Animismo e espiritismo*, p. 620 e 631.
[98] Ver caso de Mrs. Piper. *Proceedings*, XIII, 284 e 285; XIV, 6 e 49, resumidos na minha obra *No invisível*, cap. 19.

veio acompanhado por um homem, que ele apresentou com o nome de Sr. Evangelides, da Grécia. Não tardou a manifestar-se na senhorita Laura uma personalidade, que dirigiu a palavra, em inglês, ao visitante e lhe comunicou grande número de fatos tendentes a provar que a personalidade era a de um amigo falecido em casa dele, havia muitos anos, mas de cuja existência nenhuma das pessoas presentes tinha conhecimento. De tempos a tempos a donzela pronunciava palavras e frases inteiras em grego, o que deu ensejo a que o Sr. Evangelides lhe perguntasse se podia falar grego. Ele falava efetivamente com dificuldade o inglês. A conversação continuou em grego da parte de Evangelides e alternativamente em grego e inglês da parte da Srta. Laura. Momentos houve em que Evangelides parecia muito comovido. No dia seguinte renovou a sua conversação com a Srta. Laura, depois explicou aos assistentes que a personalidade invisível, que parecia manifestar-se com a intervenção da médium, era a de um dos seus amigos íntimos, falecido na Grécia, irmão do patriota grego Marc Botzaris. Este amigo informava-o da morte de um filho dele, Evangelides, que ficara na Grécia e passava bem, no momento em que seu pai partira para a América.

Evangelides voltou a ter com o Sr. Edmonds várias vezes ainda e, dez dias depois da sua primeira visita, informou-o de que acabava de receber uma carta participando-lhe a morte de seu filho. Essa carta devia estar a caminho quando se realizou a primeira conversa do Sr. Evangelides com a Srta. Laura.

"Estimaria", disse o juiz Edmonds a este respeito, "que me dissessem como devo encarar este fato. Negá-lo é impossível; é demasiado flagrante. Também então podia negar que o Sol nos alumia". Isso se passou na presença de oito a dez pessoas, todas instruídas, inteligentes, discretas e também capazes todas de fazer a distinção entre uma ilusão e um fato real.[99]

O Sr. Edmonds informa-nos de que sua filha não tinha ouvido até então uma palavra de grego moderno. Acrescenta que em outras ocasiões chegou a falar mais de 13 línguas diferentes, entre as quais o polonês e o indiano, quando, no seu estado normal, apenas sabia inglês e francês, este último se pode aprender na escola. É preciso notar que o Sr. J. W. Edmonds não é uma personalidade qualquer. Nunca puseram em dúvida a perfeita integridade do seu caráter e as suas obras provam sua luminosa inteligência.

---

[99] Havia, entre outras pessoas, Mr. Green, artista; o Sr. Allen, presidente do Banco de Boston; dois empreiteiros de caminhos de ferro nos Estados do Oeste; Miss Jennie Keyer, sobrinha do juiz Edmonds etc.

Fenômenos da mesma ordem foram muitas vezes obtidos na Inglaterra. Citemos, nesse número, uma manifestação do célebre Prof. Sidgwick pelo organismo da Sra. Thompson adormecida. Figura nos *Proceedings*. O Sr. Piddington, secretário da Sociedade, testemunha do fato, redigiu um relatório que foi lido em sessão de 7 de dezembro de 1903. Fez circular de mão em mão, entre os assistentes, diferentes escritos automáticos, nos quais os amigos e parentes de Sidgwick, o eminente psicólogo que foi o primeiro presidente da Sociedade, reconheceram sua letra. Ao menos uma vez Sidgwick ter-se-ia esforçado por falar pela boca da Sra. Thompson. O senhor Piddington descreveu essa cena como a experiência mais realista e impressionante que se encontra em todo o curso das suas investigações. "Não era", diz ele, "como se tivesse sido Sidgwick; era ele realmente, ao que se podia julgar". A personalidade de Sidgwick fez alusão, entre outras coisas, a um incidente que se dera numa das reuniões do Conselho de direção da "Society", "e do qual, pode dizer-se com certeza quase absoluta, a Sra. Thompson não podia ter conhecimento". Uma das pessoas que assistiam à sessão, membro do Conselho de direção, o Sr. Arthur Smith, levantou-se para declarar que se lembrava muito bem daquela circunstância.[100]

Relataremos ainda um fenômeno de comunicação durante o sono, obtido pelo Sr. Chedo Mijatovitch, ministro plenipotenciário da Sérvia, em Londres, e reproduzido pelos *Annales des Sciences Psychiques*, de 1 e 16 de janeiro de 1910.

> A pedido de espíritas húngaros, para que se pusesse em relação com um médium, a fim de elucidar um ponto de História a respeito de um antigo soberano sérvio, morto em 1350, dirigiu-se à casa do Sr. Vango, de quem muito se falava por essa época e a quem nunca tinha visto até então. Adormecido, o médium anunciou a presença do Espírito de um jovem, ansioso por se fazer ouvir, mas de quem não compreendia a linguagem. No entanto, acabou conseguindo reproduzir algumas palavras. Elas eram em sérvio, sendo esta a tradução: "Peço-te escrever à minha mãe Nathalie, dizendo-lhe que imploro o seu perdão".
> O Espírito era o do rei Alexandre.
> Chedo Mijatovitch não duvidou, tanto mais quanto novas provas de identidade logo se ajuntaram à primeira: o médium fez a descrição

---

[100] *Revue des Études Psychiques*, Paris, jan. 1904.

do defunto e este mostrou seu pesar por não ter seguido um conselho confidencial que lhe dera, dois anos antes de ser assassinado, o diplomata consultante.

Na França, entre um certo número de casos, assinalaremos o do abade Grimaud, diretor do asilo dos surdos-mudos de Vaucluse. Por meio dos órgãos da Sra. Gallas, adormecida, recebeu, do Espírito Forcade, falecido havia oito anos, uma mensagem pelo movimento silencioso dos lábios, de acordo com um método especial para surdos-mudos, que esse Espírito inventara, comunicado ao abade Grimaud, venerável eclesiástico, que era o único dos assistentes que podia conhecê-lo. Pouco tempo há que publicamos a ata dessa notável sessão com as assinaturas de doze testemunhas e o atestado do abade Grimaud.[101]

O Sr. Maxwell, advogado geral no Tribunal de Apelação de Bordeaux e doutor em Medicina, na sua obra *Phénomènes Psychique*[102] estuda o fenômeno das incorporações, que observou em casa da Sra. Agullana, esposa de um estucador, e assim se exprime.

> A personalidade mais curiosa é a de um médico falecido há cem anos. A sua linguagem médica é arcaica. Dá às plantas os nomes medicinais antigos. O seu diagnóstico é geralmente exato, mas a descrição dos sintomas internos que ele vê é bem própria a causar admiração a um médico do século XX... Há dez anos que observo o meu colega de Além-Túmulo. Não tem variado e apresenta uma continuidade lógica surpreendente.

Eu mesmo observei frequentes vezes esse fenômeno. Pode, como em outra parte expus,[103] conversar por intermédio de diversos médiuns, com muitos parentes e amigos falecidos, obter indicações que esses médiuns não conheciam e que, para mim, constituíam outras tantas provas de identidade. Se se levarem em conta as dificuldades que comporta a comunicação de um Espírito a ouvintes humanos, por meio de um organismo e, particularmente, de um cérebro que ele não apropriou, a que não deu flexibilidade mediante uma longa experiência; se se considerar que, em razão da diferença dos planos de existência, não se pode exigir de um desencarnado todas as provas que a um homem material se pediria,

---
[101] Ver *No invisível*, cap. XIX.
[102] *Phénomènes Psychiques*, p. 26.
[103] *No invisível*, caps. VIII, XIX e XX; *Cristianismo e espiritismo*, cap. XI.

é preciso reconhecer que o fenômeno das incorporações é um dos que mais concorrem para demonstrar a espiritualidade e o princípio da sobrevivência.

Não se trata, nestes fatos, de uma simples influência a distância. Há um impulso a que o *sujet* não pode resistir e que, a maior parte das vezes, se transforma em tomada de posse do organismo inteiro. Este fenômeno é análogo ao que verificamos nos casos de segunda personalidade. Neste, o "eu" profundo substitui o "eu" normal e toma a direção do corpo físico, com um fim de fiscalização e regeneração. Mas aqui é um Espírito estranho que desempenha este papel e substitui a personalidade do médium adormecido.

As palavras *possessão* ou *posse*, de que acabamos de nos servir, foram muitas vezes tomadas em sentido lamentável.

Atribuía-se no passado aos fatos que elas designam um caráter diabólico e terrificante, como muito bem disse Myers:[104] "O diabo não é criatura desconhecida pela Ciência. Nestes fenômenos achamo-nos somente na presença de Espíritos que foram outrora homens semelhantes a nós e que estão sempre animados dos *mesmos* motivos que nos inspiram".

A este propósito Myers faz uma pergunta: "É a possessão algumas vezes absoluta?"... e responde nestes termos: "A teoria que diz que nenhuma das correntes conhecidas da personalidade humana esgota toda a sua consciência e que nenhuma das suas manifestações conhecidas exprime toda a potencialidade do seu ser, pode igualmente se aplicar aos homens desencarnados".[105]

Com isso abordaríamos o ponto central do problema da vida humana, a mola secreta, a ação íntima e misteriosa do Espírito sobre um cérebro, quer sobre o seu, quer, nos casos de que nos ocupamos, sobre um cérebro estranho.

Considerada sob este aspecto, a questão toma importância capital em Psicologia. Myers acrescenta:[106]

> Com o auxílio desses estudos, as comunicações cada vez se tornarão mais fáceis, completas, coerentes, e atingirão nível mais elevado de consciência unitária. Grandes e numerosas devem ter sido as dificuldades; mas nem de outro modo pode ser quando se trata de reconciliar o espírito com a matéria e de abrir ao homem, do planeta onde está encarcerado, uma fresta para o Mundo Espiritual...

---

[104] F. Myers — *La Personnalité Humaine*, p. 369.
[105] Id. Ibid., p. 297.
[106] Idem.

Assim como, pela clarividência migratória (Myers chama assim à clarividência dos sonâmbulos), o Espírito muda de centro de percepção, no meio das cenas do mundo material, assim também há transmissões espontâneas do centro de percepção para as regiões do Mundo Espiritual. A concepção do êxtase, no seu sentido mais literal e sublime, resulta assim, sem esforço, quase insensivelmente, de uma série de provas modernas. Em todas as épocas tem-se concebido o Espírito como suscetível de deixar o corpo ou, se não o deixa, de estender consideravelmente o seu campo de percepção, fazendo nascer um estado que se parece com o êxtase. Todas as formas conhecidas de êxtase concordam neste ponto e se baseiam num fato real.

Vê-se que, graças a experiências, a observações, a testemunhos mil vezes repetidos, a existência e a sobrevivência da alma saem doravante do domínio da hipótese ou da simples concepção metafísica, para se converterem em realidade viva, em fato rigorosamente averiguado. O sobrenatural tocou o termo de seus dias; o milagre já não passa de uma palavra. Todos os terrores, todas as superstições que a ideia da morte sugeria aos homens se desfazem em fumo. Dilata-se a nossa concepção da Vida universal e da Obra Divina e, ao mesmo tempo, a nossa confiança no futuro se fortifica. Vemos nas formas alternadas da existência carnal e fluídica o progresso do ser, o desenvolvimento da personalidade prosseguindo e uma Lei suprema presidindo à evolução das almas através do tempo e do espaço.

VIII
Estados vibratórios da alma. A memória

A vida é uma vibração imensa que enche o Universo e cujo foco está em Deus. Cada alma, centelha destacada do Foco Divino, torna-se, por sua vez, um foco de vibrações que hão de variar, aumentar de amplitude e intensidade, consoante o grau de elevação do ser. Este fato pode ser verificado experimentalmente.[107]

Toda alma tem, pois, a sua vibração particular e diferente. O seu movimento próprio, o seu ritmo, é a representação exata do seu poder dinâmico, do seu valor intelectual, da sua elevação moral.

Toda a beleza, toda a grandeza do Universo vivo se resume na lei das vibrações harmônicas. As almas que vibram uníssonas reconhecem-se e chamam-se através do espaço. Daí as atrações, as simpatias, a amizade, o amor! Os artistas, os sensitivos, os seres delicadamente harmonizados conhecem essa lei e sentem-lhe os efeitos. A alma superior é uma vibração na posse de todas as suas harmonias.

A entidade psíquica penetra com as suas vibrações todo o seu organismo fluídico, esse perispírito que é a sua forma e imagem, a reprodução exata da sua harmonia pessoal e da sua luz; mas chega a encarnação e

---

[107] Os doutores Baraduc e Joire construíram aparelhos registradores que permitem medir a força radiante que se escapa de cada pessoa e varia segundo o estado psíquico do *sujet*.

essas vibrações vão reduzir-se, amortecer-se sob o invólucro carnal. O foco interior já não poderá projetar para o exterior senão uma radiação enfraquecida, intermitente. Entretanto, no sono, no sonambulismo, no êxtase, desde que à alma se abre uma saída através do invólucro da matéria que a oprime e agrilhoa, restabelece-se imediatamente a corrente vibratória e o foco torna a adquirir toda a sua atividade. O Espírito encontra-se novamente nos seus estados anteriores de poder e liberdade. Tudo o que nele dormia desperta. As suas numerosas vidas reconstituem-se, não só com os tesouros do seu pensamento, com as reminiscências e aquisições, mas também com todas as sensações, alegrias e dores registradas em seu organismo fluídico. É esta a razão por que, no transe, a alma, vibrando as recordações do passado, afirma as suas existências anteriores e reata a cadeia misteriosa das suas transmigrações.

As menores particularidades da nossa vida registram-se em nós e deixam traços indeléveis. Pensamentos, desejos, paixões, atos bons ou maus, tudo se fixa, tudo se grava em nós. Durante o curso normal da vida, essas recordações acumulam-se em camadas sucessivas e as mais recentes acabam por delir aparentemente as mais antigas. Parece que esquecemos aqueles mil pormenores da nossa existência dissipada. Basta, porém, evocar, nas experiências hipnóticas, os tempos passados e tornar, pela vontade, a colocar o *sujet* numa época anterior da sua vida, na mocidade ou no estado de infância, para que essas recordações reapareçam em massa. O *sujet* revive o seu passado, não só com o estado de alma e associação de ideias que lhe eram peculiares nessa época, ideias às vezes bem diversas das que ele professa atualmente, com os seus gostos, hábitos, linguagem, mas também reconstituindo automaticamente toda a série dos fenômenos físicos contemporâneos daquela época. Leva-nos isso a reconhecer que há íntima correlação entre a individualidade psíquica e o estado orgânico.

Cada estado mental está associado a um estado fisiológico. A evocação de um na memória dos *sujets* traz imediatamente a reaparição do outro.[108]

---

[108] Esta lei é reconhecida em Psicologia com o nome de *Paralelismo Psicofísico*, Wundt, nas suas *Léçons sur l'Âme* (2ª edição, Leipzig, 1892), já dizia: "A cada fato psíquico corresponde um fato físico qualquer".
As experiências dos próprios materialistas fazem sobressair a evidência dessa lei. É assim, por exemplo, que M. Pierre Janet, quando faz voltar o seu *sujet* Rosa a dois anos antes no curso da sua vida atual, vê reproduzir-se nela todos os sintomas do estado de gravidez em que se achava naquela época (P. Janet, professor de Psicologia na Sorbonne, *L'Automatisme Psychologique*, p. 160). Ver também os casos assinalados pelos doutores Bourru e Burot, *Changements de la Personnalité*, p. 152; pelo Dr. Sollier, *Des Hallucinations Autoscopiques* (*Bulletin de l'Institut Psychique*, 1902, p. 30 e et seq.) e os relatados pelo Dr. Pitre, decano da Faculdade de Medicina de Bordeaux, no seu livro *Le Somnambulisme et l'Hystérie*.

Dadas as flutuações constantes e a renovação integral do corpo físico em alguns anos, esse fenômeno seria incompreensível sem a intervenção do perispírito, que guarda em si, gravadas na sua substância, todas as impressões de outrora. É ele que fornece à alma a soma total dos seus estados conscientes, mesmo depois da destruição da memória cerebral. Assim o demonstram os Espíritos nas suas comunicações, visto que conservam no Espaço até as menores recordações da sua existência terrestre.

Esse registro automático parece efetuar-se em forma de agrupamento ou zonas, dentro de nós, zonas que correspondem a outros tantos períodos da nossa vida, de maneira que, se a vontade, por meio da autossugestão ou da sugestão estranha, o que é a mesma coisa, pois que, como vimos, a sugestão, para ser eficaz, deve ser aceita pelo paciente e transformar-se em autossugestão; se a vontade, dizemos, faz reviver uma lembrança pertencente a um período qualquer do nosso passado, todos os fatos de consciência que têm conexão com esse mesmo período desenrolam-se imediatamente numa concatenação metódica. Gabriel Delanne comparou esses estados vibratórios com as camadas concêntricas observadas na secção de uma árvore e que permitem se lhe calcule o número de anos.

Isso tornaria compreensíveis as variações da personalidade de que falamos. Para observadores superficiais, esses fenômenos se explicam pela dissociação da consciência. Estudados de perto e analisados, representam, pelo contrário, aspectos de uma consciência única, correspondentes a outras tantas fases de uma mesma existência. Esses aspectos revelam-se desde que o sono é bastante profundo e o desprendimento perispiritual suficiente. Se se tem podido acreditar em mudanças de personalidade, é porque os estados transitórios, intermediários, faltam ou apagam-se.

O desprendimento, dissemos precedentemente, é facilitado pela ação magnética. Os passes feitos em um sensitivo relaxam pouco a pouco e desatam os laços que unem o Espírito ao corpo. A alma e a sua forma etérea saem da ganga material e esta saída constitui o fenômeno do sono. Quanto mais profunda for a hipnose, tanto mais a alma se separa e se afasta e recobra a plenitude das suas vibrações. A vida ativa concentra-se no perispírito, ao passo que a vida física está suspensa.

A sugestão aumenta também o ritmo vibratório da alma. Cada ideia contém o que os psicólogos chamam a tendência para a ação e esta tendência transforma-se em ato pela sugestão. Esta, com efeito, não é mais do que um modo da vontade. Levada à mais alta intensidade, torna-se força motriz, alavanca que levanta e põe em movimento as potências vitais adormecidas, os sentidos psíquicos e as faculdades transcendentais.

Vê-se então se produzirem os fenômenos da clarividência, da lucidez, do despertar da memória. Para essas manifestações se tornarem possíveis, o perispírito deve ser previamente impressionado por um abalo vibratório determinado pela sugestão.

Esse abalo, acelerando o movimento rítmico, tem por efeito restabelecer a relação entre a consciência cerebral e a consciência profunda, relação que está interrompida no estado normal durante a vida física. Então as imagens e as reminiscências armazenadas no perispírito podem reanimar-se e tornar-se novamente conscientes; mas, ao despertar, a relação cessa logo, o véu torna a cair, as recordações longínquas apagam-se pouco a pouco e tornam a entrar na penumbra.

A sugestão é, pois, o processo que se deve empregar, de preferência, nessas experiências. Para reconduzir os *sujets* a uma época determinada do seu passado são eles adormecidos por meio de passes longitudinais, depois se lhes sugere que têm tal ou qual idade. Assim, faz-se que remontem a todos os períodos da sua existência; podem obter-se "fac-símiles" da sua letra, que variam segundo as épocas e são sempre concordes, quando se trata das mesmas épocas evocadas no curso de diferentes sessões. Por meio de passes transversais faz-se com que voltem depois ao ponto atual, tornando a passar pelas mesmas fases.

Pode-se também — e nós assim o temos feito — designar ao *sujet* uma data determinada do seu passado, ainda o mais remoto, e fazê-lo renascer nele. Se o *sujet* for muito sensível, vê-se então se desenrolarem cenas de cativante interesse com pormenores sobre o meio evocado e as personagens que nele vivem, pormenores que são às vezes suscetíveis de verificação. "Tem-se podido reconhecer", diz o coronel de Rochas, "que as recordações assim avivadas eram exatas e que os *sujets* tomavam sucessivamente as *personalidades* correspondentes à sua idade".[109]

Continuamos a tratar desses fenômenos, cuja análise projeta uma luz viva sobre o mistério do ser. Todos os aspectos variados da memória, a sua extinção na vida normal, o seu despertar no transe e na exteriorização, tudo se explica pela diferença dos movimentos vibratórios que ligam a alma e o seu corpo psíquico ao cérebro material. A cada mudança de

---
[109] *Annales des Sciences Psychiques*, jul. 1905, p. 350.

estado as vibrações variam de intensidade, fazendo-se mais rápidas, à medida que a alma se desprende do corpo. As sensações são registradas no estado normal, com um mínimo de força e duração; mas a memória total subsiste no fundo do ser Por pouco que os laços materiais se afrouxem e a alma seja restituída a si mesma, ela torna a encontrar, com o seu estado vibratório superior, a consciência de todos os aspectos da sua vida, de todas as formas físicas ou psíquicas da sua existência integral. É, como vimos, o que se pode verificar e reproduzir artificialmente no estado hipnótico. Para bem nos orientarmos no dédalo desses fenômenos é preciso não esquecer que esse estado comporta muitos graus. A cada um desses graus vincula-se uma das formas da consciência e da personalidade; a cada fase do sono corresponde um estado particular da memória; o sono mais profundo faz surgir a memória mais extensa. Esta restringe-se cada vez mais, à medida que a alma reintegra o seu invólucro. Ao estado de vigília ou de acordado corresponde a memória mais restrita, mais pobre.

O fenômeno da reconstituição artificial do passado faz-nos compreender o que se passa depois da morte, quando a alma, livre do corpo terrestre, torna a achar-se em presença da sua memória aumentada, memória-consciência, memória implacável que conserva a impressão de todas as suas faltas e se torna o seu juiz e, às vezes, o seu algoz; mas, ao mesmo tempo, o "eu" fragmentado em camadas distintas, durante a vida deste mundo, reconstitui-se na sua síntese superior e na sua magnífica unidade. Toda a experiência adquirida no decorrer dos séculos, todas as riquezas espirituais, frutos da evolução, muitas vezes latentes ou, pelo menos, amortecidas, apoucadas nesta existência, reaparecem no seu brilho e frescura para servir de base a novas aquisições. Nada se perde. As camadas profundas do ser, se contam os desfalecimentos e as quedas, proclamam também os lentos, os penosos esforços acumulados no decorrer das idades para constituírem essa personalidade, que irá sempre crescendo, sempre mais rica e mais bela, na feliz expansão das suas faculdades adquiridas, das suas qualidades, das suas virtudes.

IX
Evolução e finalidade da alma

A alma, dissemos, vem de Deus; é, em nós, o princípio da inteligência e da vida. Essência misteriosa, escapa à análise, como tudo quanto dimana do Absoluto. Criada por amor, criada para amar, tão mesquinha que pode ser encerrada numa forma acanhada e frágil, tão grande que, com um impulso do seu pensamento, abrange o Infinito, a alma é uma partícula da essência divina projetada no mundo material.

Desde a hora em que caiu na matéria, qual foi o caminho que seguiu para remontar até ao ponto atual da sua carreira? Precisou de passar vias escuras, revestir formas, animar organismos que deixava ao sair de cada existência, como se faz com um vestuário inútil. Todos estes corpos de carne pereceram, o sopro dos destinos dispersou-lhes as cinzas, mas a alma persiste e permanece na sua perpetuidade, prossegue sua marcha ascendente, percorre as inumeráveis estações da sua viagem e dirige-se para um fim grande e apetecível, um fim que é a perfeição.

A alma contém, no estado virtual, todos os germens dos seus desenvolvimentos futuros. É destinada a conhecer, adquirir e possuir tudo. Como, pois, poderia ela conseguir tudo isso numa única existência? A vida é curta, e longe está a perfeição! Poderia a alma, numa vida única, desenvolver o seu entendimento, esclarecer a razão, fortificar a consciência, assimilar todos os elementos da sabedoria, da santidade, do gênio? Para realizar os seus fins, tem de percorrer, no tempo e no espaço, um campo sem limites. É passando por inúmeras transformações, no fim de milhares de séculos, que o mineral grosseiro se converte em diamante puro, refratando mil cintilações. Sucede o mesmo com a alma humana.

O objetivo da evolução, a razão de ser da vida não é a felicidade terrestre, como muitos erradamente creem, mas o aperfeiçoamento de cada um de nós, e esse aperfeiçoamento devemos realizá-lo por meio do trabalho, do esforço, de todas as alternativas da alegria e da dor, até que nos tenhamos desenvolvido completamente e elevado ao estado celeste. Se há na Terra menos alegria do que sofrimento, é que este é o instrumento por excelência da educação e do progresso, um estimulante para o ser, que, sem ele, ficaria retardado nas vias da sensualidade. A dor, física e moral, forma a nossa experiência. A sabedoria é o prêmio.

Pouco a pouco a alma se eleva e, conforme vai subindo, nela se vai acumulando uma soma sempre crescente de saber e virtude; sente-se mais estreitamente ligada aos seus semelhantes; comunica mais intimamente com o seu meio social e planetário. Elevando-se cada vez mais, não tarda a ligar-se por laços pujantes às sociedades do Espaço e depois ao Ser universal.

Assim, a vida do ser consciente é uma vida de solidariedade e liberdade. Livre dentro dos limites que lhe assinalam as Leis Eternas, faz-se o arquiteto do seu destino. O seu adiantamento é obra sua. Nenhuma fatalidade o oprime, salvo a dos próprios atos, cujas consequências nele recaem; mas não pode desenvolver-se e medrar senão na vida coletiva com o recurso de cada um e em proveito de todos. Quanto mais sobe, tanto mais se sente viver e sofrer em todos e por todos. Na necessidade de se elevar a si mesmo, atrai a si, para fazê-los chegar ao estado espiritual, todos os seres humanos que povoam os mundos onde viveram. Quer fazer por eles o que por ele fizeram os seus irmãos mais velhos, os grandes Espíritos que o guiaram na sua marcha.

A lei de justiça requer que, por sua vez, sejam emancipadas, libertadas da vida inferior todas as almas. Todo ser que chega à plenitude da consciência deve trabalhar para preparar aos seus irmãos uma vida suportável, um estado social que só comporte a soma de males inevitáveis. Esses males, necessários ao funcionamento da lei de educação geral, nunca deixarão de existir em nosso mundo, representam uma das condições da vida terrestre. A matéria é o obstáculo útil; provoca o esforço e desenvolve a vontade;

contribui para a ascensão dos seres, impondo-lhes necessidades que os obrigam a trabalhar. Como, sem a dor, havíamos de conhecer a alegria; sem a sombra, apreciar a luz; sem a privação, saborear o bem adquirido, a satisfação alcançada? Eis aqui a razão por que encontramos dificuldades de toda sorte em nós e em volta de nós.

* * *

Grandioso é o espetáculo da luta do espírito contra a matéria, luta para a conquista do globo, luta contra os elementos, os flagelos, contra a miséria, a dor e a morte. Por toda parte a matéria se opõe à manifestação do pensamento. No domínio da Arte, é a pedra que resiste ao cinzel do escultor; na Ciência, é o inapreciável, o infinitamente pequeno que se furta à observação; na ordem social como na ordem privada, são os obstáculos sem-número, as necessidades, as epidemias, as catástrofes!

Não obstante, em frente das potências cegas que o oprimem e o ameaçam de todos os lados, o homem, ser frágil, ergueu-se. Por único recurso tem apenas a vontade e, com esse único recurso, tem continuado, sem tréguas nem piedade, através dos tempos, a áspera luta; depois, um dia, pela vontade humana, foi vencida, subjugada a formidável potência. O homem quis e a matéria submeteu-se. Ao seu gesto, os elementos inimigos, a água e o fogo, uniram-se rugindo e para ele têm trabalhado.

É a lei do esforço, lei suprema, pela qual o ser se afirma, triunfa e desenvolve-se; é a magnífica epopeia da História, a luta exterior que enche o mundo. A luta interior não é menos comovente. De cada vez que renasce, terá o Espírito de ajeitar, de apropriar o novo invólucro material que lhe vai servir de morada e fazer dele um instrumento capaz de traduzir, de exprimir as concepções do seu gênio. Demasiadas vezes, porém, o instrumento resiste e o pensamento, desanimado, retrai-se, impotente para adelgaçar, para levantar o pesado fardo que o sufoca e aniquila. Entretanto, pelo esforço acumulado, pela persistência dos pensamentos e dos desejos, apesar das decepções, das derrotas, através das existências renovadas, a alma consegue desenvolver as suas altas faculdades.

Há em nós uma surda aspiração, uma íntima energia misteriosa que nos encaminha para as alturas, que nos faz tender para destinos cada vez mais elevados, que nos impele para o belo e para o bem. É a Lei do Progresso, a evolução eterna, que guia a Humanidade através das idades e aguilhoa cada um de nós, porque a Humanidade são as próprias almas, que, de século em século, voltam para prosseguir, com o auxílio de novos corpos, preparando-se para mundos melhores, em sua obra de aperfeiçoamento. A história de uma alma não difere da história da Humanidade; só a escala difere: a escala das proporções.

O Espírito molda a matéria, comunica-lhe a vida e a beleza. É por isso que a evolução é, por excelência, uma lei de estética. As formas adquiridas são o ponto de partida de formas mais belas. Tudo se liga. A véspera prepara o dia seguinte; o passado gera o futuro. A obra humana, reflexo da Obra Divina, expande-se em formas cada vez mais perfeitas.

* * *

A Lei do Progresso não se aplica somente ao homem; é universal. Há, em todos os reinos da Natureza, uma evolução que foi reconhecida pelos pensadores de todos os tempos. Desde a célula verde, desde o embrião errante, boiando à flor das águas, a cadeia das espécies tem-se desenrolado através de séries variadas, até nós.[110]

Cada elo dessa cadeia representa uma forma da existência que conduz a uma forma superior, a um organismo mais rico, mais bem adaptado às necessidades, às manifestações crescentes da vida; mas, na escala da evolução, o pensamento, a consciência e a liberdade só aparecem passados muitos graus. Na planta, a inteligência dormita; no animal, sonha; só no homem acorda, conhece-se, possui-se e torna-se consciente; a partir daí, o progresso, de alguma sorte fatal nas formas inferiores da Natureza, só se pode realizar pelo acordo da vontade humana com as Leis Eternas.

É pelo acordo, pela união da razão humana com a razão divina que se edificam as obras preparatórias do Reino de Deus, isto é, do reino da Sabedoria, da Justiça, da Bondade, de que todo ser racional e consciente tem em si a intuição.

Assim, o estudo das leis da evolução, em vez de anular a espiritualidade do homem, vem, pelo contrário, dar-lhe uma nova sanção; ensina-nos como o corpo do homem pode derivar de uma forma inferior pela seleção natural, mas nos mostra também que possuímos faculdades intelectuais e

---

[110] Os seres monocelulares encontram-se, ainda hoje, aos bilhões em cada organismo humano.
Não foi de uma única célula que saiu a série das espécies; foi antes a multidão das células que se agrupou para formar seres mais perfeitos e, de degrau em degrau, convergir para a unidade.

morais de origem diferente, e esta origem achamo-la no universo invisível, no mundo sublime do Espírito.

A teoria da evolução deve ser completada pela da percussão, isto é, pela ação das potências invisíveis, que ativa e dirige esta lenta e prodigiosa marcha ascensional da vida do globo. O mundo oculto intervém, em certas épocas, no desenvolvimento físico da Humanidade, como intervém, no domínio intelectual e moral, pela revelação medianímica. Quando uma raça que chegou ao apogeu é seguida de uma nova raça, é racional acreditar que uma família superior de almas encarna entre os representantes da raça exausta para fazê-la subir um grau, renovando-a e moldando-a à sua imagem. É o eterno himeneu entre o Céu e a Terra, a infinita penetração da matéria pelo espírito, a efusão crescente da vida psíquica na forma em evolução.

O aparecimento dos homens na escala dos seres pode explicar-se assim. O homem, demonstra-nos a embriogenia, é a síntese de todas as formas vivas que o precederam, o último elo da longa cadeia de vidas inferiores que se desenrola através dos tempos. Mas isso é apenas o aspecto exterior do problema das origens, ao passo que amplo e imponente é o aspecto interior. Assim como cada nascimento se explica pela descida à carne de uma alma que vem do Espaço, assim também o primeiro aparecimento do homem no planeta deve ser atribuído a uma intervenção das potências invisíveis que geram a vida. A essência psíquica vem comunicar às formas animais evoluídas o sopro de uma nova vida; vai criar, para a manifestação da inteligência, um órgão até então desconhecido — a palavra. Elemento poderoso de toda a vida social, o verbo aparecerá e, ao mesmo tempo, a alma encarnada conservará, mediante seu invólucro fluídico, a possibilidade de entrar em relações com o meio donde saiu.[111]

A evolução dos mundos e das almas é regida pela Vontade Divina, que penetra e dirige toda a Natureza, mas a evolução física é uma simples

---

[111] Qualquer que seja a teoria a que se dê preferência nessas matérias, adotem-se as vistas de Darwin, de Spencer ou de Haeckel, não é possível crer-se que a Natureza, que Deus apenas tenha um só e único meio de produzir e desenvolver a vida. O cérebro humano é limitado; as possibilidades da vida são infinitas. Os pobres teoristas, que querem enclausurar toda a ciência biológica dentro dos estreitos limites de um sistema, fazem-nos sempre lembrar o menino da lenda, que queria meter toda a água do oceano num buraco feito na areia da praia.
O professor Ch. Richet diretamente declarou na sua resposta a Sully-Prudhomme: "As teorias da seleção são insuficientes". E nós acrescentaremos: "Se há unidade de plano, deve haver diversidade nos meios de execução. Deus é o grande artista que, dos contrastes sabe fazer resultar a harmonia. Parece que há no Universo duas imensas correntes de vida. Uma sobe do abismo pela animalidade; a outra desce das alturas divinas. Vão ambas ao encontro uma da outra para se unirem e se confundirem e mutuamente se atraírem. Não é essa a significação que tem a escada do sonho de Jacó?"

preparação para a evolução psíquica e a ascensão das almas prossegue muito além da cadeia dos mundos materiais.

O que impera nas baixas regiões da vida é a luta ardente, o combate sem tréguas de todos contra todos, a guerra perpétua em que cada ser faz esforço para conquistar um lugar ao sol, quase sempre em detrimento dos outros. Essa peleja furiosa arrasta e dizima todos os seres inferiores nos seus turbilhões.

O nosso globo é como uma arena onde se travam batalhas incessantes.[112]

A Natureza renova continuamente esses exércitos de combatentes. Na sua prodigiosa fecundidade, gera novos seres; mas logo a morte ceifa em suas fileiras cerradas. Essa luta, horrenda à primeira vista, é necessária para o desenvolvimento do princípio de vida, dura até o dia em que um raio de inteligência vem iluminar as consciências adormecidas. É na luta que a vontade se apura e afirma; é da dor que nasce a sensibilidade.

A evolução material, a destruição dos organismos é temporária; representa a fase primária da epopeia da vida. As realidades imperecíveis estão no Espírito; só ele sobrevive a esses conflitos. Todos esses invólucros efêmeros não são mais do que vestuários que vêm ajustar-se à sua forma fluídica permanente. Cobre-os com vestuários para representar os numerosos atos do drama da evolução no vasto palco do Universo.

Emergir grau a grau do abismo da vida para tornar-se Espírito, gênio superior, e isto por seus próprios méritos e esforços, conquistar o futuro hora a hora, ir-se libertando dia a dia um pouco mais da ganga das paixões, libertar-se das sugestões do egoísmo, da preguiça, do desânimo, resgatar-se pouco a pouco das suas fraquezas, da sua ignorância, ajudando os seus semelhantes a se resgatarem por sua vez, arrastando todo o meio humano para um estado superior, tal é o papel distribuído a cada alma. Para desempenhá-lo, tem ela à sua disposição toda a série de existências inumeráveis na escala magnífica dos mundos.

Tudo o que vem da matéria é instável; tudo passa, tudo foge. Os montes se vão pouco a pouco abatendo sob a ação dos elementos; as maiores cidades convertem-se em ruínas, os astros acendem-se, resplandecem, depois apagam-se e morrem; só a alma imperecível paira na Duração eterna.

O círculo das coisas terrestres aperta-nos e limita as nossas percepções; mas, quando o pensamento se separa das formas mutáveis e abarca a extensão dos tempos, vê o passado e o futuro se juntarem, fremirem e viverem o

---

[112] Ver Le Dantec — *La Lutte Universelle*, I vol., 1906.

presente. O canto de glória, o hino da vida infinita enche os espaços, sobe do âmago das ruínas e dos túmulos. Sobre os destroços das civilizações extintas rebentam florescências novas. Efetua-se a união entre as duas humanidades, visível e invisível, entre aqueles que povoam a Terra e os que percorrem o Espaço. As suas vozes chamam, respondem umas às outras, e esses rumores, esses murmúrios, vagos e confusos ainda para muitos, tornam-se para nós a mensagem, a palavra vibrante que afirma a comunhão de amor universal.

* * *

Tal é o caráter complexo do ser humano — espírito, força e matéria, em quem se resumem todos os elementos constitutivos, todas as potências do Universo. Tudo o que está em nós está no Universo e tudo o que está no Universo encontra-se em nós. Pelo corpo fluídico e pelo corpo material o homem acha-se ligado à imensa teia da vida universal; pela alma, a todos os Mundos Invisíveis e Divinos. Somos feitos de sombra e luz; somos a carne com todas as suas fraquezas e o espírito com as suas riquezas latentes, as suas esperanças radiosas, os seus surtos grandiosos, e o que em nós está em todos os seres se encontra. Cada alma humana é uma projeção do grande Foco eterno e é isso o que consagra e assegura a fraternidade dos homens. Temos em nós os instintos da alimária mais ou menos comprimidos pelo trabalho longo e pelas provas das existências passadas, e temos também a crisálida do anjo, do ser radioso e puro, que podemos vir a ser pela impulsão moral, pelas aspirações do coração e pelo sacrifício constante do "eu". Tocamos com os pés as profundezas sombrias do abismo e com a fronte as alturas fulgurantes do Céu, o império glorioso dos Espíritos.

Quando aplicamos o ouvido ao que se passa no fundo do nosso ser, ouvimos como o turbilhão de águas ocultas e tumultuosas, o fluxo e refluxo do mar agitado da personalidade que os vendavais da cólera, do egoísmo e do orgulho encapelam. São as vozes da matéria, os chamamentos das baixas regiões, que nos atraem e influenciam ainda as nossas ações; mas essas influências, podemos dominá-las com a vontade, podemos impor silêncio a essas vozes. Quando em nós se faz a bonança, quando o murmúrio das paixões se aplaca, eleva-se então a voz potente do Espírito infinito, o cântico da Vida eterna, cuja harmonia enche a Imensidade. E, quanto mais o Espírito se eleva, purifica e ilustra, tanto mais o seu organismo fluídico se torna acessível às vibrações, às vozes, ao influxo do Alto. O Espírito Divino, que anima o Universo, atua sobre todas as almas; busca penetrá-las, esclarecê-las, fecundá-las, mas a maior parte se deixa ficar na escuridão e no insulamento. Demasiado grosseiras ainda, não podem sentir-lhe a influência nem ouvir os seus chamados. Muitas vezes ele as cerca, as envolve, procura chegar às camadas profundas das suas consciências, acordá-las para a vida espiritual. Muitas resistem a essa ação, porque a alma é livre; outras somente a sentem nos momentos solenes da vida, nas grandes provas, nas horas desoladas em que experimentam a necessidade de um socorro do Alto e o pedem. Para viver da vida superior a que se adaptam essas influências, é necessário ter conhecido o sofrimento, praticado a abnegação, ter renunciado às alegrias materiais, acendido e alimentado em si a chama, a luz interior que não se apaga nunca e cujos reflexos iluminam desde este mundo as perspectivas do Além. Só múltiplas e penosas existências planetárias nos preparam para essa vida.

* * *

Assim se desvenda o mistério da psique, a alma humana, filha do céu, exilada na carne, e suas existências, o longo cortejo dos sofrimentos por que passou. Esses sofrimentos são o preço da sua felicidade, essas provas redundaram todas em seu proveito, afinal ela o compreende. Então, mudam-se os papéis. De protegida passa a protetora; envolve com a sua influência os que lutam ainda nas Terras do Espaço, insufla-lhes os conselhos da própria experiência; sustenta-os na via árdua, nas sendas ásperas que ela própria percorreu.

Conseguirá a alma chegar um dia ao termo da sua viagem? Avançando pelo caminho traçado, ela vê sempre se abrirem novos campos de estudos e descobertas. Semelhantes à corrente de um rio, as águas da Ciência suprema descem para ela em torrente cada vez mais caudalosa. Chega a penetrar a santa harmonia das coisas, a compreender que não existe nenhuma discordância, nenhuma contradição no Universo; que, por toda a parte, reinam a ordem, a sabedoria, a providência, e a sua confiança e o seu entusiasmo aumentam cada vez mais. Com amor maior ao Poder supremo, ela saboreia de maneira mais intensa as felicidades da vida bem-aventurada.

Daí em diante está intimamente associada à Obra Divina; está preparada para desempenhar as missões que cabem às almas superiores, à hierarquia dos Espíritos que, por diversos títulos, governam e animam o cosmo, porque essas almas são os agentes de Deus na obra eterna da Criação, são os livros maravilhosos em que Ele escreveu os seus mais belos mistérios, são como as correntes que vão levar às terras do Espaço as forças e as radiações da Alma infinita.

    Deus conhece todas as almas que formou com o seu pensamento e o seu amor. Sabe o grande partido que delas há de tirar mais tarde para a realização das suas vistas. A princípio, deixa-as percorrer vagarosamente as vias sinuosas, subir os sombrios desfiladeiros das vidas terrestres, acumular pouco a pouco em si os tesouros de paciência, de virtude, de saber, que se adquirem na escola do sofrimento. Mais tarde, enternecidas pelas chuvas e pelas rajadas da adversidade, amadurecidas pelos raios do sol divino, saem da sombra dos tempos, da obscuridade das vidas inumeráveis e eis que suas faculdades desabrocham em feixes deslumbrantes; a sua inteligência revela-se em obras que são como que o reflexo do Gênio Divino.

X
A morte

A morte é uma simples mudança de estado, a destruição de uma forma frágil que já não proporciona à vida as condições necessárias ao seu funcionamento e à sua evolução. Para além da campa, abre-se uma nova fase de existência. O Espírito, debaixo da sua forma fluídica, imponderável, prepara-se para novas reencarnações; acha no seu estado mental os frutos da existência que findou.

Por toda parte se encontra a vida. A Natureza inteira mostra-nos, no seu maravilhoso panorama, a renovação perpétua de todas as coisas. Em parte alguma há a morte, como, em geral, é considerada entre nós; em parte alguma há o aniquilamento; nenhum ente pode perecer no seu princípio de vida, na sua unidade consciente. O Universo transborda de vida física e psíquica. Por toda parte o imenso formigar dos seres, a elaboração de almas que, quando escapam às demoradas e obscuras preparações da matéria, é para prosseguirem, nas etapas da luz, a sua ascensão magnífica.

A vida do homem é como o Sol das regiões polares durante o estio. Desce devagar, baixa, vai enfraquecendo, parece desaparecer um instante por baixo do horizonte. É o fim, na aparência; mas, logo depois, torna a elevar-se, para novamente descrever a sua órbita imensa no céu.

A morte é apenas um eclipse momentâneo na grande revolução das nossas existências, mas basta esse instante para revelar-nos o sentido grave e profundo da vida. A própria morte pode ter também a sua nobreza, a sua grandeza. Não devemos temê-la, mas, antes, nos esforçar por embelezá-la, preparando-se cada um constantemente para ela, pela pesquisa e conquista da beleza moral, a beleza do Espírito que molda o corpo e o orna com um reflexo augusto na hora das separações supremas. A maneira por que cada qual sabe morrer é já, por si mesma, uma indicação do que para cada um de nós será a vida do Espaço.

Há como uma luz fria e pura em redor da almofada de certos leitos de morte. Rostos, até aí insignificantes, parecem aureolados por claridades do Além. Um silêncio imponente faz-se em volta daqueles que deixaram a Terra. Os vivos, testemunhas da morte, sentem grandes e austeros pensamentos desprenderem-se do fundo banal das suas impressões habituais, dando alguma beleza à sua vida interior. O ódio e as más paixões não resistem a esse espetáculo. Ante o corpo de um inimigo, abranda toda a animosidade, esvai-se todo o desejo de vingança. Junto de um esquife, o perdão parece mais fácil, mais imperioso o dever.

Toda morte é um parto, um renascimento; é a manifestação de uma vida até aí latente em nós, vida invisível da Terra, que vai reunir-se à vida invisível do Espaço. Depois de certo tempo de perturbação, tornamos a encontrar-nos, além do túmulo, na plenitude das nossas faculdades e da nossa consciência, junto dos seres amados que compartilharam as horas tristes ou alegres da nossa existência terrestre. A tumba apenas encerra pó. Elevemos mais alto os nossos pensamentos e as nossas recordações, se quisermos achar de novo o rastro das almas que nos foram caras.

Não peçais às pedras do sepulcro o segredo da vida. Os ossos e as cinzas que lá jazem nada são, ficai sabendo. As almas que os animaram deixaram esses lugares, revivem em formas mais sutis, mais apuradas. Do seio do invisível, onde lhes chegam as vossas orações e as comovem, elas vos seguem com a vista, vos respondem e vos sorriem. A Revelação Espírita ensinar-vos-á a comunicar com elas, a unir os vossos sentimentos num mesmo amor, numa esperança inefável.

Muitas vezes, os seres que chorais e que ides procurar no cemitério estão ao vosso lado. Vêm velar por vós aqueles que foram o amparo da vossa juventude, que vos embalaram nos braços, os amigos, companheiros das vossas alegrias e das vossas dores, bem como todas as formas, todos os meigos fantasmas dos seres que encontrastes no vosso caminho, os quais participaram da vossa existência e levaram consigo alguma coisa de vós mesmos, da vossa alma e do vosso coração. Ao redor de vós flutua a multidão dos homens que se sumiram na morte, multidão confusa, que revive, vos chama e mostra o caminho que tendes de percorrer.

Ó morte, ó serena majestade! Tu, de quem fazem um espantalho, és para o pensador simplesmente um momento de descanso, a transição entre dois atos do destino, dos quais um acaba e o outro se prepara. Quando a minha pobre alma, errante há tantos séculos através dos mundos, depois de muitas lutas, vicissitudes e decepções, depois de muitas ilusões desfeitas e esperanças adiadas, for repousar de novo no teu seio, será com alegria que saudará a aurora da vida fluídica; será com ebriedade que se elevará do pó terrestre, através dos espaços insondáveis, em direção àqueles a quem estremeceu neste mundo e que a esperam.

Para a maior parte dos homens, a morte continua a ser o grande mistério, o sombrio problema que ninguém ousa olhar de frente. Para nós, ela é a hora bendita em que o corpo cansado volve à grande Natureza para deixar à psique, sua prisioneira, livre passagem para a Pátria eterna.

Essa pátria é a Imensidade radiosa, cheia de sóis e de esferas. Junto deles, como há de parecer raquítica a nossa pobre Terra! O Infinito envolve-a por todos os lados. O infinito na extensão e o infinito na duração, eis o que se nos depara, quer se trate da alma, quer se trate do Universo.

Assim como cada uma das nossas existências tem o seu termo e há de desaparecer, para dar lugar a outra vida, assim também cada um dos mundos semeados no Espaço tem de morrer, para dar lugar a outros mundos mais perfeitos.

Dia virá em que a vida humana se extinguirá no globo esfriado. A Terra, vasta necrópole, rolará, soturna, na amplidão silenciosa.

Hão de elevar-se ruínas imponentes nos lugares onde existiram Roma, Paris, Constantinopla, (antiga Bizâncio atual Istambul), cadáveres de capitais, últimos vestígios das raças extintas, livros gigantescos de pedra que nenhum olhar carnal voltará a ler. Mas a Humanidade terá desaparecido da Terra somente para prosseguir, em esferas mais bem-dotadas, a carreira de sua ascensão. A vaga do progresso terá impelido todas as almas terrestres para planetas mais bem preparados para a vida. É provável que civilizações prodigiosas floresçam a esse tempo em Saturno e Júpiter; ali se hão de expandir humanidades renascidas numa glória incomparável. Lá é o lugar futuro dos seres humanos, o seu novo campo de ação, os sítios abençoados onde lhes será dado continuarem a amar e trabalhar para o seu aperfeiçoamento.

No meio dos seus trabalhos, a triste lembrança da Terra virá talvez perseguir ainda esses Espíritos; mas, das alturas atingidas, a memória das dores sofridas, das provas suportadas, será apenas um estimulante para se elevarem a maiores alturas.

Em vão a evocação do passado lhes fará surgir à vista os espectros de carne, os tristes despojos que jazem nas sepulturas terrestres. A voz da sabedoria dir-lhes-á: "Que importa as sombras que se foram! Nada perece. Todo ser se transforma e esclarece sobre os degraus que conduzem de esfera em esfera, de sol em sol, até Deus. Espírito imorredouro, lembra-te disto: *'A morte não existe!'*"

* * *

O ensino e o cerimonial das igrejas não têm contribuído pouco, representando a morte com formas lúgubres, para fazer nascer um sentimento de terror nos espíritos.

As doutrinas materialistas, por sua vez, não eram próprias para reagir contra essa impressão.

À hora do crepúsculo, quando a noite desce sobre a Terra, apodera-se de nós uma espécie de tristeza. Facilmente a afugentamos, dizendo no nosso íntimo: Depois das trevas virá a luz. A noite é apenas a véspera da aurora! Quando acaba o verão e ao deslumbramento da Natureza vai suceder o inverno taciturno, consolamo-nos com o pensamento das florescências futuras. Por que existe, pois, o medo da morte, a ansiedade pungente com relação a um ato que não é o fim de coisa alguma?

É quase sempre porque a morte nos parece a perda, a privação súbita de tudo o que fazia a nossa alegria.

O espiritualista sabe que não é assim. A morte é para ele a entrada num modo de vida mais rico de impressões e de sensações. Não somente não ficamos privados das riquezas espirituais, como também estas aumentam com recursos tanto mais extensos e variados, quanto a alma se tiver preparado melhor para gozá-los.

A morte nem sequer nos priva das coisas deste mundo. Continuaremos a ver aqueles a quem amamos e deixamos atrás de nós. Do seio dos Espaços seguiremos os progressos deste planeta; veremos as mudanças que ocorrerem na sua superfície; assistiremos às novas descobertas, ao desenvolvimento social, político e religioso das nações, e, até à hora do nosso regresso à carne, em tudo isso havemos de cooperar fluidicamente, auxiliando, influenciando, na medida do nosso poder e do nosso adiantamento, aqueles que trabalham em proveito de todos.

Bem longe de afugentar a ideia da morte, como em geral o fazemos, saibamos, pois, encará-la face a face, pelo que ela é na realidade. Esforcemo-nos por desembaraçá-la das sombras e das quimeras com que a envolvem e averiguemos como convém nos prepararmos para este incidente natural e necessário do curso da vida.

Necessário, dizemos. Com efeito, o que aconteceria se a morte fosse suprimida? O globo tornar-se-ia estreito demais para conter a multidão humana. Com a idade e a velhice, a vida parecer-nos-ia, em dado momento, de tal modo insuportável, que preferiríamos tudo à sua prolongação indefinida. Viria um dia em que, tendo esgotado todos os meios de estudo, de trabalho, de cooperação útil à ação comum, a existência revestiria para nós um caráter acabrunhador de monotonia.

O nosso progresso e a nossa elevação exigem-no: mais dia menos dia, temos de ficar livres do invólucro carnal, que, depois de haver prestado os serviços esperados, se torna impróprio para seguir-nos em outros planos do nosso destino. Como é possível que aqueles que creem na existência de uma Sabedoria previdente, de um Poder ordenador, qualquer que seja, aliás, a forma que emprestem a esse Poder, considerem a morte um mal? Se ela representa um papel importante na evolução dos seres, não é por ser uma das fases reclamadas por esta evolução, o *pendant* natural do nascimento, um dos elementos essenciais do plano da vida?

O Universo não pode falhar. Seu fim é a beleza; seus meios, a justiça e o amor. Fortaleçamo-nos com o pensamento dos porvires sem limites. A confiança na outra vida estimulará os nossos esforços, torná-los-á mais fecundos. Nenhuma obra de vulto e que exija paciência pode ser levada a cabo sem a certeza do dia seguinte. De cada vez que, à roda de nós, distribui os seus golpes, a morte, no seu esplendor austero, torna-se um ensinamento, uma lição soberana, um incentivo para trabalharmos melhor, para procedermos melhor, para aumentarmos constantemente o valor da nossa alma.

***

As inumações são feitas com um aparato que deixa outra impressão não menos penosa na memória dos assistentes. O pensamento de que o nosso invólucro será também por sua vez depositado na terra provoca como que uma sensação de angústia e asfixia. No entanto, todos os corpos que por nós foram animados, no passado, jazem igualmente no solo ou vão sendo paulatinamente transformados em plantas e flores. Estes corpos eram simples vestuários usados; a nossa personalidade não foi enterrada com eles; pouco nos importa hoje o que deles foi feito. Por que havemos, então, de nos preocupar mais com a sorte do último do que com a dos outros? Sócrates respondia com justeza aos seus amigos que lhe perguntavam como queria ser enterrado: "Enterrai-me como quiserdes, se puderdes apoderar-vos de mim".[113]

Inúmeras vezes, a imaginação do homem povoa as regiões do Além de criações assustadoras, que se tornam horripilantes para ele. Certas igrejas ensinam, também, que as condições boas ou más da vida futura são definitivas, irrevogavelmente determinadas por ocasião da morte e essa afirmação perturba a existência de muitos crentes; outros temem o insulamento, o abandono no seio dos Espaços.

A Revelação dos Espíritos vem pôr termo a todas estas apreensões; traz-nos sobre a vida de Além-Túmulo indicações exatas;[114] dissipa a incerteza cruel, o temor do desconhecido que nos atribulam. A morte, diz-nos ela, em nada muda a nossa natureza espiritual, os nossos caracteres, o que constitui o nosso verdadeiro "eu"; apenas nos torna mais livres, dota-nos de uma liberdade, cuja extensão se mede pelo nosso grau de adiantamento. De um, como do outro lado, temos a possibilidade de fazer o bem ou o mal, a facilidade de adiantar-nos, de progredir, de reformar-nos. Por toda a parte reinam as mesmas leis, as mesmas harmonias, as mesmas potências divinas. Nada é irrevogável. O amor que nos chama a este mundo atrai-nos mais tarde para o outro; mas, em todos os lugares, esperam-nos amigos, protetores, arrimos. Ao passo que neste mundo choramos a partida de um dos nossos, como se ele fosse perder-se no nada, por cima de nós seres etéreos glorificam a sua chegada à luz, da mesma forma que nós nos

---

[113] Pergunta-se muitas vezes se a cremação é preferível à inumação sob o ponto de vista da separação do Espírito. Os Invisíveis, consultados, respondem que, em tese geral, a cremação provoca desprendimento mais rápido, mais brusco e violento, doloroso mesmo para a alma apegada à Terra por seus hábitos, gostos e paixões. É necessário certo arrebatamento psíquico, certo desapego antecipado dos laços materiais, para sofrer sem dilaceração a operação crematória. É o que se dá com a maior parte dos orientais, entre os quais está em uso a cremação. Em nossos países do Ocidente, em que o homem psíquico está pouco desenvolvido, pouco preparado para a morte, a inumação deve ser preferida, posto que por vezes dê origem a erros deploráveis, por exemplo, o enterramento de pessoas em estado de letargia. Deve ser preferida, porque permite aos indivíduos apegados à matéria que o Espírito lhes saia lenta e gradualmente do corpo, mas precisa ser rodeada de grandes precauções. As inumações são, entre nós, feitas com muita precipitação.

[114] Ver Allan Kardec — *O céu e o inferno*.

A morte

regozijamos com a chegada de uma criancinha, cuja alma vem, de novo, desabrochar para a vida terrestre. Os mortos são os vivos do Céu!

* * *

Muitas pessoas temem a morte por causa dos sofrimentos físicos que a acompanham. Sofremos, é verdade, na doença que acaba pela morte, mas sofremos também nas doenças de que nos curamos. No instante da morte, dizem-nos os Espíritos, quase nunca há dor; morre-se como se adormece. Esta opinião é confirmada por todos aqueles a quem a profissão e o dever chamam frequentes vezes para a cabeceira dos moribundos.

No entanto, se se considerar o sossego, a serenidade de certos doentes nas horas derradeiras e a agitação convulsiva, a agonia de outros, deve reconhecer-se que as sensações que precedem a morte são muito diversas, em relação aos indivíduos. Os sofrimentos são tanto mais vivos, quanto mais numerosos e fortes são os laços que unem a alma ao corpo. Tudo o que os pode diminuir, enfraquecer, tornará a separação mais rápida, a transição menos dolorosa.

Se a morte é quase sempre isenta de sofrimento para aquele cuja vida foi nobre e bela, não sucede o mesmo com os sensuais, os violentos, os criminosos, os suicidas.

Uma vez transposta a passagem, uma espécie de perturbação, de entorpecimento, invade a maior parte das almas que não souberam preparar-se para a partida. Nesse estado, as suas faculdades ficam veladas, as suas percepções mal se exercem através de um nevoeiro mais ou menos denso. A duração da perturbação varia segundo a natureza e o valor moral delas; pode ser muito prolongada para as mais atrasadas e até chegar a anos; depois, pouco a pouco, vai-se adelgaçando a bruma; as percepções ganham maior nitidez. O Espírito readquire a lucidez; desperta para a nova vida, a vida do Espaço. Solene é esse instante para ele, mais decisivo, mais formidável do que a hora da morte; porque, segundo o seu valor e o seu grau de pureza, será tranquilo e delicioso, cheio de ansiedade ou de sofrimento esse despertar.

No estado de perturbação, a alma tem consciência dos pensamentos que se lhe dirigem. Os pensamentos de amor e caridade, as vibrações dos corações afetuosos brilham para ela como raios na névoa que a envolve; ajudam-na a soltar-se dos últimos laços que a acorrentam à Terra, a sair da sombra em que está imersa. É por isso que as preces inspiradas pelo coração, pronunciadas com calor e convicção, principalmente as preces improvisadas, são salutares, benfazejas para o Espírito que deixou a vida corporal; pelo contrário, as orações vagas, pueris, das igrejas, são muitas vezes ineficazes. Pronunciadas maquinalmente, não adquirem o poder vibratório, que faz do pensamento uma força penetrante e, ao mesmo tempo, uma luz.

O cerimonial religioso, em uso, pouco auxílio e conforto dá, em geral, aos defuntos. Os assistentes dessas manifestações, na ignorância das condições da sobrevivência, ficam indiferentes e distraídos. É quase um escândalo ver a desatenção com que se assiste, em nossa época, a uma cerimônia fúnebre. A atitude dos assistentes, a falta de recolhimento, as conversas banais trocadas durante o saimento, tudo causa penosa impressão. Bem poucos dos que formam o acompanhamento pensam no defunto e consideram como dever projetar para ele um pensamento afetuoso.

As preces fervorosas dos amigos, dos parentes, são muito mais eficazes para o Espírito do morto do que as manifestações do culto mais pomposo; não é, contudo, conveniente nos entregarmos desmedidamente à dor da separação. As saudades da partida são, decerto, legítimas, e as lágrimas sinceras são sagradas; mas, quando demasiado violentas, estas saudades entristecem e desanimam aquele que é objeto e, muitas vezes, testemunha delas. Em vez de lhe facilitarem o voo para o Espaço, retêm-no nos lugares onde sofreu e onde ainda estão sofrendo aqueles que lhe são caros.

Pergunta-se às vezes o que se deve pensar das mortes prematuras, das mortes acidentais, das catástrofes que, de um golpe, destroem numerosas existências humanas. Como conciliar esses fatos com a ideia de plano, de providência, de harmonia universal? E se se deixa voluntariamente a vida por um ato de desespero, que sucede? Qual é a sorte dos suicidas?

As existências interrompidas prematuramente por causa de acidentes chegaram ao seu termo previsto. São, em geral, complementares de existências anteriores, truncadas por causa de abusos ou excessos. Quando, em consequência de hábitos desregrados, se gastaram os recursos vitais antes da hora marcada pela Natureza, tem-se de voltar a perfazer, numa existência mais curta, o lapso de tempo que a existência precedente devia ter normalmente preenchido. Sucede que os seres humanos, que devem dar esta reparação, se reúnem num ponto pela força do destino, para sofrerem, numa morte trágica, as consequências de atos que têm relação com o passado anterior ao nascimento. Daí, as mortes coletivas, as catástrofes que lançam no mundo um aviso. Aqueles que assim partem, acabaram o tempo que tinham de viver e vão preparar-se para existências melhores.

Quanto aos suicidas, a perturbação em que a morte os imerge é profunda, penosa, dolorosa. A angústia os agrilhoa e segue até à sua reencarnação ulterior. O seu gesto criminoso causa ao corpo fluídico um abalo violento e prolongado que se transmitirá ao organismo carnal pelo renascimento. A maior parte deles volta enferma à Terra. Estando no suicida, em toda a sua força, a vida, o ato brutal que a despedaça produzirá longas repercussões no seu estado vibratório e determinará afecções nervosas nas suas futuras vidas terrestres.

O suicida procura o nada e o esquecimento de todas as coisas; mas vai, ao contrário, encontrar-se em face de sua consciência, na qual fica gravada, para todo o sempre, a recordação lamentável da sua deserção do combate da vida. A prova mais dura, o sofrimento mais cruel que haja na Terra é preferível à recriminação perpétua da alma, à vergonha de já não se poder prezar.

A destruição violenta de recursos físicos que podiam ser-lhe úteis ainda, e até fecundos, não livra o suicida das provações a que quis fugir, porque lhe será necessário reatar a cadeia quebrada das suas existências e com ela tornar a achar a série inevitável das provas, agravadas por atos e consequências que ele mesmo causou.

Os motivos de suicídio são de ordem passageira e humana; as razões de viver são de ordem eterna e sobre-humana. A vida, resultado de um passado completo, instrumento de futuro, é, para cada um de nós, o que deve ser na balança infalível do destino. Aceitemos com coragem suas vicissitudes, que são outros tantos remédios para as nossas imperfeições, e saibamos esperar com paciência a hora fixada pela Lei equitativa para termo da nossa permanência na Terra.

* * *

O conhecimento que nos tiver sido possível adquirir das condições da vida futura exerce grande influência em nossos últimos momentos; dá-nos mais segurança; abrevia a separação da alma. Para nos prepararmos com proveito para a vida do Além, é preciso não somente estarmos convencidos da sua realidade, mas também lhe compreender as leis, ver com o pensamento as vantagens e as consequências dos nossos esforços para o ideal moral. Os nossos estudos psíquicos, as relações estabelecidas durante a vida com o Mundo Invisível, as nossas aspirações às formas de existência mais elevadas, desenvolvem as nossas faculdades latentes e, quando chega a hora definitiva, como se encontra já em parte efetuada a separação do corpo, a perturbação pouco dura.

O Espírito reconhece-se quase logo: tudo o que vê lhe é familiar; adapta-se sem esforço e sem emoção às condições no novo meio.

Quando se aproxima a hora derradeira, os moribundos entram muitas vezes na posse dos seus sentidos psíquicos e percebem os seres e as coisas do Invisível. Numerosos são os exemplos. Apresentamos alguns, extraídos das investigações feitas pelo Sr. Ernesto Bozzano, cujos resultados foram publicados pelos *Annales des Sciences Psychiques*, de março de 1906:

1º caso – Na vida do reverendo Dwight L. Moody (fervoroso propagandista evangélico nos Estados Unidos), escrita por seu filho (p. 485), encontra-se a seguinte narrativa dos seus últimos momentos:

> Ouviram-no, de repente, murmurar: "A Terra afasta-se, o céu abre-se diante de mim; passei os seus últimos limites. Não me chameis outra vez; tudo isto é belo; dir-se-ia uma visão de êxtase. Se isto é a morte, como é suave..." Seu rosto reanimou-se e, com uma expressão de alegre enlevo; "Dwight! Irene! Vejo as crianças!" (fazia alusão a dois dos seus netos que tinham morrido). Depois, voltando-se para sua mulher, disse-lhe: "Tu foste sempre uma boa companheira para mim". Depois dessas palavras, perdeu os sentidos.

2º caso – O Sr. Alfred Smedley, nas páginas 50 e 51 da sua obra *Some Reminiscences*, conta do seguinte modo os últimos momentos de sua mulher:

> Alguns momentos antes da sua morte, os olhos se lhe fixaram em alguma coisa que pareceu enchê-los de viva e agradável surpresa. Então disse:
> — Como! Estão aqui minha irmã Carlota, minha mãe, meu pai, meu irmão João, minha irmã Maria! Agora, trazem-me também Bessy Heap! Estão todos aqui. Oh! como isto é belo, como isto é belo! Não os estás vendo?
> — Não, minha querida — respondi —, e muito sinto.
> — Então, não os podes ver — repetiu a doente com surpresa. — Não obstante, todos estão aqui, vieram para me levar com eles. Uma parte da

nossa família já atravessou o grande mar e não tardaremos a achar-nos todos reunidos na nova mansão celeste.

Acrescentarei aqui que Bessy Heap tinha sido uma criada muito fiel, muito afeiçoada à nossa família, e que sempre tivera por minha mulher particular estima.

Depois dessa visão extática, a doente ficou algum tempo como exausta; finalmente, voltando fixamente a vista para o céu e erguendo os braços, expirou.

3º caso – O Dr. Paul Edwards escrevia, em abril de 1903, ao diretor do *Light*, de Londres:

Aí por volta do ano de 1887, quando eu habitava uma cidade da Califórnia, fui chamado para junto da cabeceira de uma amiga a quem dedicava grande estima e que se achava na hora extrema, em consequência de uma doença do peito. Toda gente sabia que essa mulher pura e nobre, essa mãe exemplar estava votada a morte iminente. Ela acabou também por assim o compreender e quis então preparar-se para o grande momento. Tendo mandado vir os filhos para junto do leito, beijava ora um, ora outro, mandando depois retirarem-se. O marido aproximou-se por último para dar-lhe e receber o adeus supremo. Achou-a na plena posse das suas faculdades intelectuais. Ela começou por dizer:

— Newton (era o nome do marido), não chores, porque eu não sofro e tenho a alma pronta e serena. Amei-te na Terra; continuarei a amar-te depois de partir. É meu intento vir até ti, se me for possível; se não puder, velarei do Céu por ti, por meus filhos, esperando a tua vinda. Agora, o meu mais vivo desejo é ir-me embora... Avisto algumas sombras que se agitam em volta de nós... todas vestidas de branco... Ouço uma melodia deliciosa... Oh! aí está a minha Sadie! Está perto de mim e sabe perfeitamente quem eu sou (Sadie era uma filhinha que ela perdera havia dez anos).

— Sissy — disse-lhe o marido —, minha Sissy, não vês que estás sonhando?!

— Ah! meu caro — respondeu a doente —, por que me chamaste? Agora, custar-me-á mais a ir-me embora. Sentia-me tão feliz no Além, era tão delicioso, tão belo!

Três minutos depois, aproximadamente, acrescentou a agonizante:

— Vou-me novamente embora e, desta vez, não voltarei, ainda que me chames.

Durou esta cena oito minutos. Via-se bem que a agonizante gozava da visão completa dos dois mundos ao mesmo tempo, porque falava das figuras que se moviam ao seu derredor no Além, e, simultaneamente, dirigia a palavra aos mortais deste mundo... Nunca me sucedeu assistir à morte mais impressionante, mais solene.

Os *Annales* relatam igualmente grande número de casos em que o doente percebe aparições de defuntos, cujo falecimento ignorava. Cinco casos sensacionais encontram-se nos *Proceedings of the S. P. R.*, de Londres. Esses casos apoiam-se em testemunhos de alto valor.

O Sr. Ernesto Bozzano, ao terminar a sua exposição, pergunta se esses fenômenos poderiam ser explicados pela subsconsciência ou pela leitura do pensamento. Conclui pela negativa e assim se exprime:[115]

> Estas hipóteses pouco se recomendam pela simplicidade e não têm o dom de convencer facilmente um investigador imparcial. É claro que, com semelhantes teorias, tão embrulhadas e muito mais engenhosas do que sérias, se ultrapassam as fronteiras da indução científica para entrar-se a todo pano no domínio ilimitado do fantástico.[116]

Enfim, eis dois outros fatos publicados pelos *Annales des Sciences Psychiques*, de maio de 1911. Eles apresentam certos traços de analogia com os precedentes e, além disso, se enriquecem de pormenores, que nos ensinam como se opera, na morte, a separação entre o corpo fluídico e o corpo material.

A Sra. Florence Marryat escreve o que se segue no *The spirits' world* (*O mundo dos espíritos*, 128):

---

[115] *Annales des Sciences Psychiques*, mar. 1906, p. 171.
[116] Notemos mais estes testemunhos: "Outro fato que se deve assinalar e de que fui testemunha", disse o Dr. Haas, presidente da Sociedade dos Estudos Psíquicos de Nancy, "é que, muitas vezes, poucos instantes antes de morrer, alguns alienados recobram lucidez completa". (*Bulletin de la Société des Études Psychiques de Nancy*, 1906, p. 56). O Dr. Teste (*Manuel Pratique du Magnétisme Animal*) declara, igualmente, ter encontrado loucos que, na agonia, isto é, quando a consciência passa ao corpo fluídico, recuperaram a razão.

Conto entre meus mais caros amigos uma jovem, pertencente às altas classes da aristocracia, dotada de maravilhosas faculdades mediúnicas. Teve ela, há alguns anos, a infelicidade de perder sua irmã mais velha, então com 20 anos, em consequência de uma forte pleurisia.

Edith (designarei por esse nome a jovem médium) não quis afastar-se um só instante da cabeceira de sua irmã, e aí, em estado de clarividência, pôde assistir ao processo de separação do Espírito da parte material. Contava-me ela que a pobre doente, em seus últimos dias de vida terrestre, se tinha tornado inquieta, sobre-excitada, delirante, voltando-se incessantemente no leito e pronunciando palavras sem sentido.

Foi então que Edith começou a perceber uma espécie de ligeira nebulosidade semelhante a fumaça, que, condensando-se gradualmente acima da cabeça, acabou por assumir as proporções, as formas e os traços da irmã moribunda, de modo a se lhe assemelhar por completo. Essa forma flutuava no ar, a pouca distância da doente.

À medida que o dia declinava, a agitação da enferma minorava, sendo substituída à tarde por prostração profunda, precursora da agonia.

Edith contemplava avidamente a irmã: o rosto tornara-se lívido, o olhar obscurecia-se, mas, ao alto, a forma fluídica purpureava-se e parecia animar-se gradualmente com a vida que abandonava o corpo.

Um momento depois, a criança jazia inerte e sem conhecimento sobre os travesseiros, mas a forma se transformara em Espírito vivo. Cordões de luz, no entanto, semelhantes a florescências elétricas, ligavam-se ainda ao coração, ao cérebro e aos outros órgãos vitais.

Chegando o momento supremo, o Espírito oscilou algum tempo de um lado a outro, para vir em seguida colocar-se ao lado do corpo inanimado. Ele era, em aparência, muito fraco e mal podia suster-se.

E, enquanto Edith contemplava esta cena, eis que se apresentaram duas formas luminosas, nas quais reconheceu seu pai e sua avó, mortos ambos nessa mesma casa. Aproximaram-se do Espírito recém-nascido, sustentaram-no afetuosamente e o abraçaram. Depois, arrancaram-lhe os cordões de luz que o ligavam ainda ao corpo, e, apertando-o sempre nos braços, dirigiram-se à janela e desapareceram.

W. Stainton Moses, pastor da Igreja Anglicana e um dos mais célebres médiuns de nossa época, publicou em *Light*:

Tive, recentemente e pela primeira vez na vida, ocasião de estudar os processos de transição do Espírito. Aprendi tantas coisas dessa experiência, que me louvo por ser útil a outros contando o que vi... Tratava-se de um parente próximo meu, de quase 80 anos. Eu tinha percebido, por certos sintomas, que seu fim estava próximo e corri a preencher meu triste e último dever...

Graças a meus sentidos espirituais, podia verificar que em torno e acima de seu corpo se formava a aura nebulosa com a qual o Espírito devia preparar seu corpo espiritual; e percebia que ela ia aumentando de volume e densidade, posto que submetida a maiores ou menores variações, segundo as oscilações experimentadas na vitalidade do moribundo.

Pude assim notar que, por vezes, um ligeiro alimento tomado pelo doente ou uma influência magnética desprendida por pessoa que dele se aproximasse, tinha como resultado avivar momentaneamente o corpo. A aura parecia, pois, continuamente em fluxo e refluxo.

Assisti a esse espetáculo durante 12 dias e 12 noites e, se bem que ao sétimo dia já o corpo tivesse dado sinais de sua iminente dissolução, a flutuação da vitalidade espiritual em via de exteriorização persistia. Pelo contrário, a cor da aura tinha mudado; esta última tomava, além disso, formas cada vez mais definidas, à medida que a hora da libertação se aproximava para o Espírito.

Vinte e quatro horas, somente, antes da morte, quando o corpo jazia inerte, foi que o processo de libertação progrediu. No momento supremo vi aparecer formas dos "anjos da guarda", que se chegaram ao moribundo e sem nenhum esforço separaram o Espírito do corpo consumido. Quando, enfim, se quebraram os cordões magnéticos, os traços do defunto, nos quais se liam os sofrimentos experimentados, serenaram completamente e se impregnaram de inefável expressão de paz e de repouso.

Em resumo, o melhor meio de conseguirmos uma morte suave e tranquila é viver dignamente, com simplicidade e sobriedade, é viver uma vida sem vícios nem fraquezas, desapegando-nos antecipadamente de tudo o que nos liga à matéria, idealizando a nossa existência, povoando-a de pensamentos elevados e ações nobres.

Sucede o mesmo com as condições boas ou ruins da vida de Além-Túmulo. Dependem também unicamente da maneira por que desenvolvemos as nossas tendências, os nossos apetites, os nossos desejos. É na atualidade que precisamos preparar-nos, agir, reformar-nos, e não no momento em que se aproxima o fim terrestre. Seria pueril acreditarmos que a nossa situação futura depende de certas formalidades mais ou menos bem cumpridas à hora da partida. É a nossa vida inteira que responde pela vida futura; uma e outra se ligam estreitamente; formam uma série de causas e efeitos que a morte não interrompe.

Não é menos importante dissipar as quimeras que preocupam certos cérebros a respeito dos lugares reservados às almas depois da morte, para as atormentar. Aquele que cuidou do nosso nascimento, colocando-nos, ao virmos ao mundo, em braços amantes, estendidos para nos receberem, reserva-nos também afeições para a nossa chegada ao Além. Expulsemos para longe de nós os terrores vãos, as visões infernais, as beatitudes ilusórias. O futuro, como o presente, é a atividade, o trabalho; é a conquista de novos postos. Tenhamos confiança na bondade de Deus, no amor que Ele tem às suas criaturas e avancemos com firmeza no coração para o alvo que a todos Ele marcou!

Além da campa, o único juiz, o único algoz que temos é a nossa própria consciência. Livre dos estorvos terrestres, adquire ela um grau de acuidade, para nós difícil de compreender. Adormecida muitas vezes durante a vida, acorda com a morte e a sua voz se eleva; evoca as recordações do passado, as quais, despidas inteiramente de ilusões, lhe aparecem sob a sua verdadeira luz, e as nossas menores faltas se tornam causa de incessantes pesares.

"Não há", como disse Myers, "necessidade de purificação pelo fogo. O conhecimento de si mesmo é o único castigo e a única recompensa do homem".[117]

***

Existe em toda a parte a harmonia, tanto na marcha solene dos mundos, como na dos destinos. Cada um é classificado segundo as suas aptidões na ordem universal. Aos grandes Espíritos incumbem as altas tarefas, as criações do gênio; às almas fracas, as obras medíocres, as missões inferiores. Em qualquer campo que se exerça a atividade das nossas vidas, tendemos para o lugar que nos convém e legitimamente nos pertence.

---

[117] F. Myers — *La Personnalité Humaine*, p. 418.

Façamo-nos, pois, almas poderosas, ricas de ciência e virtude, aptas para as obras grandiosas e, por si mesmas, elas se hão de colocar em nobre posição na ordem eterna.

Pela alta cultura moral, pela conquista da energia, da dignidade, da bondade, esforcemo-nos por alcançar o nível dos grandes Espíritos que trabalham pela causa das humanidades, para apreciarmos com eles as alegrias reservadas ao verdadeiro mérito. Então a morte, em vez de ser um espantalho, converter-se-á, para nós, em um benefício, e poderemos repetir as célebres palavras de Sócrates: "Ah! se assim é, deixai que eu morra uma e muitas vezes!".

XI
A vida no Além

O ser humano, dissemos, pertence desde esta vida a dois mundos. Pelo corpo físico está ligado ao mundo visível; pelo corpo fluídico, ao invisível. O sono é a separação temporária dos dois invólucros; a morte é a separação definitiva. A alma, nos dois casos, separa-se do corpo físico e, com ela, a vida concentra-se no corpo fluídico. A vida de Além-Túmulo é simplesmente a permanência e a libertação da parte invisível do nosso ser.

A Antiguidade conheceu esse mistério,[118] mas, desde muito tempo, sobre as condições da vida futura os homens apenas possuíam noções de caráter vago e hipotético.

As religiões e as filosofias nos transmitem, acerca destes problemas, dados muito incertos, absolutamente desprovidos de observação, de sanção e, sobre quase todos os pontos, em desacordo completo com as ideias modernas de evolução e continuidade.

A Ciência, por seu lado, não estudou nem conheceu, até aqui, no homem terrestre mais do que a superfície, a parte física. Ora, esta é para o ser inteiro quase o que a casca é para a árvore. Quanto ao homem fluídico, etéreo, de que o nosso cérebro físico não pode ter consciência, ela o tem ignorado inteiramente até nossos dias. Daí a sua impotência para resolver o problema da sobrevivência, pois que é só o ser fluídico que sobrevive. A Ciência nada tem compreendido das manifestações psíquicas que

---

[118] Ver *Depois da morte*, 1ª Parte, *passim*.

se produzem no sono, no desprendimento, na exteriorização, no êxtase, em todas as fugas da alma para a vida superior. Ora, é unicamente pela observação desses fatos que chegaremos a adquirir, já nesta vida, um conhecimento positivo da natureza do "eu" e das suas condições de existência no Além.

Só a experiência podia resolver a questão. Tratava-se de estudar no homem atual o que o pode esclarecer sobre o homem futuro. Não há outra saída para o pensamento humano, que a Religião, a Filosofia e a Ciência, na sua insuficiência, encurralaram no Materialismo. É este o preço da salvação social, porque o Materialismo conduzir-nos-ia fatalmente à anarquia.

Foi somente depois do aparecimento do Espiritualismo experimental que o problema da sobrevivência entrou no domínio da observação científica e rigorosa. O Mundo Invisível pôde ser estudado por meio de processos e métodos idênticos aos adotados pela Ciência contemporânea nos outros campos de investigação. Esses métodos foram por nós descritos em outra parte.[119] E começamos por verificar que, em vez de cavar um fosso, de estabelecer uma solução de continuidade entre os dois modos de vida, terrestre e celeste, visível e invisível, como o faziam as diferentes doutrinas religiosas, estes estudos nos mostraram na vida do Além o prolongamento natural, a continuidade do que observamos em nós.

A persistência da vida consciente, com todos os atributos que comporta, memória, inteligência, faculdades afetivas, foi estabelecida pelas numerosas provas de identidade pessoal recolhidas no decurso de experiências e investigações dirigidas por sociedades de estudos psíquicos em todos os países. Os Espíritos dos defuntos têm-se manifestado, aos milhares, não somente com o cunho de caráter e a totalidade das recordações que constituem a sua personalidade moral, mas também com as feições físicas e as particularidades da sua forma terrestre, conservadas pelo perispírito ou corpo etéreo. Este, sabemos, não é mais do que o molde do corpo terrestre e é por isso que as feições e as formas humanas reaparecem nos fenômenos de materialização.

Demais, o conhecimento das variadas condições da vida do Além foi exposto pelos próprios Espíritos, com o auxílio dos meios de comunicação de que dispõem.

---

[119] Ver *No invisível*, Primeira parte.

Suas indicações, recolhidas e consignadas em volumes inteiros de autos, servem de base precisa à concepção que atualmente podemos fazer das leis da vida futura.

Na falta das manifestações dos defuntos, entretanto, as experiências sobre o desdobramento dos vivos fornecer-nos-iam já preciosos indícios sobre o modo de existência da alma no domínio do invisível.

Na anestesia e no sonambulismo, como experimentalmente o demonstrou o coronel de Rochas, a sensibilidade e as percepções não são suprimidas, mas simplesmente exteriorizadas, transportadas para fora.[120] Daqui, já podemos deduzir logicamente que a morte é o estado de exteriorização total e de libertação do "eu" sensível e consciente.

O nascimento é como que uma morte para a alma, que por ela é encerrada com o seu corpo etéreo no túmulo da carne. O que chamamos morte é simplesmente o retorno da alma à liberdade, enriquecida com as aquisições que pôde fazer durante a vida terrestre; e vimos que os diferentes estados do sono são outros tantos regressos momentâneos à vida do Espaço. Quanto mais profunda for a hipnose, tanto mais a alma se emancipa e afasta. O sono mais intenso confina com a primeira fase da vida invisível.

Na realidade, as palavras sono e morte são impróprias.

Quando adormecemos para a vida terrestre, acordamos para a vida do Espírito. Produz-se o mesmo fenômeno na morte; a diferença está só na duração.

Carl du Prel cita dois exemplos significativos:

> Uma sonâmbula fez um dia a descrição do seu estado e sentia pesar por não poder lembrar-se dele depois de acordada; mas, acrescentava, tornarei a ver isso tudo depois da morte. Considerava, pois, o seu estado de sonambulismo como idêntico ao estado depois da morte (Kerner, *Magikon*, 41). Dois Espíritos visitam um dia a vidente de Prévorst, que não tinha em grande apreço estas visitas.
>
> — Por que vindes a minha casa? — perguntou ela.
>
> — Quê? — responderam com muito acerto os Espíritos — tu é que estás em nossa casa! (Perty, I, 280).

---

[120] Ver A. de Rochas — *Les États Profonds de l'Hypnose; L'Extériorisation de la Sensibilité; Les Frontières de la Science.*

O nosso mundo e o Além não estão separados um do outro, provam-no esses fatos a que se podiam juntar muitos outros da mesma ordem. Estão um no outro; de alguma sorte se enlaçam e estreitamente se confundem. Os homens e os Espíritos misturam-se. Testemunhas invisíveis associam-se à nossa vida, compartilhando de nossas alegrias e provações.

* * *

A situação do Espírito depois da morte é a consequência direta das suas inclinações, seja para a matéria, seja para os bens da inteligência e do sentimento. Se as propensões sensuais dominam, o ser forçosamente se imobiliza nos planos inferiores que são os mais densos, os mais grosseiros. Se alimenta pensamentos belos e puros, eleva-se a esferas em relação com a própria natureza dos seus pensamentos.

Swedenborg disse com razão: "O Céu está onde o homem pôs o seu coração"; todavia, não é imediata a classificação, nem súbita a transição.

Se o olhar humano não pode passar bruscamente da escuridão à luz viva, sucede o mesmo com a alma. A morte faz-nos entrar num estado transitório, espécie de prolongamento da vida física e prelúdio da vida espiritual. É o estado de perturbação de que falamos, estado mais ou menos prolongado segundo a natureza espessa ou etérea do perispírito do defunto.

Livre do fardo material que a oprimia, a alma acha-se ainda envolvida na rede dos pensamentos e das imagens — sensações, paixões, emoções, por ela geradas no decurso das suas vidas terrestres; terá de familiarizar-se com a sua nova situação, entrar no conhecimento do seu estado, antes de ser levada para o meio cósmico adequado ao seu grau de luz e densidade.

A princípio, para o maior número, tudo é motivo de admiração nesse outro mundo onde as coisas diferem essencialmente do meio terrestre. As leis da gravidade são mais brandas; as paredes não são obstáculos; a alma pode atravessá-las e elevar-se aos ares. Não obstante, continua retida por certos estorvos que não pode definir. Tudo a intimida e enche de hesitação, mas os seus amigos de lá vigiam-na e guiam-lhe os primeiros voos.

Os Espíritos adiantados depressa se libertam de todas as influências terrestres e recuperam a consciência de si mesmos.

O véu material rasga-se ao impulso dos seus pensamentos e abrem-se perspectivas imensas. Compreendem quase logo a sua situação e com facilidade a ela se adaptam. Seu corpo espiritual, instrumento volitivo, organismo da alma, de que ela nunca se separa, que é a obra de todo o seu passado, porque pessoalmente o construiu e teceu com a sua atividade, flutua algum tempo na atmosfera; depois, segundo o seu estado de sutileza, de poder, corresponde às atrações longínquas, sente-se naturalmente elevado para associações similares, para agrupamentos de Espíritos da mesma ordem, Espíritos luminosos ou velados, que rodeiam o recém-chegado com solicitude para o iniciarem nas condições do seu novo modo de existência.

Os Espíritos inferiores conservam por muito tempo as impressões da vida material. Julgam que ainda vivem fisicamente e continuam, às vezes durante anos, o simulacro das suas ocupações habituais. Para os materialistas, o fenômeno da morte continua a ser incompreensível. Por falta de conhecimentos prévios confundem o corpo fluídico com o corpo físico e conservam as ilusões da vida terrestre. Os seus gostos e até as suas necessidades imaginárias como que os amarram à Terra; depois, devagar, com o auxílio de Espíritos benfazejos, sua consciência desperta, sua inteligência abre-se à compreensão do seu novo estado; mas, desde que procuram elevar-se, sua densidade fá-los recair imediatamente na Terra. As atrações planetárias e as correntes fluídicas do Espaço os reconduzem violentamente para as nossas regiões, como folhas secas varridas pelo vendaval.

Os crentes ortodoxos vagueiam na incerteza e procuram a realização das promessas do sacerdote, o gozo das beatitudes prometidas. Por vezes é grande a sua surpresa; precisam de longo aprendizado para se iniciarem nas verdadeiras leis do Espaço. Em vez de anjos ou demônios, encontram os Espíritos dos homens que, como eles, viveram na Terra e os precederam. Viva é a sua decepção ao verem suas esperanças malogradas, transformadas suas convicções por fatos para que de nenhum modo os preparara a educação que haviam recebido; mas, se sua vida foi boa, submissa ao dever, não podem essas almas ser infelizes por terem sobre o destino mais influência os atos que as crenças.

Os Espíritos céticos e, com eles, todos aqueles que se recusaram a crer na possibilidade de uma vida independente do corpo, julgam-se mergulhados em um sonho. Este sonho só se dissipa quando acaba o erro em que estes Espíritos laboram.

As impressões variam infinitamente, com o valor das almas. Aquelas que, desde a vida terrestre, conheceram a verdade e serviram à sua causa, recolhem, logo que desencarnam, o benefício de suas investigações e trabalhos. A comunicação abaixo transcrita dá, entre muitas outras, testemunho disso. Provém do Espírito de um espírita militante, homem de coração e convicção esclarecida, Charles Fritz, fundador do jornal *La Vie d'Outre-Tombe*, em Charleroi. Todos aqueles que conheceram esse homem reto e generoso, reconhecê-lo-ão pela linguagem. Descreve as impressões que sentiu logo depois de morrer, e acrescenta:

> Senti que os laços pouco a pouco se desfaziam e que minha pessoa espiritual, meu "eu" se ia soltando. Vi em redor de mim Espíritos bons que me estavam esperando, e foi com eles que, por fim, me elevei da superfície da Terra.
>
> Não sofri com essa desencarnação. Os meus primeiros passos foram os da criança que começa a andar.
>
> A luz espiritual, cheia de força e de vida, nascia em mim, porque a luz não vem dos outros, mas de nós. É um raio que dimana do invólucro fluídico e que nos penetra todo o ser. Quanto mais tiverdes trabalhado em favor da Verdade, do Amor e da Caridade, tanto mais intensa irá sendo a luz, até se tornar deslumbrante para aqueles que vos são inferiores.
>
> Pois bem! Os meus primeiros passos foram vacilantes. Entretanto, a força foi-me vindo e eu pedi a Deus auxílio e misericórdia. Depois de haver verificado a completa separação da minha individualidade, enfrentei afinal o trabalho que tinha de fazer. Vi o passado de minha última vida e lidei por levantá-la com clareza das profundezas da memória.
>
> O passado acha-se no fluido do homem e, por conseguinte, do Espírito. O perispírito é como o espelho de todas as suas ações, e sua alma, se foi má sua vida, contempla com tristeza suas faltas, inscritas, ao que parece, nas dobras do corpo perispiritual.
>
> Não tive dificuldade alguma em reconhecer minha vida, tal qual ela fora. Verifiquei com evidência que eu não havia sido infalível. Quem pode gabar-se disso na Terra? Devo, porém, dizer-vos que, depois de feito o exame, senti grande satisfação e felicidade com o que havia feito na Terra.
>
> Lutei, trabalhei e sofri pela causa do Espiritismo. A luz que dele dimana, dei-a, juntamente com a esperança, a muitos irmãos da Terra por meio da palavra, dos meus estudos e obras; por isso, torno a encontrar essa luz.

Sou feliz por ter trabalhado em reerguer a fé, os corações e a coragem. A todos, pois, recomendo a fé inabalável que eu tinha e que se vai haurir no Espiritismo.

Tenho de continuar a desenvolver-me para rever o passado das minhas encarnações anteriores. É um estudo, um trabalho completo que tenho de fazer. Vejo bem uma parte desse passado, mas não a posso definir muito bem, conquanto esteja completamente desperto.

Dentro de pouco tempo, espero, essas vidas passadas hão de aparecer-me com clareza. Possuo luz bastante para poder caminhar com segurança, vendo o que está na minha frente, o meu futuro, e presto já o meu auxílio a Espíritos infelizes.

A lei dos agrupamentos no Espaço é a das afinidades. A ela estão sujeitos todos os Espíritos. A orientação de seus pensamentos leva-os naturalmente para o meio que lhes é próprio; porque o pensamento é a própria essência do Mundo Espiritual, sendo a forma fluídica apenas o vestuário. Onde quer que seja, reúnem-se os que se amam e compreendem. Herbert Spencer, num momento de intuição, formulou um axioma igualmente aplicável ao mundo visível e ao Mundo Invisível. A vida, disse ele, é uma simples adaptação às condições exteriores.

Se é propenso às coisas da matéria, o Espírito fica preso à Terra e mistura-se com os homens que têm os mesmos gostos, os mesmos apetites; quando é levado para o ideal, para os bens superiores, eleva-se sem esforço para o objeto dos seus desejos, une-se às sociedades do Espaço, toma parte nos seus trabalhos e goza dos espetáculos, das harmonias do Infinito.

O pensamento cria, a vontade edifica. A causa de todas as alegrias e de todas as dores está na consciência e na razão; por isso é que, cedo ou tarde, encontramos no Além as criações dos nossos sonhos e a realização das nossas esperanças. Mas o sentimento da tarefa incompleta, ao mesmo tempo que os afetos e as lembranças, trazem novamente a maior parte dos Espíritos à Terra. Todas as almas encontram o meio que os seus desejos reclamam, e hão de viver nos mundos sonhados, unidos aos seres que estimam; mas também aí encontrarão os prazeres, os sofrimentos que o seu passado gerou.

Nossas concepções e nossos sonhos seguem-nos por toda parte. No surto dos seus pensamentos e no ardor de sua fé, os adeptos de cada religião criam imagens nas quais supõem reconhecer os paraísos entrevistos. Depois, pouco a pouco, se apercebem de que essas criações são fictícias, de pura aparência e comparáveis a vastos panoramas pintados na tela ou a afrescos imensos. Aprendem, então, a desprender-se deles e aspiram a realidades mais elevadas, mais sensíveis. Sob nossa forma atual e no estreito limite de nossas faculdades, não poderíamos compreender as alegrias e os arroubos reservados aos Espíritos Superiores, nem as angústias profundas experimentadas pelas almas delicadas que chegaram aos limites da perfeição. A beleza está por toda parte; só os seus aspectos variam ao infinito, segundo o grau de evolução ou depuração dos seres.

O Espírito adiantado possui fontes de sensações e percepções infinitamente mais extensas e mais intensas do que as do homem terrestre. Nele, a clarividência, a clariaudiência, a ação a distância, o conhecimento do passado e do futuro coexistem numa síntese indefinível, que constitui, segundo a expressão de F. Myers, "o mistério central da vida". Falando das faculdades dos Invisíveis de situação média, esse autor assim se exprime:[121]

> O Espírito, sem ser limitado pelo espaço e pelo tempo, tem do espaço e do tempo conhecimento parcial. Pode orientar-se, achar uma pessoa viva e segui-la. É capaz de ver no presente coisas que aparecem para nós como situadas no passado e outras que estão no futuro.
>
> O Espírito tem conhecimento dos pensamentos e emoções que, da parte dos seus amigos, se referem a ele.

Quanto à diferença de acuidade nas impressões, já podemos fazer uma ideia pelos sonhos chamados "emotivos". A alma, quando desprendida, embora incompletamente, não só percebe, mas também sente com intensidade muito mais viva que no estado de vigília. Cenas, imagens, quadros, que, quando estamos acordados, nos impressionam fracamente, tornam-se no sonho causa de grande satisfação ou de vivo sofrimento. Isto nos dá uma ideia do que podem ser a vida dos Espíritos e seus modos de sensação, quando, separados do invólucro carnal, a memória e a consciência recuperam a plenitude de suas vibrações. Compreendemos desde logo como pode a reconstituição das recordações do passado converter-se em

---

[121] F. Myers — *La Personnalité Humaine*, p. 395.

fonte de tormentos. A alma traz em si mesma o seu próprio juiz, a sanção infalível de suas obras, boas ou más.

Tem-se reconhecido isto em acidentes que podiam ter causado a morte. Em certas quedas, durante a trajetória percorrida pelo corpo humano a partir de um ponto elevado acima do solo, ou, então, na asfixia por submersão, a consciência superior da vítima passa em revista toda a vida gasta, com uma rapidez espantosa. Revê-a completamente em seus mínimos pormenores em poucos minutos.

Carl du Prel[122] dá, desses fatos, muitos exemplos. Haddock cita, entre outros, o caso do Almirante Beaufort:[123]

> O Almirante Beaufort, jovem ainda, caiu de cima de um navio às águas do porto de Portsmouth. Antes que fosse possível ir em seu socorro, desapareceu, ia morrer afogado.
> À angústia do primeiro momento sucedera um sentimento de tranquilidade e, posto que se tivesse como perdido, nem sequer se debateu, o que, sem dúvida, provinha de apatia e não de resignação; porque morrer afogado não lhe parecia má sorte e nenhum desejo tinha de ser socorrido.
> Quanto ao mais, ausência completa de sofrimento; e até, pelo contrário, as sensações eram de natureza agradável, participando do vago bem-estar que precede o sono causado pelo cansaço.
> Com esse enfraquecimento dos sentidos coincidia uma superexcitação extraordinária da atividade intelectual; as ideias sucediam-se com rapidez prodigiosa. O acidente que acabava de dar-se, o descuido que o motivara, o tumulto que se lhe deveria ter seguido, a dor que ia alancear o pai da vítima, outras circunstâncias intimamente ligadas ao lar doméstico, foram o objeto de suas primeiras reflexões; depois, veio-lhe à memória o último cruzeiro, viagem acidentada por um naufrágio; a seguir, a escola, os progressos que nela fizera e também o tempo perdido; finalmente, as suas ocupações e aventuras de criança. Em suma, a subida de todo o rio da vida, e quão pormenorizada e precisa! É ele próprio que o diz: "Cada incidente da minha vida atravessava-me sucessivamente a memória, não como simples esboço,

---

[122] Carl du Prel — *Philos der Mystik*.
[123] Haddock — *Somnolisme et Psychisme*, p. 213, extrato do *Journal de Médecine* de Paris.

mas com as particularidades e acessórios de um quadro completo! Por outras palavras: toda a minha existência desfilava diante de mim numa espécie de vista panorâmica, cada fato com sua apreciação moral ou reflexões sobre sua causa e efeitos. Pequenos acontecimentos sem consequência, havia muito tempo esquecidos, se acumulavam em minha imaginação como se tivessem se passado na véspera. E tudo isto sucedeu em dois minutos.

Pode citar-se também o atestado de Perty[124] a respeito de Catherine Emmerich, que, ao morrer, reviu do mesmo modo toda a sua vida passada. Por essa forma estabelecemos que tal fenômeno não se restringe aos casos de acidentes, antes parece acompanhar regularmente o falecimento.

Tudo o que o Espírito fez, quis, pensou, em si reverbera. Semelhante a um espelho, a alma reflete todo o bem e todo o mal feito. Estas imagens nem sempre são subjetivas. Pela intensidade da vontade, podem revestir uma natureza substancial; vivem e manifestam-se para nossa felicidade ou nosso castigo.

Tendo-se, depois de desencarnada, tornado transparente, a alma julga-se a si mesma, assim como é julgada por todos aqueles que a contemplam. Só, na presença do seu passado, vê reaparecerem todos os seus atos e as suas consequências, todas as suas faltas, até as mais ocultas.

Para um criminoso não há descanso, não existe esquecimento. Sua consciência, justiceira inflexível, persegue-o sem cessar. Debalde procura ele escapar-lhe às obsessões; o suplício só poderá acabar se, convertendo-se o remorso em arrependimento, ele aceita novas provações terrestres, único meio de reparação e regeneração.

---

[124] Perty — *Myst. Ercheinungen* (Aparições Místicas), II, p. 433. Os três autores são citados pelo Dr. Pascal na sua memória apresentada ao Congresso de Psicologia de Paris em 1900.

XII
As missões, a vida superior

Todo Espírito que deseja progredir, trabalhando na obra de solidariedade universal, recebe dos Espíritos mais elevados uma missão particular apropriada às suas aptidões e ao seu grau de adiantamento.

Uns têm por tarefa receber os homens em seu regresso à vida espiritual, guiá-los, ajudá-los a se desembaraçarem dos fluidos espessos que os envolvem; outros são encarregados de consolar, instruir as almas sofredoras e atrasadas. Espíritos químicos, físicos, naturalistas, astrônomos, prosseguem suas investigações, estudam os mundos, suas superfícies, suas profundezas ocultas, atuam em todos os lugares sobre a matéria sutil, que fazem passar por preparações, por modificações destinadas a obras que a imaginação humana teria dificuldades em conceber; outros se aplicam às artes, ao estudo do belo sob todas as suas formas; Espíritos menos adiantados assistem os primeiros nas suas tarefas variadas e servem-lhes de auxiliares.

Grande número de Espíritos consagra-se aos habitantes da Terra e dos outros planetas, estimulando-os em seus trabalhos, fortalecendo os ânimos abatidos, guiando os hesitantes pelo caminho do dever. Aqueles que exerceram a Medicina e possuem o segredo dos fluidos curativos, reparadores, ocupam-se mais especialmente dos doentes.[125]

---

[125] Os casos de curas feitas por Espíritos são numerosos; achar-se-ão descrições deles em toda a literatura espírita. Veja-se, por exemplo, o caso citado por Myers (*Human Personality*, II, 124). A mulher de um grande médico, de reputação europeia, que sofria de um mal a que o seu marido não pudera dar alívio, foi curada radicalmente pelo Espírito de outro grande médico. Veja-se também o caso de *Mme.* Claire

Bela dentre todas é a missão dos Espíritos de luz. Descem dos espaços celestes para trazer às humanidades os tesouros da sua ciência, da sua sabedoria, do seu amor. A sua tarefa é um sacrifício constante, porque o contato dos mundos materiais é penoso para eles, mas afrontam todos os sofrimentos por dedicação aos seus protegidos, para os assistirem nas suas provações e infiltrarem, em seus corações, grandes e generosas intuições. É justo atribuir-lhes os lampejos de inspiração que iluminam o pensamento, as expansões da alma, a força moral que nos sustenta nas dificuldades da vida. Se soubéssemos a quantos constrangimentos se impõem estes nobres Espíritos para chegarem até nós, corresponderíamos melhor a suas solicitações, empregaríamos esforços enérgicos para nos desapegarmos de tudo o que é vil e impuro, unindo-nos a eles na comunhão divina.

Nas horas de atribulações, é para estes Espíritos, para meus guias bem-amados que voam meus pensamentos e meus apelos; é deles que sempre me têm vindo o amparo moral e as consolações supremas.

Subi a custo os atalhos da vida; dura foi a minha infância. Cedo conheci o trabalho manual e os pesados encargos de família. Mais tarde, em minha carreira de propagandista, muitas vezes me feri nas pedras do caminho; fui mordido pelas serpentes do ódio e da inveja. E, agora, chegou para mim a hora crepuscular; vão subindo e rodeando-me as sombras; sinto que minhas forças declinam e os órgãos se enfraquecem. Nunca, porém, me faltou o auxílio de meus amigos invisíveis; nunca minha voz os evocou em vão. Desde meus primeiros passos neste mundo, a sua influência envolveu-me. É às suas inspirações que devo minhas melhores páginas e minhas expressões mais vibrantes. Compartilharam minhas alegrias e tristezas e, quando rugia a tempestade, eu sabia que eles estavam firmes ao meu lado, no meu caminho. Sem eles, sem seu socorro, há muito tempo que eu teria sido obrigado a interromper a minha marcha, a suspender o meu labor; mas suas mãos estendidas têm-me amparado e dirigido na áspera via. Às vezes, no recolhimento do entardecer ou no silêncio da noite, suas vozes me falam, embalam, confortam; ressoam na minha solidão como vaga melodia. Ou, então, são sopros que passam, semelhantes a carícias, sábios conselhos ciciados, indicações preciosas sobre as imperfeições de meu caráter e os meios de remediá-las.

Galichon, que foi curada por magnetizações do Espírito Cura d'Ars. O fato é contado por ela própria na sua obra *Souvenirs et problèmes spirites*, p. 174 e seguintes.

Então esqueço as misérias humanas para comprazer-me na esperança de tornar a ver um dia os meus amigos invisíveis, de reunir-me a eles na luz, se Deus me julgar digno disso, com todos aqueles que tenho amado e que, do seio dos Espaços, me ajudam a percorrer a via terrestre.

Ascenda para todos vós, Espíritos tutelares, entidades protetoras, meu pensamento agradecido, a melhor parte de mim mesmo, o tributo de minha admiração e de meu amor.

* * *

A alma vem de Deus e volve a Deus, percorrendo o ciclo imenso dos seus destinos; por mais baixo que tenha descido, cedo ou tarde, pela atração, sobe de novo para o Infinito. Que procura ela ali?

O conhecimento cada vez mais perfeito do Universo, a assimilação cada vez mais completa de seus atributos — beleza, verdade, amor! E, ao mesmo tempo, uma libertação gradual das escravidões da matéria, uma colaboração crescente na obra de Deus.

Cada Espírito tem, no Espaço, sua vocação e segue-a com facilidades desconhecidas na Terra; cada um encontra seu lugar neste soberbo campo de ação, neste vasto laboratório universal. Por toda a parte, na amplidão como nos mundos, objetos de estudo e de trabalho, meios de elevação, de participação na obra eterna, se oferecem à alma laboriosa.

Já não é o céu frio e vazio dos materialistas, nem mesmo o céu contemplativo e beato de certos crentes; é um universo vivo, animado, luminoso, cheio de seres inteligentes em via constante de evolução. Quanto mais os seres espirituais se elevam, tanto mais se acentua a sua tarefa, tanto mais aumentam de importância suas missões. Um dia, tomam lugar entre as almas mensageiras que vão levar aos confins do tempo e do espaço as forças e as vontades da Alma infinita.

Para o Espírito ínfimo como para o mais eminente não tem limites o domínio da vida. Qualquer que seja a altura a que tenhamos chegado, há sempre um plano superior a alcançar, uma nova perfeição a realizar.

Para toda alma, ainda a mais baixa, um futuro grandioso se prepara. Cada pensamento generoso que começa a despontar, cada efusão de amor, cada esforço que tende para uma vida melhor, é como a vibração, o pressentimento, o apelo de um mundo mais elevado que a atrai e que, cedo ou tarde, a receberá. Todo ímpeto de entusiasmo, toda palavra de justiça, todo ato de abnegação repercute em progressão crescente na escala dos seus destinos.

À medida que ela se vai distanciando das esferas inferiores, onde reinam as influências pesadas, onde se agitam as vidas grosseiras, banais ou culpadas, as existências de lenta e penosa educação, a alma vai percebendo as altas manifestações da inteligência, da justiça, da bondade, e sua vida torna-se cada vez mais bela e divina. Os murmúrios confusos, os rumores discordes dos centros humanos pouco a pouco vão enfraquecendo para ela até se extinguirem de todo; ao mesmo tempo começa a perceber os ecos harmoniosos das sociedades celestes. É o limiar das regiões felizes, onde reina uma eterna claridade, onde paira uma atmosfera de benevolência, serenidade e paz, onde todas as coisas saem frescas e puras das mãos de Deus.

A diferença profunda que existe entre a vida terrestre e a vida do Espaço está no sentido de libertação, de alívio, de liberdade absoluta que desfrutam os Espíritos bons e purificados.

Desde que se rompem os laços materiais, a alma pura desfere o voo para as altas regiões. Lá, vive uma vida livre, pacífica, intensa, ao pé do qual o passado terrestre lhe parece um sonho doloroso.

Na efusão das ternuras recíprocas, numa vida livre de males, de necessidades físicas, a alma sente multiplicarem-se as suas faculdades, adquirirem uma penetração e uma extensão de que os fenômenos de êxtase nos fazem entrever os velados esplendores.

A linguagem do Mundo Espiritual é a das imagens e dos símbolos, rápida como o pensamento; é por isso que os nossos guias invisíveis se servem de preferência de representações simbólicas para nos prevenir, no sonho, de um perigo ou de uma desgraça. O éter, fluido brando e luminoso, toma com extrema facilidade as formas que a vontade lhe imprime. Os Espíritos comunicam entre si e compreendem-se por processos ao pé dos quais a arte oratória mais consumada, toda a magia da eloquência humana pareceriam apenas um grosseiro balbuciar. As Inteligências elevadas percebem e realizam sem esforço as mais maravilhosas concepções da arte e do gênio. Mas estas concepções não podem ser transmitidas integralmente aos homens. Mesmo nas manifestações medianímicas mais perfeitas, o Espírito Superior tem de se submeter às leis físicas do nosso mundo e só vagos reflexos ou ecos enfraquecidos das esferas celestes, algumas notas perdidas da grande sinfonia eterna, é que ele pode fazer chegar até nós.

Tudo é graduado na vida espiritual. A cada grau de evolução do ser para a sabedoria, para a luz, para a santidade, corresponde um estado mais perfeito de seus sentidos receptivos, de seus meios de percepção. O corpo fluídico, cada vez mais diáfano, mais transparente, deixa passagem livre às radiações da alma. Daí uma aptidão maior para apreciar, para compreender os esplendores infinitos; daí uma recordação mais extensa do passado, uma familiarização cada vez maior com os seres e as coisas dos planos superiores, até que a alma, em sua marcha progressiva, tenha atingido as máximas altitudes.

Chegado a essas alturas, o Espírito tem vencido toda paixão, toda tendência para o mal, tem-se libertado para sempre do jugo material e da lei dos renascimentos, é a entrada definitiva nos Reinos Divinos, donde só voluntariamente descerá ao círculo das gerações para desempenhar missões sublimes.

Nestas eminências, a existência é uma festa perene da inteligência e do coração; é a comunhão íntima no amor com todos aqueles que nos foram caros e conosco percorreram o ciclo das transmigrações e das provas. Ajuntai a isso a visão constante da eterna Beleza, uma penetração profunda dos mistérios e das leis do Universo, e tereis uma fraca ideia das alegrias reservadas a todos aqueles que, por seus méritos e esforços, alcançaram os céus superiores.

Segunda parte
O problema do destino

XIII
As vidas sucessivas.
A reencarnação e suas leis

A alma, depois de residir temporariamente no Espaço, renasce na condição humana, trazendo consigo a herança, boa ou má, do seu passado; renasce criancinha, reaparece na cena terrestre para representar um novo ato do drama da sua vida, pagar as dívidas que contraiu, conquistar novas capacidades que lhe hão de facilitar a ascensão, acelerar a marcha para a frente.

A lei dos renascimentos explica e completa o princípio da imortalidade. A evolução do ser indica um plano e um fim. Esse fim, que é a perfeição, não pode realizar-se em uma existência só, por mais longa que seja. Devemos ver na pluralidade das vidas da alma a condição necessária de sua educação e de seus progressos. É à custa dos próprios esforços, de suas lutas, de seus sofrimentos, que ela se redime de seu estado de ignorância e de inferioridade e se eleva, de degrau a degrau, na Terra primeiramente, e, depois, através das inumeráveis estâncias do céu estrelado.

A reencarnação, afirmada pelas vozes de Além-Túmulo, é a única forma racional por que se pode admitir a reparação das faltas cometidas e a evolução gradual dos seres. Sem ela, não se vê sanção moral satisfatória e completa; não há possibilidade de conceber a existência de um Ser que governe o Universo com justiça.

Se admitirmos que o homem vive atualmente pela primeira e última vez neste mundo, que uma única existência terrestre é o quinhão de cada um de nós, a incoerência e a parcialidade, forçoso seria reconhecê-lo, presidem à repartição dos bens e dos males, das aptidões e das faculdades, das qualidades nativas e dos vícios originais.

Por que para uns a fortuna, a felicidade constante e para outros a miséria, a desgraça inevitável? Para estes a força, a saúde, a beleza; para aqueles a fraqueza, a doença, a fealdade? Por que a inteligência, o gênio, aqui; e, acolá, a imbecilidade? Como se encontram tantas qualidades morais admiráveis, a par de tantos vícios e defeitos? Por que há raças tão diversas? Umas inferiores a tal ponto que parecem confinar com a animalidade e outras favorecidas com todos os dons que lhes asseguram a supremacia? E as enfermidades inatas, a cegueira, a idiotia, as deformidades, todos os infortúnios que enchem os hospitais, os albergues noturnos, as casas de correção? A hereditariedade não explica tudo; na maior parte dos casos, estas aflições não podem ser consideradas como o resultado de causas atuais. Sucede o mesmo com os favores da sorte. Muitíssimas vezes, os justos parecem esmagados pelo peso da prova, ao passo que os egoístas e os maus prosperam!

Por que também as crianças mortas antes de nascer e as que são condenadas a sofrer desde o berço? Certas existências acabam em poucos anos, em poucos dias; outras duram quase um século! Donde vêm também os jovens-prodígio — músicos, pintores, poetas, todos aqueles que, desde a meninice, mostram disposições extraordinárias para as artes ou para as ciências, ao passo que tantos outros ficam na mediocridade toda a vida, apesar de um labor insano? E igualmente, donde vêm os instintos precoces, os sentimentos inatos de dignidade ou baixeza contrastando, às vezes, tão estranhamente com o meio em que se manifestam?

Se a vida individual começa somente com o nascimento terrestre, se, antes dele, nada existe para cada um de nós, debalde se procurarão explicar estas diversidades pungentes, estas tremendas anomalias e ainda menos poderemos conciliá-las com a existência de um poder sábio, previdente, equitativo. Todas as religiões, todos os sistemas filosóficos contemporâneos vieram esbarrar com este problema; nenhum o pôde resolver. Considerado sob seu ponto de vista, que é a unidade de existência para cada ser humano, o destino continua incompreensível, ensombra-se o plano do Universo, a evolução para, torna-se inexplicável o sofrimento. O homem, levado a crer na ação de forças cegas e fatais, na ausência de toda justiça distributiva, resvala insensivelmente para o ateísmo e o pessimismo. Ao contrário, tudo se explica, se torna claro com a doutrina das vidas sucessivas. A lei de justiça revela-se nas menores particularidades da existência. As desigualdades que nos chocam resultam das diferentes situações ocupadas pelas almas nos seus graus infinitos de evolução. O destino do ser não é mais do que o desenvolvimento, através das idades, da longa série de causas e efeitos gerados por seus atos. Nada se perde; os efeitos do bem e do mal acumulam-se e germinam em nós até ao momento favorável de desabrocharem. Às vezes, expandem-se com rapidez; outras, depois de longo lapso de tempo, transmitem-se, repercutem, de uma para outra existência, segundo a sua maturação é ativada ou retardada pelas influências ambientes; mas nenhum desses efeitos pode desaparecer por si mesmo; só a reparação tem esse poder.

Cada um leva para a outra vida e traz, ao nascer, a semente do passado. Essa semente há de espalhar seus frutos, conforme a sua natureza, ou para nossa felicidade ou para nossa desgraça, na nova vida que começa e até sobre as seguintes, se uma só existência não bastar para desfazer as consequências más de nossas vidas passadas. Ao mesmo tempo, os nossos atos cotidianos, fontes de novos efeitos, vêm juntar-se às causas antigas, atenuando-as ou agravando-as, e formam com elas um encadeamento de bens ou de males que, no seu conjunto, urdirão a teia do nosso destino.

Assim, a sanção moral, tão insuficiente, às vezes tão sem valor, quando é estudada sob o ponto de vista de uma vida única, reconhece-se absoluta e perfeita na sucessão de nossas existências. Há uma íntima correlação entre os nossos atos e o nosso destino. Sofremos em nós mesmos, em nosso ser interior e nos acontecimentos da nossa vida, a repercussão do nosso proceder. A nossa atividade, sob todas as suas formas, cria elementos bons ou maus, efeitos próximos ou remotos, que recaem sobre nós em chuvas, em tempestades ou em alegres claridades. O homem constrói o seu próprio futuro. Até agora, na sua incerteza, na sua ignorância, ele o construiu às apalpadelas e sofreu a sua sorte sem poder explicá-la. Não tardará o momento em que, mais bem instruído, penetrado pela majestade das leis superiores, compreenderá a beleza da vida, que reside no esforço corajoso, e dará à sua obra um impulso mais nobre e elevado.

* * *

A variedade infinita das aptidões, das faculdades, dos caracteres, explica-se facilmente, dizíamos nós. Nem todas as almas têm a mesma idade, nem todas subiram com o mesmo passo seus estágios evolutivos. Umas percorreram uma carreira imensa e aproximaram-se já do apogeu dos progressos terrestres; outras mal começam o seu ciclo de evolução no seio das humanidades. Estas são as almas jovens, emanadas há menos tempo do Foco eterno, foco inextinguível que despede sem cessar feixes de Inteligências que descem aos mundos da matéria para animarem as formas rudimentares da vida. Chegadas à Humanidade, tomarão lugar entre os povos selvagens ou entre as raças bárbaras que povoam os continentes atrasados, as regiões deserdadas do globo. E, quando, afinal, penetram em nossas civilizações, ainda facilmente se deixam reconhecer pela falta de desembaraço, de jeito, pela sua incapacidade para todas as coisas e, principalmente, pelas suas paixões violentas, pelos seus gostos sanguinários, às vezes até pela sua ferocidade; mas essas almas ainda não desenvolvidas subirão por sua vez a escala das graduações infinitas por meio de reencarnações inúmeras.

Outro elemento do problema é a liberdade de ação do Espírito. A uns, ela permite que se demorem na via da ascensão, que percam, sem cuidado com o verdadeiro fim da existência, tantas horas preciosas à cata das riquezas e do prazer; a outros, deixa-os se apressarem a trilhar os carreiros escabrosos e alcançar os cimos do pensamento, se, às seduções da matéria, preferem a posse dos bens do espírito e do coração. São desse número os sábios, os gênios e os santos de todos os tempos e de todos os países, os nobres mártires das causas generosas e aqueles que consagraram vidas inteiras a acumular no silêncio dos claustros, das bibliotecas, dos laboratórios, os tesouros da Ciência e da sabedoria humana.

Todas as correntes do passado se encontram, juntam-se e confundem-se em cada vida. Contribuem para fazer a alma generosa ou mesquinha, luminosa ou escura, poderosa ou miserável. Essas correntes, entre a maior parte dos nossos contemporâneos, apenas conseguem fazer as almas indiferentes, incessantemente balouçadas pelos sopros do bem e do mal, da verdade e do erro, da paixão e do dever.

Assim, no encadeamento das nossas estações terrestres, continua e completa-se a obra grandiosa de nossa educação, o moroso edificar de nossa individualidade, de nossa personalidade moral. É por essa razão que a alma tem de encarnar sucessivamente nos meios mais diversos, em todas as condições sociais; tem de passar alternadamente pelas provações da pobreza e da riqueza, aprendendo a obedecer para depois mandar. Precisa das vidas obscuras, vidas de trabalho, de privações para acostumar-se a renunciar às vaidades materiais, a desapegar-se das coisas frívolas, a ter paciência, a adquirir a disciplina do Espírito. São necessárias as existências de estudo, as missões de dedicação, de caridade, por via das quais se ilustra a inteligência, e o coração se enriquece com a aquisição de novas qualidades; virão depois as vidas de sacrifício pela família, pela pátria, pela Humanidade. São necessárias também a prova cruel, cadinho onde se fundem o orgulho e o egoísmo, e as situações dolorosas, que são o resgate do passado, a reparação das nossas faltas, a norma por que se cumpre a lei de justiça. O Espírito retempera-se, aperfeiçoa-se, purifica-se na luta e no sofrimento. Volta a expiar no próprio meio onde se tornou culpado. Acontece às vezes que as provações fazem de nossa existência um calvário, mas esse calvário é um monte que nos aproxima dos mundos felizes.

Logo, não há fatalidade. É o homem, por sua própria vontade, quem forja as próprias cadeias, é ele quem tece, fio por fio, dia a dia, do nascimento à morte, a rede de seu destino. A lei de justiça não é, em essência, senão a lei de harmonia; determina as consequências dos atos que livremente praticamos. Não pune nem recompensa, mas preside simplesmente à ordem, ao equilíbrio do mundo moral como ao do mundo físico. Todo dano causado à ordem universal acarreta causas de sofrimento e uma reparação necessária até que, mediante os cuidados do culpado, a harmonia violada seja restabelecida.

O bem e o mal praticados constituem a única regra do destino. Sobre todas as coisas exerce influência uma lei grande e poderosa, em virtude da qual cada ser vivo do Universo só pode gozar da situação correspondente a seus méritos. A nossa felicidade, apesar das aparências enganadoras, está sempre em relação direta com a nossa capacidade para o bem; e essa lei acha completa aplicação nas reencarnações da alma. É ela que fixa as condições de cada renascimento e traça as linhas principais dos nossos destinos. Por isso, há maus que parecem felizes, ao passo que justos sofrem excessivamente. A hora da reparação soou para estes e, breve, soará para aqueles.

Associarmos os nossos atos ao Plano Divino, agirmos de acordo com a Natureza, no sentido da harmonia e para o bem de todos, é preparar nossa elevação, nossa felicidade; agir no sentido contrário, fomentar a discórdia, incitar os apetites malsãos, trabalhar para si mesmo em menoscabo dos outros, é semear para o futuro fermentos de dor; é nos colocarmos sob o domínio de influências que retardam o nosso adiantamento e por muito tempo nos acorrentam aos mundos inferiores.

 É isso o que é necessário dizer, repetir e fazer penetrar no pensamento, na consciência de todos, a fim de que o homem tenha um único alvo em mira — conquistar as forças morais, sem as quais ficará sempre na impotência de melhorar a sua condição e a da Humanidade! Fazendo conhecer os efeitos da lei de responsabilidade, demonstrando que as consequências de nossos atos recaem sobre nós através dos tempos, como a pedra atirada ao ar torna a cair ao solo, pouco a pouco serão levados os homens a conformar o seu proceder com esta lei, a realizar a ordem, a justiça, a solidariedade no meio social.

* * *

 Certas escolas espiritualistas combatem o princípio das vidas sucessivas e ensinam que a evolução da alma depois da morte continua a efetuar-se somente no Mundo Invisível; outras, conquanto admitam a reencarnação, creem que ela se realiza em esferas mais elevadas; o regresso à Terra não lhes parece ser uma necessidade.

 Aos partidários dessas teorias lembraremos que a encarnação na Terra tem um objetivo e esse objetivo é o aperfeiçoamento do ser humano. Ora, dada a infinita variedade das condições da existência terrestre, quer quanto à duração, quer quanto aos resultados, é impossível admitir que todos os homens possam chegar ao mesmo grau de perfeição numa única vida. Daí, a necessidade de regressos sucessivos que permitam adquirirem-se as qualidades requeridas para ter entrada em mundos mais adiantados.

 O presente tem a sua explicação no passado. Foi precisa uma série de renascimentos terrestres para que o homem conquistasse a posição que atualmente ocupa, e não parece admissível que este ponto de evolução seja definitivo para a nossa esfera. Os seus habitantes não estão todos em estado de transmigrar depois da morte para sociedades mais perfeitas; pelo contrário, tudo indica a imperfeição da sua natureza e a necessidade de novos trabalhos, de outras provas que lhes completem a educação e lhes deem acesso a um grau superior na escala dos seres.

 Em toda a parte, a Natureza procede com sabedoria, método e morosidade. Numerosos séculos foram-lhe indispensáveis para fabricar a forma humana; só volvidos longos períodos de barbaria é que nasceu a Civilização. A evolução física e mental e o progresso moral são regidos por leis idênticas; não basta uma única existência para dar-lhes cumprimento. E para que havemos de ir buscar muito longe, a outros mundos, os elementos de novos progressos, quando os encontramos por toda parte em volta de nós? Desde a selvageria até a mais requintada civilização, não nos oferece o nosso planeta vasto campo ao desenvolvimento do Espírito?

Os contrastes, as oposições que aí apresentam, em todas as suas formas, o bem e o mal, o saber e a ignorância, são outros tantos exemplos e ensinamentos, outras tantas causas de emulação.

Renascer não é mais extraordinário do que nascer; a alma volta à carne para nela submeter-se às leis da necessidade; as precisões e as lutas da vida material são outros tantos incentivos que a obrigam a trabalhar, aumentam a sua energia, avigoram-lhe o caráter. Tais resultados não poderiam ser obtidos na vida livre do Espaço por Espíritos juvenis, cuja vontade é vacilante. Para avançarem, tornam-se precisos o látego da necessidade e as numerosas encarnações, durante as quais a alma vai concentrar-se, recolher-se em si mesma, adquirir a elasticidade, a impulsão indispensável para descrever mais tarde a sua imensa trajetória no Céu.

O fim dessas encarnações é, pois, de alguma sorte, a revelação da alma a si mesma ou, antes, a sua própria valorização pelo desenvolvimento constante das suas forças, dos seus conhecimentos, da sua consciência, da sua vontade. A alma inferior e nova não pode adquirir a consciência de si mesma senão com a condição de estar separada das outras almas, encerrada num corpo material. Ela constituirá, assim, um ser distinto, que vai afirmar a sua personalidade, aumentar a sua experiência, acentuar a sua marcha progressiva na razão direta dos esforços que fizer para triunfar das dificuldades e dos obstáculos que a vida terrestre lhe semeia debaixo dos pés.

As existências planetárias põem-nos em relação com uma ordem completa de coisas que constituem o plano inicial, a base de nossa evolução infinita e que se acham em perfeita harmonia com o nosso grau de evolução; mas esta ordem de coisas e a série das vidas que com ela se relacionam, por mais numerosas que sejam, representam uma fração ínfima da existência sideral, um instante na duração ilimitada dos nossos destinos.

A passagem das almas terrestres para outros mundos só pode ser efetuada sob o regime de certas leis. Os globos que povoam a extensão diferem entre si por sua natureza e densidade. A adaptação dos invólucros fluídicos das almas a esses meios novos somente é realizável em condições especiais de purificação. É impossível aos Espíritos inferiores, na vida errática, penetrarem nos mundos elevados e lhes descreverem as belezas aos nossos médiuns. Encontra-se a mesma dificuldade, maior ainda, quando se trata da reencarnação nesses mundos. As sociedades que os habitam, por seu estado de superioridade, são inacessíveis à imensa maioria dos Espíritos terrestres, ainda demasiadamente grosseiros, em insuficiente grau de elevação. Os sentimentos psíquicos dos últimos, mui pouco apurados, não lhes permitiriam viver da vida sutil que reina nessas esferas longínquas. Achar-se-iam lá como cegos na claridade ou surdos num concerto. A atração que lhes encadeia os corpos fluídicos ao planeta prende-lhes, do mesmo modo, o pensamento e a consciência às coisas inferiores. Seus desejos, seus apetites, seus ódios, seu amor mesmo fazem-nos voltar a este mundo e ligam-nos ao objeto da sua paixão.

É necessário aprendermos primeiramente a desatar os laços que nos amarram à Terra, para, depois, levantarmos o voo para mundos mais elevados. Arrancar as almas terrestres ao seu meio, antes do termo da evolução especial a esse meio, fazê-las transmigrar para esferas superiores, antes de terem realizado os progressos necessários, seria desarrazoado e imprudente. A Natureza não procede assim, sua obra desenrola-se majestosa, harmônica em todas as suas fases. Os seres, cuja ascensão suas leis dirigem, não deixam o campo de ação senão depois de terem adquirido virtudes e potências capazes de lhes darem entrada num domínio mais elevado da Vida universal.

* * *

A que regras está sujeito o regresso da alma à carne? Às da atração e da afinidade. Quando um Espírito encarna, é atraído para um meio conforme às suas tendências, ao seu caráter e grau de evolução. As almas seguem umas as outras e encarnam por grupos, constituem famílias espirituais, cujos membros são unidos por laços ternos e fortes, contraídos durante existências percorridas em comum. Às vezes esses Espíritos são temporariamente afastados uns dos outros e mudam de meio para adquirirem novas aptidões. Assim se explicam, segundo os casos, as analogias ou dessemelhanças que caracterizam os membros de uma mesma família, filhos e pais; mas, sempre aqueles que se amam tornam, cedo ou tarde, a encontrar-se na Terra, como no Espaço.

Acusa-se a doutrina das reencarnações de amesquinhar a ideia de família, de inverter e confundir as situações que ocupam, uns em relação aos outros, os Espíritos unidos por laços de parentesco, por exemplo, as relações de mãe para filho, de marido para mulher etc.; o contrário é que é a verdade. Na hipótese de uma vida única, os Espíritos dispersam-se depois de breve coabitação e, muitas vezes, tornam-se estranhos uns aos outros. Segundo a doutrina católica, as almas permanecem, depois da morte, em lugares diversos, segundo os seus méritos, e os eleitos são para sempre separados dos réprobos. Assim, os laços de família e de amizade, formados por uma vida transitória, afrouxam-se na maior parte dos casos e até se quebram de vez; ao passo que, pelos renascimentos, os Espíritos reúnem-se de novo e prosseguem em comum as suas peregrinações através dos mundos, tornando-se, assim, a sua união cada vez mais íntima e profunda.

Nossa ternura espontânea, por certos seres deste mundo, explica-se facilmente. Já os havíamos conhecido, em outros tempos, já os encontráramos. Quantos esposos, quantos amantes não têm sido unidos por inúmeras existências, percorridas dois a dois!

Seu amor é indestrutível, porque o amor é a força das forças, o vínculo supremo que nada pode destruir.

As condições da reencarnação não permitem que nossas situações recíprocas se invertam; quase sempre se conservam os graus respectivos de parentesco. Algumas vezes, em caso de impossibilidade, um filho poderá vir a ser o irmão mais novo do seu pai de outros tempos, a mãe poderá renascer irmã mais velha do filho. Em casos excepcionais, e somente a pedido dos interessados, podem inverter-se as situações. Os sentimentos de delicadeza, de dignidade, de mútuo respeito que sentimos na Terra não podem ser desconhecidos no Mundo Espiritual. Para supô-lo, é preciso ignorar a natureza das leis que regem a evolução das almas!

O Espírito adiantado, cuja liberdade aumenta na razão direta da sua elevação, escolhe o meio onde quer renascer, ao passo que o Espírito inferior é impelido por uma força misteriosa a que obedece instintivamente; mas todos são protegidos, aconselhados, amparados na passagem da vida do Espaço para a existência terrestre, mais penosa, mais temível que a morte.

A união da alma com o corpo efetua-se por meio do invólucro fluídico, o perispírito, de que muitas vezes temos falado. Sutil por sua natureza, vai ele servir de laço entre o Espírito e a matéria. A alma está presa ao gérmen por "este mediador plástico", que vai retrair-se, condensar-se cada vez mais, através das fases progressivas da gestação, e formar o corpo físico. Desde a concepção até o nascimento, a fusão opera-se lentamente, fibra por fibra, molécula por molécula. Pelo afluxo crescente dos elementos materiais e da força vital fornecidos pelos genitores, os movimentos vibratórios do perispírito da criança vão diminuir e restringir-se, ao mesmo tempo que as faculdades da alma, a memória, a consciência esvaem-se e aniquilam-se. É a essa redução das vibrações fluídicas do perispírito, à sua oclusão na carne que se deve atribuir a perda da memória das vidas passadas. Um véu cada vez mais espesso envolve a alma e apaga-lhe as radiações interiores. Todas as impressões da sua vida celeste e do seu longo passado volvem às profundezas do inconsciente e a emersão só se realiza nas horas de exteriorização ou por ocasião da morte, quando o Espírito, recuperando a plenitude dos seus movimentos vibratórios, evoca o mundo adormecido das suas recordações.

O papel do duplo fluídico é considerável; explica, desde o nascimento até a morte, todos os fenômenos vitais. Possuindo em si os vestígios indeléveis de todos os estados do ser, desde a sua origem, comunica-lhe a impressão, as linhas essenciais ao gérmen material. Eis aí a chave dos fenômenos embriogênicos.

O perispírito, durante o período de gestação, impregna-se de fluido vital e materializa-se quanto baste para tornar-se o regulador da energia e o suporte dos elementos fornecidos pelos genitores; constitui, assim, uma espécie de esboço, de rede fluídica permanente, através da qual passará a corrente de matéria que destrói e reconstitui sem cessar, durante a vida, o organismo terrestre; será a armação invisível que sustenta interiormente a estátua humana. Graças a ele, a individualidade e a memória conservar-se-ão no plano físico, apesar das vicissitudes da parte mutável e móvel do ser, e assegurará, do mesmo modo, a lembrança dos fatos da existência presente, recordações cujo encadeamento, do berço à cova, fornece-nos a certeza íntima da nossa identidade.

A incorporação da alma não é, pois, subitânea, como o afirmam certas doutrinas; é gradual e só se completa e se torna definitiva à saída da vida uterina. Nesse momento, a matéria encerra completamente o Espírito, que deverá vivificá-la pela ação das faculdades adquiridas. Longo será o período de desenvolvimento durante o qual a alma se ocupará em pôr à sua feição o novo invólucro, em acomodá-lo às suas necessidades, em fazer dele um instrumento capaz de manifestar-lhe as potências íntimas; mas, nessa obra, será coadjuvada por um Espírito preposto à sua guarda, que cuida dela, a inspira e guia em todo o percurso da sua peregrinação terrestre. Todas as noites, durante o sono, muitas vezes até de dia, o Espírito, no período infantil, desprende-se da forma carnal, volve ao Espaço, a haurir forças e alentos para, em seguida, tornar a descer ao invólucro e prosseguir o penoso curso da existência.

* * *

Antes de novamente entrar em contato com a matéria e começar nova carreira, o Espírito tem, dissemos, de escolher o meio onde vai renascer para a vida terrestre, mas essa escolha é limitada, circunscrita, determinada por causas múltiplas. Os antecedentes do ser, suas dívidas morais, suas afeições, seus méritos e deméritos, o papel que está apto para desempenhar, todos esses elementos intervêm na orientação da vida em preparo; daí a preferência por uma raça, nação ou família. As almas terrestres que havemos amado atraem-nos; os laços do passado reatam-se em filiações, alianças, amizades novas. Os próprios lugares exercem sobre nós a sua misteriosa sedução e é raro que o destino não nos reconduza muitas vezes às regiões onde já vivemos, amamos, sofremos. Os ódios são forças também que nos aproximam dos nossos inimigos de outrora para apagarmos, com melhores relações, inimizades antigas. Assim, tornamos a encontrar em nosso caminho a maior parte daqueles que constituíram nossa alegria ou fizeram nossos tormentos.

Sucede o mesmo com a adoção de uma classe social, com as condições de ambiente e educação, com os privilégios da fortuna ou da saúde, com as misérias da pobreza. Todas estas causas tão variadas, tão complexas, vão combinar-se para assegurar ao novo encarnado as satisfações, as vantagens ou as provações que convêm ao seu grau de evolução, aos seus méritos ou às suas faltas e às dívidas contraídas por ele.

Pelo que fica dito, compreender-se-á quão difícil é a escolha. Por isso, esta escolha é-nos, as mais das vezes, inspirada pelas Inteligências diretoras, ou, então, em proveito nosso, hão de elas próprias fazê-lo, se não possuirmos o discernimento necessário para adotar com toda a sabedoria e previdência os meios mais eficazes para ativarem a nossa evolução e expurgarem o nosso passado.

Todavia, o interessado tem sempre a liberdade de aceitar ou procrastinar a hora das reparações inelutáveis. No momento de se ligar a um gérmen humano, quando a alma possui ainda toda a sua lucidez, o seu guia desenrola diante dela o panorama da existência que a espera; mostra-lhe os obstáculos e os males de que será eriçada, faz-lhe compreender a utilidade desses obstáculos e desses males para desenvolver-lhe as virtudes ou expurgá--la dos seus vícios. Se a prova lhe parecer demasiado rude, se não se sentir suficientemente armado para afrontá-la, é lícito ao Espírito diferir-lhe a data e procurar uma vida transitória que lhe aumente as forças morais e a vontade.

Na hora das resoluções supremas, antes de tornar a descer à carne, o Espírito percebe, atinge o sentido geral da vida que vai começar, ela lhe aparece nas suas linhas principais, nos seus fatos culminantes, modificáveis sempre, entretanto, por sua ação pessoal e pelo uso do seu livre-arbítrio; porque a alma é senhora dos seus atos; mas, desde que ela se decidiu, desde que o laço se dá e a incorporação se delineia, tudo se apaga, esvai-se tudo. A existência vai desenrolar-se com todas as suas consequências previstas, aceitas, desejadas, sem que nenhuma intuição do futuro subsista na consciência normal do ser encarnado. O esquecimento é necessário durante a vida material. O conhecimento antecipado dos males ou das catástrofes que nos esperam paralisariam os nossos esforços, sustariam a nossa marcha para a frente.

Quanto à escolha do sexo, é também a alma que, de antemão, resolve. Pode até variá-lo de uma encarnação para outra por um ato da sua vontade criadora, modificando as condições orgânicas do perispírito. Certos pensadores admitem que a alternação dos sexos é necessária para adquirir virtudes mais especiais, dizem eles, a cada uma das metades do gênero humano; por exemplo, no homem, a vontade, a firmeza, a coragem; na mulher, a ternura, a paciência, a pureza.

Cremos de preferência, de acordo com os nossos guias, que a mudança de sexo, sempre possível para o Espírito, é, em princípio, inútil e perigosa. Os Espíritos elevados reprovam-na. É fácil reconhecer, à primeira vista, em volta de nós, as pessoas que numa existência precedente adotaram sexo diferente; são sempre, sob algum ponto de vista, anormais.[126] As viragos, de caráter e gostos varonis, algumas das quais apresentam ainda vestígio dos atributos do outro sexo, por exemplo, barba no mento, são, evidentemente, homens reencarnados. Elas nada têm de estético e sedutor; sucede o mesmo com os homens efeminados, que têm todos os característicos das filhas de

---

[126] N.E.: As ideias expostas no texto encerram opinião pessoal do autor e refletem o espírito da época em que foram emitidas.

Eva e acham-se como que transviados na vida. Quando um Espírito se afez a um sexo, é mau para ele sair do que se tornou a sua natureza.

Muitas almas, criadas aos pares, são destinadas a evolutirem juntas, unidas para sempre na alegria como na dor. Deram-lhes o nome de almas-irmãs;[127] o seu número é mais considerável do que geralmente se crê; realizam a forma mais completa, mais perfeita da vida e do sentimento e dão às outras almas o exemplo de um amor fiel, inalterável, profundo; podem ser reconhecidas por esse característico. Que seria de sua afeição, de suas relações, de seu destino, se a mudança de sexo fosse uma necessidade, uma lei? Entendemos antes que, pelo próprio fato da ascensão geral, os caracteres nobres e as altas virtudes multiplicar-se-ão nos dois sexos ao mesmo tempo; finalmente, nenhuma qualidade ficará sendo apanágio de um só dos sexos, mas atributo dos dois.

A mudança de sexo poderia ser considerada como um ato imposto pela lei de justiça e reparação num único caso, o qual se dá quando maus-tratos ou graves danos, infligidos a pessoas de um sexo, atraem para este mesmo sexo os Espíritos responsáveis, para assim sofrerem, por sua vez, os efeitos das causas a que deram origem; mas a pena de talião não rege, como mais adiante veremos, de maneira absoluta, o mundo das almas; existem mil formas de se fazer a reparação e de se eliminarem as causas do mal. A cadeia onipotente das causas e dos efeitos desenrola-se em mil anéis diversos.

Objetar-nos-ão talvez que seria iníquo coagir metade dos Espíritos a evoluírem num sexo mais fraco e bastas vezes oprimido, humilhado, sacrificado por uma organização social ainda bárbara. Podemos responder que este estado de coisas tende a desaparecer, de dia para dia, para dar lugar a maior soma de equidade. É pelo aperfeiçoamento moral e social e pela sólida educação da mulher que a Humanidade se há de levantar.

Quanto às dores do passado, sabemos que não ficam perdidas. O Espírito que sofreu iniquidades sociais colhe, por força da lei de equilíbrio e compensação, o resultado das provações por que passou. O Espírito feminino, dizem-nos os Guias, ascende com voo mais rápido para a perfeição.

O papel da mulher é imenso na vida dos povos. Irmã, esposa ou mãe, é a grande consoladora e a carinhosa conselheira. Pelo filho é seu o porvir e prepara o homem futuro. Por isso, as sociedades que a deprimem,

---

[127] N.E.: Sobre este assunto sugerimos ao leitor que leia a "Nota à primeira edição", no final do livro *O consolador*, de Francisco Cândido Xavier.

deprimem-se a si mesmas. A mulher respeitada, honrada, de entendimento esclarecido, é que faz a família forte e a sociedade grande, moral, unida!

* * *

Temíveis são certas atrações para as almas que procuram as condições de um renascimento, por exemplo, as famílias de alcoólicos, de devassos, de dementes. Como conciliar a noção de justiça com a encarnação dos seres em tais meios? Não há aí, em jogo, razões psíquicas profundas e latentes e não são as causas físicas apenas uma aparência? Vimos que a lei de afinidade aproxima os seres similares. Um passado de culpas arrasta a alma atrasada para grupos que apresentam analogias com o seu próprio estado fluídico e mental, estado que ela criou com os seus pensamentos e ações.

Não há, nestes problemas, nenhum lugar para a arbitrariedade ou para o acaso. É o mau uso prolongado de seu livre-arbítrio, a procura constante de resultados egoístas ou maléficos que atrai a alma para genitores semelhantes a si. Eles fornecer-lhe-ão materiais em harmonia com o seu organismo fluídico, impregnados das mesmas tendências grosseiras, próprios para a manifestação dos mesmos apetites, dos mesmos desejos. Abrir-se-á nova existência, novo degrau de queda para o vício e para a criminalidade. É a descida para o abismo.

Senhora do seu destino, a alma tem de sujeitar-se ao estado de coisas que preparou, que escolheu. Todavia, depois de haver feito de sua consciência um antro tenebroso, um covil do mal, terá de transformá-lo em templo de luz. As faltas acumuladas farão nascer sofrimentos mais vivos; suceder-se-ão mais penosas, mais dolorosas as encarnações; o círculo de ferro apertar-se-á até que a alma, triturada pela engrenagem das causas e dos efeitos que houver criado, compreenderá a necessidade de reagir contra suas tendências, de vencer suas ruins paixões e de mudar de caminho. Desde esse momento, por pouco que o arrependimento a sensibilize, sentirá nascer em si forças, impulsões novas que a levarão para meios mais adequados à sua obra de reparação, de renovação, e passo a passo irá fazendo progressos. Raios e eflúvios penetrarão na alma arrependida e enternecida, aspirações desconhecidas, necessidades de ação útil e de dedicação hão de despertar nela. A lei de atração, que a impelia para as últimas camadas sociais, reverterá em seu benefício e tornar-se-á o instrumento da sua regeneração.

Entretanto, não será sem custo que ela se levantará; a ascensão não prosseguirá sem dificuldades. As faltas e os erros cometidos repercutem como causas de obstrução nas vias futuras e o esforço terá de ser tanto mais enérgico e prolongado quanto mais pesadas forem as responsabilidades, quanto mais extenso tiver sido o período de resistência e obstinação no mal. Na escabrosa e íngreme subida, o passado dominará por muito tempo o presente, e o seu peso fará vergar mais de uma vez os ombros do caminhante; mas, do Alto, mãos piedosas estender-se-ão para ele e ajudá-lo-ão a transpor as passagens mais escarpadas. "Há mais alegria no Céu por um pecador que se arrepende do que por cem justos que perseveram."

O nosso futuro está em nossas mãos e as nossas facilidades para o bem aumentam na razão direta dos nossos esforços para o praticarmos. Toda vida nobre e pura, toda missão superior é o resultado de um passado imenso de lutas, de derrotas sofridas, de vitórias ganhas contra nós mesmos; é o remate de trabalhos longos e pacientes, a acumulação de frutos de ciência e caridade colhidos, um por um, no decurso das idades. Cada faculdade brilhante, cada virtude sólida reclamou existências multíplices de trabalho obscuro, de combates violentos entre o espírito e a carne, a paixão e o dever. Para chegar ao talento, ao gênio, o pensamento teve de amadurecer lentamente através dos séculos. O campo da inteligência, penosamente desbravado, a princípio apenas deu escassas colheitas; depois, pouco a pouco, vieram as searas cada vez mais ricas e abundantes.

Em cada regresso ao Espaço procede-se ao balanço dos lucros e perdas; avaliam-se e firmam-se os progressos. O ser examina-se e julga-se; perscruta minuciosamente a sua história recente, em si mesmo escrita; passa em revista os frutos de experiência e sabedoria que a sua última vida lhe proporcionou, para mais profundamente assinalar-lhes a substância.

A vida do Espaço é, para o Espírito que evoluiu, o período de exame, de recolhimento, em que as faculdades, depois de se terem gasto no exterior, refletem-se, aplicam-se ao estudo íntimo, ao interrogatório da consciência, ao inventário rigoroso da beleza ou fealdade que há na alma. A vida do Espaço é a forma necessária e simétrica da vida terrestre, vida de equilíbrio, em que as forças se reconstituem, em que as energias se retemperam, em que os entusiasmos se reanimam, em que o ser se prepara para as futuras tarefas; é o descanso depois do trabalho, a bonança depois da tormenta, a concentração tranquila e serena depois da expansão ativa ou do conflito ardente.

* * *

Segundo a opinião dos teósofos, o regresso da alma à carne efetua-se de mil e quinhentos em mil e quinhentos anos.[128] Esta teoria não é confirmada nem pelos fatos nem pelo testemunho dos Espíritos. Estes, interrogados em grande número, em meios muito diversos, responderam que a reencarnação é muito mais rápida; as almas ávidas de progresso demoram-se pouco no Espaço. Pedem o regresso à vida deste mundo para conquistar novos títulos, novos méritos. Possuímos sobre as existências anteriores de certa pessoa indicações recolhidas, em pontos muito afastados uns dos outros, da boca de médiuns que nunca se conheceram, indicações perfeitamente concordes entre si e com as intuições do interessado. Demonstram que apenas vinte, trinta anos, quando muito, separaram as suas vidas terrestres. Não há, quanto a isto, regra exata. As encarnações aproximam-se ou se distanciam segundo o estado das almas, seu desejo de trabalho e adiantamento e as ocasiões favoráveis que se lhes oferecem; nos casos de morte precoce, são quase imediatas.

Sabemos que o corpo fluídico materializa-se ou purifica-se conforme a natureza dos pensamentos e das ações do Espírito. As almas viciosas atraem a si, por suas tendências, fluidos impuros, que lhes tornam mais espesso o invólucro e lhes diminuem as radiações. À morte, não podem elevar-se acima das nossas regiões e ficam confinadas na atmosfera ou misturadas com os humanos; se persistem no mal, a atração planetária torna-se tão poderosa que lhes precipita a reencarnação.

Quanto mais material e grosseiro é o Espírito, tanto mais influência tem sobre ele a lei de gravidade; com os Espíritos puros, cujo perispírito radioso vibra a todas as sensações do Infinito e que acham nas regiões etéreas meios apropriados à sua natureza e ao seu estado de progressão, produz-se o fenômeno inverso. Chegados a um grau superior, esses Espíritos prolongam cada vez mais a sua estada no Espaço; as vidas planetárias tornam-se, para eles, a exceção, e a vida livre a regra, até que a soma das perfeições realizadas os liberte para sempre da servidão dos renascimentos.

---

[128] Os livros teosóficos, diz Annie Besant, são concordes em reconhecer que "as encarnações são separadas umas das outras por um período médio de quinze séculos" (*La Reincarnation*, p. 97).

XIV
As vidas sucessivas. Provas experimentais. Renovação da memória

Nas páginas precedentes expusemos as razões lógicas que militam em prol da doutrina das vidas sucessivas. Consagraremos o presente capítulo e os seguintes a refutar as objeções dos seus contraditores e entraremos no campo das provas científicas que, todos os dias, vêm consolidá-la.

A objeção mais trivial é esta: "Se o homem já viveu, pergunta-se, por que não se lembra de suas existências passadas?".

Já, sumariamente, indicamos a causa fisiológica deste esquecimento; esta causa é o próprio renascimento, isto é, o revestimento de um novo organismo, de um invólucro material que, sobrepondo-se ao invólucro fluídico, faz, a seu respeito, as vezes de um apagador. Em consequência da diminuição do seu estado vibratório, o Espírito, cada vez que toma posse de um corpo novo, de um cérebro virgem de toda a imagem, acha-se na impossibilidade de exprimir as recordações acumuladas das suas vidas precedentes. Continuarão, é verdade, revelando seus antecedentes em suas aptidões, na facilidade de assimilação, nas qualidades e defeitos; mas todas as particularidades dos fatos, dos sucessos que constituem seu passado, reintegrado nas profundezas da consciência, ficarão veladas durante a vida terrestre. O Espírito, no estado de vigília, apenas poderá exprimir pelas formas da linguagem as impressões registradas por seu cérebro material.

A memória é o concatenamento, a associação das ideias, dos fatos, dos conhecimentos. Desde que esta associação desaparece, desde que se rompe o fio das recordações, parece que para nós se apaga o passado, mas só na aparência. Num discurso pronunciado em 6 de fevereiro de 1905, o Prof. Charles Richet, da Academia de Medicina, dizia:

> A memória é uma faculdade implacável de nossa inteligência, porque nenhuma de nossas percepções jamais é esquecida. Logo que um fato nos impressionou os sentidos, fixa-se irrevogavelmente na memória. Pouco importa que tenhamos conservado a consciência desta recordação: ela existe, é indelével.

Acrescentamos que pode ressurgir. O despertar da memória não é mais do que um efeito de vibração produzido pela ação da vontade nas células do cérebro. Para fazermos reviver as lembranças anteriores ao nascimento, é necessário tornemos a pôr-nos em harmonia de vibrações com o estado dinâmico em que nos achávamos na época em que houve a percepção. Não existindo já os cérebros que registraram essas percepções, é preciso procurá-las na consciência profunda, mas esta se conserva calada enquanto o Espírito está encerrado na carne. Para recuperar a plenitude das suas vibrações e reaver o fio das lembranças em si ocultas, é necessário que ele saia e se separe do corpo; então percebe o passado e pode reconstituí-lo nos menores fatos. É isso o que se dá nos fenômenos do sonambulismo e do transe.

Sabemos que há em nós profundezas misteriosas onde lentamente se foram depositando, através das idades, os sedimentos das nossas vidas de lutas, de estudo e de trabalho; ali se gravam todos os incidentes, todas as vicissitudes do passado obscuro. É como um oceano de coisas adormecidas, balouçadas pelas vagas do destino. Um apelo poderoso da vontade pode fazê-lo reviver. A vista do Espírito, nas horas de clarividência, desce para elas como as radiações das estrelas se coam e vão, nas profundezas verdes-claras, até debaixo das abóbadas e das arcadas dos recessos sombrios do mar.

* * *

As vidas sucessivas. Provas experimentais. Renovação da memória

Recordemos aqui os pontos essenciais da teoria do "eu", com a qual têm conexão todos os problemas da memória e da consciência.

Os dois fatores que constituem a permanência e mantêm a identidade, a personalidade do "eu", são a memória e a consciência. As reminiscências, as intuições e as aptidões determinam a sensação de haver vivido. Existe na inteligência uma continuidade, uma sucessão de causas e efeitos que é preciso reconstituir na sua totalidade para possuir o conhecimento integral do "eu". É isso, como vimos, impossível na vida material, pois que a incorporação produz uma extinção temporária dos estados de consciência que formam este todo contínuo. Assim como a vida física está sujeita às alternativas da noite e do dia, assim também se produz um fenômeno análogo na vida do Espírito. A nossa memória e a nossa consciência atravessam alternadamente períodos de eclipse ou de esplendor, de sombra ou de luz, no estado celeste ou terrestre, e até, neste último plano, durante a vigília ou durante os diferentes estados do sono. E, assim como há gradações no eclipse, há também graus de luz.

Muitos sonhos, à semelhança das impressões recebidas durante o sono do sonambulismo, não deixam vestígios ao despertar. O esquecimento, todos os magnetizadores o sabem, é um fenômeno constante nos sonâmbulos; mas, desde que o Espírito do *sujet*, imerso em novo sono, torna a encontrar-se nas condições dinâmicas que permitem a renovação das recordações, estas se reavivam logo. O *sujet* recorda-se do que fez, disse, viu e exprimiu em todas as épocas da existência.

Por isso compreenderemos facilmente o esquecimento momentâneo das vidas anteriores. O movimento vibratório do invólucro perispiritual, amortecido pela matéria no decurso da vida atual, é excessivamente fraco para que o grau de intensidade e a duração necessária à renovação dessas recordações possam ser obtidos durante a vigília.

Na realidade, a memória não é mais do que uma modalidade da consciência. A recordação está, muitas vezes, no estado subconsciente. Já, no círculo restrito da vida atual, não conservamos a recordação de nossos primeiros anos a qual está, contudo, gravada em nós, como todos os estados atravessados no decurso de nossa história. Sucede o mesmo com grande número de atos e fatos pertencentes aos outros períodos da vida. Gassendi, dizem, lembrava-se da idade de 18 meses; mas isso é uma exceção. É necessário o esforço mental para reavivar estas recordações da vida normal, a que nos é mais familiar; é necessário, repetimo-lo, para novamente colher mil coisas estudadas, aprendidas e, depois, esquecidas, porque baixaram às camadas profundas da memória.

A cada passo, a inteligência tem de ir procurar na subconsciência os conhecimentos, as recordações que quer reavivar; esforça-se por fazê-los passar para a consciência física, para o cérebro concreto, depois de tê-los provido dos elementos vitais fornecidos pelos neurônios ou células nervosas. Segundo a riqueza ou a pobreza destes elementos, a recordação surgirá clara ou difusa; às vezes, esquiva-se; a comunicação não pode estabelecer-se ou, então, a projeção produz-se mais tarde somente, no momento em que menos se espera.

Para recordar, portanto, a primeira das condições é querer. Aí está a razão por que muitos Espíritos, mesmo na vida do Espaço, sob o domínio de certos preconceitos dogmáticos, desprezam toda investigação e conservam-se ignorantes do passado que neles dorme. Nesse meio, como entre nós, no decurso da experimentação, é necessária uma sugestão. Essa lei da sugestão, vemo-la manifestar-se em toda a parte, debaixo de mil formas; nós mesmos, a cada instante do dia, estamos sujeitos à sua ação. Eleva-se, por exemplo, perto de nós um canto, ressoa uma palavra, um nome, fere-nos a vista uma imagem e, de repente, graças à associação de ideias, desenrola-se em nosso espírito um encadeamento completo de recordações confusas, quase esquecidas, dissimuladas nas camadas profundas da nossa consciência.

Períodos inteiros da nossa vida atual podem apagar-se da memória. No seu livro *Les Phénomènes Psychiques*, página 170, o Dr. J. Maxwell fala nos seguintes termos do que se chama casos de *amnésia*:

> Algumas vezes, até desaparece a noção da personalidade; doentes há que, subitamente, esquecem o próprio nome. Apaga-se-lhes toda a vida e parecem voltar ao estado em que estavam quando nasceram; têm de aprender outra vez a falar, a vestir-se e a comer. Às vezes, não é tão completa a amnésia. Pude observar um doente que havia esquecido tudo quanto tinha qualquer ligação com a sua personalidade; ignorava absolutamente tudo quanto fizera, não sabia onde nascera nem quem eram seus pais. Tinha cerca de 30 anos. A memória orgânica e as memórias organizadas fora da personalidade subsistiam; podia ler, escrever, desenhar alguma coisa, tocar mal um instrumento de música. Nele a amnésia limitava-se a todos os fatos conexos com a sua personalidade anterior.

O Dr. Pitre, deão da Faculdade de Medicina de Bordeaux, no seu livro *L'Hystérie et l'Hypnotisme*, cita um caso que demonstra que todos os fatos e conhecimentos registrados em nós desde a infância podem renascer; é o que ele chama o fenômeno de *ecmnésia*. O *sujet*, uma donzela de 17 anos, falava só francês e havia esquecido o dialeto gascão, idioma da sua juventude. Adormecida e transportada pela sugestão à idade de 5 anos, deixava de entender o francês e só falava o seu dialeto; contava as menores particularidades de sua vida infantil, que se lhe apresentavam perfeitamente nítidas, mas não respondia às perguntas feitas, por já não compreender a língua que lhe falavam; esquecera todos os fatos de sua vida que se haviam desenrolado entre as idades de 5 a 17 anos.

O Dr. Burot fez experiências idênticas. O *sujet* Joana é transportado por ele, mentalmente, a diferentes épocas de sua juventude, e, em cada período, os incidentes da existência desenham-se com precisão em sua memória, mas todo fato ulterior se apaga. Era possível seguir-se, em escala descendente, os progressos de sua inteligência. Chegada à idade de 5 anos, verificou-se que mal sabia ler; escrevia como naquela idade, atrapalhadamente e com erros de ortografia que, em tal época, costumava cometer.[129]

Foi comprovada a exatidão de todas estas narrativas. Os sábios que citamos entregaram-se a minuciosas pesquisas; puderam verificar a veracidade dos fatos relatados pelos pacientes, fatos que, no estado normal, se lhes varriam da memória.

Vamos ver que, por um encadeamento lógico e rigoroso, esses fenômenos levam-nos à possibilidade de despertarmos experimentalmente, na parte permanente do ser, as recordações anteriores ao nascimento, o que verificaremos nas experiências de F. Colavida, E. Marata, coronel de Rochas etc.

O estado de febre, o delírio, o sono anestésico, provocando a separação parcial, podem também abalar, dilatar as camadas profundas da memória e despertar conhecimentos e lembranças antigas. Todos, sem dúvida, se lembram do célebre caso de Ninfa Filiberto, de Palermo. Com febre, falava várias línguas estrangeiras que, havia muito tempo, esquecera. Eis outros fatos relatados por médicos práticos.

O Dr. Henri Frieborn[130] cita o caso de uma mulher de 70 anos de idade que, gravemente doente de uma bronquite, foi acometida de

---

[129] Doutores Bourru e Burot — *Les Changements de la Personnalité*. Bibliothèque scientifique contemporaine, 1887.
[130] Ver *Lancet*, de Londres, número de 12 jun. 1902.

delírio, de 13 a 16 de março de 1902. Depois, pouco a pouco, foi-lhe voltando a razão:

> Na noite de 13 para 14, percebeu-se que ela falava uma língua desconhecida das pessoas que a rodeavam. Parecia, às vezes, que recitava versos e, outras, que conversava. Por várias vezes, repetiu a mesma composição em verso; acabou-se por descobrir que a língua era a indostânica.
>
> Na manhã de 14, começou a misturar-se com o indostânico algum inglês; conversava desta maneira com parentes e amigos de infância ou então falava deles.
>
> No dia 15 havia, por sua vez, desaparecido o indostânico e a doente dirigiu-se a amigos, que mais tarde conhecera, servindo-se do inglês, do francês e do alemão. A senhora de que se trata nascera na Índia, donde saiu aos 3 anos de idade, a fim de ir para a Inglaterra, onde chegou depois de quatro meses de viagem. Até ao dia do desembarque na Inglaterra, fora confiada a serviçais hindus e não falava absolutamente nada do inglês.
>
> No dia 13 revivia, no delírio, seus primeiros dias e falava a primeira linguagem que ouvira. Reconheceu-se que a poesia era uma espécie de cantiga com que os *ayahs* costumavam adormecer as crianças. Quando conversava, dirigia-se, sem dúvida, aos fâmulos hindus; assim, entre outras coisas, compreendeu-se que ela pedia que a levassem ao bazar para comprar doces. Podia reconhecer-se que havia uma ligação seguida em toda a marcha do delírio. A princípio, foram conhecimentos com que a doente estivera em relação durante a primeira infância; depois, passou em revista toda a sua existência, até chegar, em 16 de março, à época em que se casou e teve filhos que cresceram.
>
> É curioso verificar que, depois de um período de sessenta e seis anos, durante o qual ela nunca falara o indostânico, o delírio lhe relembrasse a linguagem da sua primeira infância. Atualmente, a doente fala com tanta facilidade o francês, e o alemão como o inglês; mas, posto que conheça ainda algumas palavras do indostânico, é absolutamente incapaz de falar essa língua ou mesmo de compor nela uma única frase.

O Dr. Sollier, na sua obra *Phénomènes d'Autoscopie*, página 105, menciona as experiências seguintes do Dr. Bain. Trata-se de uma doente de 29 anos, morfinômana e submetida ao "método de ressensibilização sucessiva pela hipnose":

As vidas sucessivas. Provas experimentais. Renovação da memória

Depois de terminarmos o que tínhamos a fazer com o corpo, procedemos ao despertar da cabeça. Assistimos a uma regressão da personalidade, não numa única sessão, mas em muitas, a dezessete anos antes. A doente tornava a encontrar-se na idade de 12 anos; revivia todos os períodos de sua vida movimentada, com desdobramento completo da personalidade. Levar-nos-ia muito longe darmos, mesmo em escorço, a história da doente, história à qual assistíamos como se tivéssemos na mão o auscultador de um telefone e escutássemos a um só interlocutor. Eram as cenas de uma pobre operária que se prostituiu para viver e que, doente, se entrega à morfina; implicada em roubos, é julgada duas vezes e cumpre em Saint-Lazare, depois em Nanterre, a pena de um ano de prisão; cenas de família, cenas de oficina, cenas com amantes, horas de prosperidade passageiras, horas de miséria consecutivas, a vida em Saint-Lazare e Nanterre. Em janeiro de 1902, deixava a doente o asilo, a seu pedido; muito melhor, tinha engordado muito, dormia espontaneamente de noite, era ativa e trabalhava. Redigiu, a pedido nosso, uma nota expondo todos os incidentes da sua vida. Esta nota concordava com todas as informações que nos dera na hipnose, ao encontrar outra vez a sensibilidade cerebral.

Os *Annales des Sciences Psychiques*, de março de 1906, registraram um caso interessante de amnésia em vigília, referido pelo Dr. Gilbert-Ballet, do Hospital de Paris.

Trata-se de um doente que, em consequência de um choque violento, esquecera completamente um trecho considerável de sua vida passada. Lembrava-se muito bem da infância e dos fatos muito remotos, mas se produzira uma lacuna para uma parte da sua existência mais próxima, e não podia lembrar-se dos acontecimentos passados durante este período da vida. É a isto que se chama amnésia retrógrada. O doente chama-se Dada e tem 50 anos. Desde o dia 4 até ao dia 7 de outubro precedente, operara-se em sua memória um vácuo absoluto. Empregado como jardineiro numa propriedade perto de Nevers, deixara os seus amos no dia 4, e, no dia 7, achou-se, sem saber como, em Liège, junto às portas da exposição. De que maneira fez esta longa viagem? Ignora-o e, apesar de todos os esforços, não pôde conseguir a mínima recordação.

Mas eis que este doente é mergulhado na hipnose e para logo se reconstituem todos os incidentes dessa viagem em suas menores particularidades, com a recordação das pessoas encontradas. *Dada* está na quarta crise de amnésia nervosa. Recorda-se, adormecido, daquilo que esqueceu no estado de vigília, pela muito simples razão de se achar novamente em estado de condição segunda, isto é, no estado em que se encontrava no momento do ataque de amnésia. Este caso põe-nos também no rastro das leis e condições que regem os fenômenos de renovação da memória das vidas anteriores.

Em resumo, todo o estudo do homem terrestre fornece-nos a prova de que existem estados distintos da consciência e da personalidade. Vimos, na primeira parte desta obra, que a coexistência, em nós, de "um mental duplo", cujas duas partes se juntam e fazem fusão na morte, é atestada não só pelo hipnotismo experimental, mas também por toda a evolução psíquica.

O simples fato desta dualidade intelectual, considerada nas suas relações com o problema das reencarnações, explica-nos como toda uma parte do "eu", com seu imenso cortejo de impressões e recordações antigas, pode ficar imersa na sombra durante a vida atual.

Sabemos que a telepatia, a clarividência e a previsão dos acontecimentos são poderes atinentes ao "eu" profundo e oculto. A sugestão facilita o seu exercício; é um apelo da vontade, um convite às almas fracas e incapazes a sair do cárcere e tornar temporariamente a entrar na posse das riquezas, das potências que nelas dormitam. Os passes magnéticos desfazem os laços que prendem a alma ao corpo físico, provocam o desprendimento. A partir daí começa a sugestão, pessoal ou estranha, a pôr-se em ação, a exercer-se com mais intensidade. Este movimento não é somente aplicável ao despertar dos sentidos psíquicos; acabamos de ver que pode também reconstituir o encadeamento das recordações gravadas nas profundezas do ser.

Parece que, em certos casos excepcionais, essa ação pode exercer-se mesmo no estado de vigília. F. Myers[131] fala da faculdade do "subliminal" de evocar estados emocionais desaparecidos da consciência normal e de reviver no passado. Esse fato, diz ele, encontra-se frequentes vezes nos artistas, cujas emoções revivescidas podem exceder em intensidade as emoções originais.

---

[131] F. Myers — *La Personnalité Humaine*, p. 333.

O mesmo autor emite a opinião de que a teoria mais verossímil para explicar o gênio é a das reminiscências de Platão, com a condição de baseá-las nos dados científicos estabelecidos em nossos dias.¹³²

Esses mesmos fenômenos reaparecem com outra forma numa ordem de fatos já assinalados. São as impressões de pessoas que, depois de acidentadas, puderam escapar à morte. Por exemplo, afogados salvos antes da asfixia completa e outros que sofreram quedas graves. Muitos contam que, entre o momento em que caíram e aquele em que perderam os sentidos, todo o espetáculo de sua vida se lhes desenrolou no cérebro de maneira automática, em quadros sucessivos e retrógrados, com rapidez vertiginosa, acompanhados do sentimento moral do bem e do mal, assim como da consciência das responsabilidades em que incorreram.

Théodule Ribot, chefe do Positivismo francês, na sua obra *Les Maladies de la Mémoire*, cita numerosos fatos que estabelecem a possibilidade do despertar espontâneo, automático, de todas as cenas ou imagens que povoam a memória, particularmente em caso de acidente.

Lembremos, a esse respeito, o caso do Alm. Beaufort, extraído do *Journal de Médecine*, de Paris.¹³³

Caiu ao mar e perdeu, durante dois minutos, o sentido da consciência física. Bastou esse tempo à sua consciência transcendental para resumir toda a sua vida terrestre em quadros reduzidos de uma nitidez prodigiosa. Todos os seus atos, inclusive as causas, as circunstâncias contingentes e os efeitos, desfilaram em seu pensamento. Lembrava-se das próprias reflexões do momento sobre o bem e o mal que deles haviam resultado. Apresentamos aqui um caso da mesma natureza, relatado pelo Sr. Cottin, aeronauta:

> Em sua última ascensão, o balão *Le Montgolfier* levava o Sr. Perron, presidente da Academia de Aerostação, como chefe, e F. Cottin, agente administrativo da Associação Científica Francesa.
> Tendo subido de um salto, o balão, às 4h24, elevou-se a 700 metros. Foi então que rebentou e começou a descer com velocidade maior do que aquela com que subira e, às 4h27, afundou-se pela casa número 20 do beco do Cavaleiro, em Saint-Ouen. "Depois de ter atirado fora tudo quanto podia complicar a situação", diz-nos o Sr. Cottin,¹³⁴ "apossou-se

---

¹³² F. Myers — La Personnalité Humaine, p. 103.
¹³³ Ver acima, cap. XI, p. 201.
¹³⁴ Extratado de *Le Spiritisme et l'Anarchie*, por J. Bouvery, p. 405.

de mim uma espécie de quietação, de inércia talvez; mil recordações remotas afluem, comprimem-se, chocam-se diante da minha imaginação; depois as coisas acentuam-se e o panorama de minha vida vem desenrolar-se diante do meu espírito atento. É tudo exato: os castelos no ar, as decepções, a luta pela existência; e tudo isso dentro do caixilho inexorável imposto pelo destino... Quem acreditará, por exemplo, que eu me tornei a ver, aos 20 anos, no 22º de Linha?... Tornei a ver-me de mochila às costas na estrada de Vendôme. Em menos de três minutos vi desfilar toda a minha vida diante da memória".

Podem explicar-se estes fenômenos por um princípio de exteriorização. Nesse estado, como na vida do Espaço, a subconsciência une-se à consciência normal e reconstitui a consciência total, a plenitude do "eu". Por um instante, restabelece-se a associação das ideias e dos fatos, reata-se a cadeia das recordações. Pode obter-se o mesmo resultado pela experimentação; mas, então, o *sujet* precisa ser auxiliado em suas pesquisas por uma vontade superior à dele em poder, que se lhe associa e lhe estimula os esforços. Nos fenômenos do transe é este papel desempenhado ou pelo Espírito guia ou pelo magnetizador, cujo pensamento atua sobre o *sujet* como uma alavanca.

As duas vontades, combinadas, sobrepostas, adquirem, então, uma intensidade de vibrações que põe em abalo as camadas mais profundas e mais ocultas do subconsciente.

* * *

Outro ponto essencial deve prender a nossa atenção. É o fato, estabelecido por toda a ciência fisiológica, de existir íntima correlação entre o físico e o mental do homem. A cada ação física corresponde um ato psíquico e vice-versa. Ambos são registrados ao mesmo tempo na memória subconsciente de tal maneira que um não pode ser evocado sem que surja imediatamente o outro.

Esta concordância aplica-se aos menores fatos da nossa existência integral, tanto no que diz respeito ao presente, como no que toca aos episódios do passado mais remoto.

A compreensão deste fenômeno, pouco inteligível para os materialistas, é-nos facilitada pelo conhecimento do perispírito ou invólucro fluídico da alma. É nele, e não no organismo físico composto de matéria fluente, incessantemente variável nas suas células constitutivas, que se gravam todas as nossas impressões.

O perispírito é o instrumento de precisão que aponta com fidelidade absoluta as menores variações da personalidade. Todas as volições do pensamento e todos os atos da inteligência têm nele a sua repercussão. Os seus movimentos e os seus estados vibratórios distintos deixam nele traços sucessivos e sobrepostos. Certos experimentadores compararam este modo de registro a um cinematógrafo vivo sobre o qual se fixam sucessivamente nossas aquisições e recordações. Desenrolar-se-ia por uma espécie de empuxão ou abalo causado, quer pela ação de uma sugestão, quer por uma autosugestão ou, então, em consequência de um acidente, como vimos.

A influência do pensamento sobre o corpo já nos é revelada por fenômenos observáveis a cada passo de nós mesmos e em volta de nós. O medo paralisa os movimentos; a admiração, a vergonha e o susto provocam a palidez ou o rubor; a angústia aperta-nos o coração, a dor profunda faz-nos correr as lágrimas e pode causar com o tempo uma depressão vital. Aí estão outras tantas provas manifestas da ação poderosa da força mental sobre o invólucro material.

O hipnotismo, desenvolvendo a sensibilidade do ser, demonstra-nos ainda com maior nitidez a ação reflexa do pensamento.

Vimos que a sugestão de uma queimadura pode produzir num *sujet* tantas desordens como a própria queimadura. Provoca-se, à vontade, a aparição de chagas, estigmas etc.[135]

Se o pensamento e a vontade podem exercer tal influência sobre a matéria corporal, compreender-se-á que esta influência seja ainda maior e produza feitos mais intensos quando for aplicada à matéria fluídica, imponderável, de que o perispírito é formado. Menos densa, menos compacta que a matéria física, obedecerá com muito mais flexibilidade, mais docilidade, às menores volições do pensamento. É em virtude desta lei que os Espíritos podem aparecer com qualquer das formas que revestiram no passado e com todos os atributos da individualidade extinta. Basta-lhes pensarem com vigor numa fase qualquer das suas existências para se mostrarem aos videntes, tais quais eram na época evocada em sua memória; e, embora a força psíquica necessária lhes seja fornecida em pequena quantidade por um ou mais médiuns, as materializações tornam-se possíveis.

---

[135] Ver *No invisível*, cap. 20.

O coronel de Rochas, conseguindo, em suas experiências, insular o corpo fluídico, demonstrou ser ele a sede da sensibilidade e das recordações.[136] O hipnotismo e a Fisiologia combinados permitem-nos que, de ora em diante, estudemos a ação da alma despida do seu invólucro grosseiro e unida ao corpo sutil; não tardarão em ministrar-nos os meios de elucidarmos os mais delicados problemas do ser. A experimentação psíquica encerra a chave de todos os fenômenos da vida; está destinada a renovar inteiramente a Ciência moderna, lançando luz viva sobre grande número de questões obscuras até ao presente.

Vamos ver agora, nos fenômenos hipnóticos e particularmente no transe, que as impressões registradas pelo corpo fluídico de maneira indelével formam íntimas associações. As impressões físicas estão ligadas às impressões morais e intelectuais, de tal modo que não é possível chamar umas sem se ver aparecerem as outras. A sua reaparição é sempre simultânea.

Esta íntima correlação do físico e do moral, na sua aplicação às lembranças gravadas em nós, é demonstrada por experiências numerosas. Citemos primeiro as de sábios positivistas, que, apesar de suas prevenções a respeito de toda teoria nova, a confirmam sem darem por isso.

Pierre Janet, professor de Fisiologia na Sorbonne, expõe os fatos que se seguem.[137] As experiências são feitas em seu *sujet*, Rosa, adormecido:

> Sugiro a Rosa que não estamos em 1888, mas em 1886, no mês de abril, para verificar simplesmente modificações de sensibilidade que poderiam produzir-se; mas, nisso, produz-se um acidente muito singular. Ela geme, queixa-se de estar cansada e de não poder andar. "Então, que é que tem?" "Oh! não é nada... Em que estado me acho!" "Que estado?" Responde-me com um gesto. O ventre crescera-lhe de repente e distendera-se por um acesso súbito de timpanite histérica. Sem saber, eu a transportara a um período da sua vida em que ela estava grávida.
>
> Estudos mais interessantes foram feitos em Maria por este meio. Pude, fazendo-a voltar sucessivamente a diferentes períodos da sua existência, verificar todos os diversos estados da sensibilidade pelos quais ela passou e as causas de todas as modificações. Assim, está agora completamente cega do olho esquerdo e pretende que assim

---

[136] Ver Albert de Rochas — *L'Extériorisation de la Sensibilité*.
[137] P. Janet — *L'Automatisme Psychologique*, p. 160.

se encontra desde que nasceu. Fazendo-a voltar à idade de 7 anos, verifica-se que padece ainda anestesia no olho esquerdo; mas, se se lhe sugerir que tem 6 anos, nota-se que vê bem com ambos os olhos e pode-se determinar a época e as circunstâncias bem curiosas em que perdeu a sensibilidade do olho esquerdo. *A memória realizou automaticamente um estado de saúde de que o* sujet *julgava não haver conservado nenhuma recordação.*

* * *

A possibilidade de despertar na consciência de um *sujet* em estado de transe as recordações esquecidas de sua infância, conduz-nos, logicamente, à renovação das recordações anteriores ao nascimento. Esta ordem de fatos foi pela primeira vez assinalada no Congresso Espírita de Paris, em 1900, por experimentadores espanhóis. Fazemos um extrato do relatório lido na sessão de 25 de setembro:[138]

> Entrando o médium em sono profundo por meio de passes magnéticos, Fernandez Colavida, presidente do Grupo de Estudos Psíquicos de Barcelona, ordenou-lhe que dissesse o que tinha feito na véspera, na antevéspera, uma semana, um mês, um ano antes, e, sucessivamente, fê-lo remontar até à infância e descrevê-la com todos os pormenores.
> Sempre impulsionado pela mesma vontade, o médium contou a sua vida no Espaço, a sua morte na última encarnação e, continuamente estimulado, chegou até quatro encarnações, a mais antiga das quais era uma existência inteiramente selvagem. Em cada existência, as feições do médium mudavam de expressão. Para trazê-lo ao estado habitual, fez-se com que voltasse gradualmente até à sua existência atual; depois foi despertado.
> Algum tempo depois, de improviso, com o intento de contraprova, o experimentador fez magnetizar o mesmo paciente por outra pessoa, sugerindo-lhe que as suas precedentes descrições eram histórias. Sem embargo da sugestão, o médium reproduziu a série das quatro existências como o fizera antes. O despertar das recordações e o seu encadeamento foram idênticos aos resultados obtidos na primeira experiência.

---

[138] Ver *Compte rendu du Congrès Spirite et Spiritualiste* de 1900, Leymarie, editor, p. 349 e 350.

Na mesma sessão desse Congresso, Esteva Marata, presidente da União Espírita de Catalunha, declara ter obtido fatos análogos pelos mesmos processos, sendo paciente, em estado de sono magnético, sua própria esposa. A propósito de uma mensagem dada por um Espírito e que tinha relação com uma das vidas passadas do *sujet*, ele pôde despertar, na consciência dela, o rasto das suas existências anteriores.

Desde então têm sido estas experiências tentadas em muitos centros de estudo. Têm-se obtido assim numerosas indicações a respeito das vidas sucessivas da alma; essas experiências hão de provavelmente multiplicar-se de dia para dia. Notemos, entretanto, que elas reclamam grande prudência. Os erros e as fraudes são fáceis; são de recear perigos. O experimentador deve escolher pacientes muito sensíveis e bem desenvolvidos, precisa ser assistido por um Espírito bastante poderoso para afastar todas as influências estranhas, todas as causas de perturbação e preservar o médium de acidentes possíveis, o mais grave dos quais seria a separação completa, irremediável, a impossibilidade de compelir o Espírito a retomar o corpo, o que ocasionaria a separação definitiva, a morte.

É necessário, principalmente, precatar-se contra os excessos da autossugestão e aceitar somente as descrições dentro dos limites em que é possível examiná-las, verificá-las; exigir nomes, datas, pontos de referência, numa palavra, um conjunto de provas que apresentem caráter realmente positivo e científico. Seria bom imitar nesse ponto o exemplo dado pela Sociedade de Investigações Psíquicas de Londres e adotar métodos precisos e rigorosos, por exemplo, os que granjearam uma grande autoridade para os seus trabalhos sobre telepatia.

A falta de precaução e a inobservância das regras mais elementares da experimentação fizeram das incorporações de Hélène Smith um caso obscuro e cheio de dificuldades. Não obstante, no meio da confusão dos fatos apontados pelo Sr. Theodore Flournoy, professor na Universidade de Genebra, entendemos que se deve reter o fenômeno da princesa hindu Simandini.

Esta médium, no estado de transe, reproduz as cenas de uma das suas existências ocorridas na Índia, no século XII. Nesse estado, serve-se frequentes vezes de palavras sânscritas, língua que ela ignora no estado normal; dá, sobre personagens históricas hindus, indicações que não se encontram em nenhuma obra usual. A confirmação dessas indicações é descoberta pelo Sr. Flournoy, depois de muitas investigações, na obra de Marlès, historiador pouco conhecido e inteiramente fora do alcance do *sujet*. Hélène Smith, no sono sonambúlico, toma uma atitude impressionante. Extratamos o que diz Flournoy num livro que teve grande voga:[139]

> Há em todo o ser, na expressão da sua fisionomia, em seus movimentos, no timbre da voz, quando fala ou canta em indostânico, uma graça indolente, um abandono, uma doçura melancólica, um quê de langoroso e sedutor que corresponde ao caráter do Oriente.
> Toda a mímica de Hélène, tão vária, e o falar exótico, ambos têm tal cunho de originalidade, de facilidade, de naturalidade, que se pergunta com estupefação donde vem a essa filha das margens do Lemano, sem educação artística nem conhecimentos especiais do Oriente, uma perfeição de jogo cênico à qual, sem dúvida, a melhor atriz só chegaria à custa de estudos prolongados ou de uma estada nas margens do Ganges.

Quanto à escrita e à linguagem indostânica empregadas por Hélène, o Sr. Flournoy acrescenta que, nas investigações que fez para averiguar donde lhe vinha tal conhecimento, "todas as tentativas falharam".

Pessoalmente, observamos durante muitos anos casos semelhantes ao de Hélène Smith. Um dos médiuns do grupo, cujos trabalhos dirigíamos, reproduzia no transe, sob a influência do Espírito guia, cenas das suas diferentes existências. A princípio, foram as da vida atual no período infantil com expressões características e emoções juvenis; depois, vieram episódios de vidas remotas com jogos de fisionomia, atitudes, movimentos, reminiscências de expressões da meia-idade, um conjunto completo de detalhes psicológicos e automáticos muito diferentes dos costumes atuais da dama, senhora muito honesta e incapaz de fingimento algum, pela qual obtínhamos estes estranhos fenômenos.

* * *

O coronel de Engenharia A. de Rochas, antigo administrador da Escola Politécnica, ocupou-se muito deste gênero de experiências. Apesar das objeções que elas podem suscitar, cremos dever relatar algumas de suas experiências. Vamos dizer o porquê.

---

[139] Theodore Flournoy — *Des Indes à la Planète Mars*, p. 271 e 272.

Primeiro que tudo, tornamos a encontrar em todos os fatos da mesma ordem, provocados pelo Sr. de Rochas, a correlação do físico e do mental que já assinalamos e que parece ser a expressão de uma lei.

As reminiscências anteriores ao nascimento produzem, no organismo dos pacientes adormecidos, efeitos materiais verificados por todos os assistentes, muitos dos quais eram médicos. Ora, ainda que se leve em conta o papel que, nestas experiências, pode representar a imaginação dos *sujets*; ainda que se levem em conta os arabescos que ela borda em roda do fato principal, é tanto mais difícil se atribuírem estes efeitos a simples fantasias dos *sujets* quando, segundo as próprias expressões do coronel, "se tem plena certeza da sua boa-fé e de que as suas revelações são acompanhadas de característicos somáticos que parecem provar, de maneira absoluta, a sua realidade".[140]

Damos a palavra ao coronel de Rochas:[141]

> Há muito tempo se sabia que, em certas circunstâncias, notadamente quando se está para morrer, recordações, desde muito tempo em olvido, sucedem-se com extrema rapidez no espírito de algumas pessoas, como se diante da sua vista se desenrolassem os quadros de toda a sua vida.
> Determinei experimentalmente um fenômeno análogo em *sujets* magnetizados, com a diferença de que, em vez de revocar simples recordações, faço tomar aos pacientes os estados de alma correspondentes às idades a que os reconduzo, com esquecimento de tudo o que é posterior a essas épocas. Estas transformações operam-se por meio de passes longitudinais, que têm, de ordinário, por efeito tornar mais profundo o sono magnético. As mudanças de personalidade, se assim se podem chamar os diferentes estados de um mesmo indivíduo, sucedem-se, invariavelmente, segundo a ordem dos tempos, fazendo-o voltar ao passado quando se empregam passes longitudinais, para tornar na mesma ordem, ao presente, quando se recorre aos passes transversais ou despertadores. Enquanto o paciente não volta ao estado normal, apresenta insensibilidade cutânea. Podem precipitar-se as transformações com o auxílio da sugestão, mas é preciso percorrer sempre as mesmas fases e não proceder com muita pressa. Não

---

[140] *Revue Spirite*, jan. 1907, p. 41. Artigo do coronel de Rochas sobre as *Vidas sucessivas*, Chacornac, ed. 1911.
[141] Idem.

As vidas sucessivas. Provas experimentais. Renovação da memória

se observando esta condição, provocam-se os gemidos do *sujet*, que se queixa de que o torturam e de que não pode seguir-vos.

....

Quando fiz os primeiros ensaios, continua o Sr. de Rochas, parava logo que o paciente, transportado à primeira infância, já não me sabia responder; pensava não ser possível ir mais longe. Entretanto, tentei um dia tornar mais profundo o sono, continuando os passes, e grande foi a minha admiração quando, interrogando o dormente, me achei na presença de outra personalidade, que dizia ser a alma de um morto que usara tal nome e vivera em tal país. Parecia assim abrir-se novo caminho. Continuando os passes no mesmo sentido, fiz reviver o morto e esse ressuscitado percorreu toda a sua vida precedente, remontando o curso do tempo. Aqui não eram, tampouco, simples recordações que eu despertava, mas sucessivos estados de alma que fazia reaparecer.

À medida que repetia as experiências, essa viagem pelo passado efetuava-se cada vez com mais rapidez, passando sempre exatamente pelas mesmas fases, de maneira que pude assim remontar a muitas existências anteriores sem haver demasiada fadiga para o paciente e para mim. Todos os *sujets*, quaisquer que fossem as suas opiniões no estado de vigília, apresentavam o espetáculo de uma série de individualidades cada vez menos adiantadas moralmente, à medida que se remontava o curso das idades. Em cada existência expiava-se, por uma espécie de pena de talião, as faltas da existência precedente e o tempo que separava duas encarnações passava-se num meio mais ou menos luminoso, segundo o estado de adiantamento do indivíduo.

Passes despertativos faziam o *sujet* voltar ao estado normal, percorrendo as mesmas etapas, exatamente na ordem inversa.

Quando verifiquei por mim mesmo e por outros experimentadores, operando em outras cidades com outros *sujets*, que não se tratava de simples sonhos que pudessem provir de causas fortuitas, mas de uma série de fenômenos, apresentados de maneira regular com todos os característicos aparentes de uma visão no passado ou no futuro, pus todos os meus cuidados em investigar se essa visão correspondia à realidade.

O resultado das inquirições a que procedeu o coronel de Rochas não o satisfez inteiramente, o que não o impediu de concluir nestes termos:[142]

> É certo que por meio de operações magnéticas se pode, progressivamente, trazer a maior parte dos sensitivos a épocas anteriores à sua vida atual, com as particularidades intelectuais e fisiológicas características dessas épocas, e isso até o momento de seu nascimento. Não são lembranças que se acordam; são estados sucessivos da personalidade que são evocados; essas evocações se produzem sempre na mesma ordem e através de uma sucessão de letargias e estados sonambúlicos.
>
> É certo que, continuando essas operações magnéticas, além do nascimento, e sem haver necessidade de recorrer-se às sugestões, faz-se passar o *sujet* por estados análogos correspondentes às encarnações precedentes e aos intervalos que separam essas encarnações. O processo é o mesmo, através das sucessões de letargias e estados sonambúlicos.

As concordâncias, convém repeti-lo, que existem entre os fatos verificados por sábios materialistas hostis ao princípio das vidas sucessivas, tais como Pierre Janet, o Dr. Pitre, o Dr. Burot etc., e os relatados pelo coronel de Rochas, demonstram que há nestes fatos mais do que sonhos ou romances "subliminais"; há uma lei de correlação que merece estudo atento e continuado.

Por isso, pareceu-nos conveniente insistir sobre esses fatos.

* * *

Em primeiro lugar convém mencionar uma série de experiências feitas em Paris com Laurent V..., rapaz de 20 anos, que cursava o grau de licenciando em Filosofia. Os resultados foram publicados em 1895 nos *Annales des Sciences Psychiques*. O Sr. de Rochas resumiu-os assim:[143]

> Tendo verificado que era sensitivo, quisera de vontade própria compreender a razão dos efeitos fisiológicos e psicológicos que poderiam ser obtidos por meio do magnetismo. Descobri casualmente que, adormecendo-o por meio de passes longitudinais, trazia-o a estados de consciência e de desenvolvimen-

---

[142] Albert de Rochas — *Les Vies Successives*, p. 497.
[143] Memória lida à Academia Delfinal, em 19 nov. 1904, por Albert de Rochas.

to intelectual correspondentes a idades cada vez menos adiantadas; passava, assim, sucessivamente a aluno de Retórica, de segunda, de terceira classe etc., já nada sabendo do que se ensinava nas classes superiores. Acabei por levá-lo ao tempo em que aprendia a ler, e deu-me, acerca da sua mestra e dos seus companheirozinhos de escola, particularidades que esquecera completamente na vigília, mas cuja exatidão me foi confirmada por sua mãe.
Alternando os passes adormecedores e os passes despertadores, fazia-o subir ou descer, à minha vontade, pelo curso de sua vida.

Com os fatos que se vão seguir, vai dilatar-se o círculo dos fenômenos. Acrescenta o Coronel:

> Há muito pouco tempo encontrei em Grenoble e Voiron três *sujets* que possuíam faculdades semelhantes, cuja realidade pude igualmente verificar. Vindo-me a ideia de continuar os passes adormecedores depois de tê-los levado à mais tenra infância e os passes despertadores depois de tê-los reconduzido à sua idade atual, fiquei muito admirado de ouvi-los narrar sucessivamente todos os acontecimentos de suas existências pretéritas, passando pela descrição do seu estado entre duas existências. As indicações, que não variavam nunca, eram de tal modo categóricas que pude fazer indagações. De fato verifiquei, assim, a existência real dos nomes, dos lugares e de famílias, que entravam nas suas narrativas, posto que, no estado de vigília, de nada se recordassem; mas não pude achar nos documentos do estado civil vestígio algum das personagens obscuras que eles teriam vivido.

Extratamos outras minúcias complementares de um estudo do Sr. de Rochas, mais extenso que o precedente:[144]

> Estes *sujets* não se conheciam. Uma, chamada Josefina, conta 18 anos, habita em Voiron e não é casada; a outra, Eugênia, tem 35 anos e vive em Grenoble. É viúva, tem dois filhos e é de natureza apática, muito franca e pouco curiosa; ambas têm boa saúde e procedimento regular. Pude, em virtude de conhecer suas famílias, *verificar a exatidão de suas revelações retrospectivas* em um sem-número de circunstâncias que nenhum interesse

---
[144] Ver A. de Rochas — *Les Vies Successives*, Chacornac, p. 68 e 75.

teriam para o leitor. Citarei somente algumas relativas a Eugênia, para dar-lhes uma ideia a tal respeito; são extratos das atas das nossas sessões com o Dr. Bordier, diretor da Escola de Medicina de Grenoble.

Adormecida, transporto-a a alguns anos antes, vejo uma lágrima aljofrar-lhe os olhos; diz-me que tem 20 anos e que acaba de perder um filhinho.

...Continuação dos passes. Sobressalto brusco com grito de pavor; viu aparecerem ao seu lado os fantasmas da avó e de uma tia, falecidas havia pouco tempo (Esta aparição, que se deu na idade a que a levei, causara-lhe impressão muito profunda).

...Ei-la agora com 11 anos. Vai à primeira comunhão; os seus pecados mais graves são ter desobedecido algumas vezes à vovó, e, principalmente, ter tirado um soldo do bolso do papai; teve muita vergonha e pediu perdão.

...*Aos 9 anos.* — Sua mãe morreu há oito dias; é grande a sua dor. Seu pai, tintureiro em Vinay, acaba de mandá-la para casa do avô, em Grenoble, para aprender a coser.

...*Aos 6 anos.* — Anda na escola em Vinay e já sabe escrever bem.

...*Aos 4 anos.* — Quando não está na escola, cuida da irmãzinha; começa a fazer riscos e a escrever algumas letras.

Passes transversais, despertando-a, fazem-na passar exatamente pelas mesmas fases e pelos mesmos estados de alma.

O Coronel faz experiências sobre o que ele chama o "instinto do pudor", em diferentes fases do sono. Levanta um pouco o vestido de Eugênia, que, de cada vez, o abaixa com vivacidade ou dá-lhe sopapos. "Quando pequena, não reage contra esse procedimento; o pudor não acordou ainda."

Josefina, em Voiron, apresentou os mesmos fenômenos relativamente ao instinto do pudor e à escrita em diferentes idades (Seguem-se cinco espécimes mostrando o progresso de sua instrução, dos 4 aos 16 anos). Até agora temos caminhado em terreno firme; observamos um fenômeno fisiológico de difícil explicação, mas que numerosas experiências e observações permitem considerar como certo. Vamos agora entrever horizontes novos.

As vidas sucessivas. Provas experimentais. Renovação da memória

Deixamos Eugênia como criancinha amamentada por sua mãe. Tornando-lhe mais profundo o sono, determinei uma mudança de personalidade. Já não estava viva; flutuava numa semiobscuridade, não tendo pensamento, nem necessidade, nem comunicação com ninguém. Depois, recordações ainda mais remotas.

Fora antes uma menina, falecida muito novinha, de febre causada pela dentição; vê os pais chorando em volta de seu corpo, do qual ela separou-se muito depressa.

Procedi depois ao despertar, fazendo os passes transversais. Enquanto desperta, percorre em sentido inverso todas as fases assinaladas precedentemente e dá-me novos pormenores provocados pelas minhas perguntas. Algum tempo antes da última encarnação, *sentiu* que devia reviver em certa família; aproximou-se da que devia ser sua mãe e que acabava de conceber...

> Entrou pouco a pouco, "por baforadas", no pequenino corpo. Até aos 7 anos viveu, em parte, fora desse corpo carnal, que ela via, nos primeiros meses de sua vida, como se estivesse colocada fora dele. Não distinguia bem, então, os objetos materiais que a cercavam, mas, em compensação, percebia Espíritos flutuando em derredor. Uns, muito brilhantes, protegiam-na contra outros, escuros e malfazejos, que procuravam influenciar-lhe o corpo físico. Quando o conseguiam, provocavam aqueles acessos de raiva, a que as mães chamam *manhas*.

Seguem-se longos pormenores, muito interessantes, sobre outras existências da personalidade, que fora em último lugar Josefina; e o Sr. de Rochas termina assim:

> Em Voiron tenho por espectadora habitual das minhas experiências uma menina de espírito muito circunspecto, muito refletido, *e de modo nenhum sugestionável*, a Srta. Luísa, que possui em muito alto grau a propriedade (relativamente comum em grau menor) de perceber os eflúvios humanos e, por conseguinte, o corpo fluídico. Quando Josefina aviva a memória do passado, observa-se-lhe em volta uma *aura* luminosa percebida por Luísa; ora, essa *aura* torna-se, aos olhos de Luísa, escura, quando Josefina se acha na

fase que separa duas existências. Em todos os casos Josefina reage vivamente quando toco em pontos do espaço onde Luísa diz perceber a *aura*, quer seja luminosa ou sombria.

É muito difícil conceber como ações mecânicas, quais as dos passes, determinam o fenômeno da regressão da memória de maneira absolutamente certa até um momento determinado, e como estas ações, continuadas exatamente da mesma forma, mudam bruscamente, nesse momento, o seu efeito, para somente originarem alucinações.

* * *

Nada acrescentaremos a tais comentários, com receio de enfraquecê-los. Preferimos passar sem transição a outra série de experiências do Sr. de Rochas, feitas em Aix-en-Provence, experiências relatadas, sessão por sessão, nos *Annales des Sciences Psychiques*, de julho de 1905.[145]

É *sujet* uma jovem de 18 anos, que goza de saúde perfeita e que nunca ouviu falar de magnetismo nem de Espiritismo. A Srta. Marie Mayo é filha de um engenheiro francês falecido no Oriente; foi educada em Beirute, onde fora confiada aos cuidados de criados indígenas; estava aprendendo a ler e escrever em árabe. Foi, depois, reconduzida à França e habita Aix, com uma tia.

As sessões tinham como testemunhas o Dr. Bertrand, antigo presidente da Câmara Municipal de Aix, médico da família, e o Sr. Lacoste, engenheiro, a quem se deve a redação da maior parte das atas. Estas sessões foram em grande número. A enumeração dos fatos ocupa 50 páginas dos *Annales*. As primeiras experiências, empreendidas durante o mês de dezembro de 1904, têm por objeto a renovação das recordações da vida atual. A paciente, imersa na hipnose pela vontade do Coronel, retrocede gradualmente ao passado e revive as cenas da sua infância; dá, em diferentes idades, espécimes de sua letra, que se podem examinar. Aos 8 anos escreve em árabe e traça caracteres que depois esqueceu.

Obtém-se, a seguir, a renovação das vidas anteriores. Alternadamente, subindo o curso de suas existências à época atual, o *sujet*, sob o império dos processos magnéticos que indicamos, passa e torna a passar pelas mesmas fases, na mesma ordem, direta ou retrógrada, com uma morosidade,

---

[145] Ver também seu livro *Les Vies Successives*, p. 123 a 162.

diz o Coronel, "que torna as explorações difíceis para além de certo número de vidas e de personalidades".

Não é possível o fingimento. Mayo atravessa os diferentes estados hipnóticos e, em cada um, manifesta os sintomas que o caracterizam. O Dr. Bertrand verifica repetidas vezes a catalepsia, a contratura, a insensibilidade completa. Mayo passa a mão por cima da chama de uma vela sem a sentir. "Não tem nenhuma sensibilidade para o amoníaco; os olhos não reagem à luz; a pupila não é impressionada por um candeeiro ou vela que se lhe apresente de súbito muito perto da vista ou que rapidamente se retire."[146] Em compensação, acentua-se a sensibilidade à distância, o que demonstra, com toda a evidência, o fenômeno da exteriorização. Citemos as atas:

> Faço subir Mayo o curso dos anos; ela, desse modo, vai até a época do seu nascimento. Fazendo-a chegar mais longe ainda, lembra-se de que já viveu, de que se chamava Line, de que morreu afogada, de que se elevou depois ao ar, de que viu seres luminosos; mas que não lhe fora permitido falar-lhes. Além da vida de Line, torna a encontrar-se outra vez na erraticidade, mas num estado muito penoso; porque, antes, havia sido um homem "que não fora bom".
> Nesta encarnação chamava-se Charles Mauville. Estreou-se na vida pública como empregado num escritório em Paris. Havia, então, contínuos combates na rua. Ele mesmo matou gente e nisso tinha prazer, era mau. Cortavam-se as cabeças nas praças.
> Aos 50 anos deixou o escritório, está doente (tosse) e não tarda a morrer. Pode seguir o seu enterro e ouvir gente dizer: "Aquele foi um estroina a valer". Sofre, é infeliz. Afinal, passa para o corpo de Line.
> Outras sessões reconstituem a existência de Line, a bretã. "Retardo os passes quando chego à época de sua morte; a respiração torna-se então entrecortada; o corpo balouça-se como levado pelas vagas e ela apresenta sufocações."
> *Sessão de 29 de dezembro de 1904.* — O Sr. de Rochas ordena: "Torna a ser Line... no momento em que se afoga". Imediatamente, Mayo faz um movimento brusco na poltrona; vira-se para o lado direito com o rosto nas mãos e fica assim alguns segundos. Dir-se-ia ser uma

---

[146] *Annales des Sciences Psychiques*, jul. 1905, p. 391.

primeira fase do ato que é executado *voluntariamente*, porque, se Line morreu afogada, é um afogamento voluntário, um suicídio, o que dá à cena aspecto inteiramente particular, bem diferente de um afogamento involuntário.

Depois, Mayo vira-se bruscamente para o lado esquerdo; os movimentos respiratórios precipitam-se e tornam-se difíceis; o peito levanta-se com esforço e irregularidade; o rosto exprime ansiedade, angústia; os olhos estão espantados; faz verdadeiros movimentos de deglutição, como se engolisse água, mas contra sua vontade, porque se vê que resiste; nesse momento dá alguns gritos inarticulados; torce-se mais do que se debate e o rosto exprime sofrimento tão real que o Sr. de Rochas ordena-lhe que envelheça algumas horas. Depois, pergunta-lhe:

— Debateste-te por muito tempo?

— Debati-me.

— É uma morte má?

— É.

— Onde estás?

— No escuro.

30 de dezembro de 1904. — Existência de Charles Mauville.

Mayo descreve uma das fases da doença que o mata; parece passar pelos sintomas característicos das moléstias do peito; opressão, acessos de tosse penosos; morre e assiste ao seu funeral.

— Havia muita gente no acompanhamento?

— Não.

— Que diziam de ti? Não diziam bem, não é verdade? Recordavam que tinhas sido um homem mau?

(Depois de hesitar, e baixinho:)

— Sim.

Em seguida está no "negro"; o Coronel faz-lhe atravessar rapidamente e ela reencarna na Bretanha. Vê-se menina, depois donzela, tem 16 anos e não conhece ainda seu futuro marido; aos 18 anos encontra aquele que o há de ser, casa-se pouco depois e vem a ser mãe. Assistimos então a uma cena de parto de realismo surpreendente.[147] A paciente revolve-se na cadeira, os membros inteiriçam-se, o rosto contrai-se e os seus

---

[147] Não lhe será naturalmente revelado este incidente, ao despertar.

As vidas sucessivas. Provas experimentais. Renovação da memória

sofrimentos parecem tão intensos que o Coronel lhe ordena que os passe com rapidez.

Tem 22 anos, perdeu o marido num naufrágio e seu filhinho morreu. Desesperada, afoga-se. Esse episódio, que ela já reproduziu em outra sessão, é tão doloroso que o Coronel prescreve-lhe que passe além, o que ela faz, mas não sem experimentar violento abalo. No "escuro" em que se vê depois, não sofre, como dissemos, quanto sofrera no "negro" depois da morte de Charles Mauville; reencarna na sua família atual e volta à idade que tem. A mudança é operada por meio dos passes magnéticos transversais.

31 de dezembro de 1904. — Proponho-me, nessa sessão, obter alguns novos pormenores a respeito da personalidade de Charles Mauville e tratar de fazer chegar Mayo até uma vida precedente. Torno, portanto, rapidamente, mais profundo o sono, empregando passes longitudinais, até a infância de Mauville. No momento em que o interrogo, tem 5 anos. O pai é contramestre numa manufatura, a mãe traja preto e tem na cabeça uma touca. Continuo a tornar o sono mais profundo.

Antes de nascer, está na "escuridão". Sofre. Anteriormente fora uma dama casada com um gentil-homem da Corte de Luís XIV; chamava-se Madeleine de Saint-Marc.

Informações da vida dessa senhora: Conheceu a senhorita de la Vallière, que lhe era simpática; mal conhece a Sra. de Montespan, e a Sra. de Maintenon desagrada-lhe.

— Diz-se que o rei desposou-a secretamente?

— Qual! É simplesmente amante dele.

— E qual é a sua opinião a respeito do rei?

— É um orgulhoso.

— Conhece Scarron?

— Santo Deus! Que feio ele é!

— Viu representar Molière?

— Vi, mas não gosto muito dele.

— Conhece Corneille?

— É um selvagem.

— E Racine?

— Conheço principalmente as suas obras e tenho-as em grande conta.[148]

---
[148] Atualmente, Racine é o seu autor predileto. Quando está acordada, nenhuma lembrança tem de haver alguma vez ouvido falar de *Mlle.* de la Vallière.

Proponho-lhe fazê-la envelhecer para que veja o que lhe sucederá mais tarde. Recusa formal. Debalde ordeno imperiosamente; não consigo vencer a sua resistência senão com o emprego de passes transversais enérgicos, aos quais procura por todos os meios esquivar-se.

No momento em que eu paro, ela tem 40 anos; deixou a Corte; tosse e sente-se doente do peito. Faço-a falar a respeito do seu caráter; confessa que é egoísta e ciumenta, que tem ciúmes principalmente das mulheres bonitas.

Continuando os passes transversais, faço-a chegar aos 45 anos, idade em que morre tísica. Assisto a uma agonia curta e ela entra na escuridão. Desperta sem demora pela continuação rápida dos passes transversais.

1º de janeiro de 1905. — Três existências sucessivas. Primeiramente, Madeleine de Saint-Marc. Mayo reproduz os últimos momentos da sua vida.

Ao cabo de alguns momentos, tosse, um verdadeiro acesso, depois morre... e compreende-se pelos seus movimentos e atitude que está sofrendo; depois volta a ser Charles Mauville; passado um instante, tosse outra vez (O Sr. de Rochas lembra-se de que Charles Mauville morreu com doença do peito, com perto de 50 anos, como morrera Madeleine). Charles Mauville morre...

Passados alguns instantes, ela, sob a influência dos passes transversais, é outra vez Line na época da sua gravidez; depois chora, torce-se, agarra-se à sobrecasaca do Sr. de Rochas; *os seios apresentam na realidade volume maior que de ordinário* (Todos o verificamos). Line tem verdadeiras *dores*; de repente sossega. — Está pronto; a criancinha nasceu. — Line teve o seu bom sucesso... Depois chora; o marido está a morrer...; chora mais.., e, de repente, com muita rapidez, debate-se, suspira, afoga-se... e entra no escuro.

Passa, finalmente, para o corpo de Mayo e chega progressivamente até aos 18 anos. O Sr. de Rochas desperta-a completamente.

* * *

Paremos um instante para considerar o conjunto destes fatos, procurar as garantias de autenticidade que apresentam e deduzir os ensinamentos que deles derivam.

Há, logo de princípio, uma coisa que nos causa forte impressão. É, em cada vida renovada, a repetição constante, no decurso de sessões múltiplas, dos mesmos acontecimentos, na mesma ordem, quer ascendentes, quer descendentes, de modo espontâneo, sem hesitação, erro ou confusão.[149] Vem, depois, a comprovação unânime dos experimentadores na Espanha, em Genebra, Grenoble, Aix etc., verificação que, pessoalmente, pude fazer sempre que observei fenômenos deste gênero. Em cada nova existência que se desenrola, a atitude, o gesto, a linguagem do *sujet* mudam; a expressão do olhar difere, tornando-se mais dura, mais selvagem, à medida que se recua na ordem dos tempos.

Assiste-se à exumação de um complexo de vistas, de preconceitos, de crenças, em relação com a época e o meio em que essa existência passou. Quando o *sujet*, sempre uma mulher nos casos retroindicados,[150] passa por uma encarnação masculina, a fisionomia é inteiramente outra, a voz é mais forte, o tom mais elevado, os modos afetam uma tal ou qual rudeza. Não são menos distintas as diferenças, quando é um período infantil que se atravessa.

Os estados físicos e mentais encadeiam-se, ligam-se sempre numa conexidade íntima, completando-se uns pelos outros e sendo sempre inseparáveis. Cada recordação evocada, cada cena revivida mobiliza um cortejo de sensações e impressões, risonhas ou penosas, cômicas ou pungentes, segundo os casos, mas perfeitamente adequadas à situação.

A lei de correlação verificada por Pierre Janet, Theodore Ribot etc., encontra-se novamente aqui em todo o seu rigor, com precisão mecânica, tanto no que diz respeito às cenas da vida presente, como às que se relacionam com as transatas. Esta correlação constante bastaria, por si só, para assegurar às duas ordens de recordações o mesmo caráter de probabilidade. Verificada, como foi, a exatidão das recordações, da existência atual nas suas fases primárias, apagadas na memória normal do *sujet*, o que, para umas, é uma prova de autenticidade, constitui igualmente forte presunção em prol das outras.

Por outro lado, os *sujets* reproduziram com uma fidelidade absoluta, com uma vivacidade de impressões e de sensações por forma alguma factícias, cenas tão comoventes como complicadas; asfixia por submersão, agonias causadas

---

[149] Outro experimentador, A. Bouvier, diz (*Paix Universelle* de Lyon, 15 set. 1906): "De cada vez que o paciente torna a passar por uma mesma vida, sejam quais forem as precauções que se tomem para enganá-lo ou fazê-lo enganar, continua sempre a ser a mesma individualidade, com o seu caráter pessoal, corrigindo, quando é preciso, os erros daqueles que o interrompem".
[150] Devo dizer que vi experiências igualmente em moços.

pela tísica no último grau, caso de gravidez seguido de parto com toda a série dos fenômenos físicos correlatos — sufocações, dores, tumefação dos seios etc.

Ora, estes *sujets*, quase todos moças de 16 a 18 anos, são, por natureza, muito tímidos e pouco versados em matéria científica. Por declaração dos próprios experimentadores, dos quais um é médico da família de Mayo, é notória a incapacidade deles para simularem cenas destas; não possuem nenhum conhecimento de Fisiologia, ou de Patologia e, na sua existência atual, não foram testemunhas de nenhum incidente que pudesse ministrar-lhes indicações sobre fatos desta ordem.[151]

Todas estas considerações nos levam a afastar desconfianças de qualquer fraude, artifício, ou hipótese de mera fantasia.

Que talento, que arte, que perfeição de atitude, de gesto, de acentuação não seria necessário despender de maneira contínua, durante tantas sessões, para imaginar e simular cenas tão realistas, às vezes dramáticas, na presença de experimentadores hábeis em desmascarar a impostura, de práticos sempre precavidos contra o erro ou o embuste?

Tal papel não pode ser atribuído a jovens sem nenhuma experiência da vida, com instrução elementar mui limitada.

Outra coisa. No encadeamento dessas descrições, no destino dos seres que estão na tela da discussão, nas peripécias das suas existências, encontramos sempre a confirmação da alta lei de causalidade ou de consequência dos atos, que rege o mundo moral. Decerto, não é possível ver nisso um reflexo das opiniões dos *sujets*, visto que, a tal respeito, nenhuma noção eles possuem, por não terem sido preparados de modo algum pelo meio em que viveram, nem pela educação que receberam, para o conhecimento das vidas sucessivas, como o atestam os observadores.[152]

Evidentemente, muitos céticos pensarão que esses fatos são ainda em mui pequeno número para que deles se possa inferir uma teoria segura e conclusões decisivas. Dir-se-á que convém esperar para isso acumulação mais considerável de provas e de testemunhos; apresentar-nos-ão como objeção muitas experiências com aspecto suspeito, abundando em anacronismos, contradições, fatos apócrifos. Essas narrativas fantasistas produzem a viva impressão de que observadores benévolos tenham sido vítimas de ludíbrio, de mistificação. Qual é, porém, o dano que daí pode advir para as experiências

---

[151] Esta opinião foi emitida na minha presença, quando passei em Aire, pelos Srs. Lacoste e Dr. Bertrand.
[152] Ver sobre o assunto A. de Rochas — *Les Vies Successives*, p. 501.

sérias? Os abusos, os erros que, aqui e ali, se praticam não podem atingir os estudos feitos com precisão metódica e rigoroso espírito de exame.

Em resumo, temos para nós que os fatos relatados acima, juntos a muitos outros da mesma natureza, que seria supérfluo enumerar aqui, bastam para estabelecer a existência, na base do edifício do "eu", de uma espécie de cripta onde se amontoa uma imensa reserva de conhecimentos e de recordações. O longo passado do ser deixou aí seu rastro indelével que poderá, ele só, dizer-nos o segredo das origens e da evolução, o mistério profundo da natureza humana.

"Há", diz Herbert Spencer, "dois processos de construção da consciência: a assimilação e a lembrança"; mas não se pode deixar de reconhecer que a consciência normal de que ele fala não é mais do que uma consciência precária e restrita, que vacila à borda dos abismos da alma, iluminando, como chama intermitente, um mundo oculto onde dormitam forças e imagens, em que se acumulam as impressões recolhidas desde o ponto inicial do ser.

E tudo isso, oculto durante a vida pelo véu da carne, se manifesta no transe, sai da sombra com tanto mais nitidez quanto mais livre da matéria está a alma e maior é o grau de sua evolução.

* * *

Quanto às reservas feitas pelo coronel de Rochas a propósito das inexatidões notadas por ele nas narrações dos hipnotizados no curso de suas investigações, devemos acrescentar uma coisa. Nada há que admirar quanto à possibilidade de se terem dado erros, atendendo ao estado mental dos *sujets* e à quantidade — na hora atual — de elementos conhecidos e desconhecidos que entram em jogo nestes fenômenos tão novos para a Ciência. Poderiam eles ser atribuídos a três causas diferentes — reminiscências diretas dos pacientes, visões, ou também sugestões provenientes do exterior. Quanto ao primeiro caso, notemos que, em todas as experiências que tenham por objetivo pôr em vibração as forças anímicas, o ser assemelha-se a um foco que se acende e aviva, e que, na sua atividade, projeta vapores e fumo que, de quando em quando, encobrem a chama interior. Às vezes, em pacientes pouco desenvolvidos, pouco excitados, as recordações normais e as impressões recentes misturar-se-ão, por isso, com reminiscências afastadas. A habilidade dos experimentadores consistirá em saber separar estes elementos perturbadores, em dissipar as brumas e as sombras para restituírem ao foco central sua importância e seu brilho.

Poder-se-ia também ver nisto o resultado de sugestões exercidas pelos magnetizadores ou por personalidades estranhas. Eis o que, a este respeito, diz o coronel de Rochas:[153]

> Essas sugestões não vêm certamente de mim, que não somente evitei tudo o que podia pôr o *sujet* em caminho determinado, mas que procurei muitas vezes, debalde, transviá-lo com sugestões diferentes; o mesmo sucedeu com outros experimentadores que se entregaram a esse estudo. Provirão elas de ideias que, segundo a expressão popular, "andam no ar" e que atuam com mais força no espírito do paciente solto dos laços do corpo? Poderia bem ser isso, até certo ponto, porquanto se tem observado que todas as revelações dos extáticos se ressentem mais ou menos do meio em que viveram.
>
> Serão devidas a entidades invisíveis que, querendo espalhar entre os homens a crença nas encarnações sucessivas, procedem como a *Morale en action*, com o auxílio de historiazinhas assinadas por pseudônimos para evitar as reivindicações entre vivos?
>
> Consultados os Invisíveis a tal respeito, por via medianímica, responderam:[154] "Quando o *sujet* não está suficientemente livre para ler em si mesmo a história do seu passado, podemos então proceder por quadros sucessivos que lhe reproduzem à vista as suas próprias existências. São, nesse caso, realmente visões e é por isso que nem sempre podem ser exatas. Em certos casos, pois, os pacientes não revivem as suas vidas. Comunicamos-lhes do Alto as informações que eles dão aos experimentadores e lhes sugerimos que sofram os efeitos das circunstâncias que descrevem.
>
> Podemos iniciar-vos no vosso passado sem, contudo, precisarmos as datas e os lugares. Não esqueçais que, livres das convenções terrestres, deixa para nós de haver tempo e espaço. Vivendo fora desses limites, cometemos facilmente erros em tudo o que lhes diz respeito. Consideramos tudo isso como coisas mínimas e preferimos falar-vos dos vossos atos bons ou maus e de suas consequências. Se algumas datas, se alguns nomes não se encontrarem nos vossos arquivos, a conclusão para vós é que é tudo falso. Erro profundo do vosso julgamento. Grandes

---

[153] *Annales des Sciences Psychiques*, jan. 1906, p. 22.
[154] Comunicação obtida num grupo, jun. 1907, no Havre.

são as dificuldades para dar-vos conhecimentos tão exatos como o exigis; mas, crede-nos, não vos fatigueis nas vossas investigações. Não há estudo mais nobre do que este. Não sentis que é belo difundir a luz? No entanto, infelizmente, ainda no vosso planeta há de passar muito tempo, primeiro que as massas compreendam para que aurora se devem dirigir!"

Seria fácil acrescentarmos um grande número de fatos que têm ligação com a mesma ordem de averiguações.

O príncipe Adam-Wisznievski, rua do Débarcadère 7, em Paris, comunica-nos a relação que se segue, feita pelas próprias testemunhas, algumas das quais vivem ainda e que só consentiram em ser designadas por iniciais:

O príncipe Galitzin, o marquês de B..., o conde de R... estavam reunidos, no verão de 1862, nas praias de Hamburgo.
Uma noite, depois de terem jantado muito tarde, passeavam no parque do Cassino e ali avistaram uma pobre deitada num banco. Depois de se chegarem a ela e a interrogarem, convidaram-na a vir cear no hotel. O príncipe Galitzin, que era magnetizador, depois que ela ceou, o que fez com grande apetite, teve a ideia de magnetizá-la. Conseguiu-o à custa de grande número de passes. Qual não foi a admiração das pessoas presentes quando, profundamente adormecida, aquela que, em vigília, exprimia-se num arrevesado dialeto alemão, pôs-se a falar corretamente em francês, contando que reencarnara na pobreza por castigo, em consequência de haver cometido um crime na sua vida precedente, no século XVIII. Habitava, então, um castelo na Bretanha, à beira-mar. Por causa de um amante, quis livrar-se do marido e despenhou-o no mar, do alto de um rochedo; indicou o lugar do crime com grande exatidão.
Graças às suas indicações, o príncipe Galitzin e o marquês de B... puderam, mais tarde, dirigir-se à Bretanha, às costas do Norte, separadamente, e entregar-se a dois inquéritos, cujos resultados foram idênticos.
Havendo interrogado grande número de pessoas, não puderam, a princípio, colher informação alguma. Afinal encontraram uns camponeses já velhos que se lembravam de ter ouvido os pais contarem a história de uma jovem

e bela castelã que assassinara o marido, mandando atirá-lo ao mar. Tudo o que a pobre de Hamburgo havia dito, no estado de sonambulismo, foi reconhecido exato.

O príncipe Galitzin, regressando da França e passando por Hamburgo, interrogou o comissário de polícia a respeito dessa mulher. Este funcionário declarou-lhe que ela era inteiramente falha de instrução, falava um dialeto vulgar alemão e vivia apenas de mesquinhos recursos, como mulher de soldados.

A doutrina das vidas sucessivas, ensinada pelas grandes escolas filosóficas do passado e, em nossos dias, pelo Espiritualismo Kardequiano, recebe, é manifesto, por via dos trabalhos dos sábios e dos investigadores, umas vezes direta, outras indiretamente, novos e numerosos subsídios. Graças à experimentação, as profundezas mais recônditas da alma humana entreabrem-se e a nossa própria história parece reconstituir-se, da mesma forma que a Geologia pôde reconstituir a história do globo, escavando-lhe os possantes suportes.

A questão está pendente ainda, é verdade; é preciso observar extrema reserva quanto às conclusões. Não obstante, apesar das obscuridades que subsistem, havemos considerado como um dever publicar esses fatos e experiências a fim de chamar para eles a atenção dos pensadores e provocar novas investigações. Só por esse modo é que a luz a pouco e pouco se fará completa acerca desse problema, como se fez acerca de tantos outros.

***

O esquecimento das existências anteriores é, em princípio, dissemos, uma das consequências da reencarnação; entretanto, não é absoluto esse esquecimento. Em muitas pessoas o passado renova-se em forma de impressões, senão de lembranças definidas. Estas impressões, às vezes, influenciam os nossos atos; são as que não vêm da educação, nem do meio, nem da hereditariedade. Nesse número podem classificar-se as simpatias e as antipatias repentinas, as intuições rápidas, as ideias inatas. Basta descermos a nós mesmos, estudarmo-nos com atenção, para tornarmos a encontrar em nossos gostos, em nossas tendências, em traços do nosso caráter, numerosos vestígios desse passado. Infelizmente, mui poucos de nós se entregam a esse exame com método e atenção. Há mais. Pode citar-se, em todas as épocas da História, um certo número de homens que, graças a disposições excepcionais do seu organismo psíquico, conservam recordações das suas vidas passadas. Para eles não era uma teoria a pluralidade das existências; era um fato de percepção direta.

O testemunho desses homens assume importância considerável por terem ocupado na sociedade do seu tempo altas posições; quase todos, Espíritos Superiores, exerceram, na sua época, grande influência. A faculdade, muito rara, de que gozavam, era, sem dúvida, o fruto de uma evolução imensa. Estando o valor de um testemunho na razão direta da inteligência e inteireza da testemunha, não se podem passar em claro as afirmações desses homens, alguns dos quais trouxeram na cabeça a coroa do gênio.

É um fato bem conhecido que Pitágoras se recordava pelo menos de três das suas existências e dos nomes que, em cada uma delas, usava.[155] Declarava ter sido Hermótimo, Euforbio e um dos Argonautas. Juliano, cognominado o Apóstata, tão caluniado pelos cristãos, mas que foi, na realidade, uma das grandes figuras da História Romana, recordava-se de ter sido Alexandre da Macedônia. Empédocles afirmava que, pelo que lhe dizia respeito, "recordava-se de ter sido rapaz e rapariga".[156]

Na opinião de Herder (*Dialogues sur la Métempsycose*), deve ajuntar-se a estes nomes os de Yarcas e de Apolônio de Tiana.

Na Idade Média tornamos a encontrar a mesma faculdade em Gerolamo Cardano.

Entre os modernos, Lamartine declara, no seu livro *Voyage en Orient*, ter tido reminiscências muito claras de um passado longínquo. Transcrevamos o seu testemunho:

> Na Judeia eu não tinha *Bíblia* nem livro de viagem; ninguém que me desse o nome dos lugares e o nome antigo dos vales e dos montes. Não obstante, reconheci, sem demora, o vale de Terebinto e o campo de batalha de Saul. Quando estivemos no convento, os padres confirmaram-me a exatidão das minhas descobertas. Os meus companheiros recusavam acreditá-lo. Do mesmo modo, em Séfora, apontara com o dedo e designara pelo nome uma colina que tinha no alto um castelo arruinado, como o lugar provável do nascimento da Virgem. No dia seguinte, no sopé de um monte árido, reconheci o túmulo dos Macabeus e falava a verdade sem o saber. Excetuando os vales do Líbano, quase não encontrei na Judeia um lugar ou uma coisa

---

[155] *Herodoto, Hist.*, T. II, cap. CXXIII; Diogenes Laerce, *Vida de Pitágoras*, § 4 e 23.
[156] *Fragmento*, vv. 11 e 12, Diogenes Laerce, *Vida de Empédocles*.

que não fosse para mim como uma recordação. Temos então vivido duas ou mil vezes? É, pois, a nossa memória uma simples imagem embaciada que o sopro de Deus aviva?

Era em Lamartine tão viva a concepção das múltiplas vidas do ser, que tinha o desígnio de fazer disso uma ideia dominante, a inspiradora por excelência de suas obras. *La Chute d'un Ange* era, no seu pensamento, o primeiro elo, e *Jocelyn* o último de uma série de obras que deviam encadear-se umas às outras e traçar a história de duas almas prosseguindo através dos tempos a sua evolução dolorosa. As agitações da vida política não lhe deixavam vagar para prender umas às outras as contas esparsas desse rosário de obras-primas.[157]

Joseph Méry era pródigo nas mesmas ideias. Ainda em sua vida, dizia a seu respeito o *Journal Littéraire*, de 25 de novembro de 1864:

> Há teorias singulares que, para ele, são convicções. Assim, crê firmemente que viveu muitas vezes; lembra-se das menores circunstâncias das suas existências anteriores e descreve-as com tanta minuciosidade e com um tom de certeza tão entusiástico que se impõe como autoridade. Assim, foi um dos amigos de Virgílio e Horácio; conheceu Augusto, conheceu Germânico; fez a guerra nas Gálias e na Germânia. Era general e comandava as tropas romanas quando atravessaram o Reno. Reconhece-se nos montes e sítios onde acampou, nos vales e campos de batalha onde outrora combateu. Chamava-se Mínias.
>
> Tem cabimento aqui um episódio que parece estabelecer um bom fundamento de que tais recordações não são simples miragens da sua imaginação. Um dia, em sua vida atual, estava em Roma e de visita à biblioteca do Vaticano. Foi recebido por jovens noviços, trajando longos hábitos escuros, que se puseram a falar-lhe o latim mais puro. Méry era bom latinista em tudo quanto dizia respeito à teoria e às coisas escritas, mas nunca experimentara conversar familiarmente na língua de Juvénal. Ouvindo esses romanos de hoje, admirando esse magnífico idioma, tão bem harmonizado com os costumes da época em que era utilizado com os monumentos, pareceu-lhe que dos olhos lhe caía um véu; pareceu-lhe que ele mesmo já em outros tempos havia conversado

---

[157] Ver Petit de Julleville — *Histoire de la Littérature Française*, tomo VII.

com amigos que se serviam dessa linguagem divina. Frases inteiras e irrepreensíveis saíam-lhe dos lábios; achou imediatamente a elegância e a correção; falou, finalmente, latim como fala francês. Não era possível fazer-se tudo isso sem uma aprendizagem e, se ele não tivesse sido vassalo de Augusto, se não houvesse atravessado esse século de todos os esplendores, não teria improvisado um conhecimento impossível de adquirir-se em algumas horas.

O *Journal Littéraire*, sempre a respeito de Méry, continua:

> A sua outra passagem pela Terra deu-se nas Índias; por isso conhece-as tão bem que, quando publicou *La Guerre du Nizan*, nenhum dos seus leitores duvidou que ele houvesse por muito tempo habitado a Ásia. Suas descrições são tão vivas, seus quadros tão originais, faz de tal modo tocar com o dedo as menores minudências, que é impossível não tenha visto o que conta; a verdade marcou tudo isso com a sua chancela.
> Pretende ter entrado nesse país com a expedição muçulmana, em 1035. Lá viveu cinquenta anos, lá passou belos dias e lá fixou residência definitiva; lá continuou a ser poeta, mas menos dedicado às letras que em Roma e Paris. Guerreiro nos primeiros tempos, cismador mais tarde, conservou impressas na sua alma as imagens surpreendentes das margens do rio sagrado e dos sítios hindus. Tinha muitas moradas na cidade e no campo, orou no templo dos elefantes, conheceu a civilização adiantada de Java, viu as esplêndidas ruínas que ele assinala e que são ainda tão pouco conhecidas.
> É preciso ouvi-lo cantar os seus poemas, porque são verdadeiros poemas essas lembranças à Swedenborg. Não suspeiteis da sua seriedade, que é muito grande. Não há mistificação feita à custa dos seus ouvintes; há uma realidade de que ele consegue convencer-vos.

Paul Stapfer, no seu livro recentemente publicado, *Victor Hugo à Guernesey*, conta as suas palestras com o grande poeta. Este lhe expunha a sua crença nas vidas sucessivas; julgava ter sido Ésquilo, Juvénal etc. Forçoso é reconhecer que tais colóquios não primam por excesso de modéstia e carecem um tanto de provas demonstrativas.

O filósofo sutil e profundo que foi Amiel, escrevia:

> Quando penso nas intuições de toda espécie que tive desde a minha adolescência, parece-me que vivi muitas dúzias e até centenas de vidas. Toda a individualidade caracteriza este mundo idealmente em mim ou, antes, forma-me momentaneamente à sua imagem. Assim é que fui matemático, músico, frade, filho, mãe etc. Nesses estados de simpatia universal, fui mesmo animal e planta.

Théophile Gautier, Alexandre Dumas, Ponson du Terrail e muitos outros escritores modernos comungavam nessas convicções. Sucedia o mesmo com Walter Scott, segundo o testemunho de Lockart, seu biógrafo.[158]

O Conde de Résie, na sua *Histoire des Sciences Occultes*,[159] diz:

> Podemos citar o nosso próprio testemunho, assim como as numerosas surpresas que frequentes vezes nos causou o aspecto de muitos lugares em diferentes partes do mundo, cuja vista nos trazia logo à memória uma *antiga recordação*, uma coisa que não nos era desconhecida e que, entretanto, estávamos vendo pela primeira vez.

* * *

Às reminiscências de homens ilustres pela maior parte deve juntar-se as de grande número de crianças.

Aqui, o fenômeno se explica facilmente. A adaptação dos sentidos psíquicos ao organismo material, a começar do nascimento, opera-se morosa e gradualmente; só é completa por volta dos 7 anos e mais tarde ainda em certos indivíduos.

Até essa época, o Espírito da criança, flutuando em roda do seu invólucro, vive até certo ponto da vida do Espaço; goza de percepções, de visões que, às vezes, impressionam com fugitivos vislumbres o cérebro físico. Assim é que foi possível recolher de certas bocas juvenis alusões a vidas anteriores, descrições de cenas e personagens sem relação alguma com a vida atual desses jovens.

Estas visões, estas reminiscências esvaem-se, geralmente, próximo da idade adulta, quando a alma da criança entrou na plena posse dos seus

---

[158] Ver Lockart — *Vie de W. Scott*, VII, p. 114.
[159] T. II, p. 292.

órgãos terrestres. Então, debalde é interrogada a respeito dessas lembranças fugazes; cessou de todo a transmissão das vibrações perispirituais, a consciência profunda emudeceu.

Até agora não tem sido prestada a essas revelações toda a atenção que elas merecem. Os pais, a quem manifestações consideradas estranhas e anormais lançam em desassossego, em vez de provocá-las, procuram, pelo contrário, impedi-las. A Ciência perde, assim, indicações úteis. Se a criança, quando tenta traduzir, na sua linguagem afanosa e confusa, as vibrações fugitivas do seu cérebro psíquico, fosse animada, interrogada, em vez de ser repelida, ridicularizada, seria possível obter a respeito do passado elucidações de certo interesse, ao passo que atualmente se perdem na maioria dos casos.

No Oriente, onde a doutrina das vidas sucessivas está espalhada por toda parte, dá-se mais importância a essas reminiscências; recolhem-nas, constatam-nas na medida do possível e, muitas vezes, é reconhecida a sua exatidão. Dentre mil, vamos apresentar uma prova:

Uma correspondência de Simla (Índias Orientais) ao *Daily Mail*[160] refere que um menino, nascido no distrito, é considerado como a reencarnação do falecido Sr. Tucker, superintendente da comarca, assassinado, em 1894, por "discoitos". O menino recorda-se dos menores incidentes da sua vida precedente; quis transportar-se a vários lugares familiares ao Sr. Tucker. No local do homicídio pôs-se a tremer e deu todas as demonstrações de terror. "Estes fatos são muito comuns em Burma" — acrescenta o jornal —, "onde os reencarnados, que se lembram do seu passado, têm o nome de *winsas*".

C. de Lagrange, cônsul de França, escrevia de Vera Cruz (México) à *Revue Spirite*, em 14 de julho de 1880:[161]

> Há dois anos tínhamos, em Vera Cruz, um menino de 7 anos que possuía a faculdade de médium curador. Muitas pessoas foram curadas, quer por imposição das suas mãozinhas, quer por meio de remédios vegetais que ele receitava e afirmava conhecer. Quando lhe perguntavam onde aprendera essas coisas, respondia que, no tempo em que era grande, tinha sido médico. Este menino recorda-se, portanto, de uma existência anterior. Falava com dificuldade. Chamava-se Jules Alphonse e nascera em Vera Cruz. Essa faculdade surpreendente desenvolveu-se nele aos 4 anos e

---
[160] Reproduzida por *Le Matin* e *Paris-Nouvelles*, de 8 jul. 1903, com o título: "Uma reencarnação", correspondência de Londres, 7 jul.
[161] *Revue Spirite*, 1880, p. 361.

causou impressão em muitas pessoas que, incrédulas a princípio, estão hoje convencidas. Quando estava só com o pai, repetia-lhe muitas vezes: "Pai, não creias que eu fique muito tempo contigo; estou aqui só por alguns anos, porque é preciso que vá para outra parte". E, se lhe perguntavam: "Mas para onde queres tu ir?", respondia: "Para longe daqui, para onde se está melhor do que aqui".

Este menino era muito sóbrio, grande em todas as ações, perspicaz e muito obediente. Pouco tempo depois, morreu.

O *Banner of Light*, de Boston, 15 de outubro de 1892, publica a narrativa, transcrita a seguir, do honrado Isaac G. Forster, inserta igualmente no *Globe Democrat*, de S. Luís, 20 de setembro de 1892, no *Brooklyn Eagle* e no *Milwaukee Sentinel*, de 25 de setembro de 1892:

> Há doze anos habitava eu o Condado de Effingham (Illinois) e, lá, perdi uma filha, Maria, quando para ela principiava a puberdade. No ano seguinte fui fixar residência em Dakota. Aí, nasceu-me, há nove anos, outra filhinha, a quem demos o nome de Nellie. Assim que chegou à idade de falar, pretendia não se chamar Nellie, mas, sim, Maria, que seu nome verdadeiro era o que em tempo lhe dávamos.
>
> Ultimamente voltei para o Condado de Effingham, para pôr em dia alguns negócios, e levei Nellie comigo. Ela reconheceu a nossa antiga habitação e muitas pessoas que nunca vira, mas que minha primeira filha, Maria, conhecera muito bem.
>
> A uma milha de distância está situada a casa da escola em que Maria andava; Nellie, que nunca a vira, dela fez uma descrição exata e exprimiu-me o desejo de tornar a vê-la. Levei-a e, quando lá chegou, dirigiu-se diretamente para a carteira que sua irmã ocupava, dizendo-me: "Esta carteira é a minha!"

O *Journal des Débats*, de 11 de abril de 1912, em seu folhetim científico cita, sob a assinatura de Henri de Varigny, um caso semelhante colhido na obra do Sr. Fielding Hall, o qual se entregou a longas pesquisas neste assunto:

> Há cerca de meio século, duas crianças, um rapaz e uma menina, nasceram no mesmo dia e na mesma aldeia, na Birmânia.

As vidas sucessivas. Provas experimentais. Renovação da memória

Casaram-se mais tarde e, depois de haver constituído família e praticado todas as virtudes, morreram no mesmo dia.

Maus tempos sobrevieram, e dois jovens, de sexos diferentes, tiveram de fugir da aldeia onde se tinha desenrolado o primeiro episódio.

Foram estabelecer-se em outra parte e tiveram dois filhos gêmeos, que, em vez de se chamarem por seus próprios nomes, se davam entre si os nomes do par virtuoso e defunto de que falamos.

Os pais espantaram-se com isso, mas logo compreenderam o fato. Para eles, o par virtuoso se tinha encarnado em seus filhos. Quiseram tirar a prova. Levaram-nos à aldeia onde anteriormente haviam nascido. Reconheceram tudo: estradas, casas, pessoas e até as vestimentas do casal, conservadas, não se sabe por que razão. Um se lembrou de ter emprestado duas rupias a certa pessoa. Esta vivia ainda e confirmou o fato.

O Sr. Fielding Hall, que viu as duas crianças quando elas ainda tinham 6 anos, achava uma com aparência mais feminina; esta albergava a alma da mulher defunta. Antes da reencarnação, diziam eles, viveram algum tempo sem corpo, nos ramos das árvores. Mas essas lembranças longínquas tornam-se cada vez menos nítidas e vão-se apagando pouco a pouco.

Essa percepção das vidas anteriores encontra-se, também, excepcionalmente, em alguns adultos.

O Dr. Gaston Durville, no *Psychic Magazine*, número de janeiro e abril de 1914, conta um caso interessante de renovação das lembranças em estado de vigília.

A Sra. Laura Raynaud, conhecida em Paris por suas curas por meio do magnetismo, afirmava, desde muito, que se recordava de uma vida passada em um lugar que descrevia e que declarava iria encontrar um dia. Afirmava, ainda, ter vivido em condições nitidamente determinadas (sexo, condição social, nacionalidade etc.), e haver desencarnado, havia certo número de anos, em consequência de tal moléstia.

A Sra. Raynaud, em viagem à Itália, em março de 1913, reconheceu o país em que tinha vivido. Percorreu os arredores de Gênova e encontrou uma habitação como tinha descrito. "Graças ao concurso do Sr. Calure, psiquista erudito de Gênova, encontramos", diz o doutor, "nos registros da paróquia de S. Francisco de Albaro, um registro de óbito que foi o da Sra. Raynaud nº 1".

Todas as declarações por ela feitas, muitos anos antes (sexo, condição social, nacionalidade, idade e causa da morte), foram confirmadas.

Um *sujet* do doutor, em estado de sonambulismo lúcido, revelou curiosos pormenores sobre a sepultura da citada senhora.

* * *

Os testemunhos oriundos do Mundo Invisível são tão numerosos como variados. Não só Espíritos em grande número afirmam, nas suas mensagens, terem vivido muitas vezes na Terra, mas há os que anunciam antecipadamente a sua reencarnação; designam seu futuro sexo e a época de seu nascimento; ministram indicações sobre as suas aparências físicas ou disposições morais, que permitem reconhecê-los em seu regresso a este mundo; predizem ou expõem particularidades de sua próxima existência, o que se tem podido verificar.

A revista *Filosofia della Scienza*, de Palermo, no número de janeiro de 1911, publica, sobre um caso de reencarnação, uma narrativa do mais alto interesse, que resumimos aqui. É o chefe da família, na qual os acontecimentos se passaram, o Dr. Carmelo Samona, de Palermo, quem fala:

> Perdemos, a 15 de março de 1910, uma filhinha que minha mulher e eu adorávamos; em minha companheira o desespero foi tal que receei, um momento, perdesse a razão. Três dias depois da morte de Alexandrina, minha mulher teve um sonho onde acreditou ver a criança a dizer-lhe:
>
> — Mãe, não chores mais, não te abandonarei; não estou afastada de ti: ao contrário, tornarei a ti como filha.
>
> Três dias mais tarde houve a repetição do mesmo sonho.
>
> A pobre mãe, a quem nada podia atenuar a dor e que não tinha, nessa época, noção alguma das teorias do Espiritismo moderno, só encontrava nesse sonho motivos para o reavivamento de suas penas. Certa manhã, em que se lamentava, como de costume, três pancadas secas fizeram-se ouvir à porta do quarto em que nos achávamos. Crente da chegada de minha irmã, meus filhos, que estavam conosco, foram abrir a porta, dizendo:
>
> — Tia Catarina, entre.
>
> A surpresa, porém, de todos, foi grande, verificando que não havia ninguém atrás dessa porta nem na sala que a precedia. Foi então que

resolvemos realizar sessões de tiptologia, na esperança de que, por esse meio, talvez tivéssemos esclarecimentos sobre o fato misterioso dos sonhos e das pancadas que tanto nos preocupavam.

Continuamos nossas experiências durante três meses, com grande regularidade. Desde a primeira sessão, duas entidades manifestaram-se: uma dizia ser minha irmã; a outra, a nossa cara desaparecida. Esta última confirmou, pela mesa, sua aparição nos dois sonhos de minha mulher e revelou que as pancadas tinham sido dadas por ela. Repetiu à sua mãe:

— Não te consternes, porque nascerei de novo por ti e antes do Natal.

A predição foi acolhida por nós com tanto mais incredulidade, pois um acidente, a que se seguiu uma operação (21 de novembro de 1909), tornava inverossímil nova concepção em minha mulher.

Entretanto, a 10 de abril, uma primeira suspeita de gravidez revelou-se nela. A 4 de maio seguinte nossa filha manifestou-se ainda pela mesa e nos deu novo aviso:

— Mãe, há uma outra em ti.

Como não compreendêssemos esta frase, a outra entidade que, parece, acompanhava sempre nossa filha, confirmou-a, comentando-a assim:

— A pequena não se engana: outro ser se desenvolve em ti, minha boa Adélia.

As comunicações que se seguiram ratificaram todas essas declarações e mesmo as precisaram, anunciando que as crianças que deviam nascer seriam meninas; que uma se assemelharia a Alexandrina, sendo, mais bela do que o tinha sido ela, anteriormente.

Apesar da incredulidade persistente de minha mulher, as coisas pareciam tomar o rumo anunciado, porque, no mês de agosto, o Dr. Cordaro, parteiro reputado, prognosticou a gravidez de gêmeos.

E a 22 de novembro de 1910 minha mulher deu à luz duas filhinhas, sem semelhança entre si, reproduzindo uma, entretanto, em todos os seus traços, as particularidades físicas bem especiais que caracterizavam a fisionomia de Alexandrina, isto é, uma hiperemia do olho esquerdo, uma ligeira seborreia do ouvido direito, enfim, uma dissimetria pouco acentuada da face.

Em apoio de suas declarações, o Dr. Carmelo Samona traz os atestados de sua irmã Samona Gardini, do professor Wigley, da Sra. Mercantini, do marquês Natoli, da princesa Niscomi, do conde de Ranchileile, que todos iam ficando a par, à medida que elas se produziam, das comunicações obtidas na família do Dr. Carmelo Samona.

Depois do nascimento dessas crianças, dois anos e meio são decorridos, o Dr. Samona escreve à *Filosofia della Scienza*, dizendo que a semelhança de Alexandrina II com Alexandrina I tudo confirma, não só na parte física como na moral: as mesmas atitudes e brincadeiras calmas; as mesmas maneiras de acariciar a mãe; os mesmos terrores infantis expressos nos mesmos termos, a mesma tendência irresistível para servir-se da mão esquerda, o mesmo modo de pronunciar os nomes das pessoas que a rodeavam. Como Alexandrina I, ela abre o armário dos sapatos, no quarto em que esse móvel se encontra, calça um pé e passeia triunfalmente no quarto.

Em uma palavra, refaz, de modo absolutamente idêntico, a existência, na idade correspondente a Alexandrina I.

Não se nota nada de semelhante com Maria Pace, sua irmã gêmea.

Compreende-se todo o interesse que apresenta uma observação desta ordem, seguida durante tantos anos por um investigador do valor do Dr. Samona.[162]

O capitão Florindo Batista, cuja honestidade está ao abrigo de qualquer suspeita, conta na revista *Ultra*, de Roma, o seguinte:

> No mês de agosto de 1905, minha mulher, que estava grávida de três meses, teve, quando já se havia deitado, mas ainda perfeitamente acordada, uma aparição que a impressionou profundamente. Uma filhinha, morta havia três anos, apresentara-se-lhe repentinamente, manifestando alegria infantil e lhe disse, com voz muito doce, as seguintes palavras:
> — Mamãe, eu volto!
> Antes que minha mulher tornasse a si da surpresa, a visão desapareceu. Quando entrei, minha mulher, ainda muito comovida, contou-me sua estranha aventura e eu tive a impressão que era de uma alucinação que se tratava. Mas não quis combater a convicção em que ela estava, de haver recebido um aviso providencial, e acedi a seu desejo de dar à

---

[162] *Annales des Sciences Psychiques*, jul. 1913, nº 7, p. 196 et seq.

filhinha que esperávamos o nome de Branca, que era o da sua jovem irmã falecida.

Por essa época eu não tinha noção nenhuma daquilo que aprendi mais tarde e teria chamado louco a quem me viesse falar em reencarnação, porque estava intimamente convencido de que os mortos não renasciam mais.

Seis meses depois, em fevereiro de 1906, minha mulher deu à luz, com felicidade, uma filhinha que se assemelhava inteiramente à sua irmã falecida. Tinha seus olhos muito grandes e seus cabelos espessos e frisados.

Essas coincidências não me desviaram do meu ceticismo materialista, mas minha esposa, muito contente com o favor obtido, convenceu-se, de modo absoluto, de que o milagre se tinha dado e que havia posto duas vezes no mundo a mesma criatura.

Hoje a menina tem cerca de 6 anos e, como sua falecida irmã, é muito desenvolvida física e intelectualmente.

A fim de que se compreenda o que vou relatar, devo acrescentar que, durante a vida da primeira Branca, tínhamos como criada uma certa Mary, suíça, que só falava o francês.

Tinha ela importado de suas montanhas uma espécie de canção. Quando minha filhinha morreu, Mary voltou para seu país e a *berceuse* se havia completamente apagado de nossas lembranças. Um fato verdadeiramente extraordinário veio trazê-la ao nosso espírito.

Há uma semana, estava eu com minha mulher no meu quarto de trabalho, quando ouvimos, como um eco longínquo, a famosa cantilena; a voz vinha do quarto de dormir onde havíamos deixado nossa filhinha adormecida.

A princípio, emocionados e estupefatos, não lhe tínhamos reconhecido a voz; mas, aproximando-nos do quarto donde ela partia, achamos a criança sentada na cama e cantando, com acento nitidamente francês, a cantilena que nenhum de nós lhe houvéramos ensinado.

Minha mulher, evitando parecer muito espantada, perguntou-lhe o que cantava, e a criança, com uma prontidão de pasmar, respondeu que cantava uma *canção francesa*, posto que não conhecesse desse idioma senão algumas palavras que tinha ouvido pronunciar por suas irmãs.

— Quem te ensinou essa bela canção? — perguntei-lhe.

— Ninguém; eu a sei de mim mesma — respondeu-me ela, e acabou de cantá-la alegremente, como se nunca tivesse cantado outra em sua vida.

O Sr. Th. Jaffeux, advogado na Corte de Apelação de Paris, comunica-nos o seguinte fato (5 de março de 1911):

Desde o começo de 1908, tinha como Espírito guia uma mulher que havia conhecido em minha infância e cujas comunicações apresentavam um caráter de rara precisão: nomes, endereços, cuidados médicos, predições de ordem familiar etc.
No mês de junho de 1909, transmitia essa entidade, da parte de Père Henri, diretor espiritual do grupo, o conselho de não prolongar indefinidamente a morada estacionária no Espaço.
A entidade respondeu-me por essa ocasião:
— Tenho a intenção de reencarnar; terei, sucessivamente, três reencarnações muito breves.
Para o mês de outubro de 1909, anunciou-me espontaneamente que ia reencarnar em minha família e designou-me o lugar dessa reencarnação; uma aldeia do Departamento do Eure-et-Loir.
Eu tinha, com efeito, uma prima grávida nesse momento, e fiz a seguinte pergunta:
— Por que sinal poderei reconhecê-la?
— Terei uma cicatriz de dois centímetros do lado direito da cabeça.
A 15 de novembro disse a mesma entidade que, no mês de janeiro seguinte, deixaria de vir, sendo substituída por outro Espírito.
Procurei, desde esse instante, dar a essa prova todo o seu alcance e nada me seria mais fácil, depois de ter feito documentar oficialmente a predição e de conseguir um certificado médico do nascimento da criança. Infelizmente, encontrei-me em presença de uma família que manifestava uma hostilidade agressiva contra o Espiritismo; estava desarmado.
No mês de janeiro de 1910 a criança nascia com uma cicatriz de dois centímetros do lado direito da cabeça. Ela tem, atualmente, 14 meses.

* * *

Indicamos neste capítulo as causas físicas do esquecimento das vidas anteriores. Não será conveniente, ao terminá-lo, colocar-nos em outro ponto de vista e inquirir se esse esquecimento não se justifica por uma necessidade de ordem moral? Para a maior parte dos homens, frágeis "canas pensantes" que o vento das paixões agita, não se nos afigura desejável a recordação do passado; pelo contrário, parece indispensável ao seu adiantamento que as vidas anteriores se lhes apaguem momentaneamente da memória.

A persistência das recordações acarretaria a persistência das ideias errôneas, dos preconceitos de casta, tempo e meio, numa palavra, de toda uma herança mental, de um conjunto de vistas e coisas que nos custaria tanto mais a modificar, a transformar, quanto mais vivo estivesse em nós. Deparar-se-iam assim muitos obstáculos à nossa educação, aos nossos progressos; nossa capacidade de julgar achar-se-ia muitas vezes adulterada desde o berço. O esquecimento, ao contrário, permitindo-nos aproveitar mais amplamente dos estados diferentes que uma nova vida nos proporciona, ajuda-nos a reconstruir nossa personalidade num plano melhor; nossas faculdades e nossa experiência aumentam em extensão e profundidade.

Outra consideração, mais grave ainda. O conhecimento de um passado corrupto, conspurcado, como deve suceder com o de muitos de nós, seria um fardo pesado. Só uma vontade de rija têmpera pode ver, sem vertigem, desenrolar-se uma longa série de faltas, de desfalecimentos, de atos vergonhosos, de crimes talvez, para pesar-lhes as consequências e resignar-se a passar por elas. A maior parte dos homens atuais é incapaz de tal esforço. A recordação das vidas anteriores só pode ser proveitosa ao Espírito bastante evoluído, bastante senhor de si para suportar-lhe o peso sem fraquejar, com suficiente desapego das coisas humanas para contemplar com serenidade o espetáculo de sua história, reviver as dores que padeceu, as injustiças que sofreu, as traições dos que amou. É privilégio doloroso conhecer o passado dissipado, passado de sangue e lágrimas, e é também causa de torturas morais, de íntimas lacerações.

As visões que se lhe vinculam, seriam, na maioria dos casos, fonte de cruéis inquietações para a alma fraca presa nas garras do seu destino. Se as nossas vidas precedentes foram felizes, a comparação entre as alegrias que nos davam e as amarguras do presente tornaria estas últimas insuportáveis. Foram culpadas? A expectativa perpétua dos males que elas implicam paralisaria a nossa ação, tornaria estéril nossa existência. A persistência dos remorsos e a morosidade da nossa evolução far-nos-iam acreditar que a perfeição é irrealizável!

Quantas coisas, que são outros tantos obstáculos à nossa paz interna, outros tantos estorvos para nossa liberdade, não quiséramos desfazer da nossa vida atual? Que seria, pois, se a perspectiva dos séculos percorridos se desenrolasse sem cessar, com todos os pormenores, diante da nossa vista? O que importa é trazer consigo os frutos úteis do passado, isto é, as capacidades adquiridas; é esse o instrumento de trabalho, o meio de ação do Espírito. O que constitui o caráter é também o conjunto das qualidades e dos defeitos, dos gostos e das aspirações, tudo o que transborda da consciência profunda para a consciência normal.

O conhecimento integral das vidas passadas apresentaria inconvenientes formidáveis, não só para o indivíduo, mas também para a coletividade; introduziria na vida social elementos de discórdia, fermentos de ódio que agravariam a situação da Humanidade e obstariam a todo progresso moral. Todos os criminosos da História, reencarnados para expiar, seriam desmascarados; as vergonhas, as traições, as perfídias, as iniquidades de todos os séculos seriam de novo assoalhadas à nossa vista. O passado acusador, conhecido de todos, tornaria a ser causa de profunda divisão e de vivos sofrimentos.

O homem, que vem a este mundo para agir, desenvolver as suas faculdades, conquistar novos méritos, deve olhar para a frente e não para trás. Diante dele abre-se, cheio de esperanças e promessas, o futuro; a Lei suprema ordena-lhe que avance resolutamente e, para torná-lhe a marcha mais fácil, para livrá-lo de todas as prisões, de todo peso, estende um véu sobre o seu passado. Agradeçamos à Providência infinita que, aliviando-nos da carga esmagadora das recordações, nos tornou mais cômoda a ascensão, a reparação menos amarga.

Objetam-nos, às vezes, que seria injusto ser castigado por faltas que foram esquecidas, como se o esquecimento apagasse a falta! Dizem-nos,[163] por exemplo: "Uma justiça, que é tramada em segredo e que não podemos pessoalmente avaliar, deve ser considerada como uma iniquidade".

Mas, antes de mais nada, não há para nós em tudo um mistério? O talozinho da erva que rebenta, o vento que sopra, a vida que se agita, o astro que percorre a abóbada silenciosa, tudo são mistérios. Se só devemos acreditar no que compreendemos bem, em que é que havemos então de acreditar?

---

[163] *Journal de Charleroi*, 18 fev. 1899. Isso mesmo era o que, já no quarto século, objetava Eneias de Gaza no seu *Théophraste*.

Se um criminoso, condenado pelas leis humanas, cai doente e perde a memória das suas ações (vimos que os casos de amnésia não são raros), segue-se daí que a sua responsabilidade desaparece ao mesmo tempo que as suas lembranças? Nenhum poder é capaz de fazer que o passado não tenha existido!

Em muitos casos seria mais atroz saber do que ignorar. Quando o Espírito, cujas vidas distantes foram culpadas, deixa a Terra e as más lembranças se avivam outra vez para ele, quando vê levantarem-se sombras vingadoras, acaso lamenta ele o tempo do esquecimento? Acusa a Deus por ter-lhe tirado com a memória das suas faltas a perspectiva das provas que elas implicam?

Basta-nos, pois, conhecer qual é o fim da vida, saber que a Justiça Divina governa o mundo. Cada um está no local que para si fez e não sucede nada que não seja merecido. Não temos por guia nossa consciência e não brilham com vivo clarão, na noite de nossa inteligência, os ensinamentos dos gênios celestes?

O espírito humano, porém, flutua agitado por todos os ventos da dúvida e da contradição. Às vezes acha que tudo vai bem e pede novas energias vitais; outras, amaldiçoa a existência e clama o aniquilamento. Pode a Justiça eterna conformar os seus planos com as nossas vistas efêmeras e variáveis? Na própria pergunta está a resposta. A Justiça é eterna porque é imutável. No caso que nos ocupa, é a harmonia perfeita que se estabelece entre a liberdade dos nossos atos e a fatalidade das suas consequências. O esquecimento temporário das nossas faltas não evita o seu efeito. É necessária a ignorância do passado para que toda a atividade do homem se consagre ao presente e ao futuro, para que se submeta à lei do esforço e se conforme com as condições do meio em que renasce.

***

Durante o sono, a alma exerce a sua atividade, pensa, vagueia. Às vezes remonta ao mundo das causas e torna a encontrar a noção das vidas passadas. Do mesmo modo que as estrelas brilham somente durante a noite, também o nosso presente deve acolher-se à sombra para que os clarões do passado se acendam no horizonte da consciência.

A vida na carne é o sono da alma; é o sonho triste ou alegre. Enquanto ele dura, esquecemos os sonhos precedentes, isto é, as encarnações passadas; entretanto, é sempre a mesma personalidade que persiste nas suas duas formas de existência. Em sua evolução atravessa alternadamente períodos de contração e dilatação, de sombra e de luz. A personalidade retrai-se ou se expande nesses dois estados sucessivos, assim como se perde e torna a encontrar através das alternativas do sono e da vigília, até que a alma, chegada ao apogeu intelectual e moral, acabe por uma vez de sonhar.

Há em cada um de nós um livro misterioso onde tudo se inscreve em caracteres indeléveis. Fechado à nossa vista durante a vida terrena, abre-se no Espaço. O Espírito adiantado percorre-lhe à vontade as páginas; encontra nele ensinamentos, impressões e sensações que o homem material a custo compreende.

Esse livro, o subconsciente dos psiquistas, é o que nós chamamos o perispírito. Quanto mais se purifica, tanto mais as recordações se definem; nossas vidas, uma a uma, emergem da sombra e desfilam em nossa frente para nos acusarem ou glorificarem. Tudo, os fatos, os atos, pensamentos mínimos, reaparece e impõe-se à nossa atenção. Então o Espírito contempla a tremenda realidade; mede o seu grau de elevação; sua consciência julga sem apelação nem agravo. Como são suaves para a alma, nessa hora, as boas ações praticadas, as obras de sacrifício! Como, porém, são pesados os desfalecimentos, as obras de egoísmo e iniquidade!

Durante a reencarnação, é preciso relembrá-lo, a matéria cobre o perispírito com seu manto espesso; comprime, apaga-lhe as radiações. Daí o esquecimento. Livre desse laço, o Espírito elevado readquire a plenitude da sua memória; o Espírito inferior mal se lembra da sua última existência; é para ele o essencial, pois que ela é a soma dos progressos adquiridos, a síntese de todo o seu passado; por ela pode avaliar sua situação. Aqueles, cujo pensamento não se penetrou, no nosso mundo, da noção das preexistências, ignoram por muito tempo suas vidas primitivas, as mais afastadas. Daí a afirmação de numerosos Espíritos, em certos países, de que a reencarnação não é uma lei. Esses tais não interrogaram as profundezas do seu ser, não abriram o livro fatídico onde tudo está gravado. Conservam os preconceitos do meio terrestre em que viveram, e estes preconceitos, em vez de incitá-los àquela investigação, dissuadem-nos dela.

Os Espíritos Superiores, por sentimento de caridade, conhecendo a fraqueza dessas almas, julgando que o conhecimento do passado não lhes é ainda necessário, evitam atrair-lhes para esse ponto a atenção, a fim de lhes pouparem a vista de quadros penosos. Mas chega um dia em que, pelas sugestões do Alto, sua vontade desperta e rebusca nos recessos da memória. Então as vidas anteriores lhes aparecem como miragem longínqua. Há de chegar o tempo em que, estando mais disseminado o conhecimento dessas coisas, todos os Espíritos terrestres, iniciados por uma forte educação na lei dos renascimentos, verão o passado desenrolar-se na sua frente logo depois da morte e até, em certos casos, durante esta vida. Terão ganho a força moral necessária para afrontarem esse espetáculo sem fraquejar.

Para as almas purificadas a recordação é constante. O Espírito elevado tem o poder de reviver à vontade no passado, no presente e no misterioso futuro, cujas profundidades se iluminam, por instantes, para ele, com rápidos clarões, para em seguida mergulharem nas sombras do desconhecido.

XV
As vidas sucessivas. As crianças-prodígio e a hereditariedade.

Podem-se considerar certas manifestações precoces do gênio como outras tantas provas das preexistências, no sentido de serem uma revelação dos trabalhos realizados pela alma em outros ciclos anteriores.

Os fenômenos deste gênero, de que fala a História, não podem ser fatos desconexos, desligados do passado, produzindo-se ao acaso no vácuo dos tempos e do espaço; demonstram, ao contrário, que o princípio organizador da vida em nós é um ser que chega a este mundo com um passado inteiro de trabalho e evolução, resultado de um plano traçado e de um alvo para o qual ele se dirige através de suas existências sucessivas.

Cada encarnação encontra, na alma que recomeça vida nova, uma cultura particular, aptidões e aquisições mentais que explicam sua facilidade para o trabalho e seu poder de assimilação; por isso dizia Platão: "Aprender é recordar-se!"

A lei da hereditariedade vem muitas vezes obstar, até certo ponto, a essas manifestações da individualidade, porque é com os elementos que a hereditariedade lhe fornece que o Espírito põe a seu jeito o seu invólucro; contudo, a despeito das dificuldades materiais, vê-se manifestarem-se em certos seres, desde a mais tenra idade, faculdades de tal modo superiores e sem nenhuma relação com as dos seus ascendentes, que não se pode, não obstante todas as sutilezas da casuística materialista, relacioná-las com qualquer causa imediata e conhecida.

Tem-se citado muitas vezes o caso de Mozart, executando uma sonata no piano aos 4 anos e, aos 8, compondo uma ópera. Paganini e Teresa Milanollo, ainda crianças, tocavam violino de maneira maravilhosa. Liszt, Beethoven e Rubinstein faziam-se aplaudir aos 10 anos. Michelangelo e Salvatore Rosa revelaram-se de repente com talentos imprevistos. Pascal, aos 12 anos, descobriu a geometria plana, e Rembrandt, antes de saber ler, desenhava como um grande mestre.[164]

Napoleão fez-se notar por sua aptidão prematura para a guerra. Já na infância, não brincava de soldadinho como as crianças de sua idade, mas com um método extraordinário, que parecia ser invenção sua.

O século XVI legou-nos a memória de um poliglota prodigioso, Jacques Chrichton, que Scaliger denominava um "gênio monstruoso". Era escocês e, aos 15 anos, discutia em latim, grego, hebraico ou árabe, sobre qualquer assunto. Havia conquistado o grau de mestre aos 14 anos.

Henrique de Heinecken, nascido em Lubeck, em 1721, falou quase ao nascer; aos 2 anos sabia três línguas; aprendeu a escrever em alguns dias e dentro de pouco tempo exercitava-se em pronunciar pequenos discursos; com 2 anos e meio fez exame de Geografia e História antiga e moderna. Seu único alimento era o leite da ama; quiseram desmamá-lo, depereceu e extinguiu-se em Lubeck, em 27 de junho de 1725, de 5 para 6 anos de idade, afirmando suas esperanças na outra vida. "Era", dizem as *Mémoires de Trévoux*, "delicado, enfermiço, e muitas vezes estava doente". Esta criança fenomenal teve completo conhecimento de seu fim próximo. Falava disso com serenidade pelo menos tão admirável como sua ciência prematura e quis consolar os pais dirigindo-lhes palavras de alento que ia buscar às crenças comuns.

A História dos últimos séculos assinala grande número dessas crianças-prodígio.

O jovem Van der Kerkhove, de Bruges, morreu aos 10 anos e 11 meses, em 12 de agosto de 1873, deixando 350 pequenos quadros magistrais, alguns dos quais, diz Adolphe Siret, membro da Academia Real de

---

[164] Ver Cesare Lombroso — *L'homme de Génie*, tradução francesa.

Ciências, Letras e Belas-Artes, da Bélgica, poderiam ser assinados por Diaz, Salvatore Rosa, Corot, Van Goyen etc.

Outro menino, William Hamilton, estudava o hebraico aos 3 anos, e aos 7 possuía conhecimentos mais extensos do que a maior parte dos candidatos ao magistério. "Estou vendo-o ainda", dizia um de seus parentes, "responder a uma pergunta difícil de Matemática, afastar-se depois, correndo aos pulinhos e puxando o carrinho com que andava a brincar". Aos 13 anos conhecia doze línguas, aos 18 pasmava toda a gente da vizinhança, a tal ponto que um astrônomo irlandês dizia dele: "Eu não digo que ele será, mas que já é o primeiro matemático do seu tempo".

Neste momento a Itália se honra de possuir um linguista fenomenal, o Sr. Trombetti, que excede muito aos seus antigos compatriotas, o célebre Pico de Mirandola e o prodigioso Mezzofanti, o cardeal que discursava em 70 línguas.

Trombetti nasceu de uma família de bolonheses pobres e *completamente ignorantes*. Aprendeu sozinho, na escola primária, francês e alemão e, no fim de dois meses, lia Voltaire e Goethe; o árabe, aprendeu-o com a simples leitura da vida de Abd-el-Kader, escrita na mesma língua. Um persa, de passagem por Bolonha, ensinou-lhe a sua língua em algumas semanas. Aos 12 anos aprendeu, por si só e simultaneamente, latim, grego e hebraico, depois estudou quase todas as línguas vivas ou mortas. Seus amigos asseveram que ele conhece hoje cerca de trezentos dialetos orientais; o Rei da Itália nomeou-o professor de Filologia na Universidade de Bolonha.

No Congresso Internacional de Psicologia de Paris, em 1900, o Sr. Charles Richet, da Academia de Medicina, apresentou em assembleia geral, reunidas todas as seções, um menino espanhol de 3 anos e meio de idade, chamado Pepito Arriola, que toca e improvisa ao piano árias variadas, muito ricas de sonoridade. Reproduzimos a comunicação feita pelo Sr. Charles Richet aos congressistas na sessão de 21 de agosto de 1900, a respeito desse menino, antes da sua audição musical:[165]

> Vou transcrever fielmente o que diz sua mãe do modo por que descobriu os extraordinários dons musicais do jovem Pepito.
> "Tinha o menino 2 anos e meio, pouco mais ou menos, quando, pela primeira vez, se me depararam casualmente as suas aptidões musicais.

---

[165] Ver *Revue Scientifique* de 6 de outubro de 1900, p. 432 e *Compte rendu officiel du Congrès de Psychologie*, 1900, F. Alcan, p. 93.

Nessa época recebi de um amigo meu, músico, uma composição de sua lavra e pus-me a tocá-la ao piano com bastante frequência. É provável que o menino a ouvisse com atenção, mas não reparei nisso. Ora, certa manhã, ouço tocar numa sala contígua a mesma ária, com tanta mestria e justeza, que quis saber quem era que assim tomava a liberdade de tocar piano em minha casa. Entrei na sala e vi o meu pequeno, que estava só, a tocar a ária; estava sentado num assento alto para onde subira sozinho e, ao ver-me, pôs-se a rir e disse-me: *'Que me diz, mamãe?'* Acreditei que se realizava um verdadeiro milagre".

A partir desse momento o pequeno Pepito continuou a tocar, sem que sua mãe lhe tenha dado lições, às vezes as árias que ela própria tocava diante dele ao piano, outras vezes, árias que ele inventava.

Não tardou que tivesse capacidade suficiente, sem se poder, contudo, dizer que se trate de verdadeiros progressos, para permitir-lhe, no dia 4 de dezembro de 1899, isto é, com 3 anos incompletos, tocar diante de um auditório bastante numeroso de críticos e músicos; em 26 de dezembro, isto é, com 3 anos e 12 dias, tocou no Palácio Real de Madrid diante do Rei e da Rainha-mãe. Nessa ocasião tocou seis composições musicais de sua lavra, que foram notadas.

Não sabe ler, quer se trate de música, quer do alfabeto; não tem talento especial para o desenho, mas se entretém às vezes a escrever árias musicais, escrita que não tem, entenda-se bem, nenhum sentido. É, entretanto, engraçado vê-lo pegar num papelzinho, pôr-lhe como cabeçalho umas garatujas (que significam, parece, a natureza do trecho, sonata, *habanera* ou valsa etc.); depois, por baixo, figurar linhas que serão a pauta, com uma borradela que quer dizer clave de sol e linhas pretas que, afirma ele, são notas. Olha, então, para esse papel, com satisfação, põe-no no piano e diz: 'Vou tocar isto' e, com efeito, tendo diante da vista esse papel informe, *improvisa de maneira admirável*.

Para metodicamente estudar a maneira como ele toca piano, separarei a execução da invenção.

Execução — A execução é infantil; vê-se que ele imaginou a dedilhação em todas as suas partes sem nenhuma lição. Tem, não obstante, dedilhação bastante desembaraçada, tanto quanto lho permite a pequenez da mão, que não abrange a oitava. Para resolver a dificuldade, imaginou, o que é curioso, substituir a oitava por arpejos habilmente executados e muito rápidos. Toca com as duas mãos, que muitas vezes cruza para obter certos efeitos ou certas harmonias. Às vezes também, como os pianistas de nomeada, levanta a mão a grande altura, com a maior seriedade, para deixá-la cair exatamente na nota que quer. *Não é provável que isso lhe tenha sido ensinado*, porque, na maneira de tocar de sua mãe, que aliás tem boa execução, nada há de análogo. Pode tocar árias de bravura com agilidade por vezes admirável e vigor surpreendente numa criança de sua idade; mas, apesar dessas qualidades, força é reconhecer que a execução é desigual. De repente, depois de alguns momentos de prelúdio, põe-se a tocar, *como se estivesse inspirado*, com agilidade e precisão.

Ouvi-o tocar trechos de muita dificuldade, uma *habanera* galiciana e a *Marcha Turca* de Mozart, com habilidade em certas passagens.

A harmonia, ainda mais do que a dedilhação, é extraordinária. Acha, quase sempre, o acorde justo e, se hesita, como lhe sucede no princípio de um trecho, tateia alguns segundos; depois, continuando, acha a verdadeira harmonia. Não se trata de uma harmonia muito complicada; quase sempre consiste em acordes de muita simplicidade; *mas por vezes inventa alguns que causam grande surpresa*.

Para falar com rigor, o que mais assombra não é a dedilhação, nem a harmonia, nem a agilidade, mas a expressão; tem uma riqueza de expressão admirável. Seja triste, alegre, marcial ou enérgico o trecho musical, *a expressão é arrebatadora*. Uma vez fiz tocar à mãe a mesma música que a ele. Sem dúvida, ela tocava-a muito melhor, sem notas erradas, nem hesitações, nem tateios, nem repetições, mas o bebezinho tinha muito mais expressão.

Muitas vezes mesmo é tão forte essa expressão, tão trágica até em certas árias melancólicas ou fúnebres, que se tem a sensação de que Pepito não pode, com a sua dedilhação imperfeita, exprimir todas as ideias musicais que nele fremem, "de maneira que quase me atreveria a dizer que ele é muito maior músico do que parece..."

Não somente executa as músicas que acaba de ouvir tocar no piano, mas pode também, posto que com mais dificuldade, executar ao piano as árias que ouviu cantar. "Causa pasmo vê-lo então achar, imaginar, reconstituir os acordes do contraponto e da harmonia, como o poderia fazer um músico perito". Numa experiência feita há pouco tempo, um amigo meu cantou-lhe uma melodia muito complexa. Depois de tê-la ouvido cinco ou seis vezes, sentou-se ao piano, dizendo que se tratava de uma *habanera*, o que era verdade, e repetiu-a, senão no todo, pelo menos nas partes essenciais.

Invenção — É muitas vezes bem difícil, quando se ouve um improvisador, distinguir o que é invenção do que é reprodução, pela memória, de árias e trechos musicais já ouvidos. É certo, entretanto, que, quando Pepito se põe a improvisar, raras vezes lhe falha a inspiração e acha, muitas vezes, melodias extremamente interessantes, que pareceram mais ou menos originais a todos os assistentes. Há uma introdução, um meio, um fim; há, ao mesmo tempo, uma variedade e uma riqueza de sons que talvez admirassem, se se tratasse de um músico de profissão, *mas que, numa criança de três anos e meio, causam verdadeira estupefação.*

Desde essa época prosseguiu o jovem artista o curso dos seus triunfos cada vez maiores. Tendo-se feito violinista incomparável, causa a admiração do mundo musical com o seu talento prematuro.

Deu também muitos concertos em Leipzig e representações musicais em S. Petersburgo.[166]

Assinalavam de Rennes, a 28 de novembro de 1911, ao *Le Matin*, o caso de outra criança musicista:

> Nossa cidade possui um novo Mozart. Esse pequeno prodígio, filho de um empregado da Posta, nasceu em Rennes a 8 de outubro de 1904; tem, pois, 7 anos e dois meses. O jovem René Guillon, tal é o nome dessa criança extraordinária, compõe, não obstante sua idade, e executa ao piano sinfonias, sonatas, melodias, fugas, duos para piano e violão, duos para violões. Ainda *bebê* já parecia com disposições para o desenho; sentiu inclinação muito viva para a música, em seguida à audição da *Marcha Fúnebre* de Chopin, executada pela banda do 41º de Linha. Posto que nunca tivesse tocado um único instrumento, assim que entrou em casa dos pais, pôs-se ao piano e executou a célebre peça.
>
> Desde esse momento, começou a compor, ao correr da inspiração, pedaços de música que fazem a admiração dos professores do Conservatório.

---

[166] Prof. Charles Richet — *Annales des Sciences Psychiques*, abr. 1908, p. 98.

Ajuntemos a essa lista dos meninos músicos o nome de Willy Ferreros que, com a idade de 4 anos e meio, dirigia com maestria a orquestra do *Folies-Bergère*, de Paris, depois a do Cassino de Lyon. Eis o que a seu respeito nos diz, no número de 17 de fevereiro de 1911, a revista *Comédia*:

> É um homenzinho que traz já garbosamente o traje negro, as calças de cetim, o colete branco e as botinas de verniz. Tendo na mão a batuta, dirige com desembaraço, segurança e precisão incomparáveis uma orquestra de 80 músicos, sempre atento às menores particularidades, escrupuloso observador do ritmo...
>
> Há dias, ao acaso de uma viagem ao meio-dia (sul da França), o Sr. Clément Baunel descobriu esse pequeno prodígio; entusiasmou-se com tal instinto musical e trouxe o menino para Paris, que conquistou desde ontem à tarde. Ao correr da revista do *Folies-Bergère*, Willy Ferreros regeu, com os *Cadets* de Souza, a *Sylvia*, de Léo Delibes. Foi um extraordinário acontecimento.

O *Intransigeant*, de 22 de junho de 1911, acrescenta que ele é igualmente admirável na direção das *Sinfonias* de Haydn, na marcha do *Tannhauser* e na *Dança de Anitra*, de Grieg.

Citemos também *Le Soir*, de Bruxelas,[167] na enumeração que faz de algumas crianças notáveis de além-mar:

> Entre os rapazes prodígios do Novo Mundo, devemos citar um, o engenheiro George Steuber, que conta 13 primaveras, e Harry Dugan, que ainda não completou 9 anos. Harry Dugan acaba de fazer uma excursão de 1.000 milhas (cerca de 1.600 quilômetros) através da República estrelada, onde realizou negócios colossais para a casa que representa.
>
> Por mais incrível que pareça, a Universidade de Nova Orleans acaba de passar diploma de médico a um estudante com 5 anos, chamado Willie Gwin. Os examinadores declararam depois, em sessão pública, que o novel esculápio era o mais sábio osteólogo a que haviam passado diploma. Willie Gwin é filho de um médico conhecido.

---

[167] Número de 25 de julho de 1900.

A este propósito, os jornais transatlânticos publicam uma lista de meninos-prodígio. Um deles, mal contando 11 anos, fundou recentemente um jornal intitulado *The Sunny Home*, cuja tiragem, no terceiro número, era já de 20.000 exemplares. Pierre Loti e Sully Prudhomme são colaboradores do Chatterton americano.

Entre os pregadores célebres dos Estados Unidos, cita-se o jovem Dennis Mahan, de Montana, que, desde 6 anos, causava pasmo aos fiéis pelo seu profundo conhecimento das Escrituras e pela eloquência da sua palavra.

* * *

Juntemos a esta lista o nome do famoso engenheiro sueco Ericson, que, aos 12 anos, era inspetor no grande canal marítimo de Suez e tinha às suas ordens 600 operários.[168]

Voltemos ao problema das crianças-prodígio e examinemo-lo nos seus diferentes aspectos. Duas hipóteses foram aventadas para explicá-lo: a hereditariedade e a mediunidade.

A hereditariedade é, ninguém o ignora, a transmissão das propriedades de um indivíduo aos seus descendentes; as influências hereditárias são consideráveis nos dois pontos de vista, físico e psíquico. A transmissão do temperamento, dos traços do caráter e da inteligência de pais a filhos, é muito sensível em certas pessoas. Por diferentes títulos, encontramos em nós não somente as particularidades orgânicas dos nossos progenitores diretos ou dos nossos antepassados, mas também suas qualidades ou seus defeitos.

No homem atual, revive a misteriosa linhagem inteira de seres, de cujos esforços seculares para uma vida mais elevada e completa ele é o resumo; mas, a par das analogias, há divergências mais consideráveis. Os membros de uma mesma família, posto que apresentando semelhanças, traços comuns, oferecem também, às vezes, diferenças que se destacam bem. O fato pode ser verificado por toda parte, ao redor de nós, em cada família, em irmãos e irmãs e até em gêmeos. Muitos destes, de semelhança física nos primeiros anos, a ponto de custar a diferençá-los um do outro, apresentam no decurso do seu desenvolvimento diferenças sensíveis de feições, caráter e inteligência.

---

[168] Dr. Wahu — *Le Spiritisme dans le Monde*.

Para explicar essas dessemelhanças será, pois, necessário fazer intervir um novo fator na solução do problema; serão os antecedentes do ser, que lhe permitiram aumentar suas faculdades, sua experiência, de vidas em vidas e constituir-se uma individualidade, trazendo um cunho próprio de originalidade e as próprias aptidões.

Só a lei dos renascimentos poderá fazer-nos compreender como certos Espíritos, encarnados, mostram, desde os primeiros anos, a facilidade de trabalho e a assimilação que caracterizam as crianças-prodígio. São os resultados de imensos labores que familiarizaram esses Espíritos com as artes ou as ciências em que primam. Longas investigações, estudos, exercícios seculares deixaram impressas no seu invólucro periespiritual marcas profundas que geram uma espécie de automatismo psicológico. Nos músicos, notadamente, essa faculdade cedo se manifesta, por processos de execução que espantam os mais indiferentes e deixam perplexos sábios como o prof. Charles Richet.

Existem, nesses jovens, reservas consideráveis de conhecimentos armazenados na consciência profunda e que, daí, transbordam para a consciência física, de modo que produzem as manifestações precoces do talento e do gênio. Posto que parecendo anormais, não são, entretanto, mais do que consequência do labor e dos esforços continuados através dos tempos. É a essa reserva, a esse capital indestrutível do ser, que F. Myers chama consciência subliminal e que se encontra em cada um de nós; revela-se não só no senso artístico, científico ou literário, mas também por todas as aquisições do Espírito, tanto na ordem moral, quanto na ordem intelectual.

A concepção do bem, do justo, a noção do dever são muito mais vivas em certos indivíduos e em certas raças do que noutros; não resultam somente da educação atual, como se pode reconhecer por uma observação atenta dos indivíduos nas suas impulsões espontâneas, mas também do cabedal próprio que trazem ao nascer. A educação desenvolve esses germens nativos, faz se expandam e produzam todos os seus frutos; mas, por si só, seria incapaz de incubar tão profundamente aos recém-vindos as noções superiores que lhes dominam toda a existência, o que cotidianamente é verificado nas raças inferiores, refratárias a certas ideias morais e sobre quem a educação pouca influência tem.

Os antecedentes explicam, igualmente, as anomalias estranhas de seres com caráter selvagem, indisciplinado, malfazejo, que aparecem de repente em centros honestos e civilizados. Têm-se visto filhos de boa família cometerem roubos, provocarem incêndios, praticarem crimes com audácia e habilidade consumadas, sofrerem condenações e desonrarem o nome que usavam; em certas crianças citam-se atos de ferocidade sanguinária que não encontram explicação nem nos seus próximos parentes, nem na sua ascendência. Adolescentes, por exemplo, matam os animais domésticos que lhes caem nas mãos, depois de os terem torturado com rematada crueldade.

Em sentido oposto podem registrar-se casos de dedicação, extraordinários pela idade dos que os praticam; salvamentos são efetuados com reflexão e decisão por crianças de dez anos e de menos idade. Tais indivíduos, como os precedentes, parecem trazer para este mundo disposições particulares que não se encontram nos seus parentes. Assim como se veem anjos de pureza e doçura nascerem e crescerem em meios grosseiros e depravados, assim também se encontram ladrões e assassinos em famílias virtuosas, num e noutro caso em condições tais que nenhum precedente atávico pode dar a chave do enigma.

Todos estes fenômenos, na sua variedade infinita, têm sua origem no passado da alma, nas numerosas vidas humanas que ela percorreu; cada um traz ao nascer os frutos da sua evolução, a intuição do que aprendeu, as aptidões adquiridas nos diversos domínios do pensamento e da obra social, na Ciência, no comércio, na indústria, na navegação, na guerra etc.; traz habilidade para tal coisa de preferência a tal outra, segundo a sua atividade se exercitou num ou noutro sentido.

O Espírito tem capacidade para os estudos mais diversos; mas, no curso limitado da vida terrestre, por efeito das condições ambientes, por causa das exigências materiais e sociais, geralmente só se aplica ao estudo de um número restrito de questões e, desde que sua vontade se encaminhou para qualquer dos vastos domínios do saber, em razão das suas tendências e das noções em si acumuladas, sua superioridade neste sentido declara-se e define cada vez mais; repercute de existência em existência, revelando-se, em cada vinda à arena terrestre, por manifestações cada vez mais precoces e mais acentuadas. Daí, as crianças-prodígio e, em forma menos distinta, as vocações, as predisposições nativas; daí, o talento, o gênio, que são o resultado de esforços perseverantes e contínuos para um objetivo determinado.

Que a alma é chamada, todavia, a entrar na posse de todas as formas do saber e não a restringir-se a algumas necessidades de estágios sucessivos, demonstra-se pelo simples fato da lei de um desenvolvimento sem limites. Do mesmo modo que a prova das vidas anteriores é estabelecida pelas aquisições realizadas antes do nascimento, a necessidade das vidas futuras impõe-se como consequência dos nossos atos atuais, consequência que, para campo de ação, exige condições e meios em harmonia com o estado das almas. Atrás de nós temos um infinito de promessas e esperanças; mas, de todo esse esplendor de vida, a maior parte dos homens só vê e só quer ver o mesquinho fragmento da existência atual, existência de um dia, que eles creem sem véspera e sem amanhã. Daí a fraqueza do pensamento filosófico e da ação moral na nossa época.

O trabalho anterior que cada Espírito efetua pode ser facilmente calculado, medido pela rapidez com que ele executa de novo um trabalho semelhante, sobre um mesmo assunto, ou também pela prontidão com que assimila os elementos de uma ciência qualquer. Deste ponto de vista, é de tal modo considerável a diferença entre os indivíduos, que seria incompreensível sem a noção das existências anteriores.

Duas pessoas igualmente inteligentes, estudando determinada matéria, não a assimilarão da mesma forma; uma alcançar-lhe-á à primeira vista os menores elementos, a outra só à custa de um trabalho lento e de uma aplicação porfiada conseguirá penetrá-la. É que uma já tem conhecimento dessa matéria e só precisa recordá-la, ao passo que a outra se encontra pela primeira vez dentro de tais questões. O mesmo se dá com certas pessoas que facilmente aceitam tal verdade, tal princípio, tal ponto de uma doutrina política ou religiosa, ao passo que outras só com o tempo e à força de argumentos se convencem ou deixam de convencer-se. Para umas é coisa familiar ao seu espírito, e estranha para outras. Vimos que as mesmas considerações são aplicáveis à variedade tão grande de caracteres e das disposições morais. Sem a noção das preexistências, a diversidade sem limites das inteligências e das consciências ficaria sendo um problema insolúvel e a ligação dos diferentes elementos do "eu", num todo harmonioso, tornar-se-ia fenômeno sem causa.

O gênio, dizíamos, não se explica pela hereditariedade nem pelas condições do meio. Se a hereditariedade pudesse produzir o gênio, ele seria muito mais frequente. A maior parte dos homens célebres teve ascendentes de inteligência medíocre e sua descendência foi-lhes notoriamente inferior. Sócrates e Joana d'Arc nasceram de famílias obscuras. Sábios ilustres saíram dos centros mais vulgares, por exemplo: Bacon, Copérnico, Galvani, Kepler, Hume, Kant, Locke, Malebranche,

Réaumur, Spinoza, Laplace etc. J.J. Rousseau, filho de um relojoeiro, apaixona-se pela Filosofia e pelas Letras na loja do seu pai; D'Alembert, enjeitado, foi encontrado na soleira da porta de uma igreja e criado pela mulher de um vidreiro. Nem a ascendência nem o meio explicam as concepções geniais de Shakespeare.

Os fatos não são menos significativos, quando consideramos a descendência dos homens de gênio. Seu poder intelectual desaparece com eles, não se encontra em seus filhos. A prole conhecida de tal ou tal grande poeta ou matemático é incapaz das obras mais elementares nestas duas espécies de trabalhos; a maior parte dos homens ilustres teve filhos estúpidos ou indignos. Péricles gerou dois patetas, que foram Parallas e Xântipo. Dessemelhanças de outra natureza, mas igualmente acentuadas, encontram-se em Aristipo e seu filho Lisímaco, em Tucídides e Milésias. Sófocles, Aristarco e Temístocles não foram mais felizes com os filhos. Que contraste entre Germânico e Calígula, entre Cícero e seu filho, Vespasiano e Domiciano, Marco Aurélio e Cômodo!

E que dizer dos filhos de Carlos Magno, de Henrique IV, de Pedro, o Grande, de Goethe, de Napoleão?

Há, contudo, casos em que o talento, a memória, a imaginação, as mais altas faculdades do espírito parecem hereditárias. Essas semelhanças psíquicas entre pais e filhos explicam-se pela atração e simpatia; são Espíritos similares atraídos uns para os outros por inclinações análogas e que antigas relações uniram. *Generans generat sibi simile*[169]. Tal fato pode, no que diz respeito às aptidões musicais, ser verificado nos casos de Mozart e do jovem Pepito, os quais são, no entanto, muito superiores aos seus ascendentes. Mozart brilha entre os seus como um sol entre planetas obscuros. As capacidades musicais da sua família não bastam para fazer-nos compreender que aos quatro anos tenha podido revelar conhecimentos que ninguém lhe havia ensinado e mostrar ciência profunda das leis da harmonia. De todos os Mozart, foi o único que se tornou célebre. Evidentemente as altas Inteligências, a fim de manifestarem com mais liberdade suas faculdades, escolhem, para reencarnar, um meio em que haja comunhão de gostos e em que os organismos materiais se vão, de geração em geração, acomodando às aptidões, cuja aquisição elas prosseguem. Dá-se isso, particularmente, com os grandes músicos, para quem condições especiais de sensação e percepção

---

[169] N.E.: Expressão do latim "aquele que gera, gera um igual a si".

são indispensáveis; mas, na maior parte dos casos, o gênio aparece no seio de uma família, sem antecessor nem sucessor no encadeamento das gerações. Os grandes gênios moralizadores, os fundadores de religiões, Lao-Tsé, Buda, Zaratustra, Cristo e Maomé pertencem a esta classe de Espíritos, à mesma classe pertencem também poderosas Inteligências que tiveram neste mundo os nomes imortais de Platão, Dante, Newton, G. Bruno etc.

Se as exceções fulgurantes ou funestas criadas numa família pelo aparecimento de um homem de gênio ou de um criminoso fossem simples casos de atavismo, dever-se-ia encontrar na genealogia respectiva o avoengo que serviu de modelo, de tipo primitivo a essa manifestação; ora, quase nunca isso se dá, quer num, quer noutro sentido. Poderiam perguntar-nos como conciliaremos estas dessemelhanças com a lei das atrações e das semelhanças, que parece presidir à aproximação das almas? A penetração em certas famílias de seres sensivelmente superiores ou inferiores, que vêm dar ou receber ensinamento, exercer ou sofrer novas influências, é facilmente explicável; pode resultar do encadeamento dos ensinos comuns que, em certos pontos, se tornam a unir e se enlaçam como consequência de afeições ou ódios mútuos do passado, forças igualmente atrativas que reúnem as almas em planos sucessivos na vasta espiral de sua evolução.

* * *

Seria possível explicar pela mediunidade os fenômenos acima apontados? Alguns o tentaram. Nós mesmos, numa obra precedente,[170] reconhecemos que o gênio deve muito à inspiração e que esta é uma das formas da mediunidade. Mas acrescentávamos que, mesmo nos casos em que esta faculdade especial nitidamente se desenha, não se pode considerar o homem de gênio como um simples instrumento, assim como o é, antes de tudo, o médium propriamente dito. O gênio, dissemos nós, é principalmente aquisição do passado, o resultado de pacientes estudos seculares, de lenta e dolorosa iniciação. Estes antecedentes desenvolveram no ser uma profunda sensibilidade que o torna acessível às influências elevadas.

Há diferenças apreciáveis entre as manifestações intelectuais das crianças-prodígio e a mediunidade tomada no seu sentido geral. Esta tem um caráter intermitente, passageiro, anormal. O médium não pode exercer sua faculdade a cada momento, são precisas condições especiais, difíceis,

---
[170] Ver *No invisível*, "A mediunidade gloriosa".

às vezes, de reunir, ao passo que as crianças-prodígio podem utilizar seus talentos a cada passo, constantemente, como nós mesmos o podemos fazer com as nossas próprias aquisições mentais.

Se analisarmos com cuidado os casos apontados, reconheceremos que o gênio dos jovens prodígios lhes é muito pessoal; a aplicação dele é regulada por sua própria vontade. Suas obras, por mais originais e admiráveis que pareçam, ressentem-se sempre da idade de seus autores e não têm o cunho que apresentariam se emanassem de uma alta Inteligência estranha. Há em sua maneira de trabalhar e proceder ensaios, perplexidades, tateamentos, que não se produziriam se eles fossem os instrumentos passivos de uma vontade superior e oculta; foi o que verificamos nomeadamente em Pepito, de cujo caso nos ocupamos mais largamente.

Seria também admissível, sem daí advir enfraquecimento para a doutrina da reencarnação, que em certos indivíduos estas duas coisas — a aquisição pessoal e a inspiração exterior — se combinem e completem uma pela outra.

É sempre a esta doutrina que se deve ir buscar armas quando se trata de atacar, por qualquer lado que seja, o problema das desigualdades. As almas humanas estão mais ou menos desenvolvidas segundo suas idades e, principalmente, segundo o emprego que fizeram do tempo que têm vivido; não fomos todos lançados no mesmo instante ao turbilhão da vida; não temos caminhado todos a passo igual, não temos desfiado todos do mesmo modo o rosário de nossas existências. Percorremos uma estrada infinita. Daí procede a razão por que tão diferentes nos parecem as nossas situações e os nossos valores respectivos; mas para todos o alvo é o mesmo. Sob o açoite das provas, o aguilhão da dor, sobem todos, todos se elevam. A alma não é feita de uma vez só; a si mesma se faz, se constrói através dos tempos. Suas faculdades, suas qualidades, seus haveres intelectuais e morais, em vez de se perderem, capitalizam-se, aumentam, de século para século. Pela reencarnação cada qual vem para prosseguir nesse trabalho, para continuar a tarefa de ontem, a tarefa de aperfeiçoamento que a morte interrompeu. Daí a brilhante superioridade de certas almas que têm vivido muito, granjeado muito, trabalhado muito. Daí os seres extraordinários que aparecem aqui e ali na História e projetam vivos clarões no caminho que a Humanidade percorre. Sua superioridade vem somente da experiência e dos labores acumulados.

Considerada a esta luz, a marcha da Humanidade reveste aspecto grandioso. A Humanidade vai, vagarosamente, saindo da escuridão das idades, emerge das trevas da ignorância e da barbaria e avança pausadamente no meio dos obstáculos e das tempestades; sobe pela via áspera e, a cada volta do caminho, lobriga melhor os altos cimos, as cumeadas luminosas onde imperam a sabedoria, a espiritualidade, o amor.

Esta marcha coletiva é também a marcha individual, a de cada um de nós, porque essa Humanidade somos nós mesmos, são os mesmos seres que, depois de certo tempo de descanso no Espaço, voltam, de século a século, até que estejam preparados para uma sociedade melhor, para um mundo mais belo. Fizemos parte das gerações extintas e havemos de pertencer às gerações futuras. Formamos, na realidade, uma imensa família humana em marcha para realizar o plano divino nela escrito, o plano dos seus magníficos destinos.

Para quem quer prestar atenção, um passado inteiro vive e freme em nós. Se a História, se todas as coisas antigas têm tantos atrativos a nossos olhos, se avivam em nossas almas tantas impressões profundas, às vezes dolorosas, se nos sentimos viver a vida dos homens de outrora, sofrer os seus males, é porque essa história é a nossa. A solicitude com que estudamos, com que agasalhamos a obra de nossos antepassados, as impulsões súbitas que nos levam para tal causa ou tal crença não têm outra razão de ser. Quando percorremos os anais dos séculos, apaixonando-nos por certas épocas, quando todo o nosso ser se anima e vibra às recordações heroicas da Grécia ou da Gália, da Idade Média, das Cruzadas, da Revolução, é o passado que sai da sombra, que se anima e revive. Através da teia urdida pelos séculos, tornamos a encontrar as próprias angústias, as aspirações, os dilaceramentos de nosso ser. Momentaneamente esta recordação está em nós coberta por um véu; mas, se interrogássemos nossa subconsciência, ouviríamos sair das suas profundezas vozes, às vezes vagas e confusas, outras vezes estridentes. Estas vozes falar-nos-iam de grandes epopeias, de migrações de homens, de cavalgadas furiosas que passam como furacões, arrebatando tudo para a escuridão e para a morte, entreter-nos-iam também com as vidas humildes, despercebidas, com as lágrimas silenciosas, com os sofrimentos esquecidos, com as horas pesadas e monótonas passadas a meditar, a produzir, a orar no silêncio dos claustros ou com a vulgaridade das existências pobres e desgraçadas.

A certas horas, um mundo inteiro obscuro, confuso, misterioso acorda e vibra em nós, um mundo, cujos murmúrios, cujos rumores nos comovem e nos inebriam. É a voz do passado. No transe do sonambulismo é ela que nos fala e nos conta as vicissitudes da nossa pobre alma, errante através do mundo; diz-nos que o nosso "eu" atual é feito de numerosas personalidades, que nele se vão juntar como os afluentes num rio; que o nosso princípio de vida animou muitas formas, cuja poeira repousa entre os destroços dos impérios, sob os restos das civilizações extintas. Todas essas existências deixaram, no mais profundo de nós mesmos, vestígios, lembranças, impressões indeléveis.

O homem que se estuda e observa sente que tem vivido e que há de viver; herda de si mesmo, colhendo no presente o que semeou no passado e semeando para o futuro.

Assim se afirmam a beleza e a grandeza da concepção das vidas sucessivas, que vêm completar a Lei de Evolução entrevista pela Ciência. Exercendo sua ação simultaneamente em todos os domínios, ela distribui a cada um, segundo suas obras, e mostra-nos, acima de tudo, essa majestosa Lei do Progresso, que rege o Universo e dirige a vida para estados cada vez mais belos, cada vez melhores.

XVI
As vidas sucessivas. Objeções e críticas

Já respondemos às objeções que, logo à primeira vista, o esquecimento das vidas anteriores traz ao pensamento; resta-nos refutar outras de caráter já filosófico, já religioso, que os representantes das igrejas opõem, de boa mente, à doutrina das reencarnações.

Em primeiro lugar, dizem, essa doutrina é insuficiente sob o ponto de vista moral. Abrindo ao homem tão vastas perspectivas para o futuro, deixando-lhe a possibilidade de reparar tudo nas suas existências vindouras, acoroçoa-o ao vício e à indolência; não oferece estímulo de bastante poder e eficácia para a prática do bem, e, por todas essas razões, é menos enérgico que o temor de um castigo eterno depois da morte.

A teoria das penas eternas não é, como vimos,[171] no próprio pensamento da Igreja, mais do que um espantalho destinado a amedrontar os maus; mas a ameaça do Inferno, o temor dos suplícios, eficaz nos tempos de fé cega, já hoje não reprime a ninguém. No fundo, é uma impiedade para com Deus, de quem se faz um ser cruel, castigando sem necessidade e sem ser para corrigir.

Em seu lugar, a doutrina das reencarnações mostra-nos a verdadeira lei dos nossos destinos e, com ela, a realização do progresso e da justiça no Universo; fazendo-nos conhecer as causas anteriores dos nossos males,

---

[171] *Cristianismo e espiritismo*, cap. X.

põe termo à concepção iníqua do pecado original, segundo a qual toda a descendência de Adão, isto é, a Humanidade inteira, sofreria o castigo das fraquezas do primeiro homem. É por isso que sua influência moral será mais profunda que a das fábulas infantis do inferno e do paraíso; oporá freio às paixões, mostrando-nos as consequências dos nossos atos, recaindo sobre a nossa vida presente e as nossas vidas futuras, semeando nelas germens de dor ou de felicidade. Ensinando-nos que a alma é tanto mais desgraçada quanto mais imperfeita e culpada, estimulará os nossos esforços para o bem. É verdade que é inflexível esta doutrina; mas, pelo menos, proporciona o castigo à culpa e, depois da reparação, fala-nos de reabilitação e esperança. Ao passo que o crente ortodoxo, imbuído da ideia de que a confissão e a absolvição lhe apagam os pecados, afaga uma esperança vã e prepara para si próprio decepções na outra vida, o homem, cuja mente foi iluminada pela nova luz, aprende a retificar o seu proceder, a precatar-se, a preparar com cuidado o futuro.

Há outra objeção que consiste em dizer-se: Se estamos convencidos de que os nossos males são merecidos, de que são consequência da lei de justiça, tal crença terá por efeito extinguir em nós toda a piedade, toda a compaixão pelos sofrimentos alheios; sentir-nos-emos menos inclinados a socorrer, a consolar nossos semelhantes; deixaremos livre curso às suas provações, pois que devem ser para eles uma expiação necessária e um meio de adiantamento.[172] Essa objeção é especiosa; emana de fonte interessada.

Consideremos, primeiramente, a questão sob o ponto de vista social, examiná-la-emos, depois, no sentido individual. O Moderno Espiritualismo ensina-nos que os homens são solidários uns com os outros, unidos por uma sorte comum. As imperfeições sociais, de que todos mais ou menos sofremos, são o resultado de nossos erros coletivos no passado. Cada um de nós traz a sua parte de responsabilidade e tem o dever de trabalhar para o melhoramento do destino geral.

---

[172] Foi, igualmente, o que Taine exprimiu nos seus *Nouveaux Essais de Critique et d'Histoire* por estes termos: "Se se acreditar que os desgraçados só o são em castigo das suas faltas, de que servirão, nesse caso, a caridade e a fraternidade? Poder-se-á ter compaixão de um doente que está sofrendo e que desespera; mas não haverá propensão para ter-se menos pena de um culpado? Ainda mais, a comiseração deixa de ter razão de ser, seria uma falta, em virtude de ser a Justiça de Deus afirmando-se e exercendo-se nos sofrimentos dos homens. Com que direito havíamos, pois, de contrariar e pôr obstáculos à Justiça Divina? A própria escravidão é legítima e quanto mais castigados, mais humilhados são os homens pelo destino, tanto mais se deve crer na sua decadência e punição".
É de admirar que um espírito tão penetrante como o de Hyppolyte Taine se tenha colocado em ponto de vista tão acanhado para enfrentar tão grave problema.

A educação das almas humanas obriga-as a ocupar situações diversas. Todas têm de passar alternadamente pela prova da riqueza e pela da pobreza, do infortúnio, da doença, da dor.

A todas as misérias deste mundo que não o atingem o egoísta fica alheio e diz: "Depois de mim, o dilúvio!" Crê que a morte o subtrai à ação das leis terrestres e às convulsões da sociedade. Com a reencarnação, muda o ponto de vista. Será forçoso voltar e sofrer os males que contávamos legar aos outros. Todas as paixões, todas as iniquidades que tivermos tolerado, animado, sustentado, seja por fraqueza, seja por interesse, voltar-se-ão contra nós. O meio social em prol do qual nada tivermos feito constranger-nos-á com toda a força dos seus braços. Quem esmagou, quem explorou os outros será, por sua vez, explorado, esmagado; quem semeou a divisão, o ódio, sofrer-lhes-á os efeitos: o orgulhoso será desprezado e o espoliador espoliado; aquele que fez sofrer sofrerá. Se quiserdes assentar em bases firmes o vosso próprio futuro, trabalhai, pois, desde já, em aperfeiçoar, em melhorar o meio em que haveis de renascer; pensai na vossa própria reforma: é o que é indispensável fazer-se para que as misérias coletivas sejam vencidas pelo esforço de todos. Aquele que, podendo ajudar os seus semelhantes, deixa de fazê-lo, falta à lei de solidariedade.

Quanto aos males individuais, diremos, colocando-nos em outro ponto de vista: "Não somos juízes das medidas exatas onde começa e onde acaba a expiação". Sabemos, porventura, quais são os casos em que há expiação? Muitas almas, sem serem culpadas, mas ávidas de progresso, pedem uma vida de provas para mais rapidamente efetuarem sua evolução. O auxílio que devemos a estas almas pode ser uma das condições de seu destino, como do nosso, e é possível que estejamos adrede colocados em seu caminho para as aliviar, esclarecer, confortar. Sempre que se nos ofereça o mínimo ensejo de nos tornarmos úteis e prestativos e deixamos de o ser, há de nossa parte mau cálculo, porquanto todo bem, todo mal feito remontam à sua origem com os seus efeitos.

"Fora da caridade não há salvação", disse Allan Kardec. Tal é o preceito por excelência da moral espírita. O sofrimento, onde quer que se manifeste, deve encontrar corações compassivos prontos a socorrer e consolar. A caridade é a mais bela das virtudes; só ela dá acesso aos mundos felizes.

* * *

Muitas pessoas para quem a vida foi rude e difícil aterram-se com a perspectiva de a renovarem indefinidamente. Esta longa e penosa ascensão através dos tempos e dos mundos enche de pavor aqueles que, tomados de fadiga, contam com um descanso imediato e uma felicidade sem-fim. É certo que se precisa ter têmpera n'alma para contemplar sem vertigem essas perspectivas imensas. A concepção católica era mais sedutora para as almas tímidas, para os Espíritos indolentes, que, segundo ela, poucos esforços tinham a fazer para alcançar a salvação. A visão do destino é formidável. Só Espíritos vigorosos podem considerá-lo sem fraquejar, encontrar na noção do destino o incentivo necessário, a compensação dos pequenos hábitos confessionais, a calma e a serenidade do pensamento.

Uma felicidade, que é preciso conquistar à custa de tantos esforços, amedronta mais do que atrai as almas humanas, fracas ainda em grande parte e inconscientes do seu magnífico futuro. A verdade, porém, está acima de tudo! Aqui, portanto, não estão em jogo as nossas conveniências pessoais. A Lei, agrade ou não, é lei! É dever nosso subordinar-lhe os nossos desígnios e atos, e não lhe pertence, a ela, dobrar-se às nossas exigências.

A morte não pode transformar um Espírito inferior em Espírito elevado. Somos, nesta como na outra vida, o que nos fizemos, intelectual e moralmente. Isto é demonstrado por todas as manifestações espíritas. Há quem diga, entretanto, que só as almas perfeitas penetrarão nos reinos celestes, e, por outro lado, restringem os meios de aperfeiçoamento ao círculo de uma vida efêmera. Pode alguém vencer suas paixões, modificar seu caráter durante uma única existência? Se alguns o têm conseguido, que pensar da multidão dos seres ignorantes e viciosos que povoam nosso planeta? É admissível que sua evolução se restrinja a essa curta passagem pela Terra? Onde encontrarão também, os que se tornaram culpados de grandes crimes, as condições necessárias à reparação? Se não fosse nas reencarnações ulteriores, tornaríamos forçosamente a cair no labirinto do inferno, mas um inferno perpétuo é tão impossível como um paraíso eterno, porque não há ato, por mais louvável, nem crime, por mais horrendo, que produza uma eternidade de recompensas ou de castigos!

Basta considerarmos a obra da Natureza, desde a origem dos tempos, para verificarmos por toda a parte a lenta e tranquila evolução dos seres e das coisas, que tanto se ajusta ao Poder eterno e que todas as vozes do Universo proclamam. A alma humana não escapa a esta regra soberana. Ela é a síntese, o remate deste esforço prodigioso; o último anel da cadeia que se desenrola desde as mais profundas camadas da vida e cobre o globo inteiro. Não é no homem que se resume toda a evolução dos reinos inferiores e que aparece fulgente o princípio sagrado da perfectibilidade? Não é este princípio a sua própria essência e como que o selo divino impresso em sua natureza? E, se assim é, como admitir que a inteligência humana possa estar colocada fora das leis imponentes, emanadas da Causa Primária das Inteligências?

A onda de vida que rola suas águas através das idades para chegar ao ser humano, e que, em seu curso, é dirigida pela lei grandiosa da evolução, pode ir terminar na imobilidade? Por toda a parte — na Natureza e na História — está escrito o princípio do progresso. Todo movimento que ele imprime às forças em ação no nosso mundo vai ter ao homem. Pode, pois, pretender-se que a parte essencial do homem, o seu "eu", a sua consciência, escape à lei de continuidade e progressão? Não! A lógica, sem falar dos fatos, demonstra que a nossa existência não pode ser única. O drama da vida não pode constar de um só ato; é-lhe indispensável uma continuação, um prolongamento, pelos quais se explicam e esclarecem as incoerências aparentes e as obscuridades do presente; requer um encadeamento de existências solidárias umas das outras, realçando o plano e a economia que presidem aos destinos dos seres humanos.

Resultará daí estarmos condenados a um labor ímprobo e incessante? A lei de ascensão recua indefinidamente o período de paz e descanso? De modo nenhum. À saída de cada vida terrestre, a alma colhe o fruto das experiências adquiridas; aplica as suas forças e faculdades ao exame da vida íntima e subjetiva; procede ao inventário da sua obra terrestre, assimila as partes úteis e rejeita o elemento estéril. É a primeira ocupação na outra vida, o trabalho por excelência de recapitulação e análise. O recolhimento entre os períodos de atividade terrestre é necessário, e todo ser que segue a vida normal dele recebe, a seu turno, os benefícios.

Dizemos recolhimento porque, na realidade, o Espírito, no estado livre, ignora o descanso; a atividade é sua própria natureza. Essa atividade não é visível no sono? Só os órgãos materiais de transmissão sentem fadiga e pouco a pouco periclitam. Na vida do Espaço são desconhecidos esses obstáculos; o Espírito pode consagrar-se, sem incômodo e sem coação, até a hora da reencarnação, às missões que lhe cabem.

O regresso à vida terrestre é para ele como que um rejuvenescimento. Em cada renascimento a alma reconstitui para si uma espécie de virgindade. O esquecimento do passado, qual Letes[173] benfazejo e reparador, torna a fazer dela um ser novo, que repete a ascensão vital com mais ardor. Cada vida realiza um progresso, cada progresso aumenta o poder da alma e aproxima-a do estado de plenitude. Esta lei mostra-nos a vida eterna em sua amplitude. Todos nós temos um ideal a realizar — a beleza suprema e a suprema felicidade. Encaminhamo-nos para este ideal com mais ou menos rapidez segundo a impulsão dos nossos ímpetos e a intensidade dos nossos desejos. Não existe nenhuma predestinação; nossa vontade e nossa consciência, reflexo vivo da norma universal, são nossos árbitros. Cada existência humana estabelece as condições do que se há de seguir. Seu conjunto constitui a plenitude do destino, isto é, a comunhão com o Infinito.

* * *

Perguntam-nos muitas vezes: "Como podem a expiação e o resgate das faltas passadas ser meritórios e fecundos para o Espírito reencarnado, se este, esquecido e inconsciente das causas que o oprimem, ignora atualmente o fim e a razão de ser de suas provações?"

Vimos que o sofrimento não é forçosamente uma expiação. Toda a Natureza sofre; tudo o que vive, a planta, o animal e o homem, está sujeito à dor. O sofrimento é, principalmente, um meio de evolução, de educação; mas, no caso em questão, é preciso lembrar que se deve estabelecer distinção entre a inconsciência atual e a consciência virtual do destino no Espírito reencarnado.

Quando o Espírito compreende, à luz intensa do Além, que lhe é absolutamente necessária uma vida de provações para apagar os lamentáveis resultados de suas existências anteriores, esse mesmo Espírito, num movimento de plena inteligência e plena liberdade, escolhe ou aceita espontaneamente a reencarnação futura com todas as consequências que ela acarreta, aí compreendido o esquecimento do passado, que se segue ao ato da reencarnação. Esta vista inicial, clara e completa, do seu destino no momento preciso em que o Espírito aceita o renascimento, basta amplamente para estabelecer a consciência, a responsabilidade e o mérito dessa nova vida. Dela conserva

---

[173] N.E.: Segundo a mitologia grega, é um dos rios do Hades cujas águas provocam completo esquecimento em quem as bebe ou as toca.

ele neste mundo a intuição velada, o instinto adormecido, que a menor reminiscência, o menor sonho bastam para acordar e fazer reviver.

É por esse laço invisível, mas real e possante, que a vida atual se liga à vida anterior do mesmo ser e constitui a unidade moral e a lógica implacável de seu destino. Se, já o demonstramos, não nos lembramos do passado, é porque, as mais das vezes, nada fazemos para despertar as recordações adormecidas, mas a ordem das coisas não deixa por isso de subsistir, nenhum elo da cadeia magnética do destino se obliterou e, ainda menos, se quebrou.

O homem de idade madura não se lembra do que fez na meninice. Deixa por isso de ser a criancinha de outrora e de lhe realizar as promessas? O grande artista que, ao entardecer de um dia de labor, cede ao cansaço e adormece não retém durante o sono o plano virtual, a visão íntima da obra que vai prosseguir, que vai continuar, assim que acordar? Acontece o mesmo com o nosso destino, que é uma lide constante entrecortada, muitas vezes, em seu curso, por sonos, que são, na realidade, atividades de formas diferentes, abrilhantadas por sonhos de luz e beleza!

A vida do homem é um drama lógico e harmônico, cujas cenas e decorações mudam, variam ao infinito, mas não se apartam nunca, um só instante, da unidade do objetivo nem da harmonia do conjunto. Só quando voltarmos para o Mundo Invisível é que compreenderemos o valor de cada cena, o encadeamento dos atos, a incomparável harmonia do todo em suas ligações com a Vida e a Unidade universais.

Sigamos, pois, com fé e confiança, a linha traçada pela Mão infalível. Dirijamo-nos aos nossos fins, como os rios se dirigem para o mar – fecundando a terra e refletindo o céu.

* * *

Há mais duas objeções que reclamam a nossa atenção: "Se a teoria da reencarnação fosse verdadeira", diz Jacques Brieu no *Moniteur des Études Psychiques*, "o progresso moral deveria ser sensível desde o começo dos tempos históricos. Ora, sucede coisa muito diferente; os homens de hoje são tão egoístas, tão violentos, tão cruéis e tão ferozes como o eram há dois mil anos".[174]

É uma apreciação exagerada. Ainda que a consideremos como exata, nada prova contra a reencarnação. Sabemos que os melhores homens, aqueles que depois de uma série de existências alcançaram certo grau de

---
[174] Número de 5 de maio de 1901, p. 298.

perfeição, prosseguem a sua evolução em mundos mais adiantados e só voltam à Terra, excepcionalmente, na qualidade de missionários; por outro lado, contingentes de Espíritos, vindos de planos inferiores, cotidianamente se vão juntando à população do globo.

Como estranhar, nestas condições, que o nível moral se eleve muito pouco?

Segunda objeção. A doutrina das vidas sucessivas, espalhando-se na Humanidade, produz abusos inevitáveis.

Não sucede o mesmo com todas as coisas no seio de um mundo pouco adiantado, cuja tendência é corromper, desnaturar os ensinamentos mais sublimes, acomodá-los a seus gostos, paixões e vis interesses?

O orgulho humano pode encontrar aí fartas satisfações e, com a ajuda dos Espíritos zombeteiros ou da sugestão automática, assiste-se, por vezes, às revelações mais burlescas. Assim como muita gente tem a pretensão de descender de ilustre estirpe, assim também, entre os teósofos e os espíritas, encontra-se muito crente vaidoso convencido de ter sido tal ou qual personagem célebre do passado.

"Em nossos dias", diz Myers,[175] "Anna Kingsford e Edward Maitland pretendiam ser nada menos do que a Virgem Maria e São João Batista".

Pelo que pessoalmente me diz respeito, conheço por esse mundo afora umas dez pessoas que afirmam ter sido Joana d'Arc. Seria um nunca acabar se fosse preciso enumerar todos os casos deste gênero. Não obstante, é possível encontrar neste terreno alguma parcela de verdade.

Como havemos, porém, de joeirá-lo dos erros? Em tais matérias, precisamos entregar-nos a uma análise atenta e passar tais revelações pelo crivo de uma crítica rigorosa; investigar primeiramente se a nossa individualidade apresenta traços salientes da pessoa designada, reclamar depois, da parte dos Espíritos reveladores, provas de identidade no tocante a tais personalidades do passado e a indicação de particularidades e de fatos desconhecidos, cuja verificação seja possível fazer ulteriormente.

Convém observar que esses abusos, como tantos outros, não derivam da natureza da causa incriminada, mas da inferioridade do meio em que ela exerce sua ação. Tais abusos, frutos da ignorância e de uma falsa apreciação, hão de diminuir de importância e desaparecer com o tempo, graças a uma educação mais sólida e mais prática.

---

[175] *La Personnalité Humaine*, p. 331.

* * *

Continua a subsistir uma última dificuldade. É a que resulta da contradição aparente dos ensinamentos espíritas a respeito da reencarnação. Por muito tempo, nos países anglo-saxônios, as mensagens dos Espíritos não falavam dela, muitas até a negaram, e isto serviu de argumento capital para os adversários do Espiritismo.

Já, em parte, respondemos a esta objeção. Dissemos então que essa anomalia se explicava pela necessidade em que se achavam os Espíritos de contemporizar, a princípio, com preconceitos religiosos muito inveterados em certos pontos. Nos países protestantes, hostis à reencarnação, foram deixados voluntariamente na penumbra, para serem divulgados com o tempo, quando fosse julgado oportuno, vários pontos da Doutrina. Com efeito, passado esse período de silêncio, vemos as afirmações espíritas em favor das vidas sucessivas produzirem-se hoje nos países de além-mar com a mesma intensidade que nos países latinos. Houve graduação em alguns pontos do ensino; não houve contradição.

As negações derivam quase sempre de Espíritos muito pouco adiantados, para saberem e poderem ler em si mesmos e discernir o futuro que os espera. Sabemos que estas almas passam pela reencarnação sem a preverem e, chegada a hora, são imersas na vida material como num sonho anestésico.

Os preconceitos de raça e de religião, que, na Terra, exerceram influência considerável nesses Espíritos, continuam a exercê-la na outra vida. Enquanto a entidade elevada sabe facilmente libertar-se deles com a morte, as menos adiantadas ficam por muito tempo dominadas por eles.

A lei dos renascimentos foi, no Novo Continente, considerada, por causa dos preconceitos de cor, debaixo de aspecto muito diferente daquele por que o foi no antigo mundo, onde velhas tradições orientais e célticas haviam depositado seu gérmen no fundo de muitas almas. Produziu logo a princípio tal choque, levantou tanta repulsão, que os Espíritos dirigentes do movimento julgaram mais prudente contemporizar.

Deixaram, primeiramente, disseminar-se a ideia em meios mais bem preparados, para, daí, ir lavrando até aos centros refratários por diferentes caminhos, visíveis e ocultos, e, sob a ação simultânea dos agentes dos dois mundos, infiltrar-se neles paulatinamente, como está sucedendo no momento presente.

A educação protestante não deixa no pensamento dos crentes ortodoxos lugar algum para a noção das vidas sucessivas. No seu modo de pensar, a alma, por ocasião da morte, é julgada e fixada definitivamente ou no paraíso ou no inferno. Para os católicos, existe um termo médio: é o purgatório, lugar indefinido, não circunscrito, onde a alma tem de expiar suas faltas e purificar-se por meios incertos. Esta concepção é um encaminhamento para a ideia dos renascimentos terrestres. O católico pode assim relacionar as crenças antigas com as novas, ao passo que o protestante ortodoxo se vê na necessidade de fazer tábua rasa e de edificar no seu entendimento doutrinas absolutamente diferentes das que lhe foram sugeridas por sua religião. Daí, a hostilidade que o princípio das vidas múltiplas encontrou logo de princípio nos países anglo-saxônicos adesos ao Protestantismo; daí, os preconceitos que persistem, mesmo depois da morte, numa certa categoria de Espíritos.

Vimos que, na atualidade, pouco a pouco se vai produzindo uma reação, a crença nas vidas sucessivas vai ganhando todos os dias mais algum terreno nos países protestantes, à medida que a ideia do inferno se lhes vai tornando estranha. Conta já, na Inglaterra e na América, numerosos partidários; os principais órgãos espíritas desses países adotaram-na, ou pelo menos a discutem com uma imparcialidade de bom quilate. Os testemunhos dos Espíritos em seu favor, tão raros no princípio, multiplicam-se hoje. Demos alguns exemplos.

Em Nova Iorque foi publicada, em 1905, uma obra importante com o título *The Widow's Mite*, na qual se fala da reencarnação. O autor, Sr. Funck, é, diz J. Colville, na *Light*,

> [...] homem muito conhecido e altamente respeitado nos centros literários americanos como o mais antigo sócio da firma comercial Funck and Wagnalls, editora do famoso *Standard Dictionary*, cuja autoridade é reconhecida em toda parte onde se fala inglês.
> É um homem prudente, que, passo a passo e com as maiores precauções, chegou à conclusão de que a telepatia e a comunicação com os Espíritos estão, de ora em diante, demonstradas. Tomou como princípio pesar toda aparência de prova que se apresente e, graças a isso, chegou, após vinte e cinco anos de observações conscienciosas, a editar uma obra que provocará, com certeza, em muitos espíritos, convicção mais profunda do que provocaria se ele tivesse ligado atenção menos escrupulosa às minúcias. Esse livro contém uma grande variedade de fenômenos

psíquicos observados nas condições mais variadas e relatados com o maior cuidado por uma testemunha cética a princípio, e merece lugar elevado na literatura especial.

Na obra de que se trata, o autor expõe, primeiramente, as condições de experimentação:

> O leitor deve considerar que a médium é uma senhora de idade, sem instrução, e a quem, tendo-a encontrado já nuns 40 círculos, tivemos todo o vagar de estudar sob o ponto de vista moral. Na presente ocasião estou absolutamente convencido de que ela não tinha nenhum cúmplice. A primeira comunicação, de natureza muito elevada, dizia respeito às Leis da Natureza; deixamo-la de parte, apesar do seu interesse, e chegamos à segunda, que tratava da reencarnação. A voz do Espírito guia do grupo, Amos, fazendo-se ouvir, disse:
> — Está aqui um Espírito luminoso que hoje vos apresento; vem dar-vos esclarecimentos a respeito da reencarnação, que foi o objeto de uma de vossas perguntas; é um Espírito muito elevado que consideramos como instrutor para nós mesmos, e vem a instâncias nossas. Estais lembrados de que as perguntas que haveis feito, em várias reuniões, não receberam resposta satisfatória; por isso recorremos a ele, que consentiu em vir. Sinto vivamente que o prof. Hyslop esteja ausente, já que fez várias perguntas a este respeito, em outra ocasião.
> Uma voz, muito mais forte que a precedente e absolutamente diversa, toma assim a palavra:
> — Meus amigos, *a reencarnação é a lei do desenvolvimento do Espírito na via do seu progresso (e todos devemos progredir, lentamente, é verdade, com pausas mais ou menos prolongadas, desenvolvimento que demanda longos séculos)*. Vem um momento em que o Espírito torna a nascer, entrando em outra esfera mais elevada da sua existência. Não falo somente da reencarnação na Terra. Não é frequente que um Espírito *elevado*, que tenha vivido na Terra, torne a nascer nela. Algumas vezes, no entanto, os Espíritos são afeiçoados à Terra e aos seus atrativos, e tornam a tomar corpos humanos e a viver outra vez na Terra; mas isso não é necessário para os Espíritos elevados. Os progressos são mais rápidos no corpo espiritual e nas regiões onde nos achamos do que nas condições da vida

terrena. O que acabamos de dizer é aplicável a cada uma das esferas que sucessivamente percorremos.

Diz, depois, que Jesus desceu de uma esfera superior para desempenhar missão junto aos homens e trazer-lhes a Verdade.

Friedrich Myers, na sua obra magistral *La Personnalité Humaine; sa Survivance* (edição inglesa) capítulo X, § 1.011, exprime opinião análoga:

> Nosso novo conhecimento, "em psiquismo", confirmando o pensamento antigo, confirma também, em relação ao Cristianismo, as narrativas das aparições do Cristo depois da morte e faz-nos entrever a possibilidade da *reencarnação* benfazeja de Espíritos que atingiram um nível mais elevado que o homem.

Depois, na página 403:

> Das três hipóteses que têm por objetivo explicar o mistério das variações individuais, do aparecimento de qualidades e propriedades novas, a teoria das reminiscências de Platão parece-nos a mais verossímil, com a condição de assentar a base nos dados científicos estabelecidos em nossos dias.

E à página 329:

> A doutrina da reencarnação nada encerra que seja contrário à melhor razão e aos instintos elevados do homem. Não é, decerto, fácil estabelecer uma teoria firmando a criação direta de Espíritos em fases de adiantamento tão diversas como aquelas em que tais Espíritos entram na vida terrena, com a forma de homens mortais; *deve* existir certa continuidade, certa forma de passado espiritual. Por enquanto, nenhuma prova possuímos em favor da reencarnação.

Myers não conhecia as experiências recentes de que falamos no capítulo XIV; no entanto (p. 407), afirma novamente: "*a evolução gradual* (das almas) *tem estágios numerosos,* aos quais é impossível assinalar um limite".

Mais recentemente, as *Cartas do mundo dos espíritos*, de *Lord* Carlingford, publicadas na Inglaterra, admitem as reencarnações como consequência necessária da Lei de Evolução.

A doutrina das vidas sucessivas vai-se insinuando mansamente, na atualidade, por toda a parte, do outro lado da Mancha. Aí vemos um filósofo como o professor Taggart adotá-la de preferência às outras doutrinas espiritualistas e declarar, como o fizera Hume antes dele, que "ela é a única que apresenta vistas razoáveis acerca da imortalidade".

No último congresso da Igreja Anglicana, em Weymouth, o venerável arcediago Colley, reitor de Stockton (Warwickshire), fez uma conferência sobre a reencarnação, em sentido favorável. Este fato indica-nos que as novas ideias abrem brecha até no seio das igrejas da Inglaterra (*Light of Truth*).

Enfim, em seu discurso de abertura, como presidente da *Society for Psychical Research*, o rev. W. Boyd-Carpenter, bispo de Ripon, a 23 de maio de 1912, diante de seleto e distinto auditório, fez ressaltar a utilidade das pesquisas psíquicas, a fim de se obter um conhecimento mais completo do "eu" humano e precisar as condições de sua evolução. "O interesse desse discurso", dizem os *Annales des Sciences Psychiques*, de maio de 1912, "reside especialmente nisto: o ver-se aí um alto dignitário da Igreja Anglicana afirmar, como certos padres da Igreja, a preexistência da alma e aderir à teoria da evolução e das existências múltiplas".

XVII
As vidas sucessivas. Provas históricas

Seria incompleto nosso estudo, se não volvêssemos rápida vista para o papel que representou na História a crença nas vidas sucessivas. Esta doutrina domina toda a Antiguidade. Vamos encontrá-la no âmago das grandes religiões do Oriente e nas obras filosóficas mais puras e elevadas. Guiou na sua marcha as civilizações do passado e perpetuou-se de idade em idade. Apesar das perseguições e dos eclipses temporários, reaparece e persiste através dos séculos em todos os países.

Oriunda da Índia, espalhou-se pelo mundo. Muito antes de terem aparecido os grandes reveladores dos tempos históricos, era ela formulada nos Vedas e notadamente no Bhagavad-Gita. O Bramanismo e o Budismo nela se inspiraram e, hoje ainda, seiscentos milhões de asiáticos — o dobro do que representam todas as agremiações cristãs reunidas — creem na pluralidade das existências.

O Japão mostrou-nos, há pouco, o poder de tais crenças num povo. A coragem magnífica, o espírito de sacrifício que os japoneses mostram em frente da morte, a sua impassibilidade em presença da dor, todas estas qualidades dominadoras, que fizeram a admiração do mundo em circunstâncias memoráveis, não tiveram outra causa.

Depois da batalha de Tsushima, diz-nos o *Journal*, numa cena de melancolia grandiosa, diante do Exército reunido no cemitério de

Aoyama, em Tóquio, o almirante Togo falou, em nome da nação, e dirigiu-se aos mortos em termos patéticos. Pediu às almas desses heróis que "protegessem a Marinha japonesa, frequentassem os navios e *reencarnassem* em novas equipagens".[176]

Se, com o Prof. Izoulet, comentando no Colégio de França a obra do autor americano Alf. Mahan sobre o Extremo Oriente, admitirmos que a verdadeira civilização está no ideal espiritual e que, sem ele, os povos caem na corrupção e na decadência, o Japão, força será reconhecê-lo, está destinado a um grande futuro.

Voltemos à Antiguidade. O Egito e a Grécia adotaram a mesma doutrina. À sombra de um simbolismo mais ou menos obscuro, esconde-se por toda a parte a universal palingenesia.

A antiga crença dos egípcios é-nos revelada pelas inscrições dos monumentos e pelos livros de Hermes:

"Tomada na origem", diz-nos o Sr. de Vogue, "a doutrina egípcia apresenta-nos a *viagem às terras divinas* como uma série de provas, ao sair das quais se opera a ascensão na luz"; mas o conhecimento das leis profundas do destino estava reservado só para os adeptos.[177]

No seu recente livro, *La Via et la Mort*, A. Dastre exprime-se assim:[178]

> No Egito a doutrina das transmigrações era representada por imagens hieráticas surpreendentes. Cada ser tinha o seu *duplo*. Ao nascer, o egípcio é representado por duas figuras. Durante a vigília as duas individualidades se confundem numa só; mas, durante o sono, ao passo que uma descansa e restaura os órgãos, a outra se lança no país dos sonhos. Não é, entretanto, completa essa separação; só o será pela morte ou, antes, a separação completa é que será a própria morte. Mais tarde este duplo ativo poderá vir vivificar outro corpo terrestre e ter, assim, uma nova existência semelhante.

Na Grécia vai-se encontrar a doutrina das vidas sucessivas nos poemas órficos; era a crença de Pitágoras, de Sócrates, de Platão, de Apolônio e de Empédocles. Com o nome de metempsicose[179] falam dela muitas vezes

---

[176] Ver o *Journal* de 12 de dezembro, artigo do Sr. Ludovic Nandeau, testemunha da cerimônia. Ver, principalmente, *Iamato Damachi*, ou a alma japonesa, e o livro do professor americano Hearn, matriculado em uma universidade japonesa: *Kakoro, ou a ideia da preexistência*.
[177] Ver *Depois da morte*, cap. 1 e 3.
[178] Citação de P.-C. Revel, *Le Hasard, sa Loi et ses Conséquences*, p. 193.
[179] O vulgo não quer ver hoje na metempsicose mais do que a passagem da alma humana para o corpo de

nas suas obras em termos velados, porque, em grande parte, estavam ligados pelo juramento iniciático; contudo, ela é afirmada com clareza no último livro da *República*, em *Fedra*, em *Timeu* e em *Fédon*.

"É certo que os vivos nascem dos mortos e que as almas dos mortos tornam a nascer" (*Fedra*).

"A alma é mais velha que o corpo. As almas renascem incessantemente do Hades para tornarem à vida atual" (*Fédon*).

A reencarnação era festejada pelos egípcios nos mistérios de Ísis, e, pelos gregos, nos de Elêusis, com o nome de mistérios de Perséfone, em cujas cerimônias só os iniciados tomavam parte.

O mito de Perséfone era a representação dramática dos renascimentos, a história da alma humana passada, presente e futura, sua descida à matéria, seu cativeiro em corpos de empréstimo, sua reascensão por graus sucessivos. As festas eleusianas duravam três dias e traduziam, em comovente trilogia, as alternações da vida dupla, terrestre e celeste. Ao cabo dessas iniciações solenes, os adeptos eram sagrados.[180]

Quase todos os grandes homens da Grécia foram iniciados, adoradores fervorosos da grande deusa; foi em seus ensinamentos secretos que eles beberam a inspiração do gênio, as formas sublimes da arte e os preceitos da sabedoria divina. Quanto ao povo, eram-lhe apenas apresentados símbolos; mas, por baixo da transparência dos mitos, aparecia a verdade iniciática do mesmo modo que a seiva da vida transuda da casca da árvore.

A grande doutrina era conhecida do mundo romano. Ovídio, Virgílio, Cícero, em suas obras imorredouras, a ela fazem alusões frequentes. Virgílio, na *Eneida*,[181] assevera que a alma, mergulhando no Letes, perde a lembrança das suas existências passadas.

A escola de Alexandria deu-lhe brilho vivíssimo com as obras de Filo, Plotino, Amônio denominado Sakas, Porfírio, Jâmblico etc. Plotino, falando dos deuses, diz: "A cada um eles proporcionam o corpo que lhe

---

seres inferiores. Na Índia, no Egito e na Grécia era ela considerada, de um modo mais geral, como a transmigração das almas para outros corpos humanos. Tendemos a crer que a descida da alma à Humanidade num corpo inferior não era, como a ideia do inferno no Catolicismo, mais do que um espantalho destinado, no pensamento dos antigos, a apavorar os maus. Qualquer retrogradação desta espécie seria contrária à justiça, à verdade; além de que o desenvolvimento do organismo ou perispírito, vedando ao ser humano continuar a adaptar-se às condições da vida animal, torná-la-ia, aliás, impossível.

[180] Ver Ed. Schuré, *Sanctuaires d'Orient*, p. 254 et seq.
[181] *Eneida*, VI, p. 713 et seq.

convém e que está em harmonia com seus antecedentes, conforme suas existências sucessivas".

Os livros sagrados dos hebreus, o *Zohar*, a *Cabala*, o *Talmude*, afirmam igualmente a preexistência e, com o nome de ressurreição, a reencarnação era a crença dos fariseus e dos essênios.[182]

Da mesma crença encontram-se também vestígios numerosos no Antigo e no Novo Testamentos, por entre textos obscuros ou alterados, por exemplo, em certas passagens de Jeremias e de Jó, depois no caso de João Batista, que foi Elias, no do cego de nascença e na conversação particular de Jesus com Nicodemos.

Lê-se em *Mateus*:[183] "Em verdade vos digo que, dentre os filhos das mulheres, nenhum há maior que João Batista, e se quiserdes ouvir, *é ele mesmo manter Elias que há de vir*. Aquele que tem ouvidos para ouvir, ouça".

De outra vez interrogaram ao Cristo os seus discípulos, dizendo:[184] "Por que dizem então os escribas que é necessário que volte Elias primeiro?" Jesus respondeu-lhes: "É verdade que Elias há de vir primeiro e restabelecer todas as coisas; mas digo-vos que Elias já veio, mas eles não o reconheceram e fizeram-lhe o que quiseram". Então os discípulos compreenderam que *era de João Batista* que ele falara.

Um dia Jesus pergunta aos seus discípulos o que diz dele o povo. Eles respondem:[185] "Uns dizem que és João Batista, outros Elias, outros Jeremias, ou algum dos profetas". Jesus, em vez de dissuadi-los, como se eles tivessem falado de coisas imaginárias, contenta-se com acrescentar: "E vós quem credes que sou eu?" Quando encontra o cego de nascença, os discípulos perguntam-lhe se esse homem nasceu cego por causa dos pecados dos pais ou dos pecados que *cometeu antes de nascer*. Acreditavam, pois, na possibilidade da reencarnação e na preexistência possível da alma. Sua linguagem fazia até acreditar que esta ideia estava divulgada e Jesus parece autorizá-la, em vez de combatê-la, fala das numerosas moradas de que se compõe a casa do Pai, e Orígenes, comentando estas palavras, acrescenta: "O Senhor alude às diferentes estações que as almas devem ocupar depois de terem sido privadas dos seus corpos atuais e de terem sido revestidas de outros".

---

[182] Lê-se no *Zohar*, II, fol. 99: "Todas as almas estão sujeitas à revolução (metempsicose, *aleen b'gilgulah*), mas os homens não conhecem as vias de Deus, o que é bom". José (*Antiq*. XVIII, I, § 3) diz que o virtuoso terá o poder de ressuscitar e viver de novo.
[183] *Mateus*, 11:11 e 14, 15.
[184] *Mateus*, 17:10 a 13.
[185] *Mateus*, 16:13 a 15; *Marcos*, 8:28.

Lemos no Evangelho de João:[186]

> Havia entre os fariseus um homem chamado Nicodemos, um dos principais dentre os judeus. Este homem veio de noite ter com Jesus e disse-lhe: "Mestre, sabemos que és um doutor vindo da parte de Deus, porque ninguém poderia fazer os milagres que fazes, se Deus não estivesse com ele." Jesus respondeu-lhe: "Em verdade te digo que, se um homem não nascer de novo, não pode ver o Reino de Deus." Nicodemos disse-lhe: "Como pode um homem nascer quando é velho? Pode tornar a entrar no ventre de sua mãe e nascer uma segunda vez?" Jesus responde: "Em verdade te digo que, se um homem não nascer da água e do espírito, não pode entrar no Reino de Deus. O que é nascido da carne, é carne; o que é nascido do espírito, é espírito. Não te admires do que te disse: é necessário que nasças de novo. O vento sopra onde quer e tu lhe ouves o ruído, mas não sabes donde vem nem para onde vai. Sucede o mesmo com todo homem que é nascido do espírito.

A água representava entre os hebreus a essência da matéria, e quando Jesus afirma que o homem tem de renascer *da água e do espírito*, não é como se dissesse que tem de renascer da matéria e do espírito, isto é, em corpo e alma?

Jesus acrescenta estas palavras: "Tu és mestre em Israel e ignoras estas coisas?" Não se tratava, pois, do batismo, que todos os judeus conheciam. As palavras de Jesus tinham um sentido mais profundo e sua admiração devia traduzir-se assim: "Tenho para a multidão ensinamentos ao seu alcance, e não lhe dou a verdade senão na medida em que ela a pode compreender. Mas contigo, que és mestre em Israel e que, nessa qualidade, deves ser iniciado em mistérios mais elevados, entendi poder ir mais além".

Esta interpretação parece tanto mais exata quanto mais está em relação com o *Zohar*, que, repetimos, ensina a pluralidade dos mundos e das existências.

O Cristianismo primitivo possuía, pois, o verdadeiro sentido do destino. Mas, com as sutilezas da teologia bizantina, o sentido oculto desapareceu pouco a pouco; a virtude secreta dos ritos iniciáticos desvaneceu-se como um perfume sutil. A escolástica abafou a primeira revelação com o peso dos silogismos ou arruinou-a com sua argumentação especiosa.

---

[186] *João*, 3:1 a 8.

Entretanto, os primeiros padres da Igreja e, entre todos, Orígenes e São Clemente de Alexandria, pronunciaram-se em favor da transmigração das almas. São Jerônimo e Ruffinus (*Carta a Anastácio*) afirmam que ela era ensinada como verdade tradicional a um certo número de iniciados.

Em sua obra capital, *Dos Princípios*, livro I, Orígenes passa em revista os numerosos argumentos que mostram, na preexistência e sobrevivência das almas em outros corpos, o corretivo necessário à desigualdade das condições humanas. De si mesmo inquire qual é a totalidade dos ciclos percorridos por sua alma em suas peregrinações através do Infinito, quais os progressos feitos em cada uma de suas estações, as circunstâncias da imensa viagem e a natureza particular de suas residências.

São Gregório de Nysse diz "que há necessidade natural para a alma imortal de ser curada e purificada e que, se ela não o foi em sua vida terrestre, a cura se opera pelas vidas futuras e subsequentes".

Todavia, esta alta doutrina não podia conciliar-se com certos dogmas e artigos de fé, armas poderosas para a Igreja, tais como a predestinação, as penas eternas e o juízo final. Com ela, o Catolicismo teria dado lugar mais largo à liberdade do espírito humano, chamado em suas vidas sucessivas a elevar-se por seus próprios esforços e não somente por graça do Alto.

Por isso, foi um ato fecundo em consequência funesta a condenação das opiniões de Orígenes e das teorias gnósticas pelo Concílio de Constantinopla em 553. Ela trouxe consigo o descrédito e a repulsa do princípio das reencarnações. Então, em vez de uma concepção simples e clara do destino, compreensível para as mais humildes inteligências, conciliando a Justiça Divina com a desigualdade das condições e do sofrimento humanos, vimos edificar-se todo um conjunto de dogmas, que lançaram a obscuridade no problema da vida, revoltaram a razão e, finalmente, afastaram o homem de Deus.

A doutrina das vidas sucessivas reaparece novamente em épocas diferentes no mundo cristão, sob a formadas grandes heresias e das escolas secretas, mas foi muitas vezes afogada no sangue ou abafada debaixo das cinzas das fogueiras.

Na Idade Média eclipsa-se quase de todo e deixa de influenciar o desenvolvimento do pensamento ocidental, causando-lhe dano por esta forma. Daí os erros e a confusão daquela época sombria, o mesquinho fanatismo, a perseguição cruel, o ergástulo do espírito humano. Uma espécie de noite intelectual estendeu-se sobre a Europa.

No entanto, de longe em longe, como um relâmpago, o grande pensamento ilumina ainda, por inspiração do Alto, algumas belas almas intuitivas; continua a ser para os pensadores de escol a única explicação possível do que, para a massa, se tornara o profundo mistério da vida.

Não somente os trovadores, nos seus poemas e cantos, lhe faziam discretas alusões, mas até Espíritos poderosos, como Boaventura e Dante Alighieri, a mencionam de maneira formal. Ozanam, escritor católico, reconhece que o plano de *A divina comédia* segue muito de perto as grandes linhas da iniciação antiga, baseada, como vimos, sobre a pluralidade das existências.

O cardeal Nicolau de Cusa sustenta, em pleno Vaticano, a pluralidade das vidas e dos mundos habitados, com o assentimento do papa Eugênio IV.

Thomas Moore, Paracelso, Jacob Boehme, Giordano Bruno e Campanella afirmaram ou ensinaram a grande síntese, muitas vezes com o próprio sacrifício. Van Helmont, em *De Revolutione Animarum*, expõe, em 200 problemas, todos os argumentos em prol da reencarnação das almas.

Não são estas altas inteligências comparáveis aos cumes dos montes, aos cimos gelados dos Alpes, que são os primeiros a receber os alvores do dia, a refletir os raios do Sol, e que ainda são iluminados por ele quando já o resto da Terra está imerso nas trevas?

O próprio Islamismo, principalmente no novo *Alcorão*, dá lugar importante às ideias palingenésicas.[187]

Finalmente, a Filosofia, nos últimos séculos, enriqueceu-se com elas. Cudworth e Hume consideram-nas como a teoria mais racional da imortalidade. Em Lessing, Herder, Hegel, Schelling, Fichte, o moço, elas são discutidas com elevação.

Mazzini, apostrofando os bispos, na sua obra *Dal Concilio a Dio*, diz:

> Cremos numa série indefinida de reencarnações da alma, de vida em vida, de mundo em mundo, cada uma das quais constitui um progresso em relação à vida precedente. Podemos recomeçar o estágio percorrido quando não merecemos passar a um grau superior; mas não podemos retrogradar nem perecer espiritualmente.

---

[187] Ver Surata II, v. 26 do *Alcorão*; Surata VII, v. 55; Surata XVII, v. 52; Surata XIV, v. 25.

***

Reportemo-nos agora às origens dos franceses e veremos a ideia das vidas sucessivas pairar sobre a terra das Gálias. Esta ideia vibra nos cantos dos bardos, sussurra na grande voz das florestas: "Debati-me em cem mundos; em cem círculos vivi" (Canto bárdico; *Barddas cad Goddeu*).

É a tradição nacional por excelência; inspirava aos pais dos franceses o desprezo da morte, o heroísmo nos combates; deve ser amada por todos aqueles que se sentem vinculados pelo coração ou pelo sangue à raça céltica, móbil, entusiasta, generosa, apaixonada pela justiça, pronta sempre a lutar em prol das grandes causas.

Nos combates contra os romanos, diz d'Arbois de Jubainville, professor do Colégio de França, os druidas ficavam imóveis como estátuas, recebendo feridas sem fugir e sem se defenderem. Sabiam que eram imortais e contavam achar em outra parte do mundo um corpo novo e sempre jovem.[188]

Os druidas não eram somente homens valentes, eram também sábios profundos.[189] Seu culto era o da Natureza, celebrado sob a abóbada sombria dos carvalhos ou sobre as penedias batidas pelas tempestades. As *Tríades* proclamam a evolução das almas partidas de *anoufn*, o abismo, subindo vagarosamente a longa espiral das existências (*abred*) para chegarem, depois de muitas mortes e renascimentos, a *gwynfyd*, o círculo da felicidade.

As *Tríades* são o mais maravilhoso monumento que nos resta da antiga sabedoria dos bardos e dos druidas; abrem perspectivas sem limites à vista admirada do investigador.

Citaremos três, as que se referem mais diretamente ao nosso assunto, as *Tríades*, 19, 21 e 36:[190]

> 19. Três condições indispensáveis para chegar à plenitude (ciência e virtude): transmigrar em *abred*, transmigrar em *gwynfyd* e recordar-se de todas as coisas passadas até *anoufn*.
>
> 21. Três meios eficazes de Deus em *abred* (círculo dos mundos planetários) para dominar o mal e vencer a sua oposição em relação ao

---

[188] Ver Tácito, *Ab excessu Augusti*, liv. XIV, c. 30.
[189] É o que afirmava César nos seus *Commentaires de la guerre des Gaules*, liv. VI, cap. XIX, edição Lemerre, 1919. Ver também: *Alex. Poly. Histor.*, fragmento 138, na coleção dos fragmentos dos historiadores gregos, edit. Didot, 1849; Strabão, *Geogr.*, liv. IV, cap. IV; Diodoro di Sicilia. *Bibl. hist.*, liv. V, cap. XXVIII; Clemente de Alexandria, *Stromates*, IV, cap. XXV.
[190] As *Tríades*, publicadas por Ed. Williams, conforme o original gaulês e a tradução de Edward Darydd. Ver Gatien Arnoult, *Philosophie Gauloise*, t. I.

círculo de *gwynfyd* (círculo dos mundos felizes): a necessidade, a perda da memória e a morte.

36. Os três poderes (fundamentos) da ciência e da sabedoria: a transmigração completa por todos os estados dos seres; a lembrança de cada transmigração e dos seus incidentes; o poder de passar de novo, à vontade, por um estado qualquer em vista da experiência e do julgamento. Será isso obtido no círculo de *gwynfyd*.

Certos autores entenderam, conforme a interpretação que deram aos textos bárdicos, que as vidas ulteriores da alma continuavam exclusivamente nos outros mundos. Apresentamos dois casos que demonstram que os gauleses admitiam também a reencarnação na Terra. Extratamo-los do *Cours de Littérature Celtique* do Sr. d'Arbois de Jubainville:[191]

Find Mac Cumail, o célebre herói irlandês, renasce em Morgan, filho de Fiachna, rainha de Ulster, em 603, e sucede-lhe mais tarde.

Os "Annales de Tigernach" fixam a morte de Find no ano 273 da nossa era, na batalha de Atbrea. "Um segundo nascimento", diz d'Arbois de Jubainville, "dá-lhe nova vida e um trono na Irlanda".

Os celtas praticavam também a evocação dos mortos. Levantara-se uma controvérsia entre Mongan e Forgoll a respeito da morte do rei Folhad, da qual ele fora testemunha ocular e do lugar onde este rei perdera a vida. "Ele evocou", diz o mesmo autor, "do reino dos mortos, Cailté, seu companheiro nos combates. No momento em que o terceiro dia ia expirar, o testemunho de Cailté fornece a prova de que Mongan falara verdade".

O outro fato de reencarnação remonta a época muito mais antiga. Algum tempo antes da nossa era, Aeochaid Airem, rei absoluto da Irlanda, desposara Etâin, filha de Etar. Etâin, já alguns séculos antes, havia nascido em país céltico. Nessa vida anterior foi filha de Aillil e esposa de Mider, deificado depois de morto por causa de suas façanhas.

É provável que na história dos tempos célticos se encontrassem numerosos casos de reencarnação; mas, como se sabe, os druidas nada confiavam à escrita e contentavam-se com o ensino oral. Os documentos referentes à sua Ciência e Filosofia são raros e de data relativamente recente.

---
[191] T. I., p. 266, 267. Ver também: H. d'Arbois de Jubainville, *Les Druides et les Dieux Celtiques*, p. 137 a 140; *Livre de Leinster*, pág. 41; *Annales de Tigernach*, publicação de Whitley Stokes; *Revue Celtique*, t. XVII, p. 21; *Annales des Quatre Maîtres*, edição O. Donovan, t. I, 118, 119.

A doutrina céltica, decorridos séculos de esquecimento, reapareceu na França moderna e foi reconstituída ou sustentada por toda uma plêiade de escritores conspícuos: C. Bonnet, Dupont de Nemours, Ballanche, Jean Reynaud, Henri Martin, Pierre Leroux, Fourier, Esquiros, Michelet, Victor Hugo, Flammarion, Pezzani, Fauvety, Strada etc.

"Nascer, morrer, renascer ainda e progredir sempre, tal é a Lei", disse Allan Kardec. Graças a ele, graças à escola espírita de que ele é o fundador, a crença nas vidas sucessivas da alma vulgarizou-se, espalhou-se por todo o Ocidente, onde conta hoje milhões de partidários. O testemunho dos Espíritos veio dar-lhe sanção definitiva. À exceção de algumas almas em grau atrasado de evolução, para quem o passado está ainda envolto em trevas, todos, nas mensagens recolhidas em França, afirmam a pluralidade das existências e o progresso indefinido dos seres.

A vida terrestre, dizem eles, em essência, não é mais do que um exercício, uma preparação para a vida eterna. Limitada a uma única existência, não poderia, em sua efêmera duração, corresponder a tão vasto plano. As reencarnações são os degraus da subida que todas as almas percorrem em sua ascensão; é a escada misteriosa que, das regiões obscuras, por todos os mundos da forma, nos leva ao reino da luz. Nossas existências desenrolam-se através dos séculos; passam, sucedem-se e renovam-se. Em cada uma delas largamos um pouco do mal que há em nós. Lentamente, avançamos, penetramos mais na via sagrada, até que tenhamos adquirido os méritos que nos hão de dar entrada nos círculos superiores donde eternamente irradiam a beleza, a sabedoria, a verdade, o amor!

* * *

O estudo atento da história dos povos não nos mostra somente o caráter universal da doutrina palingenésica. Permite-nos, talvez, seguir o encadeamento grandioso das causas e dos efeitos que repercutem através dos tempos, na ordem social. Nela vemos, principalmente, que estes efeitos renascem de si mesmos e volvem à sua causa, encerrando os indivíduos e as nações na rede de uma lei inelutável.

Sob este ponto de vista, as lições do passado são surpreendentes. Há um cunho de majestade, gravado no testemunho dos séculos, que impressiona o mais indiferente homem, o que nos demonstra a irresistível força do direito. Todo mal feito, o sangue vertido e as lágrimas derramadas recaem cedo ou tarde fatalmente sobre seus autores — indivíduos ou coletividades. Os mesmos fatos criminosos, os mesmos erros produzem as mesmas consequências nefastas. Enquanto os homens persistem em se hostilizarem uns aos outros, em se oprimirem, em se dilacerarem, as obras de sangue e luto prosseguem, e a Humanidade sofre até ao mais profundo das suas entranhas. Há expiações coletivas como há reparações individuais. Através dos tempos exerce-se uma justiça imanente, que faz desabrochar os elementos de decadência e destruição, os germens de morte, que as nações semeiam no seu próprio seio, cada vez que transgridem as leis superiores.

Se lançarmos as vistas para a história do mundo, veremos que a adolescência da Humanidade, como a do indivíduo, tem seus períodos de perturbações, de desvarios, de experiências dolorosas. Através de suas páginas desenrola-se o cortejo de misérias consequentes; as quedas profundas alternam com as elevações, os triunfos com as derrotas.

Civilizações precárias assinalam as primeiras idades; os maiores impérios esboroam-se uns após outros na refrega das paixões. O Egito, Nínive, Babilônia e o império dos persas caíram. Roma e Bizâncio, roídas pela corrupção, baqueiam ao embate da invasão dos bárbaros.

Depois da Guerra dos Cem Anos e do suplício de Joana d'Arc, a Inglaterra é açoitada por terrível guerra civil, a das Duas Rosas, York e Lancaster, que a conduz a dois passos de sua perda.

Que é feito da Espanha, responsável por tantos suplícios e degolações, da Espanha com seus "conquistadores" e seu Santo Ofício? Onde está hoje esse vasto império no qual o Sol jamais se punha?

Vede os Habsburg, herdeiros do Santo Império e, talvez, reencarnações dos algozes dos hussitas? A Casa de Áustria é ferida em todos os seus membros: Maximiliano é fuzilado; Rodolfo cai no meio de uma orgia; a Imperatriz é assassinada. Chega a vez de François-Ferdinand e o velho imperador, com a cabeça encanecida, fica sozinho, em pé, no meio dos destroços de sua família e de seus Estados ameaçados de desagregação completa.

Onde estão os impérios fundados pelo ferro e pelo sangue, o dos Califas, o dos Mongóis, o dos Carlovíngios, o de Carlos V? Napoleão disse: "Tudo se paga!" E ele mesmo pagou e a França pagou com ele. O império de Napoleão passou como um meteoro!

Detenhamo-nos um instante nesse prodigioso destino, que, depois de haver lançado, em sua trajetória através do mundo, um clarão fulgurante, vai extinguir-se miseravelmente num rochedo do Atlântico. É bem conhecida de todos esta vida e, por conseguinte, melhor do que qualquer outra deve servir de exemplo; nela, como disse Maurice Maëterlinck, pode observar-se uma coisa, que as três causas principais da queda de Napoleão foram as três maiores iniquidades que ele cometeu:

> Foi, primeiro que tudo, o assassínio do duque de Enghien, condenado por sua ordem, sem julgamento e sem provas, e executado nos fossos de Vincennes, assassínio que semeou em redor do ditador ódios daí em diante implacáveis e um desejo de vingança que nunca abrandou; foi, depois, a odiosa emboscada de Bayonne, a que ele atrai, por baixas intrigas, para despojá-los de sua coroa hereditária, os bonacheirões e excessivamente confiados Bourbons de Espanha; a horrível guerra que se seguiu, que tragou trezentos mil homens, toda a energia, toda a moralidade, a maior parte do prestígio, quase todas as garantias, quase todas as dedicações e todos os destinos felizes do Império; foi, finalmente, a horrorosa e indesculpável campanha da Rússia que terminou pelo desastre definitivo da sua fortuna nos gelos de Berezina, ou nas neves da Polônia.[192]

A história da diplomacia europeia nos últimos cinquenta anos não escapa a estas regras. Os autores de faltas contra a equidade têm sido castigados como que por mão invisível.

A Rússia, depois de dilacerada a Polônia, prestou seu apoio à Prússia para a invasão dos ducados dinamarqueses, "o maior crime de pirataria", diz um historiador, "cometido nos tempos modernos". Foi por causa disso punida, primeiro pela própria Prússia que, em 1877, no Congresso de Berlim, desapossava-a de todas as vantagens obtidas sobre a Turquia; depois, mais cruelmente ainda, pelos reveses da Guerra da Manchúria e sua terrível repercussão em todo o império dos czares.

A Inglaterra, depois de ter arrastado a França à longa campanha da Crimeia, que foi toda em seu favor, não deixou de continuar, mais ou menos por toda a parte, uma política fria, egoísta e homicida. Depois da Guerra do Transvaal, vê-se mais enfraquecida, aproximando-se talvez dos tempos que *Sir* Robert predisse em termos que causam admiração: "A habilidade de nossos homens de Estado os imortalizará, se, para nós, suavizarem esta descida,

---
[192] Maëterlinck — *Le Temple Enseveli*, p. 35.

de modo a evitar que se transforme numa queda; se a dirigirem de modo a fazê-la parecer-se com a Holanda e não com Cartago e Veneza".

Tal será a sorte de todas as nações que foram grandes por seus filósofos e pensadores, e que tiveram a fraqueza de pôr seus destinos nas mãos de políticos ávidos e desonestos.

Napoleão III, no exílio, Bismarck, em desvalimento e doloroso retiro, começaram a expiar o seu pouco respeito às leis morais. Quanto à Alemanha, quem sabe o que lhe reserva o futuro?

Sim, a História é um grande ensino, podemos ler em suas profundezas a ação de uma lei poderosa. Através da sucessão dos acontecimentos, sentimos, por vezes, perpassar como que um sopro sobre-humano; no meio da noite dos séculos vemos luzirem, por um instante, como relâmpagos, as radiações de um pensamento eterno.

Para os povos, como para os indivíduos, há uma justiça; no que respeita aos povos, podemos seguir-lhe a marcha silenciosa. Vemo-la muitas vezes manifestar-se através do encadeamento dos fatos. Não sucede o mesmo com relação ao indivíduo. Nem sempre ela é visível como na vida de Napoleão. Não se lhe pode seguir a marcha quando sua ação, em vez de ser imediata, se exerce a longo prazo.

A reencarnação, o regresso à carne, o escuro invólucro da matéria que cai sobre a alma e produz o esquecimento, encobrem-nos a sucessão dos efeitos e das causas; mas, como vimos, particularmente nos fenômenos do transe, desde que podemos erguer o véu estendido sobre o passado e ler o que está gravado no fundo do ser humano, então, na adversidade que o fere, nas grandes dores, nos reveses, nas aflições pungentes, somos obrigados a reconhecer a ação de uma causa anterior, de uma causa moral, e a nos inclinarmos ante a majestade das leis que presidem aos destinos das almas, das sociedades e dos mundos!

***

O plano da História desenrola-se em suas linhas formidáveis. Deus envia à Humanidade seus messias, seus reveladores, visíveis e invisíveis, os guias, os educadores de todas as ordens; mas o homem, na liberdade de seus pensamentos, de sua consciência, escuta-os ou desatende-os. O homem é livre; as incoerências sociais são obra sua. Ele lança a sua nota confusa no comércio universal, mas essa nota discordante nem sempre consegue dominar a harmonia dos séculos.

Os gênios, enviados do Alto, brilham como faróis na escuridão da noite. Sem remontarmos à mais alta Antiguidade, sem falarmos dos Hermes, dos Zoroastros, dos Krishnas, desde a aurora dos tempos cristãos vimos erguer-se a estatura enorme dos profetas, gigantes que avultam também na História. Foram eles, com efeito, que prepararam as vias do Cristianismo, a religião dominadora, da qual mais tarde há de nascer, no evolver dos tempos, a fraternidade universal. Depois vemos o Cristo, o homem de dor, o homem de amor, cujo pensamento irradia, como beleza imperecível, o drama do Gólgota, a ruína de Jerusalém, a dispersão dos judeus.

Aquém do mar azul, o desabrochar do gênio grego, foco de educação, esplendor de arte e ciência, há de iluminar a Humanidade. Finalmente, o poder romano, que ensinará ao mundo o direito, a disciplina, a vida social.

Voltam, depois, os tempos de torva ignorância, mil anos de barbárie, a grande vaga e a revessa das invasões, a emergência dos elementos ferozes na civilização, o abaixamento do nível intelectual, a noite do pensamento; mas aparecem Gutenberg, Cristóvão Colombo, Lutero. Erguem-se as catedrais góticas, revelam-se continentes desconhecidos, a Religião entra na disciplina. Graças à imprensa, o novo pensamento espalhar-se-á por todos os pontos do mundo. Depois da Reforma virá a Renascença, em seguida virão as revoluções!

E eis que, após muitas vicissitudes, lutas e dilacerações, a despeito das perseguições religiosas, das tiranias civis e das inquisições, o pensamento se emancipa. O problema da vida que, com as concepções de uma igreja que se tornara fanática e cega, continuava impenetrável, vai esclarecer-se de novo. Qual estrela sobre o mar brumoso, reaparece a grande lei. O mundo vai renascer para a vida do espírito. A existência humana deixará de ser um escuro beco sem saída para se transformar em estrada largamente aberta para o futuro.

* * *

As Leis da Natureza e da História completam-se e afirmam na sua unidade imponente. Uma lei circular preside à evolução dos seres e das coisas, rege a marcha dos séculos e das humanidades. Cada destino gravita num círculo imenso, cada vida descreve uma órbita. Toda a ascensão humana divide-se em ciclos, em espirais que se vão amplificando, de modo a tomar um sentido cada vez mais universal.

Assim como a Natureza se renova sem cessar em suas ressurreições, desde as metamorfoses dos insetos até o nascimento e a morte dos mundos, assim também as coletividades humanas nascem, desenvolvem-se e morrem nas suas formas sucessivas; mas não morrem senão para renascer e crescer em perfeições, em instituições, artes e ciências, cultos e doutrinas.

Nas horas de crise e desvario, surgem enviados que vêm restabelecer as verdades obscurecidas e encaminhar a Humanidade. E, não obstante a emigração das melhores almas humanas para as esferas superiores, as civilizações terrestres vão-se regenerando e as sociedades evolvem. A despeito dos males inerentes ao nosso planeta, a despeito das múltiplas necessidades que nos oprimem, o testemunho dos séculos diz-nos que, em sua ascensão secular, as inteligências apuram-se, os corações tornam-se mais sensíveis, a Humanidade, no seu conjunto, sobe devagar; a contar de hoje ela aspira à paz na solidariedade.

Em cada renascimento volve o indivíduo à massa; a alma, reencarnando, toma nova máscara; as respectivas personalidades anteriores apagam-se temporariamente. Reconhecem-se, entretanto, através dos séculos, certas grandes figuras do passado; torna-se a encontrar Krishna no Cristo e, em ordem menos elevada, Virgílio em Lamartine, Vercingetorix em Desaix, César em Napoleão.

Em certa mendiga, de feições altivas, de olhar imperioso, acocorada sobre uma esterqueira às portas de Roma, coberta de úlceras e estendendo a mão aos transeuntes, poder-se-ia, segundo as indicações dos Espíritos, no século passado, reconhecer Messalina.

Quantas outras almas culpadas vivem em roda de nós escondidas em corpos disformes, expostas a males que elas, por si mesmas, prepararam, e, de alguma sorte, moldaram com seus pensamentos, com seus atos de outrora! O Dr. Pascal exprime-se assim a este respeito:

> O estudo das vidas anteriores de certos homens, particularmente feridos, revelou estranhos segredos. Aqui, uma traição, que causa uma carnificina, é punida, passados séculos, com uma vida dolorosa desde a infância e com uma enfermidade que traz a marca da sua origem — a mudez: os lábios que traíram já não podem falar; ali, um inquisidor torna à encarnação, com um corpo doente desde a meninice, para um meio familiar

eminentemente hostil e com intuições nítidas da crueldade passada; os sofrimentos físicos e morais mais agudos acossam-no sem afrouxar.[193]

Estes casos são mais numerosos do que se supõe; cumpre ver neles a aplicação de uma regra inflexível. Todos os nossos atos, consoante sua natureza, traduzem-se por um acréscimo ou diminuição de liberdade; daí, para os culpados, o renascimento em invólucros miseráveis, prisões da alma, imagens e repercussão de seu passado.

Nem os problemas da vida individual, nem os da vida social se explicam sem a lei dos renascimentos; todo o mistério do ser se resume nela! É dela que nosso passado recebe sua luz e o futuro sua grandeza; nossa personalidade amplifica-se inesperadamente. Compreendemos que não é de ontem que data o nosso aparecimento no Universo, como ainda é crença de muitos; mas, ao inverso, nosso ponto de origem, nosso primeiro nascimento afunda-se na escuridão dos tempos. Sentimos que mil laços, tecidos lentamente através dos séculos, prendem-nos à Humanidade. É nossa a sua história; havemos viajado com ela no oceano das idades, afrontando os mesmos perigos, sofrendo os mesmos reveses. O esquecimento dessas coisas é apenas temporário; dia virá em que um mundo completo de recordações reavivar-se-á em nós. O passado, o futuro e toda a História tomarão a nossos olhos um novo aspecto, um interesse profundo. Aumentará nossa admiração à vista de tão magníficos destinos. As Leis Divinas parecer-nos-ão maiores, mais sublimes, e a própria vida tornar-se-á bela e desejável apesar de suas provas, de seus males!

---

[193] Dr. Theodore Pascal — *Les Lois de la Destinée*, p. 208.

XVIII
Justiça e responsabilidade. O problema do mal

A lei dos renascimentos, dissemos, rege a vida universal. Com alguma atenção, poderíamos ler em toda a Natureza, como num livro, o mistério da morte e da ressurreição.

As estações sucedem-se no seu ritmo imponente. O inverno é o sono das coisas; a primavera é o acordar; o dia alterna com a noite; ao descanso segue-se a atividade; o Espírito ascende às regiões superiores para tornar a descer e continuar com forças novas a tarefa interrompida.

As transformações da planta e do animal não são menos significativas. A planta morre para renascer, cada vez que volta a seiva; tudo murcha para reflorir. A larva, a crisálida e a borboleta são outros tantos exemplos que reproduzem, com mais ou menos fidelidade, as fases alternadas da vida imortal.

Como seria, pois, possível que só o homem ficasse fora do alcance desta lei? Quando tudo está ligado por laços numerosos e fortes, como admitir que nossa vida seja como um ponto atirado, sem ligação, para os turbilhões do tempo e do espaço? Nada antes, nada depois! Não. O homem, como todas as coisas, está sujeito à lei eterna. Tudo o que tem vivido reviverá em outras formas para evoluir e aperfeiçoar-se. A Natureza não nos dá a morte senão para dar-nos a vida. Já, em consequência da renovação periódica das moléculas do nosso corpo, que as correntes vitais trazem e dispersam, pela assimilação e desassimilação cotidianas, habitamos um sem-número de invólucros diferentes numa única vida. Não é lógico admitir que continuaremos a habitar outros no futuro?

A sucessão das existências apresenta-se-nos, pois, como uma obra de capitalização e aperfeiçoamento. Depois de cada vida terrestre, a alma ceifa e recolhe, em seu corpo fluídico, as experiências e os frutos da existência decorrida. Todos os seus progressos refletem-se na forma sutil de que ela é inseparável, no corpo etéreo, lúcido, transparente, que, purificando-se com ela, se transforma no instrumento maravilhoso, na harpa que vibra a todos os sopros do Infinito.

Assim, o ser psíquico, em todas as fases de sua ascensão, encontra-se tal qual a si mesmo se fez. Nenhuma aspiração nobre é estéril, nenhum sacrifício baldado. E na obra imensa todos são colaboradores, desde a alma mais obscura até o gênio mais radioso. Uma cadeia sem fim liga os seres na majestosa unidade do cosmo. É uma efusão de luz e amor que, das cumeadas divinas, jorra e se derrama sobre todos, para regenerá-los e fecundá-los.

Reúne todas as almas em comunhão universal e eterna, em virtude de um princípio que é a mais esplêndida revelação dos tempos modernos.

* * *

A alma deve conquistar, um por um, todos os elementos, todos os atributos de sua grandeza, de seu poder, de sua felicidade, e, para isso, precisa do obstáculo, da natureza resistente, hostil mesmo, da matéria adversa, cujas exigências e rudes lições provocam seus esforços e formam sua experiência. Daí, também, nos estágios inferiores da vida, a necessidade das provações e da dor, a fim de que se inicie sua sensibilidade e, ao mesmo tempo, se exerça sua livre escolha e cresçam sua vontade e sua consciência. É indispensável a luta para tornar possível o triunfo e fazer surgir o herói. Sem a iniquidade, a arbitrariedade, a traição, seria possível sofrer e morrer por amor da justiça?

Cumpre que haja o sofrimento físico e a angústia moral para que o Espírito seja depurado, limpe-se das partículas grosseiras, para que a débil centelha, que se está elaborando nas profundezas da inconsciência, se converta em chama pura e ardente, em consciência radiosa, centro de vontade, energia e virtude.

Verdadeiramente só se conhecem, saboreiam e apreciam os bens que se adquirem à própria custa, lentamente, penosamente. A alma, criada perfeita, como o querem certos pensadores, seria incapaz de aquilatar e até de compreender sua perfeição, sua felicidade. Sem termos de comparação, sem permutas possíveis com seus semelhantes, perfeitos quanto ela, sem objetivo para sua atividade, seria condenada à inação, à inércia, o que seria o pior dos estados; porque viver, para o Espírito, é agir, é crescer, é conquistar sempre novos títulos, novos méritos, um lugar cada vez mais elevado na hierarquia luminosa e infinita. E, para merecer, é necessário ter penado, lutado, sofrido. Para gozar da abundância, é preciso ter conhecido as privações. Para apreciar a claridade dos dias é mister haver atravessado a escuridão das noites. A dor é a condição da alegria e o preço da virtude, e a virtude é o bem mais precioso que há no Universo.

Construir o próprio "eu", sua individualidade através de milhares de vidas, passadas em centenares de mundos e sob a direção de nossos irmãos mais velhos, de nossos amigos do Espaço, escalar os caminhos do Céu, arrojarmo-nos cada vez mais para cima, abrir um campo de ação cada vez mais largo, proporcionado à obra feita ou sonhada, tornarmo-nos um dos atores do drama divino, um dos agentes de Deus na Obra Eterna; trabalhar para o Universo, como o Universo trabalha para nós, tal é o segredo do destino!

Assim, a alma sobe de esfera em esfera, de círculos em círculos, unida aos seres que tem amado; vai, continuando as suas peregrinações, em procura das perfeições divinas. Chegada às regiões superiores, está livre da lei dos renascimentos; a reencarnação deixa de ser para ela obrigação para ficar somente ato de sua vontade, o cumprimento de uma missão, obra de sacrifício.

Depois que atingiu as alturas supremas, o Espírito diz, às vezes, de si para si: "Sou livre; quebrei para sempre os ferros que me acorrentavam aos mundos materiais. Conquistei a ciência, a energia, o amor. Mas o que granjeei, quero reparti-lo com meus irmãos, os homens, e, para isso, irei de novo viver entre eles, irei oferecer-lhes o que de melhor há em mim, retomarei um corpo de carne, descerei outra vez para junto daqueles que penam, que sofrem, que ignoram, para os ajudar, consolar, esclarecer". E, então, temos Lao-Tsé, Buda, Sócrates, Cristo, numa palavra, todas as grandes almas que têm dado sua vida pela Humanidade!

* * *

Resumamos. Havemos demonstrado, no decurso deste estudo, a importância da doutrina das reencarnações; vimos nela uma das bases essenciais em que assenta o novo Espiritualismo; seu alcance é imenso. Ela explica a desigualdade das condições humanas, a variedade infinita das aptidões, das faculdades, dos caracteres, dissipa os mistérios perturbadores e as contradições da vida; resolve o problema do mal. É ela que faz suceder a ordem à desordem, estabelecer-se a luz no seio das trevas, desaparecer as injustiças, desvanecer-se as iniquidades aparentes da sorte para serem substituídas pela lei máscula e majestosa da repercussão dos atos e de suas consequências. E esta lei de justiça imanente que governa os mundos, inscreveu-a Deus no âmago das coisas e na consciência humana.

A doutrina das reencarnações aproxima os homens mais que qualquer outra crença, ensinando-lhes a comunidade de origens e fins, mostrando-lhes a solidariedade que os liga a todos no passado, no presente, no futuro. Diz-lhes que não há, entre eles, deserdados nem favorecidos, que cada um é filho de suas obras, senhor de seu destino. Nossos sofrimentos, ocultos ou aparentes, são consequências do passado ou também a escola austera onde se aprendem as altas virtudes e os grandes deveres.

Percorreremos todos os estágios da via imensa; passaremos alternadamente por todas as condições sociais para conquistar as qualidades inerentes a esses meios. Assim, a solidariedade que nos liga compensa, numa harmonia final, a variedade infinita dos seres, resultante da desigualdade de seus esforços e também das necessidades de sua evolução. Com ela, para longe vão a inveja, o desprezo e o ódio! Os menores de nós talvez já tenham sido grandes; e os maiores tornarão a nascer pequenos, se abusarem de sua superioridade. A cada um, por sua vez, a alegria como a dor! Daí a verdadeira confraternidade das almas; sentimo-nos todos perenemente unidos nos degraus da nossa ascensão coletiva; aprendemos a ajudar-nos e a sustentar-nos, a estender a mão uns aos outros!

Através dos ciclos do tempo, todos se aperfeiçoam e se elevam; os criminosos do passado virão a ser os sábios do futuro. Chegará a hora em que nossos defeitos serão eliminados, em que nossos vícios e nossas chagas morais serão curadas. As almas frívolas tornar-se-ão sisudas, as inteligências obscuras iluminar-se-ão. Todas as forças do mal que em nós vibram ter-se-ão transformado em forças do bem. Do ser fraco, indiferente, fechado a todos os grandes pensamentos, sairá, com o perpassar dos tempos, um Espírito poderoso, que reunirá todos os conhecimentos, todas as virtudes, e se tornará capaz de realizar as coisas mais sublimes.

Será esta a obra das existências acumuladas; será sem dúvida indispensável um grandíssimo número delas para operar tal mudança, para nos expurgar de nossas imperfeições, fazer desaparecer as asperezas de nossos caracteres, transformar as almas de trevas em almas de luz! Mas só é poderoso e durável aquilo que teve o tempo necessário para germinar, sair da sombra, subir para o céu. A árvore, a floresta, a Natureza, os mundos no-lo dizem em sua linguagem profunda. Não se perde nenhuma semente, nenhum esforço é inútil. A planta dá suas flores e seus frutos somente na estação própria; a vida só desabrocha nas terras do Espaço após imensos períodos geológicos.

Vede os diamantes esplêndidos que fazem mais formosas as mulheres e faíscam mil cores. Quantas metamorfoses não tiveram de passar para adquirir essa pureza incomparável, seu brilho fulgurante? Que lenta incubação no seio da matéria obscura!

É neste trabalho de aperfeiçoamento que aparece a utilidade, a importância das vidas de provas, das vidas modestas e despercebidas, das existências de labor e dever para vencer as paixões ferozes, o orgulho e o egoísmo, para curar as chagas morais. Deste ponto de vista, o papel dos humildes, dos pequenos neste mundo, as tarefas desprezadas patenteiam-se em toda a sua grandeza à nossa vista; compreendemos melhor a necessidade do regresso à carne para resgate e purificação.

* * *

Resolvendo o problema do mal, o novo Espiritualismo mostra, mais uma vez, sua superioridade sobre as outras doutrinas.

Para os materialistas evolucionistas, o mal e a dor são constantes, universais. Em toda a parte, dizem Taine, Soury, Nietzsche, Haeckel, vemos espraiar-se o mal, e o mal sempre há de reinar na Humanidade; todavia, acrescentam, com o progresso o mal decrescerá, mas será mais doloroso, porque nossa sensibilidade física e moral irá aumentando e será necessário sofrermos e chorarmos sem esperança, sem consolação, por exemplo, no caso de uma catástrofe, irreparável a seus olhos, como a morte de um ser querido. Por conseguinte, o mal sobrepujará sempre o bem.

Certas doutrinas religiosas não são muito mais consoladoras. Segundo o Catolicismo, o mal parece predominar também no Universo e Satanás parece muito mais poderoso do que Deus. O Inferno, segundo a palavra fatídica, povoa-se constantemente de multidões inumeráveis, ao passo que o paraíso é partilhado de raros eleitos. Para o crente ortodoxo, a perda, a separação dos seres que amou são quase tão definitivas como para o materialista. Não há nunca para ele certeza completa de tornar a encontrá-los, de se lhes reunir um dia.

Com o novo Espiritualismo a questão toma aspecto muito diferente. O mal é apenas o estado transitório do ser em via de evolução para o bem; o mal é a medida da inferioridade dos mundos e dos indivíduos, é também, como vimos, a sanção do passado. Toda a escala comporta graus; nossas vidas terrestres representam os graus inferiores de nossa ascensão eterna.

Tudo, ao redor de nós, demonstra a inferioridade do planeta em que habitamos. Muito inclinado sobre o eixo, sua posição astronômica é a causa de perturbações frequentes e de bruscas mudanças de temperatura: tempestades, inundações, convulsões sísmicas, calores tórridos, frios rigorosos. A Humanidade terrestre, para subsistir, está condenada a um labor penoso. Milhões de homens, jungidos ao trabalho, não sabem o que é o descanso nem o bem-estar. Ora, existem relações íntimas entre a ordem física dos mundos e o estado moral das sociedades que os povoam. Os mundos imperfeitos, como a Terra, são reservados, em geral, às almas ainda em baixo grau de evolução.

Entretanto, nossa estada neste meio é simplesmente temporária e subordinada às exigências de nossa educação psíquica; outros mundos, melhor aquinhoados sob todos os pontos de vista, nos aguardam. O mal, a dor, o sofrimento, atributos da vida terrestre, têm forçosa razão de ser; são o chicote, a espora que nos estimulam e nos fazem andar para a frente.

O mal, sob este ponto de vista, tem um caráter relativo e passageiro; é a condição da alma ainda criança que se ensaia para a vida. Pelo simples fato dos progressos feitos, vai pouco a pouco diminuindo, desaparece, dissipa-se, à medida que a alma sobe os degraus que conduzem ao poder, à virtude, à sabedoria!

Então a justiça patenteia-se no Universo; deixa de haver eleitos e réprobos; sofrem todos as consequências de seus atos, mas todos reparam, resgatam e, cedo ou tarde, se regeneram para evolverem desde os mundos obscuros e materiais até a Luz Divina; todas as almas amantes tornam a encontrar-se, reúnem-se em sua ascensão para cooperarem juntas na grande Obra, para tomarem parte na comunhão universal.

O mal não tem, pois, existência real, não há mal absoluto no Universo, mas em toda a parte a realização vagarosa e progressiva de um ideal superior;

em toda a parte se exerce a ação de uma força, de um poder, de uma coisa que, conquanto nos deixe livres, nos atrai e arrasta para um estado melhor. Por toda a parte, a grande lida dos seres trabalhando para desenvolver em si, à custa de imensos esforços, a sensibilidade, o sentimento, a vontade, o amor!

* * *

Insistamos na noção de justiça, que é essencial; porque há precisão, necessidade imperiosa, para todos, de saber que a justiça não é uma palavra vã, que há uma sanção para todos os deveres e compensações para todas as dores. Nenhum sistema pode satisfazer nossa razão, nossa consciência, se não realizar a noção de justiça em toda a sua plenitude. Esta noção está gravada em nós, é a lei da alma e do Universo. Por tê-la desconhecido é que tantas doutrinas se enfraquecem e se extinguem na presente hora, em redor de nós. Ora, a doutrina das vidas sucessivas é um resplendor da ideia de justiça; dá-lhe realce e brilho incomparáveis. Todas as nossas vidas são solidárias umas com as outras e se encadeiam rigorosamente. As consequências dos nossos atos constituem uma sucessão de elementos que se ligam uns aos outros pela estreita relação de causa e efeito; constantemente, em nós mesmos, em nosso ser interior, como nas condições exteriores de nossa vida, sofremos-lhes os resultados inevitáveis. Nossa vontade ativa é uma causa geradora de efeitos mais ou menos longínquos, bons ou maus, que recaem sobre nós e formam a trama de nossos destinos.

O Cristianismo, renunciando a este mundo, procrastinava a felicidade e a justiça para o outro, e, se seus ensinamentos podiam bastar aos simples e aos crentes, tornavam fácil aos hábeis céticos dispensar-se da justiça, pretextando que seu reino não era da Terra; mas, com a prova das vidas sucessivas, o caso muda completamente de figura. A justiça deixa de ser transferida para um domínio quimérico e desconhecido. É aqui mesmo, é em nós e em roda de nós que ela exerce o seu império. O homem tem de reparar, no plano físico, o mal que fez no mesmo plano; torna a descer ao cadinho da vida, ao próprio meio onde se tornou culpado, para, junto daqueles que enganou, despojou, espoliou, sofrer as consequências do modo por que anteriormente procedeu.

Com o princípio dos renascimentos, a ideia de justiça define-se e verifica-se; a lei moral, a lei do bem patenteia-se em toda a sua harmonia. Esta vida não é mais do que um anel da grande cadeia das suas existências, eis o que o homem afinal compreende; tudo o que semeia, colhe-o mais cedo ou mais tarde. Deixa, portanto, de ser possível desconhecermos as nossas obrigações e esquivarmo-nos às nossas responsabilidades. Nisto, como em tudo o mais, o dia seguinte vem a ser o produto da véspera; por baixo da aparente confusão dos fatos descobrimos as relações que os ligam. Em vez de estarmos escravizados a um destino inflexível, cuja causa está fora de nós, tornamo-nos senhores e autores desse destino. Em vez de ser dominado pela sorte, o homem, muito ao contrário, domina-a e cria, independentemente dela, por sua vontade e seus atos. O ideal de justiça deixa de ser afastado para um mundo transcendental; podemos defini-lhe os termos em cada vida humana, renovada em sua relação com as leis universais, no domínio das causas reais e tangíveis.

Esta grande luz faz-se precisamente na hora em que as velhas crenças desabam sob o peso do tempo, em que todos os sistemas apresentam sinais de próxima ruína, em que os deuses do passado se cobrem e se afastam, os deuses de nossa infância, os que os nossos pais adoraram.

Há muito tempo que o pensamento humano, ansioso, tateia nas trevas à procura do novo edifício moral que há de abrigá-lo. E, precisamente, vem agora a doutrina dos renascimentos oferecer-lhe o ideal necessário a toda a sociedade em marcha e, ao mesmo tempo, o corretivo indispensável aos apetites violentos, às ambições desmedidas, à avidez das riquezas, das posições, das honras: um dique aos desmandos do sensualismo que ameaça submergir-nos.

Com ela, o homem aprende a suportar, sem amargura e sem revolta, as existências dolorosas, indispensáveis à sua purificação; aprende a submeter-se às desigualdades naturais e passageiras que são o resultado da Lei de Evolução, a postergar as divisões factícias e malsãs, provenientes dos preconceitos de castas, de religiões ou de raças. Estes preconceitos desvanecem-se inteiramente desde que se saiba que todo Espírito, nas suas vidas ascendentes, tem de passar pelos mais diversos meios.

Graças à noção das vidas sucessivas, as responsabilidades individuais, ao mesmo tempo que as das coletividades, aparecem-nos mais distintas. Há em nossos contemporâneos uma tendência para atirar com o peso das dificuldades presentes sobre os ombros das gerações futuras. Persuadidos de que não tornarão à Terra, deixam a nossos sucessores o cuidado de resolverem os problemas espinhosos da vida política e social.

Com a lei dos destinos, a questão muda logo de face; não somente o mal que tivermos feito recairá sobre nós e teremos de pagar as nossas dívidas até o último ceitil, como o estado social que tivermos contribuído para perpetuar com seus vícios, com as suas iniquidades, apanhar-nos-á na sua férrea engrenagem, quando voltarmos à Terra, e sofreremos por todas as suas imperfeições. Esta sociedade, à qual teremos pedido muito e dado pouco, virá a ser outra vez "nossa" sociedade, sociedade madrasta para seus filhos, egoístas e ingratos.

No decurso de nossas estações terrestres, às vezes como poderosos, outras como fracos, diretores ou dirigidos, sentiremos muitas vezes recair sobre nós o peso das injustiças que deixamos se perpetuassem.

E não esqueçamos uma coisa. As existências obscuras, as vidas humildes e despercebidas serão em muito maior número para cada um de nós, ao passo que os homens que possuírem a abastança, a educação e a instrução representarão a minoria na totalidade das populações do globo.

Mas, quando a grande Doutrina se tiver tornado a base da educação humana e a partilha de todos, quando a prova das vidas sucessivas aparecer a todas as vistas, então, os mais instruídos, os mais refletidos, desenvolvendo em si as intuições do passado, compreenderão que têm vivido em todos os meios sociais e terão mais tolerância e benevolência para com os pequenos, sentirão que há menos maldade e acrimônia do que sofrimento revoltado na alma dos deserdados. Que partido admirável não podem então tirar de sua própria experiência, difundindo em torno de si a luz, a esperança, a consolação?

Então o interesse, o bem pessoal, tornar-se-á o bem de todos. Cada um se sentirá inclinado a cooperar mais ativamente para o melhoramento desta sociedade em cujo seio terá de renascer para progredir com ela e avançar para o futuro.

* * *

A hora presente é ainda uma hora de lutas; luta das nações para a conquista do globo, luta das classes para a conquista do bem-estar e do poder. Em redor de nós agitam-se forças cegas e profundas, forças que, ontem, não se conheciam e que, hoje, se organizam e entram em ação. Uma sociedade agoniza; outra nasce. O ideal do passado vem à Terra. Qual será o de amanhã?

Abriu-se um período de transição; uma fase diferente de evolução humana, fase obscura, cheia, ao mesmo tempo, de promessas e ameaças, começou. Na alma das gerações que sobem, jazem os germens de novas florescências. Flores do mal ou flores do bem?

Muitos se alarmam, muitos se espantam. Não duvidamos do futuro da Humanidade, de sua ascensão para a luz e derramamos em volta de nós, com a coragem e perseverança incansáveis, as verdades que asseguram o dia de amanhã e fazem as sociedades fortes e felizes.

Os defeitos de nossa organização social provêm principalmente de que nossos legisladores, em suas acanhadas concepções, abrangem somente o horizonte de uma vida material. Não compreendendo o fim evolutivo da existência e o encadeamento de nossas vidas terrenas, estabeleceram um estado de coisas incompatível com os fins reais do homem e da sociedade.

A conquista do poder pelo maior número não é própria para ampliar este ponto de vista. O povo segue o instinto surdo que o impele. Incapaz de aquilatar o mérito e o valor de seus representantes, leva muitas vezes ao poder os que desposam suas paixões e participam de sua cegueira. A educação popular precisa ser completamente reformada; porque só o homem ilustrado pode colaborar com inteligência, coragem e consciência na renovação social.

Nas reivindicações atuais, a noção de direito é objeto de excessivas especulações, sobre-excitam-se os apetites, exaltam-se os espíritos. Esquece-se de que o direito é inseparável do dever e até que é simplesmente sua resultante. Daí, uma ruptura de equilíbrio, uma inversão das relações de causa para efeito, isto é; do dever para o direito na repartição das vantagens sociais, o que constitui uma causa permanente de divisão e ódio entre os homens. O indivíduo que encara somente seu interesse próprio e seu direito pessoal ocupa lugar inferior, ainda, na escala da evolução.

O direito, como disse Godin, fundador do familistério de Guise, é feito do dever cumprido. Sendo os serviços prestados à Humanidade a causa, o direito vem a ser o efeito. Numa sociedade bem organizada, cada cidadão classificar-se-á de acordo com seu valor pessoal e grau de sua evolução e em proporção com sua cota social.

O indivíduo só deve ocupar a situação merecida; seu direito está em proporção equivalente à sua capacidade para o bem. Tal é a regra, tal é a base da ordem universal, e a ordem social, enquanto não for sua contraprova, sua imagem fiel, será precária e instável.

Cada membro de uma coletividade deve, por força desta regra, em vez de reivindicar direitos fictícios, tornar-se digno deles, aumentando o próprio valor e sua participação na obra comum. O ideal social transforma-se, o sentido da harmonia desenvolve-se, o campo do altruísmo dilata-se;

mas, no estado atual das coisas, no seio de uma sociedade onde fermentam tantas paixões, onde se agitam tantas forças brutais, no meio de uma civilização feita de egoísmo e cobiça, de incoerência e má vontade, de sensualidade e sofrimentos, são de temer muitas convulsões.

Às vezes ouve-se o bramido da onda que sobe. O queixume dos que sofrem transforma-se em brados de cólera. As multidões contam-se; interesses seculares são ameaçados. Levanta-se, porém, uma nova fé, iluminada por um raio do Alto e assente em fatos, em provas sensíveis. Diz a todos: "Sede unidos, porque sois irmãos, irmãos neste mundo, irmãos na imortalidade. Trabalhai em comum para tornardes mais suaves as condições da vida social, mais fácil o desempenho de vossas tarefas futuras. Trabalhai para aumentar os tesouros de saber, de sabedoria, de poder, que são a herança da Humanidade. A felicidade não está na luta, na vingança; está na união dos corações e das vontades!".

XIX
A lei dos destinos

Dada, como está, a prova das vidas sucessivas, o caminho da existência acha-se desimpedido e traçado com firmeza e segurança. A alma vê claramente seu destino, que é a ascensão para a mais alta sabedoria, para a luz mais viva. A equidade governa o mundo; nossa felicidade está em nossas mãos; deixa de haver falhas no Universo, sendo seu alvo a beleza, seus meios a justiça e o amor. Dissipa-se, portanto, todo o temor quimérico, todo o terror do Além. Em vez de recear o futuro, o homem saboreia a alegria das certezas eternas. Confiado no dia seguinte, multiplicam-se-lhe as forças; seu esforço para o bem será centuplicado.

Entretanto, levanta-se outra pergunta: Quais são as molas secretas por cuja via se exerce a ação da justiça no encadeamento de nossas existências?

Notemos, primeiro que tudo, que o funcionamento da justiça humana nada nos oferece que se possa comparar com a Lei Divina dos destinos. Esta se executa por si mesma, sem intervenção alheia, tanto para os indivíduos como para as coletividades. O que chamamos mal, ofensa, traição, homicídio, determinam nos culpados um estado de alma que os entrega aos golpes da sorte na medida proporcionada à gravidade de seus atos.

Esta lei imutável é, antes de mais nada, uma lei de equilíbrio. Estabelece a ordem no mundo moral, da mesma forma que as leis de gravitação e da gravidade asseguram a ordem e o equilíbrio no mundo físico. Seu mecanismo é, ao mesmo tempo, simples e grande. Todo mal se resgata pela dor. O que o homem faz de acordo com a lei do bem proporciona-lhe tranquilidade e contribui para sua elevação; toda violação provoca sofrimento. Este prossegue a sua obra interior; cava as profundidades do ser; traz para a luz os tesouros de sabedoria e beleza que ele contém e, ao mesmo tempo, elimina os germens malsãos. Prolongará sua ação e voltará à carga por tanto tempo quanto for necessário até que ele se expanda no bem e vibre uníssono com as forças divinas; mas, na prossecução dessa ordem grandiosa, compensações estarão reservadas à alma. Alegrias, afeições, períodos de descanso e felicidade alternarão, no rosário das vidas, com as existências de luta, resgate e reparação. Assim, tudo é regulado, disposto com uma arte, uma ciência, uma bondade infinitas na Obra providencial.

No princípio de sua carreira, em sua ignorância e fraqueza, o homem desconhece e transgride muitas vezes a Lei. Daí as provações, as enfermidades, as servidões materiais, mas, desde que se instrui, desde que aprende a pôr os atos de sua vida em harmonia com a Regra Universal, *ipso facto* é cada vez menos presa da adversidade.

Os nossos atos e pensamentos traduzem-se em movimentos vibratórios, e seu foco de emissão, pela repetição frequente dos mesmos atos e pensamentos, transforma-se, pouco a pouco, em poderoso gerador do bem ou do mal.

O ser classifica-se assim a si mesmo pela natureza das energias de que se torna o centro irradiador, mas, ao passo que as forças do bem se multiplicam por si mesmas e aumentam incessantemente, as forças do mal destroem-se por seus próprios efeitos, porque esses efeitos voltam para sua causa, para seu centro de emissão e traduzem-se sempre em consequências dolorosas. Estando o mau, como todos os seres, sujeito à impulsão evolutiva, vê por isso aumentar-se forçosamente sua sensibilidade.

As vibrações de seus atos, de seus pensamentos maus, depois de haverem efetuado sua trajetória, volvem a ele, mais cedo ou mais tarde, e o oprimem, o apertam na necessidade de reformar-se.

Este fenômeno pode explicar-se cientificamente pela correlação das forças, pela espécie de sincronismo vibratório que faz voltar sempre o efeito à sua causa. Temos demonstração disso no fato bem conhecido de, em tempo de epidemia, de contágio, serem principalmente as pessoas, cujas forças vitais se harmonizam com as causas mórbidas em ação, as atacadas, ao passo que os indivíduos dotados de vontade firme e isentos de receio ficam geralmente indenes.

Sucede o mesmo na ordem moral. Os pensamentos de ódio e vingança, os desejos de prejudicar, provenientes do exterior, só podem agir sobre nós e influenciar-nos desde que encontrem elementos que vibrem uníssonos com eles. Se nada existir em nós de similar, estas forças ruins resvalam sem nos penetrarem, volvem para aquele que as projetou para, por sua vez, o ferirem, quer no presente quer no futuro, quando circunstâncias particulares as fizerem entrar na corrente do seu destino.

* * *

Há, pois, na lei de repercussão dos atos, alguma coisa mecânica, automática na aparência. Entretanto, quando implica acerbas expiações, reparações dolorosas, grandes Espíritos intervêm para regular-lhe o exercício e acelerar a marcha das almas em via de evolução. Sua influência faz-se principalmente sentir na hora da reencarnação, a fim de guiar estas almas em suas escolhas, determinando as condições e os meios favoráveis à cura de suas enfermidades morais e ao resgate das faltas anteriores.

Sabemos que não há educação completa sem a dor. Colocando-nos neste ponto de vista, é necessário livrarmo-nos de ver, nas provações e dores da Humanidade, a consequência exclusiva de faltas passadas. Todos aqueles que sofrem não são forçosamente culpados em via de expiação. Muitos são simplesmente Espíritos ávidos de progresso, que escolheram vidas penosas e de labor para colherem o benefício moral que anda ligado a toda pena sofrida.

Contudo, em tese geral, é do choque, é do conflito do ser inferior, que não se conhece ainda, com a lei da harmonia, que nasce o mal, o sofrimento. É pelo regresso gradual e voluntário do mesmo ser a esta harmonia que se restabelece o bem, isto é, o equilíbrio moral. Em todo pensamento, em toda obra há ação e reação e esta é sempre proporcional em intensidade à ação realizada. Por isso podemos dizer: o ser colhe exatamente o que semeou.

Colhe-o efetivamente, pois que, por sua ação contínua, modifica sua própria natureza, depura ou materializa o seu invólucro fluídico, o veículo da alma, o instrumento que serve para todas as suas manifestações e no qual é calcado, modelado o corpo físico em cada renascimento.

Nossa situação no Além resulta, como vimos precedentemente, das ações repetidas que nossos pensamentos e nossa vontade exercem constantemente sobre o perispírito. Segundo sua natureza e objetivo, vão-no transformando pouco a pouco num organismo sutil e radiante, aberto às mais altas percepções, às sensações mais delicadas da vida do Espaço, capaz de vibrar harmonicamente com Espíritos elevados e de participar das alegrias e impressões do Infinito. No sentido inverso, farão dele uma forma grosseira, opaca, acorrentada à Terra por sua própria materialidade e condenada a ficar encerrada nas baixas regiões.

Esta ação contínua do pensamento e da vontade, exercida no decorrer dos séculos e das existências sobre o perispírito, faz-nos compreender como se criam e desenvolvem nossas aptidões físicas, assim como as faculdades intelectuais e as qualidades morais.

Nossas aptidões para cada gênero de trabalho, a habilidade, a destreza em todas as coisas são o resultado de inumeráveis ações mecânicas acumuladas e registradas pelo corpo sutil, do mesmo modo que todas as recordações e aquisições mentais estão gravadas na consciência profunda. Ao renascer, estas aptidões são transmitidas, por uma nova educação, da consciência externa aos órgãos materiais. Assim se explica a habilidade consumada e quase nativa de certos músicos e, em geral, de todos aqueles que mostram, em um domínio qualquer, uma superioridade de execução que surpreende à primeira vista.

Sucede o mesmo com as faculdades e virtudes, com todas as riquezas da alma adquiridas no decurso dos tempos. O gênio é um longo e imenso esforço na ordem intelectual e a santidade foi conquistada à custa de uma luta secular contra as paixões e as atrações inferiores.

Com alguma atenção poderíamos estudar e seguir em nós o processo da evolução moral. De cada vez que praticamos uma boa ação, um ato generoso, uma obra de caridade, de dedicação, a cada sacrifício do "eu", não sentimos uma espécie de dilatação interior? Alguma coisa parece expandir-se em nós; uma chama acende-se ou aviva-se nas profundezas do ser.

Esta sensação não é ilusória. O Espírito ilumina-se a cada pensamento altruísta, a cada impulso de solidariedade e de amor puro. Se estes pensamentos e atos se repetem, se multiplicam, se acumulam, o homem acha-se como que transformado ao sair de sua existência terrestre; a alma e seu invólucro fluídico terão adquirido um poder de radiação mais intenso.

No sentido contrário, todo pensamento ruim, todo ato criminoso, todo hábito pernicioso provoca um estreitamento, uma contração do ser psíquico, cujos elementos se condensam, entenebrecem, carregam de fluidos grosseiros.

Os atos violentos, a crueldade, o homicídio e o suicídio produzem no culpado um abalo prolongado, que se repercute, de renascimento em renascimento, no corpo material, e traduz-se em doenças nervosas, tiques, convulsões e até deformidades, enfermidades ou casos de loucura, consoante a gravidade das causas e o poder das forças em ação. Toda transgressão da lei implica diminuição, mal-estar, privação de liberdade.

As vidas impuras, a luxúria, a embriaguez e a devassidão conduzem-nos a corpos débeis, sem vigor, sem saúde, sem beleza. O ser humano que abusa de suas forças vitais, por si mesmo se condena a um futuro miserável, a enfermidades mais ou menos cruéis.

Às vezes a reparação se efetua numa longa vida de sofrimentos, necessária para destruir em nós as causas do mal, ou, então, numa existência curta e difícil, terminada por morte trágica. Uma atração misteriosa reúne, às vezes, os criminosos de lugares muito afastados num dado ponto para feri-los em comum. Daí as catástrofes célebres, os naufrágios, os grandes sinistros, as mortes coletivas, tais como o desastre de Saint-Gervais, o incêndio do Bazar de Caridade, a explosão de Courrières, a do "Iena", o naufrágio do "Titanic", do "Ireland" etc.

Explicam-se assim as existências curtas; são o completamento de vidas precedentes, terminadas muito cedo, abreviadas prematuramente por excessos, abusos ou por qualquer outra causa moral, e que, normalmente, deveriam ter durado mais.

Não devem ser incluídas em tais casos as mortes de crianças em tenra idade. A vida curta de uma criança pode ser uma provação para os pais, assim como para o Espírito que quer encarnar. Em geral, é simplesmente uma entrada falsa no teatro da vida, quer por causas físicas, quer por falta de adaptação dos fluidos. Em tal caso, a tentativa de encarnação renova-se, pouco depois, no mesmo meio; reproduz-se até completo êxito, ou, então, se as dificuldades são insuperáveis, se efetua num meio mais favorável.

***

As considerações que acabamos de fazer demonstram que, para assegurar a depuração fluídica e o bom estado moral do ser, tem-se de estabelecer uma disciplina do pensamento, de se seguir uma higiene da alma, assim como é preciso observar uma higiene física para manter a saúde do corpo.

Em virtude da ação constante do pensamento e da vontade sobre o perispírito, vê-se que a retribuição é absolutamente perfeita. Cada um colhe o fruto imperecível de suas obras passadas e presentes; colhe-o, não por efeito de uma causa exterior, mas por um encadeamento que liga em nós mesmos o pesar à alegria, o esforço ao êxito, a culpa ao castigo. É, pois, na intimidade secreta de nossos pensamentos e na viva luz de nossos atos que devemos procurar a causa eficiente da nossa situação presente e futura.

Colocamo-nos segundo nossos méritos e no meio para que nos chamam nossos antecedentes. Se somos infelizes, é porque não temos suficiente perfeição para gozar de melhor sorte; mas nosso destino irá melhorando na medida em que soubermos fazer nascer em nós mais desinteresse, justiça e amor. O ser deve aperfeiçoar, embelezar incessantemente sua natureza íntima, aumentar o valor próprio, construir o edifício da consciência — tal é o fim de sua elevação.

Cada um de nós possui a disposição particular a que os druidas chamavam *awen*, isto é, a aptidão primordial de todo ser para realizar uma das formas especiais do pensamento divino. Deus depositou no íntimo da alma os germens de faculdades poderosas e variadas; todavia, há uma das formas de seu gênio que, acima de todas as outras, ela é chamada a desenvolver com trabalho contínuo até que a tenha levado a seu ponto de excelência. Estas formas são inumeráveis. São os aspectos múltiplos da inteligência, da sabedoria e da beleza eternas: a música, a poesia, a eloquência, o dom da invenção, a previsão do futuro e das coisas ocultas, a ciência ou a força, a bondade, o dom de educação, o poder de curar etc.

Ao projetar a entidade humana, o pensamento divino impregna-a mais particularmente de uma destas forças e assina-lhe, por isso mesmo, um papel especial no vasto concerto universal.

As missões do ser, seu destino e sua ação na evolução geral ir-se-ão definindo cada vez mais no sentido de suas próprias aptidões, a princípio latentes e confusas no começo de sua carreira, mas que vão despertar, crescer, acentuar-se à medida que ele for percorrendo a imensa espiral. As intuições e as inspirações que ele receber do Alto corresponderão a esse lado especial de seu caráter. Consoante suas necessidades e apelos, será sob esta forma que ele perceberá, em seu íntimo, a melodia divina.

Assim, Deus, da variedade infinita dos contrastes, sabe fazer brotar a harmonia tanto na Natureza como no seio das humanidades.

E se a alma abusar destes dons, se os aplicar às obras do mal, se, por causa deles, conceber vaidade ou orgulho, ser-lhe-á preciso, como expiação, renascer em organismos impotentes para sua manifestação. Viverá, gênio desconhecido, humilhado entre os homens, por tanto tempo quanto seja necessário a que a dor triunfe dos excessos da personalidade e lhe permita continuar o voo sublime, a carreira, um momento interrompida, para o ideal.

* * *

Almas humanas que percorreis estas páginas, elevai os vossos pensamentos e resoluções à altura das tarefas que vos tocam. As vias para o Infinito abrem-se, semeadas de maravilhas inexauríveis, diante de vós. A qualquer ponto que o voo vos leve, aí vos aguardam objetos de estudo com mananciais inesgotáveis de alegrias e deslumbramentos de luz e beleza. Por toda a parte e sempre, horizontes inimagináveis suceder-se-ão aos horizontes percorridos.

Tudo é beleza na Obra Divina. Reservado vos está, em vossa ascensão, apreciar os inumeráveis aspectos, risonhos ou terríveis, desde a flor delicada até os astros rutilantes, assistir às eclosões dos mundos e das humanidades; sentireis, ao mesmo tempo, desenvolver-se vossa compreensão das coisas celestiais e aumentar vosso desejo ardente de penetrar em Deus, de vos mergulhardes nele, em sua luz, em seu amor; em Deus, nossa origem, nossa essência, nossa vida!

A inteligência humana não pode descrever os futuros que pressente, as ascensões que entrevê. Nosso Espírito, encarcerado num corpo de argila, nos laços de um organismo perecível, não pode encontrar nele os recursos necessários para exprimir estes esplendores; a expressão ficará sempre aquém das realidades. A alma, em suas intuições profundas, tem a sensação das coisas infinitas, de que ela participa e às quais aspira. Seu destino é vivê-las e gozá-las cada vez mais. Mas, em vão procuraria exprimi-las com o balbuciar da fraca linguagem humana, debalde se esforçaria por traduzir as coisas eternas na linguagem da Terra. A palavra é impotente, mas a consciência evolvida percebe as radiações sutis da vida superior.

Dia virá em que a alma engrandecida dominará o tempo e o espaço. Um século não será para ela mais do que um instante na duração e, num lampejo do seu pensamento, transporá os abismos do Céu. Seu organismo sutil, apurado em milhares de vidas, há de vibrar a todos os sopros, a todas as vozes, a todos os apelos da imensidade. Sua memória mergulhará nas idades extintas. Poderá reviver à vontade tudo o que tiver vivido, chamar a si as almas queridas que compartilharam de suas alegrias e de suas dores, e juntar-se a elas.

Porque todas as afeições do passado se encontram e se ligam na vida do Espaço, contraem-se novas amizades e, de camada em camada, uma comunhão mais forte reúne os seres numa unidade de vida, de sentimento e de ação.

Crê, ama, espera, homem, meu irmão, depois... exerce tua atividade! Aplica-te a fazer passar para tua obra os reflexos e as esperanças de teu pensamento, as aspirações de teu coração, as alegrias e as certezas de tua alma imortal. Comunica tua fé às Inteligências que te cercam e participam de tua vida, a fim de que te secundem na tua tarefa e de que, por toda a Terra, um esforço poderoso erga o fardo das opressões materiais, triunfe das paixões grosseiras, abra larga saída aos voos do Espírito.

Uma ciência nova e restaurada, não já a ciência dos preconceitos, das práticas rotineiras, dos métodos acanhados e envelhecidos, mas uma ciência aberta a todas as pesquisas, a todas as investigações, a Ciência do Invisível e do Além não tardará a vir fecundar o ensino, esclarecer o destino, fortificar a consciência. A fé na sobrevivência edificar-se-á sob as mais belas formas, assentes na rocha da experiência e desafiando toda crítica.

Uma arte mais idealista e pura, iluminada por luzes que não se apagam, imagem da vida radiosa, reflexo do Céu entrevisto, virá regozijar e vivificar o espírito e os sentidos. Sucederá o mesmo com as religiões, com as crenças, com os sistemas.

No voo do pensamento para elevar-se das verdades de ordem relativa às verdades de ordem superior, elas chegam a aproximar-se, a juntar-se, a fundir-se para fazer das múltiplas crenças do passado, hostis ou mortais, uma fé viva que há de reunir a Humanidade num mesmo impulso de adoração e prece.

Trabalha com todas as potências de teu ser por preparar esta evolução. É mister que a atividade humana se dirija com mais intensidade para os caminhos do espírito. Depois da Humanidade física, é indispensável criar a humanidade moral; depois dos corpos, as almas! O que se conquistou em energias materiais, em forças externas, perdeu-se em conhecimentos profundos, em revelações do sentido íntimo. O homem está vitorioso do mundo visível; as aberturas praticadas no universo físico são imensas;

A lei dos destinos

resta-lhe conquistar no mundo interior, conhecer sua própria natureza e o segredo de seu esplêndido porvir.

Não discutas, pois, mas trabalha. A discussão é vã, estéril é a crítica. Mas a obra pode ser grande, se consistir em te engrandeceres a ti mesmo, engrandecendo os outros, em fazeres o teu ser melhor e mais belo. Porque não deves esquecer que para ti trabalhas, trabalhando para todos, associando-te à tarefa comum. O Universo, como tua alma, renova-se, perpetua-se, embeleza-se sem cessar pelo trabalho e pela reciprocidade. Deus, aperfeiçoando sua obra, goza dela como tu gozas da tua, embelezando-a. Tua obra mais bela é tu mesmo. Com teus esforços constantes podes fazer de tua inteligência, de tua consciência, uma obra admirável, de que gozarás indefinidamente. Cada uma de tuas vidas é um cadinho fecundo do qual deves sair apto para tarefas, para missões cada vez mais altas, apropriadas às tuas forças e cada uma das quais será tua recompensa e tua alegria.

Assim, com tuas mãos irás, dia a dia, moldando teu destino. Renascerás nas formas que teus desejos constroem, que tuas obras, geram, até que teus desejos e apelos te tenham preparado formas e organismos superiores aos da Terra. Renascerás nos meios que preferes, junto dos seres queridos, que já estiveram associados a teus trabalhos, a tuas vidas, e que viverão contigo e para ti, como tu reviverás com eles e para eles.

Terminada que seja tua evolução terrestre, quando tiveres exaltado tuas faculdades e tuas forças a um grau de suficiente capacidade, quando tiveres esvaziado a taça dos sofrimentos, das amarguras e das felicidades que nos oferece este mundo, quando lhe houveres sondado as ciências e crenças, comungado com todos os aspectos do gênio humano, subirás então com teus amados para outros mundos mais belos, mundos de paz e harmonia.

Volvidos ao pó, teus últimos despojos terrestres, chegada às regiões espirituais tua essência purificada, tua memória e tua obra hão de amparar ainda os homens, teus irmãos, em suas lutas, em suas provações, e poderás dizer com a alegria de uma consciência tranquila: "Minha passagem na Terra não foi estéril; não foram vãos meus esforços!".

Terceira parte
As potências da alma

XX
A vontade

O estudo do ser, a que consagramos a primeira parte desta obra, deixou-nos entrever a poderosa rede das forças, das energias ocultas em nós. Mostrou-nos que todo o nosso futuro, em seu desenvolvimento ilimitado, lá está contido no gérmen. As causas da felicidade não se acham em lugares determinados no espaço; estão em nós, nas profundezas misteriosas da alma, o que é confirmado por todas as grandes doutrinas.

"O Reino dos Céus está dentro de vós", disse o Cristo.

O mesmo pensamento está por outra forma expresso nos Vedas: "Tu trazes em ti um amigo sublime que não conheces".

A sabedoria persa não é menos afirmativa: "Vós viveis no meio de armazéns cheios de riquezas e morreis de fome à porta" (Suffis Ferdousis).

Todos os grandes ensinamentos concordam neste ponto: É na vida íntima, no desabrochar de nossas potências, de nossas faculdades, de nossas virtudes, que está o manancial das felicidades futuras.

Olhemos atentamente para o fundo de nós mesmos, fechemos nosso entendimento às coisas externas e, depois de havermos habituado nossos sentidos psíquicos à escuridade e ao silêncio, veremos surgir luzes inesperadas, ouviremos vozes fortificantes e consoladoras. Mas há poucos homens que saibam ler em si, que saibam explorar as jazidas que encerram tesouros inestimáveis. Gastamos a vida em coisas banais, improfícuas: percorremos o caminho da existência sem nada saber de nós mesmos, das riquezas psíquicas, cuja valorização nos proporcionaria gozos inumeráveis.

Há em toda alma humana dois centros, ou melhor, duas esferas de ação e expressão. Uma delas, circunscrita à outra, manifesta a personalidade, o "eu", com suas paixões, suas fraquezas, sua mobilidade, sua insuficiência. Enquanto ela for a reguladora de nosso proceder, temos a vida inferior semeada de provações e males. A outra, interna, profunda, imutável, é, ao mesmo tempo, a sede da consciência, a fonte da vida espiritual, o templo de Deus em nós. É somente quando este centro de ação domina o outro, quando suas impulsões nos dirigem, que se revelam nossas potências ocultas e que o Espírito se afirma em seu brilho e beleza. É por ele que estamos em comunhão com "o Pai que habita em nós", segundo as palavras do Cristo, com o Pai que é o foco de todo o amor, o princípio de todas as ações.

Por um, perpetuamo-nos em mundos materiais, onde tudo é inferioridade, incerteza e dor; pelo outro, temos entrada nos mundos celestes, onde tudo é paz, serenidade, grandeza. É só pela manifestação crescente do Espírito Divino em nós que chegamos a vencer o "eu" egoísta, a associar-nos plenamente à obra universal e eterna, a criar uma vida feliz e perfeita.

Por que meio poremos em movimento as potências internas e as orientaremos para um ideal elevado? Pela vontade! O uso persistente, tenaz, desta faculdade soberana permitir-nos-á modificar a nossa natureza, vencer todos os obstáculos, dominar a matéria, a doença e a morte.

É pela vontade que dirigimos nossos pensamentos para um alvo determinado. Na maior parte dos homens os pensamentos flutuam sem cessar. Sua mobilidade constante e sua variedade infinita pequeno acesso oferecem às influências superiores. É preciso saber concentrar-se, pôr o pensamento acorde com o pensamento divino. Então, a alma humana é fecundada pelo Espírito Divino, que a envolve e penetra, tornando-a apta a realizar nobres tarefas, preparando-a para a vida do Espaço, cujos esplendores ela, enfraquecidamente, começa a entrever desde este mundo. Os Espíritos elevados veem e ouvem os pensamentos uns dos outros, com os quais são harmonias penetrantes, ao passo que os nossos são, as mais das vezes, somente discordâncias e confusão. Aprendamos, pois, a servir-nos de nossa vontade e, por ela, a unir nossos pensamentos a tudo o que é grande, à harmonia universal, cujas vibrações enchem o espaço e embalam os mundos.

A vontade

***

A vontade é a maior de todas as potências; é, em sua ação, comparável ao ímã. A vontade de viver, de desenvolver em nós a vida, atrai-nos novos recursos vitais; tal é o segredo da Lei de Evolução. A vontade pode atuar com intensidade sobre o corpo fluídico, ativar-lhe as vibrações e, por esta forma, apropriá-lo a um modo cada vez mais elevado de sensações, prepará-lo para mais alto grau de existência.

O princípio de evolução não está na matéria, está na vontade, cuja ação tanto se estende à ordem invisível das coisas como à ordem visível e material. Esta é simplesmente a consequência daquela. O princípio superior, o motor da existência, é a vontade. A Vontade Divina é o supremo motor da Vida universal.

O que importa, acima de tudo, é compreender que podemos realizar tudo no domínio psíquico; nenhuma força fica estéril, quando se exerce de maneira constante, em vista de alcançar um desígnio conforme ao direito e à justiça.

É o que se dá com a vontade; ela pode agir tanto no sono como na vigília, porque a alma valorosa, que para si mesma estabeleceu um objetivo, procura-o com tenacidade em ambas as fases de sua vida e determina assim uma corrente poderosa, que mina devagar e silenciosamente todos os obstáculos.

Com a preservação dá-se o mesmo que com a ação. A vontade, a confiança e o otimismo são outras tantas forças preservadoras, outros tantos baluartes opostos em nós a toda causa de desassossego, de perturbação, interna e externa. Bastam, às vezes, por si sós, para desviar o mal; ao passo que o desânimo, o medo e o mau humor nos desarmam e entregam a ele sem defesa. O simples fato de olharmos de frente para o que chamamos o mal, o perigo, a dor, a resolução de os afrontarmos, de os vencermos, diminuem-lhes a importância e o efeito.

Os americanos têm, com o nome de *mind cure* (cura mental) ou ciência cristã, aplicado este método à terapêutica e não se pode negar que os resultados obtidos são consideráveis. Este método resume-se na fórmula seguinte: "O pessimismo torna fraco; o otimismo torna forte". Consiste na eliminação gradual do egoísmo, na união completa com a Vontade suprema, causa das forças infinitas. Os casos de cura são numerosos e apoiam-se em testemunhos irrecusáveis.[194]

---

[194] Ver William James, Reitor da Universidade Harvard, *L'Expérience Religieuse*, p. 86 e 87. Tradução francesa de Abauzit. Félix Alcan, editor, Paris, 1906.

Demais, foi esse — em todos os tempos e com formas diversas – o princípio da saúde física e moral.

Na ordem física, por exemplo, não se destroem os infusórios, os infinitamente pequenos, que vivem e se multiplicam em nós; mas se ganham forças para melhor lhes resistir. Da mesma forma, nem sempre é possível, na ordem moral, afastar as vicissitudes da sorte, mas se pode adquirir força bastante para suportá-las com alegria, sobrepujá-las com esforço mental, dominá-las por tal forma que percam todo o aspecto ameaçador, para se transformarem em auxiliares de nosso progresso e de nosso bem.

Em outra parte havemos demonstrado, apoiando-nos em fatos recentes, o poder da alma sobre o corpo na sugestão e autossugestão.[195] Limitar-nos-emos a lembrar outros exemplos ainda mais concludentes.

Louise Lateau, a estigmatizada de Bois-d'Haine, cujo caso foi estudado por uma comissão da Academia de Medicina da Bélgica, fazia, meditando sobre a Paixão do Cristo, correr à vontade o sangue dos seus pés, mãos e lado esquerdo. A hemorragia durava muitas horas.[196]

Pierre Janet observou casos análogos na Salpêtrière, em Paris. Uma extática apresentava estigmas nos pés quando lhos metiam num aparelho.[197]

Louis Vivé, em suas crises, a si mesmo dava ordem de sangrar-se a horas determinadas, e o fenômeno produzia-se com exatidão.

Encontra-se a mesma ordem de fatos em certos sonhos, bem como nos fenômenos chamados "noevi" ou sinais de nascença.[198] Em todos os domínios da observação, achamos a prova de que a vontade impressiona a matéria e pode submetê-la a seus desígnios. Esta lei manifesta-se com mais intensidade ainda no campo da vida invisível. E em virtude das mesmas regras que os Espíritos criam as formas e os atributos que nos permitem reconhecê-los nas sessões de materialização.

Pela vontade criadora dos grandes Espíritos e, acima de tudo, do Espírito Divino, uma vida repleta de maravilhas desenvolve-se e estende, de degrau em degrau, até ao Infinito, nas profundezas do Céu, vida incomparavelmente superior a todas as maravilhas criadas pela arte humana e tanto mais perfeita quanto mais se aproxima de Deus.

---

[195] Ver *Depois da morte*, cap. 32, "A vontade e os fluidos" e *No invisível*, cap. 15.
[196] Dr. Warlomont — *Louise Lateau, la stigmatisée de Bois-d'Haine*, Bruxelas, 1873.
[197] P. Janet, "Une extatique", *Bulletin de l'Institut Psychologique*, jul., ago., set. 1901.
[198] Ver, entre outros, o *Bulletin de la Société Psychique de Marseille*, out. 1903.

A vontade

Se o homem conhecesse a extensão dos recursos que nele germinam, talvez ficasse deslumbrado e, em vez de se julgar fraco e temer o futuro, compreenderia a sua força, sentiria que ele próprio pode criar esse futuro.

Cada alma é um foco de vibrações que a vontade põe em movimento. Uma sociedade é um agrupamento de vontades que, quando estão unidas, concentradas num mesmo fito, constituem centro de forças irresistíveis. As humanidades são focos mais poderosos ainda, que vibram através da imensidade.

Pela educação e exercício da vontade, certos povos chegam a resultados que parecem prodígios.

A energia mental, o vigor de espírito dos japoneses, seu desprezo pela dor, sua impassibilidade diante da morte, causaram pasmo aos ocidentais e foram para eles uma espécie de revelação. O japonês habitua-se desde a infância a dominar suas impressões, a nada deixar trair dos desgostos, das decepções, dos sentimentos por que passa, a ficar impenetrável, a não se queixar nunca, a nunca se encolerizar, a receber sempre com boa cara os reveses.

Tal educação retempera os ânimos e assegura a vitória em todos os terrenos. Na grande tragédia da existência e da História, o heroísmo representa o papel principal e é a vontade que faz os heróis.

Este estado de espírito não é privativo dos japoneses. Os hindus chegam também, com o emprego do que eles chamam a "hatha yoga", ou exercício da vontade, a suprimir em si o sentimento da dor física.

Numa conferência feita no Instituto Psicológico de Paris e que *Les Annales des Sciences Psychiques*, de novembro de 1906, reproduziram, Annie Besant cita vários casos notáveis devidos a estas práticas persistentes.

Um hindu possuirá bastante poder de vontade para conservar um braço erguido até se atrofiar. Outro deitar-se-á numa cama eriçada de pontas de ferro sem sentir nenhuma dor. Encontra-se mesmo este poder em pessoas que não praticaram a "hatha yoga". A conferencista cita o caso de um de seus amigos que, tendo ido à caça do tigre e tendo recebido, por causa da imperícia de um caçador, uma bala na coxa, recusou submeter-se à ação do clorofórmio para a extração do projétil, afirmando ao cirurgião que teria suficiente domínio sobre si mesmo para ficar imóvel e impassível durante a operação. Esta efetuou-se; o ferido tinha plena consciência de si mesmo e não fez um só movimento. "O que para outro teria sido uma tortura atroz, nada era para ele; havia fixado sua consciência na cabeça e nenhuma dor sentira. Sem ser iogue, possuía o poder de concentrar a vontade, poder que, nas Índias, se encontra frequentemente."

Pelo que se acaba de ler, pode julgar-se quão diferentes dos nossos são a educação mental e o objetivo dos asiáticos. Tudo, neles, tende a desenvolver o homem interior, sua vontade, sua consciência, à vista dos vastos ciclos de evolução que se lhes abrem, enquanto o europeu adota, de preferência, como objetivo, os bens imediatos, limitados pelo círculo da vida presente. Os alvos em que se põe a mira nos dois casos são diferentes; e esta divergência resulta da concepção essencialmente diferente do papel do ser no Universo. Os asiáticos consideraram por muito tempo, com um espanto misturado de piedade, nossa agitação febril, nossa preocupação pelas coisas contingentes e sem futuro, nossa ignorância das coisas estáveis, profundas, indestrutíveis, que constituem a verdadeira força do homem. Daí o contraste surpreendente que oferecem as civilizações do Oriente e do Ocidente. A superioridade pertence evidentemente à que abarca mais vasto horizonte e se inspira nas verdadeiras leis da alma e de seu futuro. Pode ter parecido atrasada aos observadores superficiais, enquanto as duas civilizações fizeram paralelamente sua evolução, sem que entre uma e outra houvesse choques excessivos. Mas, desde que as necessidades da existência e a pressão crescente dos povos do Ocidente forçaram os asiáticos a entrar na corrente dos progressos modernos — tal é o caso dos japoneses —, pode ver-se que as qualidades eminentes desta raça, manifestando-se no domínio material, podiam assegurar-lhes igualmente a supremacia. Se este estado de coisas se acentuar, como é de recear, se o Japão conseguir arrastar consigo todo o Extremo Oriente, é possível que mude o eixo da dominação do mundo e passe de uma raça para outra, principalmente se a Europa persistir em não se interessar pelo que constitui o mais alto objetivo da vida humana e em contentar-se com um ideal inferior e quase bárbaro.

Restringindo mesmo o campo de nossas observações à raça branca, aí vamos verificar também que as nações de vontade mais firme, mais tenaz, vão pouco a pouco tomando predomínio sobre as outras.

É o que se dá com os povos anglo-saxônios e germânicos. Estamos vendo o que a Inglaterra tem podido realizar, através dos tempos, para execução de seu plano de ação. A Alemanha, com seu espírito de método e continuidade, soube criar e manter uma poderosa coesão em detrimento de seus vizinhos, não menos bem dotados do que ela, mas menos resolutos e perseverantes. A América do Norte prepara também para si um grande lugar no concerto dos povos.

A França é, pelo contrário, uma nação de vontade fraca e volúvel. Os franceses passam de uma ideia a outra com extrema mobilidade e a este defeito não são estranhas as vicissitudes de sua História. Seus primeiros impulsos são admiráveis, vibrantes de entusiasmo. Mas, se com facilidade empreendem uma obra, com a mesma facilidade a abandonam, quando o pensamento já a vai edificando e os materiais se vão reunindo silenciosamente ao seu derredor. Por isso o mundo apresenta, por toda a parte, vestígios meio apagados de sua ação passageira, de seus esforços depressa interrompidos.

Além disso, o pessimismo e o materialismo, que cada vez mais se alastram entre eles, tendem também a amesquinhar as qualidades generosas de sua raça. O positivismo e o agnosticismo trabalham sistematicamente para apagar o que restava de viril na alma francesa; e os recursos profundos do espírito francês atrofiam-se por falta de uma educação sólida e de um ideal alevantado.

Aprendamos, pois, a criar "uma vontade de potência", de natureza mais elevada do que a sonhada por Nietzsche. Fortaleçamos em torno de nós os espíritos e os corações, se não quisermos ver nosso país votado à decadência irremediável.

* * *

Querer é poder! O poder da vontade é ilimitado. O homem, consciente de si mesmo, de seus recursos latentes, sente crescerem suas forças na razão dos esforços. Sabe que tudo o que de bem e bom desejar há de, mais cedo ou mais tarde, realizar-se inevitavelmente, ou na atualidade ou na série das suas existências, quando seu pensamento se puser de acordo com a Lei Divina. E é nisso que se verifica a palavra celeste: "A fé transporta montanhas".

Não é consolador e belo poder dizer: Sou uma inteligência e uma vontade livres; a mim mesmo me fiz, inconscientemente, através das idades; edifiquei lentamente minha individualidade e liberdade, e agora conheço a grandeza e a força que há em mim. Amparar-me-ei nelas; não deixarei que uma simples dúvida as empane por um instante sequer e, fazendo uso delas com o auxílio de Deus e de meus irmãos do Espaço, elevar-me-ei acima de todas as dificuldades; vencerei o mal em mim; desapegar-me-ei de tudo o que me acorrenta às coisas grosseiras para levantar o voo para os mundos felizes!

Vejo claramente o caminho que se desenrola e que tenho de percorrer. Este caminho atravessa a extensão ilimitada e não tem fim; mas, para guiar-me na Estrada infinita, tenho um guia seguro — a compreensão da lei de vida, progresso e amor que rege todas as coisas; aprendi a conhecer-me, a crer em mim e em Deus. Possuo, pois, a chave de toda elevação e, na vida imensa que tenho diante de mim, conservar-me-ei firme, inabalável na vontade de enobrecer-me e elevar-me, cada vez mais; atrairei, com o auxílio de minha inteligência, que é filha de Deus, todas as riquezas morais e participarei de todas as maravilhas do cosmo.

Minha vontade chama-me: "Para a frente, sempre para a frente, cada vez mais conhecimento, mais vida, vida divina!" E com ela conquistarei a plenitude da existência, construirei para mim uma personalidade melhor, mais radiosa e amante. Saí para sempre do estado inferior do ser ignorante, inconsciente de seu valor e poder; afirmo-me na independência e dignidade de minha consciência e estendo a mão a todos os meus irmãos, dizendo-lhes:

Despertai de vosso pesado sono; rasgai o véu material que vos envolve, aprendei a conhecer-vos, a conhecer as potências de vossa alma e a utilizá-las. Todas as vozes da Natureza, todas as vozes do Espaço vos bradam: "Levantai-vos e marchai! Apressai-vos para a conquista de vossos destinos!"

A todos vós que vergais ao peso da vida, que, julgando-vos sós e fracos, vos entregais à tristeza, ao desespero ou que aspirais ao nada, venho dizer: "O nada não existe; a morte é um novo nascimento, um encaminhar para novas tarefas, novos trabalhos, novas colheitas; a vida é uma comunhão universal e eterna que liga Deus a todos os seus filhos".

A vós todos, que vos credes gastos pelos sofrimentos e decepções, pobres seres aflitos, corações que o vento áspero das provações secou; Espíritos esmagados, dilacerados pela roda de ferro da adversidade, venho dizer-vos:

"Não há alma que não possa renascer, fazendo brotar novas florescências. Basta-vos querer para sentirdes o despertar em vós de forças desconhecidas. Crede em vós, em vosso rejuvenescimento em novas vidas; crede em vossos destinos imortais. Crede em Deus, Sol dos sóis, foco imenso, do qual brilha em vós uma centelha, que se pode converter em chama ardente e generosa!

"Sabei que todo homem pode ser bom e feliz; para vir a sê-lo basta que o queira com energia e constância. A concepção mental do ser, elaborada na obscuridade das existências dolorosas, preparada pela vagarosa evolução das idades, expandir-se-á à luz das vidas superiores e todos conquistarão a magnífica individualidade que lhes está reservada.

"Dirigi incessantemente vosso pensamento para esta verdade: que podeis vir a ser o que quiserdes. E sabei querer ser cada vez maiores e melhores. Tal é a noção do progresso eterno e o meio de realizá-lo; tal é o segredo da força mental, da qual emanam todas as forças magnéticas e físicas. Quando tiverdes conquistado este domínio sobre vós mesmos, não mais tereis que temer os retardamentos nem as quedas, nem as doenças, nem a morte; tereis feito de vosso 'eu' inferior e frágil uma alta e poderosa individualidade!"

XXI
A consciência.
O sentido íntimo

A alma é, como nos demonstraram os ensinos precedentes, uma emanação, uma partícula do Absoluto. Suas vidas têm por objetivo a manifestação cada vez mais grandiosa do que nela há de divino, o aumento do domínio que está destinado a exercer dentro e fora de si, por meio de seus sentidos e energias latentes.

Pode alcançar-se esse resultado por processos diferentes, pela Ciência ou pela meditação, pelo trabalho ou pelo exercício moral. O melhor processo consiste em utilizar todos esses modos de aplicação, em completá-los uns pelos outros; o mais eficaz, porém, de todos, é o exame íntimo, a introspecção. Acrescentemos o desapego das coisas materiais, a firme vontade de melhorar a nossa união com Deus em espírito e verdade, e veremos que toda religião verdadeira, toda filosofia profunda aí vai buscar sua origem e nessas fórmulas se resume. O resto, doutrinas culturais, ritos e práticas não são mais do que o vestuário externo que encobre, aos olhos das turbas, a alma das religiões.

Victor Hugo escrevia no *Post scriptum de ma vie*: "É dentro de nós que devemos olhar o exterior... Inclinando-nos sobre este poço, o nosso espírito, avistamos, a uma distância de abismo, em estreito círculo, o mundo imenso".

A alma, dizia também Emerson, é superior ao que se pode saber dela e mais sábia do que nenhuma de suas obras.

As profundezas da alma ligam-na à grande Alma universal e eterna, de que ela é uma como vibração. Essa origem e essa participação da natureza divina explicam as necessidades irresistíveis do Espírito em evolução adiantada: necessidade de infinito, de justiça, de luz; necessidade de sondar todos os mistérios, de estancar a sede nos mananciais vivos e inexauríveis cuja existência ele pressente, mas que não consegue descobrir no plano de suas vidas terrestres.

Daí provêm nossas mais altas aspirações, nosso desejo de saber, jamais satisfeito, nosso sentimento do belo e do bem; daí os clarões repentinos que iluminam de tempos a tempos as trevas da existência e os pressentimentos, a previsão do futuro, relâmpagos fugitivos no abismo do tempo, que luzem às vezes para certas inteligências.

Sob a superfície do "eu", superfície agitada pelos desejos, esperanças e temores, está o santuário que encerra a consciência integral, calma, pacífica, serena, o princípio da sabedoria e da razão, de que a maior parte dos homens só tem conhecimento por surdas impulsões ou vagos reflexos entrevistos.

Todo o segredo da felicidade, da perfeição, está na identificação, na fusão em nós destes dois planos ou focos psíquicos; a causa de todos os nossos males, de todas as nossas misérias morais está na sua oposição.

Na *Crítica da razão pura*, o grande filósofo de Kœnigsberg demonstrou que a razão humana, isto é, a razão superficial de que falamos, por si mesma nada podia perceber, nada provar do que respeita às realidades do mundo transcendental, às origens da vida, ao espírito, à alma, a Deus.

Dessa argumentação infere-se, lógica e necessariamente, a conseqüência de que existe em nós um princípio, uma razão mais profunda que, por meio da revelação interior, nos inicia nas verdades e Leis do Mundo Espiritual.

William James faz a mesma afirmação, nestes termos: "O 'eu' consciente faz um só com um 'eu' maior, do qual lhe vem o resgate."[199]

E, mais adiante:

> Os prolongamentos do "eu" consciente dilatam-se muito além do mundo da sensação e da razão, em certa região que se pode chamar mística ou sobrenatural. Quando nossas tendências para o ideal têm sua origem

---

[199] William James — *L'Expérience Religieuse*, p. 421 e 429.

nessa região — é o caso para a maior parte delas, porque somos possuídos por elas de maneira que não podemos perceber — ali temos raízes mais profundas do que no mundo visível, pois nossas mais altas aspirações são centro da nossa personalidade. Mas, este Mundo Invisível não é somente ideal, produz efeitos no mundo visível. Pela comunhão com o invisível, o "eu" finito transforma-se; tornamo-nos homens novos e nossa regeneração, modificando nosso proceder, repercute no mundo material. Como, pois, recusar o nome de realidade ao que produz efeitos no seio de uma outra realidade? Com que direito diriam os filósofos que não é real o Mundo Invisível?

* * *

A consciência é, pois, como diria William James, o centro da personalidade, centro permanente, indestrutível, que persiste e se mantém através de todas as transformações do indivíduo. A consciência é não somente a faculdade de perceber, mas também o sentimento que temos de viver, agir, pensar, querer. É una e indivisível. A pluralidade de seus estados nada prova, como vimos,[200] contra essa unidade. Aqueles estados são sucessivos, como as percepções correlativas, e não simultâneos. Para demonstrar que existem em nós vários centros autônomos de consciência, seria necessário provar também que há ações e percepções simultâneas e diferentes; mas isso não é exato e não pode ser.

Todavia, a consciência apresenta, em sua unidade, como sabemos, vários planos, vários aspectos. Física, confunde-se com o que a Ciência chama o *sensorium*, isto é, a faculdade de concentrar as sensações externas, coordená-las, defini-las, perceber-lhes as causas e determinar-lhes os efeitos. Pouco a pouco, pelo próprio fato da evolução, essas sensações vão-se multiplicando e apurando, e a consciência intelectual acorda. Daí em diante não terá limites seus desenvolvimentos, pois que poderá abraçar todas as manifestações da vida infinita. Então desabrocharão o sentimento e o juízo e a alma compreender-se-á a si mesma; tornar-se-á, ao mesmo tempo, sujeito e objeto. Na multiplicidade e variedade de suas operações mentais terá sempre consciência do que pensa e quer.

---

[200] Capítulo III.

O "eu" afirma-se, desenvolve-se, e a personalidade completa-se pela manifestação da consciência moral ou espiritual. A faculdade de perceber os efeitos do mundo sensível exercer-se-á por modos mais elevados; converter-se-á na possibilidade de sentir as vibrações do mundo moral, de discriminar suas causas e leis.

É com os sentidos internos que o ser humano percebe os fatos e as verdades de ordem transcendental. Os sentidos físicos enganam, apenas distinguem a aparência das coisas e nada seriam sem o *sensorium*, que agrupa, centraliza suas percepções e as transmite à alma; esta registra tudo e tira o efeito útil. Abaixo, porém, deste *sensorium* superficial, há outro mais fundo, que distingue as regras e as coisas do mundo metafísico. É esse sentido profundo, desconhecido, inutilizado para a maior parte dos homens, que certos experimentadores designaram pelo nome de consciência subliminal.

A maior parte das grandes descobertas não foi na ordem física, mais do que a confirmação das ideias percebidas pela intuição ou sentido íntimo. Newton, por exemplo, havia muito tempo que concebera o pensamento da atração universal, quando a queda de uma maçã veio dar a seus sentidos materiais a demonstração objetiva.

Assim como existe um organismo e um *sensorium* físicos, que nos põem em relação com os seres e as coisas do plano material, assim também há um sentido espiritual por meio do qual certos homens penetram desde já no domínio da vida invisível. Assim que, depois da morte, cair o véu da carne, esse sentido tornar-se-á o centro único de nossas percepções.

É na extensão e desenvolvimento crescente desse sentido espiritual que está a lei de nossa evolução psíquica, a renovação do ser, o segredo de sua iluminação interior e progressiva. Por ele nos desapegamos do relativo e do ilusório, de todas as contingências materiais, para nos vincularmos cada vez mais ao imutável e absoluto.

Por isso a ciência experimental será sempre insuficiente, a despeito das vantagens que oferece e das conquistas que realiza, se não for completada pela intuição, por essa espécie de adivinhação interior que nos faz descobrir as verdades essenciais. Há uma maravilha que se avantaja a todas as do exterior. Essa maravilha somos nós mesmos; é o espelho oculto no homem e que reflete todo o Universo.

Aqueles que se absorvem no estudo exclusivo dos fenômenos, em busca das formas mutáveis e dos fatos exteriores, procuram, muitas vezes bem longe, essa certeza, esse *criterium*, que está neles. Deixam de escutar as vozes íntimas, de consultar as faculdades de entendimento que se desenvolvem e apuram no estudo silencioso e recolhido. É esta a razão por que as coisas do invisível, do impalpável, do divino, imperceptíveis para tantos sábios, são percebidas às vezes por ignorantes. O mais belo livro está em nós mesmos; o Infinito revela-se nele. Feliz daquele que nele pode ler!

Todo esse domínio fica fechado para o positivista que posterga a única chave, o único instrumento com o auxílio do qual pode penetrar nele; o positivista afadiga-se em experimentar por meio dos sentidos físicos e de instrumentos materiais o que escapa a toda medida objetiva. Por isso, o homem dos sentidos externos raciocina a respeito do mundo e dos seres metafísicos como um surdo raciocina a respeito das regras da melodia e um cego a respeito das leis da óptica. Desperte, porém, e ilumine-se nele o senso íntimo e, então, comparada a essa luz que o inunda, a ciência terrestre, tão grande, antes, à sua vista, imediatamente se amesquinhará.

O eminente psicólogo americano William James, reitor da Universidade de Harvard,[201] declara-o, nestes termos:

> Posso pôr-me na atitude do homem de Ciência e imaginar vivamente que nada existe fora da sensação e das leis da matéria; mas não posso fazê-lo sem ouvir uma admoestação interior: "Tudo isso é fantasmagoria". Toda experiência humana, em sua viva realidade, me impele irresistivelmente a sair dos estreitos limites onde pretende encerrar-nos a Ciência. O mundo real é constituído diversamente, é muito mais rico e complexo que o da Ciência.

Depois de Myers e Flournoy, cujas opiniões citamos, William James estabelece, por sua vez, que a psicologia oficial não pode continuar a desconhecer os recessos da consciência profunda, colocados sob a consciência normal. Ele o diz formalmente:[202]

> Nossa consciência normal não é mais que um tipo particular de consciência, separado, como por fina membrana, de vários outros que aguardam

---

[201] William James — *L'Expérience Religieuse*, p. 436.
[202] Idem, p. 329.

momento favorável para entrar em jogo. Podemos atravessá-los sem suspeitarmos de sua existência; mas, em presença de estímulo conveniente, mostram-se mais reais e complexos.

A propósito de certas conversões acrescenta:[203]

> Descobrem-se profundezas novas na alma, à proporção que ela se transforma, como se fosse formada de camadas sobrepostas, cada uma das quais permanece desconhecida, enquanto está coberta por outras.

E, mais adiante:[204]

> Quando um homem tende conscientemente para um ideal, é em geral para alguma coisa vaga e indefinida; existem, contudo, bem no fundo de seu organismo, forças que aumentam e caminham em sentido determinado. Os fracos esforços, que esclarecem a sua consciência, suscitam esforços subconscientes, aliados vigorosos que trabalham na sombra; mas essas forças orgânicas convergem para um resultado que muitas vezes não é o mesmo e que é sempre mais bem determinado que o ideal concebido, meditado, reclamado pela consciência nítida.

Tudo isso confirma que a causa inicial e o princípio da sensação não estão no corpo, mas na alma; os sentidos físicos são simplesmente a manifestação externa e grosseira, o prolongamento na superfície do ser, dos sentidos íntimos e ocultos. O *Chicago Chronicle*, de dezembro de 1905, refere um caso extraordinário de manifestação do sexto sentido, que julgamos dever citar aqui. Trata-se de uma menina de 17 anos, cega e surda-muda, desde a idade de 6 anos, e na qual se desenvolveu, dessa época em diante, uma faculdade nova:

> Ella Hopkins pertence a uma boa família de Utica, N. Y. Há três anos foi colocada pelos pais num Instituto de Nova Iorque destinado à instrução dos surdos-mudos. Como às outras crianças daquela casa, ensinaram-lhe a ler, a ouvir e a exprimir-se por meio dos dedos.

---

[203] William James — *L'Expérience Religieuse*, p. 160.
[204] Idem, p. 178.

Não somente Ella rapidamente se apropriou dessa linguagem, como chegou a perceber o que se passa em volta de si, tão facilmente como se gozasse de seus sentidos normais. Sabe quem entra e sai, se é pessoa conhecida ou estranha; segue e percebe a conversa sustentada em voz baixa no aposento onde se encontra, e, a pedido, a reproduz fielmente por escrito. Não se trata de leitura de pensamento direto, pois que a menina não compreende o pensamento das pessoas presentes senão quando lhe dão uma expressão vocal.

Mas esta faculdade tem intermitências e mostra-se às vezes com outros aspectos.

A memória de Ella é das mais notáveis. O que aprendeu uma vez, e aprende depressa, nunca mais o esquece. Sentada diante da máquina de escrever, com os olhos fixos, como se vissem, com interesse intenso nas teclas do instrumento, do qual se serve com extrema precisão, tem toda a aparência de uma jovem inteligente, em plena posse das faculdades normais. Os olhos são claros e expressivos, a fisionomia animada e variável. Ninguém diria que Ella é cega, surda e muda.

Devemos acreditar que o diretor do Instituto, Sr. Currier, está habituado à manifestação das faculdades anormais nestes infelizes, pois que não parece admirar-se com o caso da menina. "Temos todos", diz ele, "consciência de certas coisas sem o auxílio aparente dos sentidos ordinários... Aqueles que são privados de dois ou três destes sentidos e obrigados a contar com o desenvolvimento de outras faculdades para os substituir, veem naturalmente estas se desenvolverem e fortificarem."

Há, na mesma classe de Ella, outras duas mocinhas igualmente cegas, surdas e mudas, que possuem também este "sexto sentido", ainda que em menor grau. Faz gosto, ao que parece, vê-las, todas três, comunicarem-se rapidamente pelo voo do pensamento, tendo apenas necessidade do ligeiro contato dos dedos sensitivos.

À enumeração destes fatos acrescentaremos um testemunho de alto valor, o do Prof. Cesare Lombroso, da Universidade de Turim. Escrevia ele na revista italiana *Arena* (junho de 1907):

> Até 1890 fui acérrimo adversário do Espiritismo. Em 1891, porém, tive de combater numa cliente minha um dos fenômenos mais curiosos que jamais

se me depararam. Tive de tratar a filha de um alto funcionário de minha cidade natal, a qual, de repente, foi acometida, na época da puberdade, de violento acesso de histeria acompanhado de sintomas de que nem a Patologia nem a Fisiologia podiam dar explicação. Havia momentos em que os olhos perdiam totalmente a faculdade de ver e em compensação a doente via com os ouvidos. Era capaz de ler com os olhos vendados algumas linhas impressas que lhe apresentassem ao ouvido. Quando se lhe punha uma lente entre o ouvido e a luz solar, ela experimentava como que uma queimadura nos olhos; exclamava que queriam cegá-la... Conquanto não fossem novos estes fatos, não deixavam de ser singulares. Confesso que, pelo menos, pareciam-me inexplicáveis pelas teorias fisiológicas e patológicas estabelecidas até então. Parecia-me bem clara uma única coisa, é que esse estado punha em ação, numa pessoa dantes inteiramente normal, forças singulares em relação com sentidos desconhecidos. Foi então que tive a ideia de que talvez o Espiritismo me facilitasse a aproximação da verdade.

Eis outro exemplo do desenvolvimento dos sentidos psíquicos, para o qual chamamos toda a atenção do leitor. A pessoa de que vamos falar é considerada como uma das maravilhas de nossa época:[205]

Helen Keller é também uma menina cega, surda e muda. Não possui, em aparência, senão o sentido do tato para comunicar com o mundo exterior. E, entretanto, pode conversar em três línguas com seus visitantes; sua bagagem intelectual é considerável; possui um sentimento estético que lhe permite gozar das obras de arte e das harmonias da Natureza. Pelo simples contato das mãos, ela distingue o caráter e a disposição de espírito das pessoas que encontra. Com a ponta dos dedos colhe a palavra nos lábios e lê nos livros apalpando os caracteres salientes, especialmente impressos para ela. Eleva-se à concepção das coisas mais abstratas e sua consciência ilumina-se com claridades que vai buscar às profundezas de sua alma.

Escutemos o que nos diz a Sra. Maëterlinck, depois da visita que lhe fez em Wrentham (América):

> Helen Keller é um ser superior; vê-se sua razão equilibrada, tão poderosa e tão sã, sua inteligência tão clara e tão bela, que o problema logo se transmuda. Já não se procura ser compreendido, mas compreender.

---

[205] Ver a obra de Gérard Harry, *Helen Keller*. — Livraria Larousse, com prefácio de *Mme*. Maëterlinck.

Helen possui profundos conhecimentos de Álgebra, de Matemáticas, um pouco de Astronomia, de latim e de grego: lê Molière e Anatole France e se exprime em seus idiomas; compreende Goethe, Schiller e Heine em alemão, Shakespeare, Rudyard Kipling, Wells em inglês e escreve ela própria como filósofa, psicóloga e poetisa.

O sentido do tato é impotente para produzir tal estado mental, tanto mais que Helen, dizem seus educadores, consegue perceber o farfalhar das folhas, o zumbido das abelhas. Agrada-lhe o correr nos bosques.

Seu biógrafo, Gérard Harry, assegura que a intensidade de suas percepções confere-lhe aptidões de uma leitora do pensamento.

Evidentemente, encontramo-nos em presença de um ser evoluído, revindo à cena do mundo com toda a aquisição dos séculos percorridos.

O caso de Helen prova que, por trás dos órgãos momentaneamente atrofiados, existe uma consciência desde muito familiarizada com as noções do mundo exterior. Há, aí, ao mesmo tempo, uma demonstração das vidas anteriores da alma e da existência dos seus próprios sentidos, independentes da matéria, dominando-a e sobrevivendo a toda desagregação corporal.

Para desenvolver, para apurar a percepção, de modo geral, é preciso, a princípio, acordar o sentido íntimo, o sentido espiritual. A mediunidade demonstra-nos que há seres humanos muito mais bem dotados em relação à visão e audição interiores, que certos Espíritos que vivem no Espaço e cujas percepções são extremamente limitadas em vista da insuficiência de sua evolução.

Quanto mais puros e desinteressados são os pensamentos e os atos, numa palavra, quanto mais intensa é a vida espiritual e quanto mais ela predomina sobre a vida física, tanto mais se desenvolvem os sentidos interiores. O véu que nos esconde o mundo fluídico adelgaça-se, torna-se transparente e, por trás dele, a alma distingue um conjunto maravilhoso de harmonias e belezas, ao mesmo tempo que se torna mais apta a recolher e transmitir as revelações, as inspirações dos seres superiores, porque o desenvolvimento dos sentidos internos coincide, geralmente, com uma extensão das faculdades do espírito, com uma atração mais enérgica das radiações etéreas.

Cada plano do Universo, cada círculo da vida, corresponde a um número de vibrações, que se acentuam e se tornam mais rápidas, mais sutis, à medida que se aproximam da vida perfeita. Os seres dotados de fraco poder de radiação não podem perceber as formas de vida que lhes são superiores, mas todo Espírito é capaz de obter pela preparação da vontade e pela educação dos sentidos íntimos um poder de vibração que lhe permite agir em planos muito extensos. Achamos uma prova da intensidade desta forma de emissão mental no fato de se terem visto moribundos ou pessoas em perigo de morte impressionarem telepaticamente, a grandes distâncias, vários indivíduos, ao mesmo tempo.[206]

Na realidade, cada um de nós podia, se quisesse, comunicar a todos os momentos com o Mundo Invisível. Somos Espíritos. Pela vontade podemos governar a matéria e desprender-nos de seus laços para vivermos numa esfera mais livre, a esfera da vida superconsciente. Para isso é mister uma coisa, espiritualizar-nos, voltar à vida do Espírito por uma concentração perfeita de nossas forças interiores. Então, achamo-nos face a face com uma ordem de coisas que nem o instinto, nem a experiência, nem mesmo a razão pode perceber.

A alma, em sua expansão, pode quebrar a parede de carne que a encerra e comunicar por seus próprios sentidos com os Mundos Superiores e Divinos. É o que têm podido fazer os videntes e os verdadeiros santos, os grandes místicos de todos os tempos e de todas as religiões.

William James nota-o nestes termos:[207]

> O mais importante resultado do êxtase é fazer cair toda barreira levantada entre o indivíduo e o Absoluto. Por ele percebemos nossa identidade com o Infinito. É a eterna e triunfante experiência do misticismo, que se encontra em todos os climas e em todas as religiões. Todas fazem ouvir as mesmas vozes com imponente unanimidade; todas proclamam a unidade do homem com Deus.

Noutro lugar expõe também nestes termos suas vistas sobre o misticismo:[208]

> Os estados místicos aparecem no *sujet* como uma forma de conhecimento; revelam-lhe profundezas de verdade, insondáveis, à razão discursiva; é uma iluminação de riqueza inexaurível, que, sente-se, terá em toda vida imensa repercussão.

---

[206] Ver *Annales des Sciences Psychiques*, out. 1906, p. 611, 613.
[207] William James — *L'Expérience Religieuse*, p. 355.
[208] Id. Ibid., p. 325 e 358.

A consciência. O sentido íntimo

Chegados a seu pleno desenvolvimento, estes estados impõem-se de fato e de direito aos que os experimentam, com absoluta autoridade... Opõem-se à autoridade da consciência puramente racional fundada unicamente no entendimento e nos sentidos, provando que ela não é mais do que um dos modos da consciência.

William James pensa igualmente que os estados místicos podem ser considerados como janelas que dão para um mundo mais extenso e completo.

* * *

O Espiritismo demonstra até certo ponto a exatidão destas apreciações. A mediunidade, em suas formas tão variadas, é também a resultante de uma exaltação psíquica, que permite entrem os sentidos da alma em ação, substituam por um momento os sentidos físicos e percebam o que é imperceptível para os outros homens. Caracteriza-se e desenvolve-se segundo as aptidões que tem o sentido íntimo para predominar, de uma forma ou de outra, e manifestar-se por uma das vias habituais da sensação. O Espírito que desejar fazer uma comunicação reconhece, à primeira vista, o sentido orgânico que, no médium, lhe servirá de intermediário e atua sobre este ponto. Umas vezes é a palavra ou também a escrita pela ação mecânica da mão; outras, é o cérebro, quando se trata da mediunidade intuitiva. Nas incorporações temporárias é a posse plena e inteira e a adaptação dos sentidos espirituais do possessor aos sentidos físicos do *sujet*.

A faculdade mais comum é a clarividência, isto é, a percepção, estando fechados os olhos, do que se passa ao longe, quer no tempo quer no espaço, no passado como no futuro; é a penetração do Espírito do clarividente nos meios fluídicos onde são registrados os fatos consumados e onde se elaboram os planos das coisas futuras. A clarividência exerce-se as mais das vezes inconscientemente, sem preparação alguma. Neste caso resulta da evolução natural do percipiente; mas é possível também provocá-la, assim como a visão espírita.

Sobre este assunto, o coronel de Rochas exprime-se da maneira seguinte:[209]

> Mireille descrevia-me assim os efeitos, sobre si, das minhas magnetizações: Quando estou acordada, minha alma está ergastulada ao corpo e eu me sinto como uma pessoa que, encerrada no pavimento térreo de uma

---
[209] A. de Rochas — *Les Vies Successives*, p. 499.

torre, não vê o exterior senão através das cinco janelas dos sentidos, tendo cada uma vidros de cores diferentes. Quando me magnetizais, livrais-me pouco a pouco das minhas cadeias e minha alma, que deseja sempre subir, penetra na escada da torre, escada sem janela, e não percebo que me guiais, senão no momento em que desemboco na plataforma superior. A minha vista estende-se em todas as direções com um sentido único muito aguçado que me põe em relação com objetos que ele não podia perceber através dos vidros da torre.

Pode também adquirir-se a clariaudiência, a audição das vozes interiores, modo de comunicação possível com os Espíritos. Outra manifestação dos sentidos íntimos é a leitura dos acontecimentos registrados, fotografados de algum modo na ambiência de um objeto antigo ou moderno. Por exemplo, um pedaço de arma, uma medalha, um fragmento de sarcófago e uma pedra de ruínas evocarão na alma do vidente uma série completa de imagens referentes aos tempos e aos lugares a que pertenceram esses objetos. É o que se chama psicometria.[210] Acrescentemos também os sonhos simbólicos, os premonitórios e mesmo os pressentimentos obscuros que nos advertem de um perigo de que não desconfiamos.

Já dissemos que muitas pessoas têm, sem o saberem, a possibilidade de comunicar com seus amigos do Espaço por intermédio do sentido íntimo. Deste número são as almas verdadeiramente religiosas, isto é, idealizadas, em que as provações, os sofrimentos, uma longa preparação moral apuraram os sentidos sutis, tornando-os mais sensíveis às vibrações dos pensamentos externos. Muitas vezes, dirigiram-se a mim almas humanas aflitas para, do Além, solicitar avisos, conselhos, indicações que não me era possível proporcionar-lhes. Recomendava-lhes, então, a experiência seguinte que, às vezes, dava bom resultado. Concentrai-vos, dizia-lhes eu, em retiro e no silêncio; elevai os pensamentos para Deus; chamai o vosso Espírito Protetor, o Guia tutelar, que Deus nos dá para a viagem da vida. Interrogai-o sobre as questões que vos preocupam, desde que sejam dignas dele, livres de todo o interesse vil; depois, esperai! escutai em vós mesmos, atentamente, e, ao cabo de um instante, ouvireis nas profundezas de vossa consciência como que o eco enfraquecido de uma voz longínqua ou, antes, percebereis as vibrações

---

[210] N.E.: Recomendamos, a propósito, o estudo da obra *Enigmas da psicometria*, de Ernesto Bozzano, edição da FEB.

de um pensamento misterioso que expulsará vossas dúvidas, dissipará vossas angústias, embalar-vos-á e consolará.

É esta, com efeito, uma das formas de mediunidade e não é das menos belas. Todos podem obtê-la, participando daquela comunicação dos vivos e dos mortos, que está destinada a estender-se um dia a toda a Humanidade.

Pode-se até, por este processo, corresponder com o Plano Divino. Em circunstâncias difíceis de minha vida, quando hesitava entre resoluções contrárias a respeito da tarefa que me foi confiada, de difundir as verdades consoladoras do Neoespiritualismo, apelando para a Entidade suprema, ouvia sempre ressoar em mim uma voz grave e solene que me ditava o dever. Clara e distinta, contudo, esta voz parecia provir de um ponto muito distante. Seu acento de ternura enternecia-me até as lágrimas.

**

A intuição não é, pois, as mais das vezes, senão uma das formas empregadas pelos habitantes do Mundo Invisível para nos transmitirem seus avisos, suas instruções. Outras vezes será a revelação da consciência profunda à consciência normal. No primeiro caso pode ser considerada como inspiração. Pela mediunidade o Espírito infunde suas ideias no entendimento do transmissor. Este fornecerá a expressão, a forma, a linguagem e, na capacidade de seu desenvolvimento cerebral, o Espírito achará meios mais ou menos seguros e abundantes para comunicar seu pensamento com todo o desenvolvimento e relevo.

O pensamento do Espírito agente é uno em seu princípio de emissão, mas varia em suas manifestações, segundo o estado mais ou menos perfeito dos instrumentos que emprega. Cada médium marca com o cunho de sua personalidade a inspiração que lhe vem de Mais Alto. Quanto mais cultivado e espiritualizado é o intelecto do *sujet*, tanto mais comprimidos são nele os instintos materiais e com tanto mais pureza e fidelidade será transmitido o pensamento superior.

A larga corrente de um rio não pode escoar-se através de um canal estreito. O Espírito inspirador não pode, semelhantemente, transmitir pelo organismo do médium senão aquelas de suas concepções que por ele puderam passar.

Por um grande esforço mental, sob a excitação de uma força externa, o médium poderá exprimir concepções superiores a seu próprio saber; mas, na expressão das ideias sugeridas, ir-se-á encontrar seus termos preferidos, seus modos de dizer habituais, ainda que o estimulante que nele atua lhe dê, por momentos, mais amplitude e elevação a linguagem.

Vemos, assim, quantas dificuldades, quantos obstáculos opõe o organismo humano à transmissão fiel e completa das concepções da alma e como é necessária uma longa preparação, uma educação prolongada para o tornar flexível e adaptá-lo às necessidades da Inteligência que o move. E isso não se aplica somente ao Espírito desencarnado que quer manifestar-se por meio de um intermediário mortal, mas também à própria alma encarnada, cujas concepções profundas nunca conseguem vir plenamente à luz no plano terrestre, como o afirmam todos os homens de gênio e, particularmente, os compositores e poetas.

A princípio, a inspiração é consciente; mas, desde que a ação do Espírito se acentua, o médium acha-se sob a influência de uma força que o faz agir independentemente de sua vontade; ou, então, invade-o uma espécie de peso; velam-se-lhe os olhos e perde a consciência de si mesmo para passar a um domínio invisível. Neste caso, o médium não é mais do que um instrumento, um aparelho de recepção e transmissão. Qual máquina que obedece à corrente elétrica que a põe em movimento, assim também obedece o médium à corrente de pensamentos que o invade.

No exercício da mediunidade intuitiva no estado de vigília, muitos desanimam diante da impossibilidade de distinguir as ideias que nos são próprias das que nos são sugeridas. Cremos, todavia, que é fácil reconhecer as ideias de proveniência estranha. Brotam espontaneamente, de improviso, como clarões súbitos que derivam de foco desconhecido; ao passo que nossas ideias pessoais, as que provêm do nosso cabedal, estão sempre à nossa disposição e ocupam de maneira permanente nosso intelecto. Não somente as ideias inspiradas surgem como por encanto, mas seguem, encadeiam-se por si mesmas e exprimem-se com rapidez, às vezes de maneira febril.

Quase todos os autores, escritores, oradores e poetas são médiuns em certos momentos; têm a intuição de uma assistência oculta que os inspira e participa de seus trabalhos. Eles mesmos assim o confessam nas horas de expansão.

Thomas Paine escrevia:

> Ninguém há que, tendo-se ocupado com os progressos do espírito humano, não tenha feito a observação de que há duas classes bem distintas

do que se chama Ideias ou Pensamentos: os que em nós mesmos se produzem pela reflexão e os que de per si se precipitam em nosso espírito. Tomei para mim como regra acolher sempre com cortesia estes visitantes inesperados e investigar, com todo o cuidado de que era capaz, se eles mereciam a minha atenção. Declaro que é a estes hóspedes estranhos que devo todos os conhecimentos que possuo.

Emerson fala do fenômeno da inspiração nos seguintes termos:

> Os pensamentos não me vêm sucessivamente como num problema de Matemática, mas penetram de per si em meu intelecto, como um relâmpago que brilha na escuridão da noite. A verdade aparece-me, não pelo raciocínio, mas por intuição.

A rapidez com que Walter Scott, "o bardo d'Aven", escrevia seus romances, era motivo de assombro para seus contemporâneos. A explicação do fato é ele mesmo quem a dá:

> Vinte vezes encetei o trabalho depois de ter delineado o plano e nunca me foi possível segui-lo. Meus dedos trabalham independentes de meu pensamento. Foi assim que, depois de ter escrito o segundo volume de *Woodstock*, não tinha a menor ideia de que a história desenrolar-se-ia numa catástrofe no terceiro volume.

Falando de *L'Antiquaire*, diz também:

> Eu tenho um plano geral, mas, logo que pego na pena, ela corre com muita rapidez sobre o papel, a ponto que muitas vezes sou tentado a deixá-la correr sozinha para ver se não escreverá tão bem como quando é guiada por meu pensamento.

Novalis, cujos *Fragments* e *Disciples de Saïs* ficarão entre os mais poderosos esforços do espírito humano, escrevia:

> Parece ao homem que ele está empenhado numa conversa e que algum ser desconhecido e espiritual o determina, de maneira maravilhosa, a

desenvolver os pensamentos mais evidentes. Esse ente deve ser superior e homogêneo, porque se põe em relação com o homem de tal maneira que não é possível a um ser sujeito aos fenômenos.

Convém lembrar também a célebre inspiração de Jean-Jacques Rousseau descrita por ele próprio e que, por assim dizer, ficou clássica:

> Eu ia ver Diderot, prisioneiro em Vincennes. Tinha no bolso um *Mercure de France*, que me pus a folhear durante o caminho. Deparou-se-me a questão da Academia de Dijon, que motivou meu primeiro escrito. Se jamais alguma coisa se pareceu com uma inspiração sutil, foi o movimento que se operou em mim com esta leitura. De repente senti o espírito deslumbrado por mil luzes. Multidões de ideias vivas apresentam-se ao mesmo tempo com uma força e uma confiança que me lançaram numa perturbação inexprimível. Sinto a cabeça tomada de um atordoamento semelhante à embriaguez. Oprime-me e anseia-me o peito violenta palpitação. Não me sendo possível caminhar por não poder respirar, deixo-me cair debaixo de uma árvore da avenida e passo ali meia hora em tal agitação que, ao levantar-me, vi molhada de lágrimas toda a frente do paletó sem ter percebido que houvesse chorado. Oh! se alguma vez me tivesse sido possível escrever a quarta parte do que vi debaixo daquela árvore, com que clareza teria feito ver todas as contradições do sistema social, com que força teria exposto todos os abusos de nossas instituições, com que simplicidade teria demonstrado que o homem é naturalmente bom... Tudo o que pude reter daquela massa de grandes verdades que, dentro de um quarto de hora, me iluminaram debaixo daquela árvore, foi facilmente disseminado em meus três principais escritos, a saber: este primeiro discurso, o da *Desigualdade* e o *Tratado da Educação...* Tudo mais se perdeu e não houve, escrito no próprio lugar, senão a prosopopeia de Fabrícius.

O caso de inspiração mediúnica mais extraordinário, talvez, dos tempos modernos é o de Andrew Jackson Davis, chamado também "o vidente de Poughkeepsie". Esta personagem aparece ao alvorecer do Neoespiritualismo americano como uma espécie de apóstolo de forte relevo. Graças a uma faculdade que não teve rival, pôde exercer irresistível influência em sua época e em seu país.

Extratamos os seguintes pormenores da obra da Sra. Emma Harding, intitulada *Espiritualismo americano moderno*:

> Na idade de 15 anos o jovem Davis tornou-se, primeiramente, célebre em Nova Iorque e no Connecticut por sua habilidade em diagnosticar as doenças e prescrever remédios, graças a uma admirável faculdade de clarividência. De temperamento franzino e delicado, o jovem médium possuía um grau de cultura intuitiva que compensava a ausência total de educação e uma facilidade de apresentação que não era de se esperar de sua origem muito humilde, porque era filho e aprendiz de um pobre sapateiro da terra.
>
> Havia sido por acaso magnetizado aos 14 anos por um certo Levingston, de Poughkeepsie, que, descobrindo que o aprendiz de sapateiro possuía admiráveis faculdades de clarividência e um dom extraordinário para curar as doenças, tirou-o da loja e fê-lo seu sócio.
>
> Desde que o acaso fizera Levingston descobrir os dons maravilhosos do jovem Davis, o tempo deste último fora tão bem empregado que nem naquele momento, nem em época nenhuma de sua carreira, pôde ter vagar de acrescentar uma letra à sua instrução de campônio. A humildade de classe e os meios de seus pais privaram-no de toda probabilidade de cultura, salvo durante cinco meses em que frequentou a escola da aldeia e os rudes camponeses dos distritos atrasados.
>
> A celebridade extraordinária a que chegou tornou públicas as menores particularidades de sua infância. Está, pois, averiguado que sua mais alta ciência, na época que se pode dizer de sua iluminação espiritual, limitava-se a saber ler, escrever e contar sofrivelmente, e toda a sua literatura se resumia num conto chamado *Les Trois Espagnoles*.
>
> Davis tinha 18 anos quando anunciou, ao círculo de admiradores a quem interessava sua clarividência, que ia ser instrumento de uma nova e admirável fase de poder espiritual, começando por uma série de conferências destinadas a produzir considerável efeito no mundo científico e nas opiniões religiosas da Humanidade.
>
> Em cumprimento desta profecia, começou ele o curso de suas conferências e escolheu para magnetizador o Dr. Lyon de Bridgeport, para secretário o Rev. William Fishbough e para testemunhas especiais o Rev. J. N. Parcker, R. Lapham, Esq. e o Dr. L. Smith, de Nova Iorque.

Além destas, muitas outras pessoas de alta posição ou de extensos conhecimentos literários e científicos eram convidadas de vez em quando a assistir àquelas conferências. Assim se produziu a vasta miscelânea de conhecimentos literários, científicos, filosóficos e históricos, intitulada *Divinas revelações da natureza*.

O caráter maravilhoso desta obra, emanada de pessoa tão inteiramente incapaz de produzi-la nas circunstâncias ordinárias, excitou a mais profunda admiração em todas as classes sociais.

Às *Revelações* não tardaram a seguir-se: *Grande harmonia*, *A Idade presente* e a *Vida interior*.

Outras volumosas produções, juntas às conferências de Davis, a seus trabalhos de editor, às associações que agrupou e à sua larga influência pessoal, realizaram uma revolução completa nos Estados Unidos, nos espíritos de numerosa classe de pensadores chamados os *advogados da filosofia harmônica*, e esta revolução deve incontestavelmente sua origem ao pobre aprendiz de sapateiro.

James Victor Wilson, de Nova Orléans, bem conhecido por seus trabalhos literários e autor de um excelente tratado de magnetismo, diz, falando das primeiras conferências:

"Não tardará que Davis faça conhecer ao mundo a vitória da clarividência e será isto uma grande surpresa.

No decurso do ano passado, este amável rapaz, sem educação, sem preparo, ditou dia a dia um livro extraordinário, bem concebido, bem ligado, tratando das grandes questões da época, das ciências físicas, da Natureza em todas as suas ramificações infinitas, do homem em seus inumeráveis modos de existência, de Deus no abismo insondável de seu amor, de sua sabedoria e de seu poder.

Milhares de pessoas, que o viram em seus exames médicos, ou em suas exposições científicas, dão testemunho da admirável elevação de espírito que Davis possui no estado anormal. Seus manuscritos foram muitas vezes submetidos à investigação das mais altas inteligências do país, que se certificaram, da maneira mais profunda, da impossibilidade de ele ter adquirido os conhecimentos de que dava prova no estado anormal. O resultado mais claro da vida desta personagem fenomenal foi a demonstração da clarividência e a gloriosa revelação de que a alma do homem pode comunicar espiritualmente com os Espíritos do outro mundo, como com os deste, e aspirar a adquirir conhecimentos que se estendem muito além da esfera terrestre."

* * *

Falamos incidentemente do método a seguir para o desenvolvimento dos sentidos psíquicos. Consiste em insular-se uma pessoa em certas horas do dia ou da noite, suspender a atividade dos sentidos externos, afastar de si as imagens e ruídos da vida externa, o que é possível fazer mesmo nas condições sociais mais humildes, no meio das ocupações mais vulgares. É necessário, para isso, concentrar-se e, na calma e recolhimento do pensamento, fazer um esforço mental para ver e ler no grande livro misterioso o que há em nós. Nesses momentos apartai de vosso espírito tudo o que é passageiro, terrestre, variável. As preocupações de ordem material criam correntes vibratórias horizontais, que põem obstáculo às radiações etéreas e restringem nossas percepções. Ao contrário, a meditação, a contemplação e o esforço constante para o bem e o belo formam correntes ascensionais, que estabelecem a relação com os planos superiores e facilitam a penetração em nós dos eflúvios divinos. Com este exercício repetido e prolongado, o ser interno acha-se pouco a pouco iluminado, fecundado, regenerado. Esta obra de preparação é longa e difícil, reclama às vezes mais de uma existência. Por isso, nunca é cedo demais para empreendê-la; seus bons efeitos não tardarão a se fazer sentir.

Tudo o que perderdes em sensações de ordem inferior, ganhá-lo-eis em percepções supraterrestres, em equilíbrio mental e moral, em alegrias do espírito. Vosso sentido íntimo adquirirá uma delicadeza, uma acuidade extraordinária; chegareis a comunicar um dia com as mais altas esferas espirituais. Procuraram as religiões constituir estes poderes por meio da comunhão e da prece; mas, a prece usada nas igrejas, conjunto de fórmulas aprendidas e repetidas mecanicamente durante horas inteiras, é incapaz de dar à alma o voo necessário, de estabelecer o laço fluídico, o fio condutor pelo qual se estabelecerá a relação. É preciso um apelo, um impulso mais vigoroso, uma concentração, um recolhimento mais profundo. Por isso preconizamos sempre a prece improvisada, o grito da alma que, em sua fé e em seu amor, se lança com todas as forças acumuladas em si para o objeto de seu desejo.

Em vez de convidar por meio da evocação os Espíritos celestes a descerem para nós, aprenderemos assim a desprender-nos e subir para eles.

São, contudo, necessárias certas precauções. O Mundo Invisível está povoado de entidades de todas as ordens e quem nele penetra deve possuir uma perfeição suficiente, ser inspirado por sentimentos bastante elevados para o porem a salvo de todas as sugestões do mal. Pelo menos, deve ter em suas pesquisas um guia seguro e esclarecido. É pelo progresso moral que se obtém a autoridade, a energia necessária para impor o devido respeito aos Espíritos levianos e atrasados, que pululam em roda de nós.

A plena posse de nós mesmos, o conhecimento profundo e tranquilo das Leis Eternas, preservam-nos dos perigos, dos laços, das ilusões do Além; proporcionam-nos os meios de examinar as forças em ação sobre o plano oculto.

XXII
O livre-arbítrio

A liberdade é a condição necessária da alma humana que, sem ela, não poderia construir seu destino. É em vão que os filósofos e os teólogos têm argumentado longamente a respeito desta questão. À porfia têm-na obscurecido com suas teorias e sofismas, votando a Humanidade à servidão em vez de a guiar para a luz libertadora. A noção é simples e clara. Os druidas haviam-na formulado desde os primeiros tempos de nossa História. Está expressa nas *Tríades* por estes termos: Há três unidades primitivas — Deus, a luz e a liberdade.

À primeira vista, a liberdade do homem parece muito limitada no círculo de fatalidades que o encerra: necessidades físicas, condições sociais, interesses ou instintos. Mas, considerando a questão mais de perto, vê-se que esta liberdade é sempre suficiente para permitir que a alma quebre este círculo e escape às forças opressoras.

A liberdade e a responsabilidade são correlativas no ser e aumentam com sua elevação; é a responsabilidade do homem que faz sua dignidade e moralidade. Sem ela, não seria ele mais do que um autômato, um joguete das forças ambientes: a noção de moralidade é inseparável da de liberdade.

A responsabilidade é estabelecida pelo testemunho da consciência, que nos aprova ou censura segundo a natureza de nossos atos. A sensação do remorso é uma prova mais demonstrativa que todos os argumentos filosóficos. Para todo Espírito, por pequeno que seja o seu grau de evolução, a lei do dever brilha como um farol, através da névoa das paixões e interesses. Por isso, vemos todos os dias homens nas posições mais humildes e difíceis preferirem aceitar provações duras a se abaixarem a cometer atos indignos.

Se a liberdade humana é restrita, está pelo menos em via de perfeito desenvolvimento, porque o progresso não é outra coisa mais do que a extensão do livre-arbítrio no indivíduo e na coletividade. A luta entre a matéria e o Espírito tem precisamente como objetivo libertar este último cada vez mais do jugo das forças cegas. A inteligência e a vontade chegam, pouco a pouco, a predominar sobre o que a nossos olhos representa a fatalidade. O livre-arbítrio é, pois, a expansão da personalidade e da consciência. Para sermos livres é necessário querer sê-lo e fazer esforço para vir a sê-lo, libertando-nos da escravidão da ignorância e das paixões baixas, substituindo o império das sensações e dos instintos pelo da razão.

Isto só se pode obter por uma educação e uma preparação prolongada das faculdades humanas: libertação física pela limitação dos apetites; libertação intelectual pela conquista da verdade; libertação moral pela procura da virtude. É esta a obra dos séculos. Mas, em todos os graus de sua ascensão, na repartição dos bens e dos males da vida, ao lado da concatenação das coisas, sem prejuízo dos destinos que nosso passado nos inflige, há sempre lugar para a livre vontade do homem.

**

Como conciliar nosso livre-arbítrio com a presciência divina? Perante o conhecimento antecipado que Deus tem de todas as coisas, pode-se verdadeiramente afirmar a liberdade humana? Questão complexa e árdua na aparência que fez correr rios de tinta e cuja solução é, contudo, das mais simples. Mas o homem não gosta das coisas simples; prefere o obscuro, o complicado, e não aceita a verdade senão depois de ter esgotado todas as formas do erro.

Deus, cuja Ciência infinita abrange todas as coisas, conhece a natureza de cada homem e as impulsões, as tendências, de acordo com as quais poderá determinar-se. Nós mesmos, conhecendo o caráter de uma pessoa, poderíamos facilmente prever o sentido em que, numa dada circunstância, ela decidirá, quer segundo o interesse, quer segundo o dever. Uma resolução não pode nascer de nada. Está forçosamente ligada a uma série de causas e efeitos anteriores de que deriva e que a explicam. Deus, conhecendo cada alma em suas menores particularidades, pode, pois, rigorosamente, deduzir, com certeza, do conhecimento que tem dessa alma e das condições em que ela é chamada a agir, as determinações que, livremente, ela tomará.

Notemos que não é a previsão de nossos atos que os provoca. Se Deus não pudesse prever nossas resoluções, não deixariam elas, por isso, de seguir seu livre curso.

É assim que a liberdade humana e a previdência divina conciliam-se e combinam, quando se considera o problema à luz da razão.

O círculo dentro do qual se exerce a vontade do homem, é, de mais a mais, excessivamente restrito e não pode, em caso algum, impedir a ação divina, cujos efeitos se desenrolam na imensidade sem limites. O fraco inseto, perdido num canto do jardim, não pode, desarranjando os poucos átomos ao seu alcance, lançar a perturbação na harmonia do conjunto e pôr obstáculos à obra do divino Jardineiro.

***

A questão do livre-arbítrio tem uma importância capital e graves consequências para toda a ordem social, por sua ação e repercussão na educação, na moralidade, na justiça, na legislação etc. Determinou duas correntes opostas de opinião — os que negam o livre-arbítrio e os que o admitem com restrição.

Os argumentos dos fatalistas e deterministas resumem-se assim: "O homem está submetido aos impulsos de sua natureza, que o dominam e obrigam a querer, a determinar-se num sentido, de preferência a outro; logo, não é livre".

A escola adversa, que admite a livre vontade do homem, em face desse sistema negativo, exalta a teoria das causas indeterminadas. Seu mais ilustre representante, em nossa época, foi Charles Renouvier.

As vistas desse filósofo foram confirmadas, mais recentemente, pelos belos trabalhos de Wundt, sobre a *percepção*, de Alfred Fouillée sobre a *ideia-força* e de Boutroux sobre a *contingência da Lei Natural*.

Os elementos que a revelação neoespiritualista nos traz, sobre a natureza e o futuro do ser, dão à teoria do livre-arbítrio sanção definitiva. Vêm arrancar a consciência moderna à influência deletéria do materialismo e orientar o pensamento para uma concepção do destino, que terá por efeito, como dizia Carl du Prel, recomeçar a vida interior da Civilização.

Até agora, tanto sob o ponto de vista teológico como determinista, a questão tinha ficado quase insolúvel. Nem doutro modo podia ser, pois que cada um daqueles sistemas partia do dado inexato de que o ser humano tem de percorrer uma única existência. A questão muda, porém, inteiramente de aspecto se se alargar o círculo da vida e se se considerar o problema à luz que projeta a doutrina dos renascimentos. Assim, cada ser conquista a própria liberdade no decurso da evolução que tem de perfazer.

Suprida, a princípio, pelo instinto, que pouco a pouco desaparece para dar lugar à razão, nossa liberdade é muito escassa nos graus inferiores e em todo o período de nossa educação primária. Toma extensão considerável, desde que o Espírito adquire a compreensão da lei. E sempre, em todos os graus de sua ascensão, na hora das resoluções importantes, será assistido, guiado, aconselhado por Inteligências superiores, por Espíritos maiores e mais esclarecidos do que ele.

O livre-arbítrio, a livre vontade do Espírito exerce-se principalmente na hora das reencarnações. Escolhendo tal família, certo meio social, ele sabe de antemão quais são as provações que o aguardam, mas compreende, igualmente, a necessidade destas provações para desenvolver suas qualidades, curar seus defeitos, despir seus preconceitos e vícios. Estas provações podem ser também consequência de um passado nefasto, que é preciso reparar, e ele aceita-as com resignação e confiança, porque sabe que seus grandes irmãos do Espaço não o abandonarão nas horas difíceis.

O futuro aparece-lhe então, não em seus pormenores, mas em seus traços mais salientes, isto é, na medida em que esse futuro é a resultante de atos anteriores. Estes atos representam a parte de fatalidade ou "a predestinação" que certos homens são levados a ver em todas as vidas. São simplesmente, como vimos, efeitos ou reações de causas remotas. Na realidade, nada há de fatal e, qualquer que seja o peso das responsabilidades em que se tenha incorrido, pode-se sempre atenuar, modificar a sorte com obras de dedicação, de bondade, de caridade, por um longo sacrifício ao dever.

* * *

O problema do livre-arbítrio tem, dizíamos, grande importância sob o ponto de vista jurídico. Tendo, não obstante, em conta o direito de repressão e preservação social, é muito difícil precisar, em todos os casos que dependem dos tribunais, a extensão das responsabilidades individuais. Não é possível fazê-lo senão estabelecendo o grau de evolução dos criminosos. O neoespiritualismo fornecer-nos-ia talvez os meios; mas a justiça humana, pouco versada nestas matérias, continua a ser cega e imperfeita em suas decisões e sentenças.

Muitas vezes o mau, o criminoso não é, na realidade, mais do que um Espírito novo e ignorante em que a razão não teve tempo de amadurecer. "O crime" — diz Duclos — "é sempre o resultado dum falso juízo". É por isso que as penalidades infligidas deveriam ser estabelecidas de modo que obrigassem o condenado a refletir, a instruir-se, a esclarecer-se, a emendar-se. A sociedade deve corrigir com amor e não com ódio, sem o que se torna criminosa.

As almas, como demonstramos, são equivalentes em seu ponto de partida. São diferentes por seus graus infinitos de adiantamento: umas novas; outras velhas, e, por conseguinte, diversamente desenvolvidas em moralidade e sabedoria, segundo a idade. Seria injusto pedir ao Espírito infantil méritos iguais aos que se podem esperar de um Espírito que viu e aprendeu muito. Daí uma grande diferenciação nas responsabilidades.

O Espírito só está verdadeiramente preparado para a liberdade no dia em que as leis universais, que lhe são externas, se tornem internas e conscientes pelo próprio fato de sua evolução. No dia em que ele se penetrar da lei e fizer dela a norma de suas ações, terá atingido o ponto moral em que o homem se possui, domina e governa a si mesmo.

Daí em diante já não precisará do constrangimento e da autoridade sociais para corrigir-se. E dá-se com a coletividade o que se dá com o indivíduo. Um povo só é verdadeiramente livre, digno da liberdade, se aprendeu a obedecer a essa lei interna, lei moral, eterna e universal, que não emana nem do poder de uma casta, nem da vontade das multidões, mas de um poder mais alto. Sem a disciplina moral que cada qual deve impor a si mesmo, as liberdades não passam de um logro; tem-se a aparência, mas não os costumes de um povo livre. A sociedade fica exposta pela violência de suas paixões, e a intensidade de seus apetites, a todas as complicações, a todas as desordens.

Tudo o que se eleva para a luz eleva-se para a liberdade. Esta se expande plena e inteira na vida superior. A alma sofre tanto mais o peso das fatalidades materiais, quanto mais atrasada e inconsciente é, tanto mais livre se torna quanto mais se eleva e aproxima do divino.

Em tese geral, todo homem chegado ao estado de razão é livre e responsável na medida do seu adiantamento. Passo em claro os casos em que, sob o domínio de uma causa qualquer, física ou moral, doença ou obsessão, o homem perde o uso de suas faculdades. Não se pode desconhecer que o físico exerce, às vezes, grande influência sobre o moral; todavia, na luta travada entre ambos, as almas fortes triunfam sempre. Sócrates dizia que havia sentido germinar em si os instintos mais perversos e que os domara. Havia neste filósofo duas correntes de forças contrárias, uma orientada para o mal, outra para o bem. Era a última que predominava. Há também causas secretas, que muitas vezes atuam sobre nós. Às vezes a intuição vem combater o raciocínio, impulsos partidos da consciência profunda nos determinam num sentido não previsto. Não é a negação do livre-arbítrio; é a ação da alma em sua plenitude, intervindo no curso de seus destinos, ou, então, será a influência de nossos Guias invisíveis, que se exerce e nos impele no sentido do Plano Divino, a intervenção de uma Inteligência que, vindo de mais longe e mais alto, procura arrancar-nos às contingências inferiores e levar-nos para as cumeadas. Em todos estes casos, porém, é só nossa vontade que rejeita ou aceita e decide em última instância.

Em resumo, em vez de negar ou afirmar o livre-arbítrio, segundo a escola filosófica a que se pertença, seria mais exato dizer: "O homem é o obreiro de sua libertação". O estado completo de liberdade atinge-o no cultivo íntimo e na valorização de suas potências ocultas. Os obstáculos acumulados em seu caminho são meramente meios de o obrigar a sair da indiferença e a utilizar suas forças latentes. Todas as dificuldades materiais podem ser vencidas.

Somos todos solidários e a liberdade de cada um liga-se à liberdade dos outros.

Libertando-se das paixões e da ignorância, cada homem liberta seus semelhantes. Tudo o que contribui para dissipar as trevas da inteligência e fazer recuar o mal, torna a Humanidade mais livre, mais consciente de si mesma, de seus deveres e potências.

Elevemo-nos, pois, à consciência do nosso papel e fim, e seremos livres. Asseguraremos com os nossos esforços, ensinamentos e exemplos a vitória da vontade assim como do bem e, em vez de formarmos seres passivos, curvados ao jugo da matéria, expostos à incerteza e inércia, teremos feito almas verdadeiramente livres, soltas das cadeias da fatalidade e pairando acima do mundo pela superioridade das qualidades conquistadas.

XXIII
O pensamento

O pensamento é criador. Assim como o pensamento do Eterno projeta sem cessar no espaço os germens dos seres e dos mundos, assim também o do escritor, do orador, do poeta, do artista, faz brotar incessante florescência de ideias, de obras, de concepções, que vão influenciar, impressionar para o bem ou para o mal, segundo sua natureza, a multidão humana.

É por isso que a missão dos obreiros do pensamento é ao mesmo tempo grande, temível e sagrada.

É grande e sagrada, porque o pensamento dissipa as sombras do caminho, resolve os enigmas da vida e traça o caminho da Humanidade; é a sua chama que aquece as almas e ilumina os desertos da existência. É temível, porque seus efeitos são poderosos tanto para a descida como para a ascensão.

Mais cedo ou mais tarde todo produto do espírito reverte para seu autor com suas consequências, acarretando-lhe, segundo o caso, o sofrimento, uma diminuição, uma privação de liberdade, ou, então, satisfações íntimas, uma dilatação, uma elevação do ser.

A vida atual é, como se sabe, um simples episódio de nossa longa história, um fragmento da grande cadeia que se desenrola para todos através da imensidade. E constantemente recaem sobre nós, em brumas ou claridades, os resultados de nossas obras. A alma humana percorre seu caminho cercada de uma atmosfera brilhante ou turva, povoada pelas criações de seu pensamento. É isto, na vida do Além, sua glória ou sua vergonha.

* * *

Para dar ao pensamento toda a força e amplitude, nada há mais eficaz do que a investigação dos grandes problemas.

Por bem dizer, é preciso sentir com veemência; para saborear as sensações elevadas e profundas, é necessário remontar à nascente de que deriva toda a vida, toda a harmonia, toda a beleza.

O que há de nobre e elevado no domínio da inteligência emana de uma causa eterna, viva e pensante. Quanto mais largo é o voo do pensamento para essa causa, tanto mais alto ela paira, tanto mais radiosas também são as claridades entrevistas, mais inebriantes as alegrias sentidas, mais poderosas as forças adquiridas, mais geniais as inspirações! Depois de cada voo, o pensamento torna a descer vivificado, esclarecido para o campo terrestre, a fim de prosseguir a tarefa pela qual continuará a desenvolver-se, porque é o trabalho que faz a inteligência como é a inteligência que faz a beleza, o esplendor da obra acabada.

Eleva teu olhar, ó pensador, ó poeta! Lança teu brado de apelo, de aspiração e prece! Diante do mar de reflexos variáveis, à vista de brancos cimos longínquos ou do infinito estrelado, não passaste nunca horas de êxtase e embriaguez, em que a alma se sente imersa num sonho divino, em que a inspiração chega poderosa como um relâmpago, rápido mensageiro do Céu à Terra?

Escuta bem! Nunca ouviste, no fundo de teu ser, vibrarem as harmonias estranhas e confusas, os rumores do Mundo Invisível, vozes de sombra que te acalentam o pensamento e o preparam para as intuições supremas?

Em todo poeta, artista ou escritor há germens de mediunidade inconsciente, incalculáveis, e que desejam desabrochar; por eles o obreiro do pensamento entra em relação com o manancial inexorável e recebe sua parte de revelação. Esta revelação de estética, apropriada à sua natureza, ao gênero de seu talento, tem ele por missão exprimi-la em obras que farão penetrar na alma das multidões uma vibração das forças divinas, uma radiação das verdades eternas.

É na comunhão frequente e consciente com o Mundo dos Espíritos que os gênios do futuro hão de encontrar os elementos de suas obras. Desde hoje, a penetração dos segredos de sua dupla vida vem oferecer ao homem socorros e luzes que as religiões desfalecidas já lhe não podem proporcionar.

Em todos os domínios, a ideia espírita vai fecundar o pensamento em atividade.

A Ciência dever-lhe-á a renovação completa de suas teorias e métodos. Dever-lhe-á a descoberta de forças incalculáveis e a conquista do universo oculto. A Filosofia obterá um conhecimento mais extenso e preciso da personalidade humana. Esta, no transe e na exteriorização, é como uma cripta que se abre, cheia de coisas estranhas e onde está escondida a chave do mistério do ser.

As religiões do futuro hão de encontrar no Espiritismo as provas da sobrevivência e as regras da vida no Além, ao mesmo tempo que o princípio de uma união íntima das duas humanidades, visível e invisível, em sua ascensão para o Pai comum.

A Arte, em todas as suas formas, descobrirá nele mananciais inexauríveis de inspiração e emoção.

O homem do povo, nas horas de cansaço, beberá nele a coragem moral. Compreenderá que a alma pode desenvolver-se tanto pela lide humilde como pela obra majestosa e que não se deve desprezar dever algum; que a inveja é irmã do ódio e que, muitas vezes, o ser é menos feliz no luxo que na mediocridade. O poderoso aprenderá nele a bondade com o sentimento da solidariedade que a todos liga através de nossas vidas e pode obrigar-nos a voltar pequenos para adquirirmos as virtudes modestas. O cético achará nele a fé; o desanimado as esperanças duradouras e as resoluções viris; todos os que sofrem encontrarão a ideia profunda de que uma lei de justiça preside a todas as coisas, de que não há, em nenhum domínio, efeito sem causa, parto sem dor, vitória sem combate, triunfo sem rudes esforços, mas que, acima de tudo, reina uma perfeita e majestosa sanção e que ninguém está abandonado por Deus, de que é uma parcela.

Assim, vagarosamente se operará a renovação da Humanidade, tão nova ainda, tão ignorante de si mesma, mas cujos desejos se dirigem pouco a pouco para a compreensão de sua tarefa e de seu fim, ao mesmo tempo que se alarga seu campo de exploração e a perspectiva de um futuro ilimitado. E em breve eis que ela avançará mais consciente de si mesma e de sua força, consciente de seu magnífico destino. A cada passo que transpõe, vendo e querendo mais, sentindo brilhar e avivar-se o foco que arde em si, vê também as trevas recuarem, fundirem-se, resolverem-se os sombrios enigmas do mundo e iluminar-se o caminho com um raio poderoso.

Com as sombras, desvanecem-se pouco a pouco os preconceitos, os vãos terrores; as contradições aparentes do Universo dissipam-se; faz-se a harmonia nas almas e nas coisas. Então, a confiança e a alegria penetram-lhe e o homem sente desenvolver-se-lhe o pensamento e o coração. E de novo avança pelo caminho das idades para o termo de sua obra; mas esta não tem termo. Porque, de cada vez que a Humanidade se eleva para um novo ideal, julga ter alcançado o ideal supremo, quando, na realidade, só atingiu a crença ou o sistema correspondente ao seu grau de evolução. Mas, de cada vez também, de seus impulsos e de seus triunfos decorrem-lhe felicidades e forças novas, e ela encontra a recompensa de seus labores e angústias no próprio labor, na alegria de viver e progredir, que é a lei dos seres, numa comunhão mais íntima com o Universo, numa posse mais completa do bem e do belo.

* * *

Ó escritores, artistas, poetas, vós, cujo número aumenta todos os dias, cujas produções se multiplicam e sobem como a maré, belas muitas vezes pela forma, mas fracas no fundo, superficiais e materiais, quanto talento não gastais com coisas medíocres! Quantos esforços desperdiçados e postos ao serviço de paixões nocivas, de volúpias inferiores e interesses vis!

Quando vastos e magníficos horizontes se desdobram, quando o livro maravilhoso do Universo e da alma se abre de par em par diante de vós e o gênio do pensamento vos convida para nobres tarefas, para obras cheias de seiva, fecundas para o adiantamento da Humanidade, vós vos comprazeis bastas vezes com estudos pueris e estéreis, com trabalhos em que a consciência se estiola, em que a inteligência se abate e definha no culto exagerado dos sentidos e dos instintos impuros.

Quem de vós dirá a epopeia da alma lutando pela conquista de seus destinos no ciclo imenso das idades e dos mundos, suas dores e alegrias, suas quedas e levantamentos, a descida aos abismos da vida, o bater de asas para a luz, as imolações, os holocaustos que são um resgate, as missões redentoras, a participação cada vez maior das concepções divinas!

Quem dirá também as poderosas harmonias do Universo, harpa gigantesca vibrando ao pensamento de Deus, o canto dos mundos, o ritmo eterno que embala a gênese dos astros e das humanidades! Ou, então, a lenta elaboração, a dolorosa gestação da consciência através dos estágios inferiores, a construção laboriosa de uma individualidade, de um ser moral!

Quem dirá a conquista da vida, cada vez mais completa, mais ampla, mais serena, mais iluminada pelos raios do Alto, a marcha, de cimo em cimo, em busca da felicidade, do poder e do puro amor? Quem cantará a obra do homem, lutador imortal, erguendo, através de suas dúvidas, dilaceramentos, angústias e lágrimas o edifício harmônico e sublime de sua personalidade pensante e consciente? Sempre para a frente, para mais longe e para mais Alto! Responderão: Não sabemos. E perguntam: Quem nos ensinará essas coisas?

Quem? As vozes interiores e as vozes do Além. Aprendei a abrir, a folhear, a ler o livro oculto em vós, o livro das metamorfoses do ser. Ele vos dirá o que fostes e o que sereis, ensinar-vos-á o maior dos mistérios, a criação do "eu" pelo esforço constante, a ação soberana que, no pensamento silencioso, faz germinar a obra e, segundo vossas aptidões, vosso gênero de talento, far-vos-á pintar as telas mais encantadoras, esculpir as mais ideais formas, compor as sinfonias mais harmoniosas, escrever as páginas mais brilhantes, realizar os mais belos poemas.

Tudo está aí, em vós, em roda de vós. Tudo fala, tudo vibra, o visível e o invisível, tudo canta e celebra a glória de viver, a ebriedade de pensar, de criar, de associar-se à obra universal. Esplendores dos mares e do céu estrelado, majestade dos cimos, perfumes das florestas, melodias da terra e do espaço, vozes do invisível que falam no silêncio da noite, vozes da consciência, eco da voz divina, tudo é ensino e revelação para quem sabe ver, escutar, compreender, pensar, agir!

Depois, acima de tudo, a visão suprema, a visão sem formas, o pensamento incriado, verdade total, harmonia final das essências e das leis que, desde o fundo de nosso ser até a estrela mais distante, liga tudo e todos em sua unidade resplandecente. É a cadeia de vida, que se eleva e desenrola no Infinito, escada das potências espirituais que levam a Deus os apelos do homem pela oração e trazem ao homem as respostas de Deus pela inspiração.

Agora, a última pergunta. Por que é que, no meio do imenso labor e da abundante produção intelectual que caracterizam nossa época, se encontram tão poucas obras viris e concepções geniais? Porque deixamos de ver as coisas divinas com os olhos da alma! Porque deixamos de crer e amar!

Remontemos, pois, às origens celestes e eternas; é o único remédio para nossa anemia moral. Dirijamos o pensamento para as coisas solenes e profundas. Ilumine-se e complete-se a Ciência com as intuições da consciência e as faculdades superiores do espírito. O Espiritualismo Moderno a auxiliará.

XXIV
A disciplina do pensamento e a reforma do caráter

O pensamento, dizíamos, é criador. Não atua somente em roda de nós, influenciando nossos semelhantes para o bem ou para o mal; atua principalmente em nós; gera nossas palavras, nossas ações e, com ele, construímos, dia a dia, o edifício grandioso ou miserável de nossa vida presente e futura. Modelamos nossa alma e seu invólucro com os nossos pensamentos; estes produzem formas, imagens que se imprimem na matéria sutil, de que o corpo fluídico é composto. Assim, pouco a pouco, nosso ser povoa-se de formas frívolas ou austeras, graciosas ou terríveis, grosseiras ou sublimes; a alma se enobrece, embeleza ou cria uma atmosfera de fealdade. Segundo o ideal a que visa, a chama interior aviva-se ou obscurece-se.

Não há assunto mais importante que o estudo do pensamento, seus poderes e ação. É a causa inicial de nossa elevação ou de nosso rebaixamento; prepara todas as descobertas da Ciência, todas as maravilhas da Arte, mas também todas as misérias e todas as vergonhas da Humanidade. Segundo o impulso dado, funda ou destrói as instituições como os impérios, os caracteres como as consciências. O homem só é grande, só tem valor pelo seu pensamento; por ele suas obras se irradiam e se perpetuam através dos séculos. O Espiritualismo experimental, muito melhor que as doutrinas anteriores, permite-nos perceber, compreender toda a força de projeção do pensamento, que é o princípio da comunhão universal. Vemo-lo agir no fenômeno espírita, que facilita ou dificulta; seu papel nas sessões de experimentação é sempre considerável. A telepatia demonstrou-nos que as almas podem impressionar-se, influenciar-se a todas as distâncias; é o meio de que se servem as humanidades do Espaço para comunicarem entre si através das imensidades siderais. Em qualquer campo das atividades sociais, em todos os domínios do mundo visível ou invisível, a ação do pensamento é soberana; não é menor sua ação, repetimos, em nós mesmos, modificando constantemente nossa natureza íntima.

As vibrações de nossos pensamentos, de nossas palavras, renovando-se em sentido uniforme, expulsam de nosso invólucro os elementos que não podem vibrar em harmonia com elas; atraem elementos similares que acentuam as tendências do ser. Uma obra, muitas vezes inconsciente, elabora-se; mil obreiros misteriosos trabalham na sombra; nas profundezas da alma esboça-se um destino inteiro; em sua ganga o diamante purifica-se ou perde o brilho.

Se meditarmos em assuntos elevados, na sabedoria, no dever, no sacrifício, nosso ser impregna-se, pouco a pouco, das qualidades de nosso pensamento. É por isso que a prece improvisada, ardente, o impulso da alma para as potências infinitas, tem tanta virtude. Nesse diálogo solene do ser com sua causa, o influxo do Alto invade-nos e desperta sentidos novos. A compreensão, a consciência da vida aumenta e sentimos, melhor do que se pode exprimir, a gravidade e a grandeza da mais humilde das existências. A oração, a comunhão pelo pensamento com o universo espiritual e divino é o esforço da alma para a beleza e para a verdade eternas; é a entrada, por um instante, nas esferas da vida real e superior, aquela que não tem termo.

Se, ao contrário, nosso pensamento é inspirado por maus desejos, pela paixão, pelo ciúme, pelo ódio, as imagens que cria sucedem-se, acumulam-se em nosso corpo fluídico e o entenebrecem. Assim, podemos à vontade fazer em nós a luz ou a sombra. É o que afirmam tantas comunicações de Além-Túmulo. Somos o que pensamos, com a condição de pensarmos com força, vontade e persistência. Mas, quase sempre, nossos pensamentos passam constantemente de um a outro assunto. Pensamos raras vezes por nós mesmos, refletimos os mil pensamentos incoerentes do meio em que vivemos. Poucos homens sabem viver do próprio pensamento, beber nas fontes profundas, nesse grande reservatório de inspiração que cada um traz consigo, mas que a maior parte ignora. Por isso criam um invólucro povoado das mais disparatadas formas. Seu Espírito é como uma habitação franca a todos os que passam. Os raios do bem e as sombras do mal lá se confundem, num caos perpétuo. É o combate incessante da paixão e do dever em que, quase sempre, a paixão sai vitoriosa. Primeiro que tudo, é preciso aprender a fiscalizar os pensamentos, a disciplina-los, a imprimir-lhes uma direção determinada, um fim nobre e digno.

A fiscalização dos pensamentos implica a fiscalização dos atos, porque, se uns são bons, os outros sê-lo-ão igualmente, e todo o nosso procedimento achar-se-á regulado por uma concatenação harmônica. Ao passo que, se nossos atos são bons e nossos pensamentos maus, apenas haverá uma falsa aparência do bem e continuaremos a trazer em nós um foco malfazejo, cujas influências, mais cedo ou mais tarde, derramar-se-ão fatalmente sobre nossa vida.

Às vezes observamos uma contradição surpreendente entre os pensamentos, os escritos e as ações de certos homens, e somos levados, por esta mesma contradição, a duvidar de sua boa-fé, de sua sinceridade. Muitas vezes não há mais do que uma interpretação errônea de nossa parte. Os atos desses homens resultam do impulso surdo dos pensamentos e das forças que eles acumularam em si no passado. Suas aspirações atuais, mais elevadas, seus pensamentos mais generosos traduzir-se-ão em atos no futuro. Assim, tudo se combina e explica quando se consideram as coisas do largo ponto de vista da evolução; ao passo que tudo fica obscuro, incompreensível, contraditório com a teoria de uma vida única para cada um de nós.

* * *

É bom viver em contato pelo pensamento com os escritores de gênio, com os autores verdadeiramente grandes de todos os tempos e países, lendo, meditando suas obras, impregnando todo o nosso ser da substância de sua alma. As radiações de seus pensamentos despertarão em nós efeitos semelhantes e produzirão, com o tempo, modificações de nosso caráter pela própria natureza das impressões sentidas.

E necessário escolhermos com cuidado nossas leituras, depois amadurecê-las e assimilar-lhes a quintessência. Em geral lê-se demais, lê-se depressa e não se medita. Seria preferível ler menos e refletir mais no que se leu. É um meio seguro de fortalecer nossa inteligência, de colher os frutos de sabedoria e beleza que podem conter nossas leituras. Nisso, como em todas as coisas, o belo atrai e gera o belo, do mesmo modo que a bondade atrai a felicidade, e o mal o sofrimento.

O estudo silencioso e recolhido é sempre fecundo para o desenvolvimento do pensamento. É no silêncio que se elaboram as obras fortes. A palavra é brilhante, mas degenera demasiadas vezes em conversas estéreis, às vezes maléficas; com isso, o pensamento se enfraquece e a alma esvazia-se. Ao passo que na meditação o Espírito se concentra, volta-se para o lado grave e solene das coisas; a luz do Mundo Espiritual banha-o com suas ondas. Há em roda do pensador grandes seres invisíveis que só querem inspirá-lo; é à meia-luz das horas tranquilas ou então à claridade discreta da lâmpada de trabalho que melhor podem entrar em comunhão com ele. Em toda a parte e sempre uma vida oculta mistura-se com a nossa. Evitemos as discussões ruidosas, as palavras vãs, as leituras frívolas. Sejamos sóbrios de jornais. A leitura dos jornais, fazendo-nos passar continuamente de um assunto para outro, torna o espírito ainda mais instável. Vivemos numa época de anemia intelectual, que é causada pela raridade dos estudos sérios, pela procura abusiva da palavra pela palavra, da forma enfeitada e oca, e, principalmente, pela insuficiência dos educadores da mocidade. Apliquemo-nos a obras mais substanciais, a tudo o que pode esclarecer-nos a respeito das leis profundas da vida e facilitar nossa evolução. Pouco a pouco, ir-se-ão edificando em nós uma inteligência e uma consciência mais fortes, e nosso corpo fluídico iluminar-se-á com os reflexos de um pensamento elevado e puro.

Dissemos que a alma oculta profundezas onde o pensamento raras vezes desce, porque mil objetos externos ocupam-no incessantemente. Sua superfície, como a do mar, é muitas vezes agitada; mas, por baixo, se estendem regiões inacessíveis às tempestades. Aí dormem as potências ocultas, que esperam nosso chamamento para emergirem e aparecerem. O chamamento raras vezes se faz ouvir e o homem agita-se em sua indigência, ignorante dos tesouros inapreciáveis que nele repousam.

É necessário o choque das provações, as horas tristes e desoladas para fazer-lhe compreender a fragilidade das coisas externas e encaminhá-lo para o estudo de si mesmo, para a descoberta de suas verdadeiras riquezas espirituais.

É por isso que as grandes almas se enobrecem e embelezam tanto mais quanto mais vivas são suas dores. A cada nova desgraça que as fere têm a sensação de se haverem aproximado um pouco mais da verdade e da perfeição e, a este pensamento, experimentam uma como volúpia amarga.

Levantou-se uma nova estrela no céu de seu destino, estrela cujos raios trêmulos penetram no santuário de sua consciência e lhe iluminam os recônditos. Nas inteligências de cultura elevada faz sementeira a desgraça: cada dor é um sulco onde se levanta uma seara de virtude e beleza.

Em certas horas de nossa vida, quando nos morre nossa mãe, quando se desmorona uma esperança ardentemente acariciada, quando se perde a mulher, o filho amado, de cada vez que se despedaça um dos laços que nos ligavam a este mundo, uma voz misteriosa eleva-se nas profundezas de nossa alma, voz solene que nos fala de mil leis augustas, mais veneráveis que as da Terra e entreabre-se todo um mundo ideal. Mas os ruídos do exterior abafam-na bem depressa e o ser humano recai quase sempre em suas dúvidas, em suas hesitações, na rara vulgaridade de sua existência.

* * *

Não há progresso possível sem observação atenta de nós mesmos. É necessário vigiar todos os nossos atos impulsivos para chegarmos a saber em que sentido devemos dirigir nossos esforços para nos aperfeiçoarmos. Primeiramente, regular a vida física, reduzir as exigências materiais ao necessário, a fim de garantir a saúde do corpo, instrumento indispensável para o desempenho de nosso papel terrestre. Depois disciplinar as impressões, as emoções, exercitando-nos em dominá-las, em utilizá-las como agentes de nosso aperfeiçoamento moral; aprender principalmente a esquecer, a fazer o sacrifício do "eu", a desprender-nos de todo o sentimento de egoísmo. A verdadeira felicidade neste mundo está na proporção do esquecimento próprio.

Não basta crer e saber, é necessário viver nossa crença, isto é, fazer penetrar na prática diária da vida os princípios superiores que adotamos; é necessário habituarmo-nos a comungar pelo pensamento e pelo coração com os Espíritos eminentes que foram os reveladores, com todas as almas de escol que serviram de guias à Humanidade, viver com eles numa intimidade cotidiana, inspirar-nos em suas vistas e sentir sua influência pela percepção íntima que nossas relações com o Mundo Invisível desenvolvem.

Entre estas grandes almas é bom escolher uma como exemplo, a mais digna de nossa admiração e, em todas as circunstâncias difíceis, em todos os casos em que nossa consciência oscila entre dois partidos a tomar, inquirirmos o que ela teria resolvido e procedermos no mesmo sentido.

Assim, pouco a pouco, iremos construindo, de acordo com esse modelo, um ideal moral que se refletirá em todos os nossos atos. Todo homem, na humilde realidade de cada dia, pode ir modelando uma consciência sublime. A obra é vagarosa e difícil, mas, por isso, são-nos dados os séculos.

Concentremos, pois, muitas vezes, nossos pensamentos, para dirigi-los, pela vontade, em direção ao ideal sonhado. Meditemos nele todos os dias, à hora certa, de preferência pela manhã, quando tudo está sossegado e repousa ainda em roda de nós, nesse momento a que o poeta chama "a hora divina", quando a Natureza, fresca e descansada, acorda para as claridades do dia.

Nas horas matinais, a alma, pela oração e pela meditação, eleva-se com mais fácil impulso até as alturas donde se vê e compreende que tudo, a vida, os atos, os pensamentos, está ligado a alguma coisa grande e eterna e que habitamos um mundo em que potências invisíveis vivem e trabalham conosco. Na vida mais simples, na tarefa mais modesta, na existência mais apagada mostram-se, então, faces profundas, uma reserva de ideal, fontes possíveis de beleza. Cada alma pode criar com seus pensamentos uma atmosfera espiritual tão bela, tão resplandecente como nas paisagens mais encantadoras; e, na morada mais mesquinha, no mais miserável tugúrio, há frestas para Deus e para o Infinito!

* * *

Em todas as nossas relações sociais, em nossas relações com os nossos semelhantes, é preciso nos lembremos constantemente disto: Os homens são viajantes em marcha, ocupando pontos diversos na escala da evolução pela qual todos subimos. Por conseguinte, nada devemos exigir, nada devemos esperar deles, que não esteja em relação com seu grau de adiantamento.

A todos devemos tolerância, benevolência e até perdão; porque, se nos causam prejuízo, se escarnecem de nós e nos ofendem, é quase sempre pela falta de compreensão e de saber, resultantes de desenvolvimento insuficiente. Deus não pede aos homens senão o que eles têm podido adquirir à custa de lentos e penosos trabalhos. Não temos o direito de exigir mais. Não fomos semelhantes aos mais atrasados deles? Se cada um de nós pudesse ler em seu passado o que foi, o que fez, quanto não seria maior nossa indulgência para com as faltas alheias! Às vezes também carecemos da mesma indulgência que lhes devemos. Sejamos severos conosco e tolerantes com os outros. Instruamo-los, esclareçamo-los, guiemo-los com doçura, é o que a lei de solidariedade nos preceitua.

* * *

Enfim, é preciso saber suportar todas as coisas com paciência e serenidade. Seja qual for o procedimento de nossos semelhantes para conosco, não devemos conceber nenhuma animosidade ou ressentimento; mas, ao contrário, saibamos fazer reverter em benefício de nossa própria educação moral todas as causas de aborrecimento e aflição. Nenhum revés poderia atingir-nos, se, por nossas vidas anteriores e culpadas, não tivéssemos dado margem à adversidade. É isto o que muitas vezes se deve repetir. Chegaremos, assim, a aceitar todas as provações sem amargura, considerando-as como reparação do passado ou como meio de aperfeiçoamento.

De grau em grau chegaremos, assim, ao sossego de espírito, à posse de nós mesmos, à confiança absoluta no futuro, que dão a força, a quietação, a satisfação íntima, permitindo-nos ficar firmes no meio das mais duras vicissitudes.

Quando chega a idade, as ilusões e as esperanças vãs caem como folhas mortas; mas, as altas verdades aparecem com mais brilho, como as estrelas no céu de inverno através dos ramos nus de nossos jardins.

Pouco importa, então, que o destino não nos tenha oferecido nenhuma glória, nenhum raio de alegria, se tiver enriquecido nossa alma com mais uma virtude, com alguma beleza moral. As vidas obscuras e atormentadas são, às vezes, as mais fecundas, ao passo que as vidas suntuosas nos prendem, bastas vezes e por muito tempo, na corrente formidável de nossas responsabilidades.

A felicidade não está nas coisas externas nem nos acasos do exterior, mas somente em nós mesmos, na vida interna que soubermos criar. Que importa que o céu esteja escuro por cima de nossas cabeças e os homens sejam ruins em volta de nós, se tivermos a luz na fronte, alegria do bem e a liberdade moral no coração? Se, porém, eu tiver vergonha de mim mesmo, se o mal tiver invadido meu pensamento, se o crime e a traição habitarem em mim, todos os favores e todas as felicidades da Terra não me restituirão a paz silenciosa e a alegria da consciência. O sábio cria, desde este mundo, para si mesmo, um refúgio seguro, um lugar sagrado, um retiro profundo onde não chegam as discórdias e as contrariedades do exterior. Do mesmo modo, na vida do Espaço a sanção do dever e a realização da justiça são de ordem inteiramente íntima; cada alma traz em si sua claridade ou sua sombra, seu paraíso ou seu inferno. Mas lembremo-nos de que nada há irreparável; a situação atual do Espírito inferior não é mais que um ponto quase imperceptível na imensidade de seus destinos.

XXV
O amor

O amor, como comumente se entende na Terra, é um sentimento, um impulso do ser, que o leva para outro ser com o desejo de unir-se a ele. Mas, na realidade, o amor reveste formas infinitas, desde as mais vulgares até as mais sublimes. Princípio da vida universal, proporciona à alma, em suas manifestações mais elevadas e puras, a intensidade de radiação que aquece e vivifica tudo em roda de si; é por ele que ela se sente estreitamente ligada ao Poder Divino, foco ardente de toda a vida, de todo o amor.

Acima de tudo, Deus é amor. Por amor, criou os seres para associá-los às suas alegrias, à sua obra. O amor é um sacrifício; Deus hauriu nele a vida para dá-la às almas. Ao mesmo tempo que a efusão vital, elas receberiam o princípio afetivo destinado a germinar e expandir-se pela provação dos séculos, até que tenham aprendido a dar-se por sua vez, isto é, a dedicar-se, a sacrificar-se pelas outras. Com este sacrifício, em vez de se amesquinharem, mais se engrandecem, enobrecem e aproximam do Foco supremo.

O amor é uma força inexaurível, renova-se sem cessar e enriquece ao mesmo tempo aquele que dá e aquele que recebe. É pelo amor, sol das almas, que Deus mais eficazmente atua no mundo. Por ele atrai para si todos os pobres seres retardados nos antros da paixão, os Espíritos cativos na matéria; eleva-os e arrasta-os na espiral da ascensão infinita para os esplendores da luz e da liberdade.

O amor conjugal, o amor materno, o amor filial ou fraterno, o amor da pátria, da raça, da Humanidade, são refrações, raios refratados do Amor Divino, que abrange, penetra todos os seres, e, difundindo-se neles, faz rebentar e desabrochar mil formas variadas, mil esplêndidas florescências de amor.

Até às profundidades do abismo de vida, infiltram-se as radiações do Amor Divino e vão acender nos seres rudimentares, pela afeição à companheira e aos filhos, as primeiras claridades que, nesse meio de egoísmo feroz, serão como a aurora indecisa e a promessa de uma vida mais elevada.

É o apelo do ser ao ser, é o amor que provocará, no fundo das almas embrionárias, os primeiros rebentos do altruísmo, da piedade, da bondade. Mais acima, na escala evolutiva, entreverá o ser humano, nas primeiras felicidades, nas únicas sensações de ventura perfeita que lhe é dado gozar na Terra, sensações mais fortes e suaves que todas as alegrias físicas e conhecidas somente das almas que sabem verdadeiramente amar.

Assim, de grau em grau, sob a influência e irradiação do amor, a alma desenvolver-se-á e engrandecerá, verá alargar-se o círculo de suas sensações. Lentamente, o que nela não era senão paixão, desejo carnal, ir-se-á depurando, transformando num sentimento nobre e desinteressado; a afeição a um só ou a alguns converter-se-á na afeição a todos, à família, à pátria, à Humanidade. E a alma adquirirá a plenitude de seu desenvolvimento quando for capaz de compreender a vida celeste, que é toda amor, e a participar dela.

O amor é mais forte do que o ódio, mais poderoso do que a morte. Se o Cristo foi o maior dos missionários e dos profetas, se tanto império teve sobre os homens, foi porque trazia em si um reflexo mais poderoso do Amor Divino. Jesus passou pouco tempo na Terra; foram bastantes três anos de evangelização para que o seu domínio se estendesse a todas as nações. Não foi pela Ciência nem pela arte oratória que ele seduziu e cativou as multidões, foi pelo amor! Desde sua morte, seu amor ficou no mundo como um foco sempre vivo, sempre ardente. Por isso, apesar dos erros e faltas de seus representantes, apesar de tanto sangue derramado por eles, de tantas fogueiras acesas, de tantos véus estendidos sobre seu ensino, o Cristianismo continuou a ser a maior das religiões; disciplinou, moldou a alma humana, amansou a índole feroz dos bárbaros, arrancou raças inteiras à sensualidade ou à bestialidade.

O Cristo não é o único exemplar a apresentar. Pode-se, de um modo geral, verificar que das almas eminentes se desprendem radiações, eflúvios regeneradores, que constituem uma como atmosfera de paz, uma espécie de proteção, de providência particular. Todos aqueles que vivem sob esta benéfica influência moral sentem uma calma, um sossego de espírito, uma espécie de serenidade que dá um antegozo das quietações celestes. Esta sensação é mais pronunciada ainda nas sessões espíritas dirigidas e inspiradas por almas superiores; nós mesmos o experimentamos muitas vezes em presença das entidades que presidem aos trabalhos do nosso grupo de Tours.[211]

Essas impressões vão-se encontrando cada vez mais vivas à medida que se afastam dos planos inferiores onde reinam as impulsões egoístas e fatais e se sobem os degraus da gloriosa hierarquia espiritual para aproximar-se do Foco Divino; pode-se assim verificar, por uma experiência que vem completar as nossas intuições, que cada alma é um sistema de força e um gerador de amor, cujo poder de ação aumenta com a elevação.

Por isto também se explicam e se afirmam a solidariedade e fraternidade universais. Um dia, quando a verdadeira noção do ser se desembaraçar das dúvidas e incertezas que obsidiam o pensamento humano, compreender-se-á a grande fraternidade que liga as almas. Sentir-se-á que são todas envolvidas pelo magnetismo divino, pelo grande sopro de amor que enche os Espaços.

À parte este poderoso laço, as almas constituem também agrupamentos separados, famílias que se foram pouco a pouco formando através dos séculos, pela comunidade das alegrias e das dores. A verdadeira família é a do Espaço; a da Terra não é mais do que uma imagem daquela, redução enfraquecida, como o são as coisas deste mundo comparadas com as do Céu. A verdadeira família compõe-se dos Espíritos que subiram juntos as ásperas sendas do destino e são feitos para se compreenderem e amarem.

Quem pode descrever os sentimentos ternos, íntimos, que unem esses seres, as alegrias inefáveis nascidas da fusão das inteligências e das consciências, a união das almas sob o sorriso de Deus?

Estes agrupamentos espirituais são os centros abençoados onde todas as paixões terrestres se apaziguam, onde os egoísmos se desvanecem, onde os corações se dilatam, onde vêm retemperar-se e consolar-se todos aqueles que têm sofrido, quando, livres pela morte, tornam a juntar-se com os bem-amados, reunidos para festejarem seu regresso.

---

[211] Ver *No invisível*, cap. 19.

Quem pode descrever os êxtases que proporciona às almas purificadas, que chegaram às cumeadas luminosas, a efusão nelas do amor divino e os noivados celestes pelos quais dois Espíritos se ligam para sempre no seio das famílias do Espaço, reunidas para consagrarem com um rito solene essa união simbólica e indestrutível? Tal é o himeneu verdadeiro, o das almas irmãs, que Deus reúne eternamente com um fio de ouro. Com essas festas do amor, os Espíritos que aprenderam a tornar-se livres e a usar de sua liberdade fundem-se num mesmo fluido, à vista comovida de seus irmãos. Daí em diante, seguirão uns aos outros em suas peregrinações através dos mundos; caminharão, de mãos dadas, sorrindo à desgraça e haurindo na ternura comum a força para suportar todos os reveses, todas as amarguras da sorte. Algumas vezes, separados pelos renascimentos, conservarão a intuição secreta de que seu insulamento é apenas passageiro; depois das provas da separação, entreveem a embriaguez do regresso ao seio das imensidades.

Entre os que caminham neste mundo, solitários, entristecidos, curvados sob o fardo da vida, há os que conservam no fundo do coração a vaga lembrança da sua família espiritual. Estes sofrem cruelmente da nostalgia dos Espaços e do amor celeste, e nada entre as alegrias da Terra os pode distrair e consolar. Seu pensamento vai muitas vezes, durante a vigília, e, mais ainda, durante o sono, reunir-se aos seres queridos que os esperam na paz serena do Além. O sentimento profundo das compensações que os aguardam explica sua força moral na luta e sua aspiração para um mundo melhor. A esperança semeia de flores austeras os atalhos que eles percorrem.

* * *

Todo o poder da alma resume-se em três palavras: querer, saber, amar!

Querer, isto é, fazer convergir toda a atividade, toda a energia, para o alvo que se tem de atingir, desenvolver a vontade e aprender a dirigi-la.

Saber, por que sem o estudo profundo, sem o conhecimento das coisas e das leis, o pensamento e a vontade podem transviar-se no meio das forças que procuram conquistar e dos elementos a quem aspiram governar.

Acima, porém, de tudo, é preciso amar, porque, sem o amor, a vontade e a ciência seriam incompletas e muitas vezes estéreis. O amor ilumina-as, fecunda-as, centuplica-lhes os recursos. Não se trata aqui do amor que contempla sem agir, mas do que se aplica a espalhar o bem e a verdade pelo mundo. A vida terrestre é um conflito entre as forças do mal e as do bem. O dever de toda alma viril é tomar parte no combate, trazer-lhe todos os seus impulsos, todos os seus meios de ação, lutar pelos outros, por todos aqueles que se agitam ainda na via escura.

O uso mais nobre que se pode fazer das faculdades é trabalhar por engrandecer, desenvolver, no sentido do belo e do bem, a civilização, a sociedade humana, que tem as suas chagas e fealdades, sem dúvida, mas que é rica de esperanças e magníficas promessas; essas promessas transformar-se-ão em realidade vivaz no dia em que a Humanidade tiver aprendido a comungar, pelo pensamento e pelo coração, com o foco de amor, que é o esplendor de Deus.

Amemos, pois, com todo o poder do nosso coração; amemos até ao sacrifício, como Joana d'Arc amou a França, como o Cristo amou a Humanidade, e todos aqueles que nos rodeiam receberão nossa influência, sentir-se-ão nascer para nova vida.

Ó homem, procura em volta de ti as chagas a pensar, os males a curar, as aflições a consolar. Alarga as inteligências, guia os corações transviados, associa as forças e as almas, trabalha para ser edificada a alta cidade de paz e de harmonia que será a cidade de amor, a cidade de Deus! Ilumina, levanta, purifica! Que importa que se riam de ti! Que importa que a ingratidão e a maldade se levantem na tua frente! Aquele que ama não recua por tão pouca coisa; ainda que colha espinhos e silvas, continua sua obra, porque esse é seu dever, sabe que a abnegação o engrandece.

O próprio sacrifício também tem suas alegrias; feito com amor, transforma as lágrimas em sorrisos, faz nascer em nós alegrias desconhecidas do egoísta e do mau. Para aquele que sabe amar, as coisas mais vulgares são de interesse; tudo parece iluminar-se; mil sensações novas despertam nele.

São necessários à sabedoria e à Ciência longos esforços, lenta e penosa ascensão para conduzir-nos às altas regiões do pensamento. O amor e o sacrifício lá chegam de um só pulo, com um único bater de asas. Na sua impulsão conquistam a paciência, a coragem, a benevolência, todas as virtudes fortes e suaves. O amor depura a inteligência, põe à larga o coração e é pela soma de amor acumulada em nós que podemos avaliar o caminho que temos andado para Deus.

***

A todas as interrogações do homem, a suas hesitações, a seus temores, a suas blasfêmias, uma voz grande, poderosa e misteriosa responde:

Aprende a amar! O amor é o resumo de tudo, o fim de tudo. Dessa maneira, estende-se e desdobra-se sem cessar sobre o Universo a imensa rede de amor tecida de luz e ouro. Amar é o segredo da felicidade. Com uma só palavra o amor resolve todos os problemas, dissipa todas as obscuridades. O amor salvará o mundo; seu calor fará derreter os gelos da dúvida, do egoísmo, do ódio; enternecerá os corações mais duros, mais refratários.

Mesmo em seus magníficos derivados, o amor é sempre um esforço para a beleza. Nem sequer o amor sexual, o do homem e da mulher, deixa, por mais material que pareça, de poder aureolar-se de ideal e poesia, de perder todo o caráter vulgar, se, de mistura com ele, houver um sentimento de estética e um pensamento superior. E isto depende principalmente da mulher. Aquela que ama, sente e vê coisas que o homem não pode conhecer, possui em seu coração inexauríveis reservas de amor, uma espécie de intuição que pode dar ideia do Amor eterno.

A mulher é sempre, de qualquer modo, irmã do mistério e a parte de seu ser que toca o infinito parece ter mais extensão do que em nós. Quando o homem responde como a mulher aos apelos do invisível, quando seu amor é isento de todo desejo brutal, se não fazem mais do que um pelo espírito como pelo corpo, então, no abraço desses dois seres que se penetram, se completam para transmitir a vida, passará como um relâmpago, como uma chama, o reflexo de mais altas felicidades entrevistas. São, todavia, passageiras e misturadas de amarguras as alegrias do amor terrestre; não andam desacompanhadas de decepções, retrocessos e quedas. Somente Deus é o amor na sua plenitude; é o braseiro ardente e, ao mesmo tempo, o abismo de pensamento e luz, donde dimanam e para quem ascendem eternamente os quentes eflúvios de todos os astros, as ternuras apaixonadas de todos os corações de mulheres, de mães, de esposas, de afeições viris de todos os corações de homens. Deus gera e chama o amor, porque é a beleza infinita, perfeita, e é propriedade da beleza provocar o amor.

Quem, pois, num dia de verão, quando o Sol irradia, quando a imensa cúpula azulada se desenrola sobre nossas cabeças e dos prados e bosques, dos montes e do mar sobem a adoração, a prece muda dos seres e das coisas, quem, pois, deixará de sentir as radiações de amor que enchem o Infinito?

É preciso nunca ter aberto a alma a estas influências sutis para ignorá-las ou negá-las. Muitas almas terrestres ficam, é verdade, hermeticamente fechadas para as coisas divinas ou, então, se sentem suas harmonias e belezas, escondem cuidadosamente o segredo de si mesmas; parecem ter vergonha de confessar o que conhecem ou o que de maior e melhor experimentam.

Tentai a experiência! Abri o vosso ser interno, abri as janelas da prisão da alma aos eflúvios da vida universal e, de súbito, essa prisão encher-se-á de claridades, de melodias; um mundo todo de luz penetrará em vós. Vossa alma arrebatada conhecerá êxtases, felicidades que não se podem descrever; compreenderá que há em seu derredor um oceano de amor, de força e de vida divina no qual ela está imersa e que lhe basta querer para ser banhada por suas águas regeneradoras. Sentirá no Universo um Poder soberano e maravilhoso que nos ama, nos envolve, nos sustenta, que vela sobre nós como o avarento sobre a joia preciosa, e, invocando-o, dirigindo-lhe um apelo ardente, será logo penetrada de sua presença e de seu amor. Estas coisas se sentem e exprimem dificilmente; só as podem compreender aqueles que as saborearam. Mas todos podem chegar a conhecê-las, a possuí-las, despertando o que há em si de divino. Não há homem, por mais perverso, por pior que seja, que numa hora de abandono e sofrimento, não veja abrir-se uma fresta por onde um pouco da claridade das coisas superiores e um pouco de amor se filtrem até ele.

Basta ter experimentado uma vez só estas impressões para não as esquecer mais. E quando chega o declínio da vida com suas desilusões, quando as sombras crepusculares se acumulam sobre nós, então estas poderosas sensações acordam com a memória de todas as alegrias sentidas, e a lembrança das horas em que verdadeiramente amamos cai como delicioso orvalho sobre nossas almas dissecadas pelo vento áspero das provações e da dor.

XXVI
A dor

Tudo o que vive neste mundo, Natureza, animal, homem, sofre e, todavia, o amor é a Lei do Universo e por amor foi que Deus formou os seres. Contradição aparentemente horrível, problema angustioso, que perturbou tantos pensadores e os levou à dúvida e ao pessimismo.

O animal está sujeito à luta ardente pela vida. Entre as ervas do prado, as folhas e a ramaria dos bosques, nos ares, no seio das águas, por toda a parte desenrolam-se dramas ignorados. Em nossas cidades prossegue sem cessar a hecatombe de pobres animais inofensivos, sacrificados às nossas necessidades ou entregues nos laboratórios ao suplício da vivissecção.

Quanto à Humanidade, sua história não é mais que um longo martirológio. Através dos tempos, por cima dos séculos, rola a triste melopeia dos sofrimentos humanos; o lamento dos desgraçados sobe com uma intensidade dilacerante, que tem a regularidade de uma vaga.

A dor segue todos os nossos passos; espreita-nos em todas as voltas do caminho. E, diante desta esfinge que o fita com seu olhar estranho, o homem faz a eterna pergunta: Por que existe a dor?

É, no que lhe concerne, uma punição, uma expiação, como o dizem alguns?

É a reparação do passado, o resgate das faltas cometidas?

Fundamentalmente considerada, a dor é uma lei de equilíbrio e educação. Sem dúvida, as falhas do passado recaem sobre nós com todo o seu peso e determinam as condições de nosso destino. O sofrimento não é, muitas vezes, mais do que a repercussão das violações da ordem eterna cometidas; mas, sendo partilha de todos, deve ser considerado como necessidade de ordem geral, como agente de desenvolvimento, condições do progresso. Todos os seres têm de, por sua vez, passar por ele. Sua ação é benfazeja para quem sabe compreendê-lo, mas somente podem compreendê-lo aqueles que lhe sentiram os poderosos efeitos. É principalmente a esses, a todos aqueles que sofrem, têm sofrido ou são dignos de sofrer que dirijo estas páginas.

***

A dor e o prazer são duas formas extremas da sensação. Para suprimir uma ou outra seria preciso suprimir a sensibilidade. São, pois, inseparáveis em princípio e ambos necessários à educação do ser, que, em sua evolução, deve experimentar todas as formas ilimitadas, tanto do prazer como da dor.

A dor física produz sensações; o sofrimento moral produz sentimentos. Mas, como já vimos,[212] no sensório íntimo, sensação e sentimento confundem-se e são uma só e mesma coisa.

O prazer e a dor estão, pois, muito menos nas coisas externas do que nós mesmos; incumbe, pois, a cada um de nós, regulando suas sensações, disciplinando seus sentimentos, dominar umas e outras e limitar-lhes os efeitos.

Epicteto dizia: "As coisas são apenas o que imaginamos que são". Assim, pela vontade podemos domar, vencer a dor ou, pelo menos fazê-la redundar em nosso proveito, fazer dela meio de elevação.

A ideia que fazemos da felicidade e da desgraça, da alegria e da dor, varia ao infinito segundo a evolução individual. A alma pura, boa e sábia não pode ser feliz à maneira da alma vulgar. O que encanta uma, deixa a outra indiferente. À medida que se sobe, o aspecto das coisas muda. Como a criança que, crescendo, deixa de lado os brinquedos que a cativaram, a alma que se eleva procura satisfações cada vez mais nobres, graves e profundas. O espírito que julga com superioridade e considera o fim grandioso da vida achará mais felicidade, mais serena paz num belo pensamento, numa boa obra, num ato de virtude e até na desgraça que purifica, do que em todos os bens materiais e no brilho das glórias terrestres, porque estas o perturbam, corrompem, embriagam ficticiamente.

---
[212] Cap. XXI desta obra, "A consciência. O sentido íntimo".

É muito difícil fazer entender aos homens que o sofrimento é bom. Cada qual quereria refazer e embelezar a vida à sua vontade, adorná-la com todos os deleites, sem pensar que não há bem sem dor, ascensão sem suores e esforços.

A tendência geral consiste em fecharmo-nos no estreito círculo do individualismo, do cada um por si; por esta forma, o homem abate-se, reduz a estreitos limites tudo quanto nele é grande, quanto está destinado a desenvolver-se, a estender-se, a dilatar-se, a desferir voo; o pensamento, a consciência, numa palavra, toda a sua alma. Ora, os gozos, os prazeres e a ociosidade estéril não fazem mais do que apertar esses limites, acanhar nossa vida e o nosso coração. Para quebrar esse círculo, para que todas as virtudes ocultas se expandam à luz, é necessária a dor. A desgraça e as provações fazem jorrar em nós as fontes de uma vida desconhecida e mais bela. A tristeza e o sofrimento fazem-nos ver, ouvir, sentir mil coisas, delicadas ou fortes, que o homem feliz ou o homem vulgar não podem perceber. Obscurece-se o mundo material; desenha-se outro, vagamente a princípio, mas que cada vez se tornará mais distinto, à medida que as nossas vistas se desprenderem das coisas inferiores e mergulharem no ilimitado.

O gênio não é somente o resultado de trabalhos seculares; é também a apoteose, a coroação de sofrimento. De Homero a Dante, a Camões, a Tasso, a Milton, todos os grandes homens, como eles, têm sofrido. A dor fez-lhes vibrar a alma, inspirou-lhes a nobreza dos sentimentos, a intensidade da emoção que souberam traduzir com os acentos do gênio e que os imortalizou. É na dor que mais sobressaem os cânticos da alma. Quando ela atinge as profundezas do ser, faz de lá saírem os gritos eloquentes, os poderosos apelos que comovem e arrastam as multidões.

Dá-se o mesmo com todos os heróis, com todos os grandes caracteres, com os corações generosos, com os Espíritos mais eminentes. Sua elevação mede-se pela soma dos sofrimentos que passaram. Ante a dor e a morte, a alma do herói e do mártir revela-se em sua beleza comovedora, em sua grandeza trágica, que toca às vezes o sublime e o nimba de uma luz inextinguível.

Suprimi a dor e suprimireis, ao mesmo tempo, o que é mais digno de admiração neste mundo, isto é, a coragem de suportá-la. O mais nobre ensinamento que se pode apresentar aos homens não é a memória daqueles que sofreram e morreram pela verdade e pela justiça? Há coisa mais augusta, mais venerável que seus túmulos? Nada iguala o poder moral que daí provém. As almas que deram tais exemplos avultam aos nossos olhos com os séculos e parecem, de longe, mais imponentes ainda; são outras tantas fontes de força e beleza onde vão retemperar-se as gerações. Através do tempo e do espaço, sua irradiação, como a luz dos astros, estende-se sobre a Terra. Sua morte gerou a vida, e sua lembrança, como aroma sutil, vai lançar em toda a parte a semente dos entusiasmos futuros.

É, como nos ensinaram essas almas, pela dedicação, pelo sofrimento dignamente suportados que se sobem os caminhos do Céu. A história do mundo não é outra coisa mais que a sagração do Espírito pela dor. Sem ela, não pode haver virtude completa, nem glória imperecível.

* * *

É necessário sofrer para adquirir e conquistar. Os atos de sacrifício aumentam as radiações psíquicas. Há como que uma esteira luminosa que segue, no Espaço, os Espíritos dos heróis e dos mártires.

Aqueles que não sofreram, mal podem compreender estas coisas, porque, neles, só a superfície do ser está arroteada, valorizada. Há falta de largueza em seus corações, de efusão em seus sentimentos; seu pensamento abrange horizontes acanhados. São necessários os infortúnios e as angústias para dar à alma seu aveludado, sua beleza moral, para despertar seus sentidos adormecidos. A vida dolorosa é um alambique onde se destilam os seres para mundos melhores. A forma, como o coração, tudo se embeleza por ter sofrido. Há, já nesta vida, um não sei quê de grave e enternecido nos rostos que as lágrimas sulcaram muitas vezes. Tomam uma expressão de beleza austera, uma espécie de majestade que impressiona e seduz.

Michelangelo adotara como norma de proceder os preceitos seguintes: "Concentra-te e faze como o escultor faz à obra que quer aformosear. Tira o supérfluo, aclara o obscuro, difunde a luz por tudo e não largues o cinzel".

Máxima sublime, que contém o princípio de todo o aperfeiçoamento íntimo. Nossa alma é nossa obra, com efeito, obra capital e fecunda, que sobrepuja em grandeza todas as manifestações parciais da Arte, da Ciência, do gênio.

Todavia, as dificuldades de execução são correlativas ao esplendor do objetivo e, diante da penosa tarefa da reforma interior, do combate incessante travado com as paixões, com a matéria, quantas vezes o artista não desanima? Quantas vezes não abandona o cinzel? É então que Deus lhe envia um auxílio — a dor! Ela cava ousadamente nas profundezas da consciência a que o trabalhador hesitante e inábil não podia ou não sabia chegar; desobstrui-lhe recessos, modela-lhe os contornos; elimina ou destrói o que era inútil ou ruim e, do mármore frio, informe, sem beleza da estátua feia e grosseira, que nossas mãos mal tinham esboçado, faz surgir com o tempo a estátua viva, a obra-prima incomparável, as formas harmoniosas e suaves da divina Psiquê.

* * *

A dor não fere somente os culpados. Em nosso mundo, o homem honrado sofre tanto como o mau, o que é explicável. Em primeiro lugar, a alma virtuosa é mais sensível por ser mais adiantado o seu grau de evolução; depois, estima muitas vezes e procura a dor, por lhe conhecer todo o valor.

Há dessas almas que só vêm a este mundo para dar o exemplo da grandeza no sofrimento; são, por sua vez, missionários e sua missão não é menos bela e comovedora que a dos grandes reveladores. Encontram-se em todos os tempos e ocupam todos os planos da vida; estão em pé nos cimos resplandecentes da História, e, para encontrá-las, é preciso ir procurá-las no meio da multidão onde se acham, escondidas e humildes.

Admiramos o Cristo, Sócrates, Antígono, Joana d'Arc; mas quantas vítimas obscuras do dever ou do amor caem todos os dias e ficam sepultadas no silêncio e no esquecimento! Entretanto, não são perdidos seus exemplos; eles iluminam toda a vida dos poucos homens que os presenciaram.

Para que uma vida seja completa e fecunda, não é necessário que nela superabundem os grandes atos de sacrifício, nem que a remate uma morte que a sagre aos olhos de todos. Tal existência, aparentemente apagada e triste, indistinta e despercebida, é, na realidade, um esforço contínuo, uma luta de todos os instantes contra a desgraça e o sofrimento. Não somos juízes de tudo o que se passa no recôndito das almas; muitas, por pudor, escondem chagas dolorosas, males cruéis, que as tornariam tão interessantes aos nossos olhos como os mártires mais célebres. Fá-las também grandes e heroicas, a essas almas, o combate ininterrupto que pelejam contra o destino! Seus triunfos ficam ignorados, mas todos os tesouros de energia, de paixão generosa, de paciência ou amor, que elas acumulam nesse esforço de cada dia, constituir-lhes-ão um capital de força, de beleza moral que pode, no Além, fazê-las iguais às mais nobres figuras da História.

Na oficina augusta, onde se forjam as almas, não são suficientes o gênio e a glória para fazê-las verdadeiramente formosas. Para dar-lhes o último traço sublime tem sido sempre necessária a dor. Se certas existências se tornaram, de obscuras que eram, tão santas e sagradas como dedicações célebres, é que nelas foi contínuo o sofrimento. Não foi somente uma vez, em tal circunstância ou na hora da morte, que a dor as elevou acima de si mesmas e as apresentou à admiração dos séculos; foi por toda a sua vida ter sido uma imolação constante.

E esta obra de longo aperfeiçoamento, este lento desfilar das horas dolorosas, esta afinação misteriosa dos seres que se preparam, assim, para as derradeiras ascensões, força a admiração dos próprios Espíritos. É esse espetáculo comovedor que lhes inspira a vontade de renascerem entre nós, a fim de sofrerem e morrerem outra vez por tudo que é grande, por tudo o que amam e para, com este novo sacrifício, tornarem mais vivo o próprio brilho.

***

Feitas estas considerações de ordem geral, retomemos a questão nos seus elementos primários.

A dor física é, em geral, um aviso da Natureza, que procura preservar-nos dos excessos. Sem ela, abusaríamos de nossos órgãos até o ponto de os destruirmos antes do tempo. Quando um mal perigoso se vai insinuando em nós, que aconteceria se não lhe sentíssemos logo os efeitos desagradáveis? Iria cada vez lavrando mais, invadir-nos-ia e secaria em nós as fontes da vida.

Ainda quando, persistindo em desconhecer os avisos repetidos da Natureza, deixamos a doença desenvolver-se em nós, pode ela ser um benefício, se, causada por nossos abusos e vícios, nos ensinar a detestá-los e a corrigir-nos deles. É necessário sofrer para nos conhecermos e conhecermos bem a vida.

Epicteto, que gostamos de citar, dizia também: "É falso dizer-se que a saúde é um bem e a doença um mal. Usar bem da saúde é um bem; usar mal é um mal. De tudo se tira o bem, até da própria morte".

Às almas fracas, a doença ensina a paciência, a sabedoria, o governo de si mesmas. Às almas fortes pode oferecer compensações de ideal, deixando ao Espírito o livre voo de suas aspirações até ao ponto de esquecer os sofrimentos físicos.

A ação da dor não é menos eficaz para as coletividades do que o é para os indivíduos. Não foi graças a ela que se constituíram os primeiros agrupamentos humanos? Não foi a ameaça das feras, da fome, dos flagelos que obrigou o indivíduo a procurar seu semelhante para se lhe associar? Foi da vida comum, dos sofrimentos comuns, da inteligência e labor comuns que saiu toda a civilização, com suas artes, ciências e indústrias!

A dor física, pode-se também dizer, resulta da desproporção entre nossa fraqueza corporal e a totalidade das forças que nos cercam, forças colossais e fecundas, que são outras tantas manifestações da vida universal. Apenas podemos assimilar ínfima parte delas, mas, atuando sobre nós, elas trabalham por aumentar, por alargar incessantemente a esfera de nossa atividade e a gama de nossas sensações. Sua ação sobre o corpo orgânico repercute na forma fluídica; contribui para enriquecê-la, dilatá-la, torná-la mais impressionável, numa palavra, apta para novos aperfeiçoamentos.

O sofrimento, por sua ação química, tem sempre um resultado útil, mas esse resultado varia infinitamente segundo os indivíduos e seu estado de adiantamento. Apurando o nosso invólucro material, dá mais força ao ser interior, mais facilidade para se desapegar das coisas terrenas. Em outros, mais adiantados no seu grau de evolução, atuará no sentido moral. A dor é como uma asa dada à alma escravizada pela carne para ajudá-la a desprender-se e a elevar-se mais alto.

* * *

O primeiro movimento do homem infeliz é revoltar-se sob os golpes da sorte. Mais tarde, porém, depois de o Espírito ter subido os aclives e quando contempla o escabroso caminho percorrido, o desfiladeiro movediço de suas existências, é com um enternecimento alegre que se lembra das provas, das tribulações com cujo auxílio pôde alcançar o cimo.

Se, nas horas da provação, soubéssemos observar o trabalho interno, a ação misteriosa da dor em nós, em nosso "eu", em nossa consciência, compreenderíamos melhor sua obra sublime de educação e aperfeiçoamento. Veríamos que ela fere sempre a corda sensível. A mão que dirige o cinzel é a de um artista incomparável, não se cansa de trabalhar, enquanto não tem arredondado, polido, desbastado as arestas de nosso caráter. Para isso voltará tantas vezes à carga quantas sejam necessárias. E, sob a ação das marteladas repetidas, forçosamente a arrogância e a personalidade excessiva hão de cair neste indivíduo; a moleza, a apatia e a indiferença desaparecerão em outro; a dureza, a cólera e o furor, num terceiro. Para todos terá processos diferentes, infinitamente variados segundo os indivíduos, mas em todos agirá com eficácia, de modo a provocar ou desenvolver a sensibilidade, a delicadeza, a bondade, a ternura, a fazer sair das dilacerações e das lágrimas alguma qualidade desconhecida que dormia silenciosa no fundo do ser ou então uma nobreza nova, adorno da alma, para sempre adquirida.

Quanto mais esta sobe, cresce, se faz bela, tanto mais a dor espiritualiza e torna sutil. Os maus precisam de numerosas operações como as árvores de muitas flores para produzirem alguns frutos. Porém, quanto mais o ser humano se aperfeiçoa, tanto mais admiráveis se tornam nele os frutos da dor. Às almas gastas, mal desbastadas, tocam os sofrimentos físicos, as dores violentas; às egoístas, às avarentas hão de caber as perdas de fortuna, as negras inquietações, os tormentos do espírito. Depois, aos seres delicados, às mães, às filhas, às esposas, as torturas ocultas, as feridas do coração. Aos nobres pensadores, aos inspiradores, a dor sutil e profunda que faz brotar o grito sublime, o relâmpago do gênio!

Assim, por trás da dor, há alguém invisível que lhe dirige a ação e a regula segundo as necessidades de cada um, com uma arte, uma sabedoria infinitas, trabalhando por aumentar nossa beleza interior nunca acabada, sempre continuada, de luz em luz, de virtude em virtude, até que nos tenhamos convertido em Espíritos celestes.

Por mais admirável que possa parecer à primeira vista, a dor é apenas um meio de que usa o Poder infinito para nos chamar a si e, ao mesmo tempo, tornar-nos mais rapidamente acessíveis à felicidade espiritual, única duradoura. É, pois, realmente, pelo amor que nos tem, que Deus envia o sofrimento. Fere-nos, corrige-nos como a mãe corrige o filho para educá-lo e melhorá-lo; trabalha incessantemente para tornar dóceis, para purificar e embelezar nossas almas, porque elas não podem ser verdadeiras, completamente felizes, senão na medida correspondente às suas perfeições.

Para isso pôs Deus, nesta terra de aprendizagem, ao lado das alegrias raras e fugitivas, dores frequentes e prolongadas, para nos fazer sentir que o nosso mundo é um lugar de passagem e não o ponto de chegada. Gozos e sofrimentos, prazeres e dores, tudo isto Deus distribuiu na existência como um grande artista que, na tela, combina a sombra e a luz para produzir uma obra-prima.

* * *

A dor

O sofrimento, nos animais, é já um trabalho de evolução para o princípio de vida que existe neles; adquirem, por esse modo, os primeiros rudimentos de consciência; e o mesmo sucede com o ser humano nas suas reencarnações sucessivas. Se, desde as primeiras estadas na Terra, a alma vivesse livre de males, ficaria inerte, passiva, ignorante das coisas profundas e das forças morais que nela jazem.

O alvo a que nos dirigimos está à nossa frente; nosso destino é caminhar para ele sem nos demorarmos no caminho. Ora, as felicidades deste mundo imobilizaram-nos, há atrasos, há esquecimentos; mas, quando a demora é excessiva, vem a dor e impele-nos para a frente.

Desde que para nós se abre uma fonte de prazeres, por exemplo, na mocidade o amor, o matrimônio, e nos inebriamos no encanto das horas abençoadas, é bem raro que pouco depois não sobrevenha uma circunstância imprevista e o aguilhão faz-se sentir.

À medida que avançamos na vida, as alegrias diminuem e as dores aumentam; o corpo e o fardo da vida tornam-se mais pesados. Quase sempre a existência começa na felicidade e finda na tristeza. O declínio traz, para a maior parte dos homens, o período moroso da velhice com suas lassidões, enfermidades e abandonos. As luzes apagam-se; as simpatias e as consolações retiram-se; os sonhos e as esperanças desvanecem-se; abrem-se, cada vez mais numerosas, as covas em roda de nós. É então que vêm as longas horas de imobilidade, inação, sofrimento; obrigam-nos a refletir, a passar muitas vezes em revista os atos e as lembranças de nossa vida. É uma prova necessária para que a alma, antes de deixar seu invólucro, adquira a madureza, o critério e a clarividência das coisas que serão o remate de sua carreira terrestre. Por isso, quando amaldiçoamos as horas aparentemente estéreis e desoladas da velhice enferma, solitária, desconhecemos um dos maiores benefícios que a Natureza nos proporciona; esquecemos que a velhice dolorosa é o cadinho onde se completam as purificações.

Nesse momento da existência, os raios e as forças que, durante os anos da juventude e da virilidade, dispersávamos para todos os lados em nossa atividade e exuberância, concentram-se, convergem para as profundezas do ser, ativando a consciência e proporcionando ao homem mais sabedoria e juízo. Pouco a pouco vai-se fazendo a harmonia entre os nossos pensamentos e as radiações externas; a melodia íntima afina com a melodia divina.

Há, então, na velhice resignada, mais grandeza e mais serena beleza que no brilho da mocidade e no vigor da idade madura. Sob a ação do tempo, o que há de profundo, de imutável em nós, desprende-se e a fronte dos velhos aureola-se de claridades do Além.

A todos aqueles que perguntam: Para que serve a dor? Respondo: Para polir a pedra, esculpir o mármore, fundir o vidro, martelar o ferro. Serve para edificar e ornar o templo magnífico, cheio de raios, de vibrações, de hinos, de perfumes, onde se combinam todas as artes para exprimirem o divino, prepararem a apoteose do pensamento consciente, celebrarem a libertação do Espírito!

E vede qual o resultado obtido! Com o que eram em nós elementos esparsos, materiais informes e, às vezes até, no vicioso e decaído, ruínas e destroços, a dor levantou, construiu no coração do homem um altar esplêndido à beleza moral, à verdade eterna!

A estátua, nas suas formas ideais e perfeitas, está escondida no bloco grosseiro. Quando o homem não tem a energia, o saber e a vontade de continuar a obra, então, dissemos, vem a dor. Ela pega no martelo, no cinzel e, pouco a pouco, a golpes violentos, ou, então, sob o vagaroso e persistente trabalho do buril, a estátua viva desenha-se em seus contornos flexíveis e maravilhosos. Sob o quartzo despedaçado, cintila a esmeralda!

Sim, para que a forma se desenvolva em suas linhas puras e delicadas, para que o espírito triunfe da substância, para que o pensamento rebente em ímpetos sublimes e o poeta ache os acentos imortais, o músico os suaves acordes, precisam nossos corações do aguilhão do destino, do luto e das lágrimas, da ingratidão, das traições da amizade e do amor, das angústias e das dilacerações; são precisos os esquifes adorados que descem à terra, a juventude que foge, a gelada velhice que sobe, as decepções, as tristezas amargas que se sucedem. O homem precisa do sofrimento como o fruto da vide precisa do lagar para se lhe extrair o licor precioso!

* * *

Consideremos ainda o problema da dor sob o ponto de vista das sanções penais.

Censuraram a Allan Kardec por ter em suas obras repisado a ideia de castigo e expiação, que suscitou numerosas críticas. Diz-se que ela dá uma falsa noção da ação divina; implica um luxo de punições incompatível com a suprema Bondade.

Esta apreciação resulta de um exame muito superficial das obras do grande iniciador. A ideia, a expressão de castigo, excessiva talvez quando ligada a certas passagens insuladas, mal interpretadas em muitos casos, atenua-se e apaga-se quando se estuda a obra inteira.

É principalmente na consciência, bem o sabemos, que está a sanção do bem e do mal. Ela registra minuciosamente todos os nossos atos, e, mais cedo ou mais tarde, erige-se em juiz severo para o culpado que, em consequência de sua evolução, acaba sempre por lhe ouvir a voz e sofrer as sentenças. Para o Espírito, as lembranças do passado unem-se no Espaço ao presente e formam um todo inseparável; vive ele fora da duração, além dos limites do tempo, e sofre tão vivamente pelas faltas há muito cometidas como pelas mais recentes; por isso pede muitas vezes uma reencarnação rápida e dolorosa, que resgatará o passado, conquanto dê tréguas às recordações importunas.

Com a diferença de plano, o sofrimento mudará de aspecto. Na Terra será simultaneamente físico e moral e constituirá um modo de reparação; mergulhará o culpado em suas chamas para purificá-lo; tornará a forjar a alma, deformada pelo mal, na bigorna das provas. Assim, cada um de nós pode ou poderá apagar seu passado, as tristes páginas do princípio da sua história, as faltas graves cometidas quando era apenas Espírito ignorante ou arrebatado. Pelo sofrimento aprendemos a humildade, ao mesmo tempo que a indulgência e a compaixão para com todos os que sucumbem em volta de nós sob o impulso dos instintos inferiores, como tantas vezes nos sucedeu a nós mesmos outrora.

Não é, pois, por vingança que a Lei nos pune, mas porque é bom e proveitoso sofrer, pois que o sofrimento nos liberta, dando satisfação à consciência, cujo veredito ela executa.

Tudo se resgata e repara pela dor. Há, vimos, uma arte profunda nos processos que ela emprega para modelar a alma humana e, quando esta se transvia, reconduzi-la à ordem sublime das coisas.

Tem-se falado muitas vezes de uma pena de talião. Na realidade, a reparação não se apresenta sempre sob a mesma forma que a falta cometida; as condições sociais e a evolução histórica opõem-se a isso. Ao mesmo tempo que os suplícios da Idade Média, têm desaparecido muitos flagelos; todavia, a soma dos sofrimentos humanos apresenta-se, sob as suas formas variadas, inumeráveis, sempre proporcionada à causa que os produz. Debalde se realizam progressos, se estende a civilização, se desenvolvem a higiene e o bem-estar; doenças novas aparecem e o homem é impotente para curá-las. Cumpre reconhecer nisso a manifestação da Lei superior de equilíbrio, da qual havemos falado. A dor será necessária enquanto o homem não tiver posto o seu pensamento e os seus atos de acordo com as Leis Eternas; deixará de se fazer sentir logo que se fizer a harmonia. Todos os nossos males provêm de agirmos num sentido oposto à corrente divina; se tornarmos a entrar nessa corrente, a dor desaparece com as causas que a fizeram nascer.

Por muito tempo ainda a Humanidade terrestre, ignorante das Leis superiores, inconsciente do futuro e do dever, precisará da dor para estimulá-la na sua via, para transformar o que nela predomina, os instintos primitivos e grosseiros, em sentimentos puros e generosos. Por muito tempo terá o homem de passar pela iniciação amarga para chegar ao conhecimento de si mesmo e do alvo a que deve mirar. Presentemente ele só cogita de aplicar suas faculdades e energias em combater o sofrimento no plano físico, a aumentar o bem-estar e a riqueza, a tornar mais agradáveis as condições da vida material; mas será em vão. Os sofrimentos poderão variar, deslocar-se, mudar de aspecto; a dor persistirá, enquanto o egoísmo e o interesse regerem as sociedades terrestres, enquanto o pensamento se desviar das coisas profundas, enquanto a flor da alma não tiver desabrochado.

Todas as doutrinas econômicas e sociais serão impotentes para reformar o mundo, para aliviar os males da Humanidade, porque assentam em base muito acanhada e porque põem só na vida presente a razão de ser, o fim da existência e de todos os esforços. Para acabar com o mal social é necessário elevar a alma humana à consciência do seu papel, fazer-lhe compreender que sua sorte somente dela depende e que sua felicidade será sempre proporcional à extensão de seus triunfos sobre si mesma e de sua dedicação às outras. Então a questão social será resolvida por meio da substituição do personalismo exclusivo e apertado, pelo altruísmo. Os homens sentir-se-ão irmãos, irmãos e iguais perante a Lei Divina, que distribui a cada um os bens e os males necessários à sua evolução, os meios de vencer-se e acelerar sua ascensão. Somente daí em diante a dor verá seu império restringir-se. Fruto da ignorância e da inferioridade, fruto do ódio, da inveja, do egoísmo, de todas as paixões animais que se agitam ainda no fundo do ser humano, desaparecerá com as causas que a produzem, graças a uma educação mais elevada, à realização em nós da beleza moral, da justiça e do amor.

O mal moral existe na alma somente em suas dissonâncias com a harmonia divina. Mas, à medida que ela sobe para uma claridade mais viva, para uma verdade mais ampla, para uma sabedoria mais perfeita, as causas do sofrimento vão-se atenuando, ao mesmo tempo que se dissipam as ambições vãs, os desejos materiais. E de estância em estância, de vida em vida, ela penetra na grande luz e na grande paz onde o mal é desconhecido e onde só reina o bem!

* * *

Muitas vezes tenho ouvido dizer a certas pessoas, cuja existência foi penosa e eriçada de provações: Eu não queria renascer numa vida nova; não quero voltar à Terra. Quando se sofreu muito, quando se foi violentamente sacudido pelas tempestades do mundo, é muito legítima a aspiração ao descanso. Compreendo que uma alma acabrunhada recue perante o pensamento de tornar a começar esta batalha da vida em que recebeu feridas que ainda sangram. Mas a lei é inexorável. Para subir um pouco na hierarquia dos mundos, é preciso ter deixado neste a embaraçosa bagagem dos gostos e dos apetites que nos prendem à Terra. Estes laços muitas vezes os levamos conosco para o Além; e são eles que nos retêm nas baixas regiões. Às vezes julgamo-nos capazes e dignos de chegar às grandes altitudes, e, sem o sabermos, mil cadeias acorrentam-nos ainda a este planeta inferior. Não compreendemos o amor em sua essência sublime, nem o sacrifício como é praticado nas humanidades purificadas, em que ninguém vive para si ou para alguns, mas para todos. Ora, só os que estão preparados para tal vida podem possuí-la. Para nos tornarmos dignos dela, será preciso desçamos de novo ao cadinho, à fornalha, onde se fundirão como cera as durezas do nosso coração. E, quando tiverem sido rejeitadas, eliminadas as escórias de nossa alma, quando nossa essência estiver livre de liga, então Deus nos chamará para uma vida mais elevada, para uma tarefa mais bela.

Acima de tudo cumpre aquilatar em seu justo valor os cuidados e as tristezas deste mundo. Para nós são coisas muito cruéis; mas, como tudo isto se amesquinha e apaga, se for observado de longe, se o Espírito, elevando-se acima das miudezas da existência, abarcar com um só olhar as perspectivas de seu destino! Só este sabe pesar e medir as coisas que existem nos dois oceanos do Espaço e do Tempo — a imensidade e a eternidade, oceanos que o pensamento sonda sem se perturbar!

* * *

Ó vós todos que vos queixais amargamente das decepções, das pequeninas misérias, das tribulações de que está semeada toda a existência e que vos sentis invadidos pelo cansaço e pelo desânimo: se quereis novamente achar a resolução e a coragem perdidas, se quereis aprender a afrontar alegremente a adversidade, a suportar resignados a sorte que vos toca, lançai um olhar atento em roda de vós!

Considerai as dores tantas vezes ignoradas dos pequenos, dos deserdados, os sofrimentos de milhares de seres que são homens como vós; considerai estas aflições sem conta; cegos privados do raio que guia e conforta, paralíticos impotentes, corpos que a existência torceu, anciosou, quebrou, que padecem de males hereditários! E os que carecem do necessário, sobre quem sopra, glacial, o inverno! Pensai em todas essas vidas tristes, obscuras, miseráveis; comparai vossos males muitas vezes imaginários com as torturas de vossos irmãos de dor, e julgar-vos-eis menos infelizes, ganhareis paciência e coragem e de vosso coração descerá sobre todos os peregrinos da vida, que se arrastam acabrunhados no caminho árido, o sentimento de uma piedade sem limites e de um amor imenso!

XXVII
Revelação pela dor

É principalmente perante o sofrimento que se mostra a necessidade, a eficácia de uma crença robusta, poderosamente assente, ao mesmo tempo, na razão, no sentimento e nos fatos, e que explique o enigma da vida, o problema da dor.

Que consolações podem o materialismo e o ateísmo oferecer ao homem atacado de um mal incurável? Que dirão para acalmar os desesperos, preparar a alma daquele que vai morrer? De que linguagem usarão com o pai e com a mãe ajoelhados diante do berço do filhinho morto, com todos aqueles que veem descer à cova os esquifes dos entes queridos? Aqui se mostra toda a pobreza, toda a insuficiência das doutrinas do nada.

A dor não é somente o critério, por excelência, da vida, o juiz que pesa os caracteres, as consciências e dá a medida da verdadeira grandeza do homem. É também um processo infalível para reconhecer o valor das teorias filosóficas e das doutrinas religiosas. A melhor será, evidentemente, a que nos conforta, a que diz por que as lágrimas são quinhão da Humanidade e fornece os meios de estancá-las. Pela dor descobre-se com mais segurança o lugar onde brilha o mais belo, o mais doce raio da verdade, aquele que não se apaga.

Se o Universo não é mais do que um campo fechado, unicamente acessível às forças caprichosas e cegas da Natureza, uma odiosa fatalidade que nos esmaga; se não há nele nem consciência, nem justiça, nem bondade, então a dor não tem sentido, não tem utilidade, não comporta consolações; só resta impor silêncio ao nosso coração despedaçado, porque seria pueril e vão importunar os homens e o Céu com os nossos lamentos!

Para todos aqueles cuja vida é limitada pelos estreitos horizontes do materialismo, o problema da dor é insolúvel; não há esperança para aquele que sofre.

Não é verdadeiramente coisa estranha a impotência de tantos sábios, filósofos, pensadores, há milhares de anos, para explicarem e consolarem a dor, para no-la fazerem aceitar quando é inevitável! Uns a negaram, o que é pueril; outros aconselharam o esquecimento, a distração, o que é vão, o que é cobarde, quando se trata da perda dos que amamos. Em geral, têm-nos ensinado a temê-la, a receá-la e detestá-la. Bem poucos a têm compreendido, bem poucos a têm explicado.

Por isso, em torno de nós, nas relações cotidianas, quão pobres, banais e infantis se têm tornado as palavras de simpatia, as tentativas de consolação prodigalizadas àqueles que a desgraça tocou! Que frias palavras nos lábios, que falta de calor e de luz nos pensamentos e nos corações! Que fraqueza, que inanidade nos processos empregados para confortar as almas enlutadas, processos que antes lhes agravam e redobram os males, a tristeza. Tudo isto resulta unicamente da obscuridade que envolve o problema da dor, dos falsos dados vulgarizados pelas doutrinas negativistas e por certas filosofias espiritualistas. Com efeito, é próprio das teorias errôneas desanimarem, acabrunharem, ensombrarem a alma nas horas difíceis, em vez de lhe proporcionarem os meios de fazer frente ao destino, com firmeza.

"E as religiões?" Podem perguntar-me. Sim, sem dúvida, as religiões acharam socorros espirituais para as almas aflitas; todavia, as consolações que oferecem assentam numa concepção demasiadamente acanhada do fim da vida e das leis do destino, como já por nós foi suficientemente demonstrado.

As religiões cristãs, principalmente, compreenderam o papel grandioso do sofrimento, mas exageram-no, desnaturam-lhe o sentido. O Paganismo exprimia a alegria; seus deuses coroavam-se de flores e presidiam às festas; entretanto, os estoicos e, com eles, certas escolas secretas, consideravam já a dor como elemento indispensável à ordem do mundo. O Cristianismo glorificou-a, deificou-a na pessoa de Jesus. Diante da cruz do Calvário, a Humanidade achou menos pesada a sua. A recordação do grande supliciado ajudou os homens a sofrer e a morrer; todavia, levando as coisas ao extremo, o Cristianismo deu à vida, à morte, à religião, a Deus, aspectos lúgubres, às vezes terrificantes. É necessário reagir e restituir as coisas a seus termos, porque, em razão dos próprios excessos das religiões, estas veem todos os dias ir-se-lhes restringindo o império. O materialismo vai conquistando pouco a pouco o terreno que elas têm perdido; a consciência popular se obscurece e a noção do dever desfaz-se por falta de uma doutrina adaptada às necessidades do tempo e da evolução humana.

Diremos, por isso, aos sacerdotes de todas as religiões: Alargai o círculo de vossos ensinamentos; dai ao homem uma noção mais extensa de seus destinos, uma vista mais clara do Além, uma ideia mais elevada do alvo que ele deve atingir. Fazei-lhe compreender que sua obra consiste em construir por suas próprias mãos, com a ajuda da dor, a sua consciência, a sua personalidade moral, e isso através do infinito do tempo e do espaço. Se, na hora atual, vossa influência se enfraquece, se vosso poder está abalado, não é por causa da moral que ensinais, é por causa da insuficiência de vossa concepção da vida, que não mostra nitidamente a justiça nas leis e nas coisas e, por conseguinte, não mostra Deus. Vossas teologias encerraram o pensamento num círculo que o abafa; fixaram-lhe uma base demasiadamente restrita e, sobre essa base, todo o edifício vacila e ameaça desabar. Deixai-vos de discutir textos e de oprimir as consciências; saí das criptas onde sepultastes o pensamento; caminhai e agi!

Ergue-se, cresce e se alastra uma nova doutrina, que vem ajudar o pensamento a executar sua obra de transformação. Este novo Espiritualismo contém todos os recursos necessários a consolar as aflições, enriquecer a Filosofia, regenerar as religiões, atrair conjuntamente a estima do discípulo mais humilde e o respeito do gênio mais altivo.

Pode satisfazer aos mais nobres impulsos da inteligência e às aspirações do coração, explica, ao mesmo tempo, a fraqueza humana, o lado obscuro e atormentado da alma inferior entregue às paixões e proporciona-lhe os meios de elevar-se ao conhecimento e à plenitude.

Finalmente, constitui o remédio moral mais poderoso contra a dor. Na explicação que dá, nas consolações que vem oferecer ao infortúnio, acha-se a prova mais evidente, mais tocante de seu caráter verídico e de sua solidez inabalável.

Melhor que qualquer outra doutrina filosófica ou religiosa, revela-nos o grande papel do sofrimento e ensina-nos a aceitá-lo. Fazendo dele um processo de educação e reparação, mostra-nos a intervenção da Justiça e do Amor Divinos em nossas próprias provações e males. Em vez dos desesperados, que as doutrinas negativistas fazem de nós, em vez de decaídos, de réprobos ou malditos, o Espiritismo apresenta, nos desgraçados, simples aprendizes, simples neófitos que a dor ilumina e inicia, candidatos à perfeição, à felicidade.

Dando à vida um alvo infinito, o novo Espiritualismo oferece-nos uma razão de viver e de sofrer que nos faz reconhecer meritório se viva e sofra, numa palavra, um objetivo digno da alma e digno de Deus. Na desordem aparente e na confusão das coisas, mostra-nos a ordem que, lentamente, se vai esboçando e realizando, o futuro que se vai elaborando no presente e, acima de tudo, a manifestação de uma imensa e divina harmonia!

E vede as consequências deste ensinamento. A dor perde o seu aspecto terrífico; deixa de ser um inimigo, um monstro temível; torna-se um auxiliar e o seu papel é providencial. Purifica, engrandece e refunde o ser em sua chama, reveste-o de uma beleza que não se lhe conhecia. O homem, a princípio admirado e inquieto com o seu aspecto, aprende a conhecê-la, a apreciá-la, a familiarizar-se com ela; acaba quase por amá-la. Certas almas heróicas, em vez de se afastarem dela, de a evitarem, vão-lhe ao encontro para nela livremente se embeberem e regenerarem.

O destino, em virtude de ser ilimitado, prepara-nos possibilidades sempre novas de melhoramento. O sofrimento é apenas um corretivo aos nossos abusos, aos nossos erros, incentivo para a nossa marcha. Assim, as leis soberanas mostram-se perfeitamente justas e boas; não infligem a ninguém penas inúteis ou imerecidas. O estudo do universo moral enche-nos de admiração pelo poder que, mediante o emprego da dor, transforma pouco a pouco as forças do mal em forças do bem, faz sair do vício a virtude; do egoísmo, o amor!

Daí em diante, certo do resultado de seus esforços, o homem aceita com coragem as provas inevitáveis. Pode vir a velhice, a vida declinar e rolar pelo declive rápido dos anos; sua fé ajuda-o a atravessar os períodos acidentados e as horas tristes da existência. À medida que esta decai e se vai envolvendo de névoas, vai-se fazendo mais viva a grande luz do Além e os sentimentos de justiça, de bondade e de amor, que presidem ao destino de todos os seres, tornam-se para ele força nas horas de desalento e tornam-lhe mais fácil a preparação para a partida.

* * *

Para o materialista e até para muitos crentes, o falecimento dos seres amados cava entre eles e nós um abismo que nada pode encher, abismo de sombra e treva onde não brilha nenhum raio, nenhuma esperança. O protestante, incerto do destino deles, nem mesmo por seus mortos ora. O católico, não menos ansioso, pode recear para os seus o juízo que para sempre separa os eleitos dos réprobos.

Aí está, porém, a nova doutrina com suas certezas inabaláveis. Para aqueles que a têm adotado, a morte, como a dor, não traz pavores. Cada cova que se abre é uma porta de libertação, uma saída franca para a liberdade dos Espaços; cada amigo que desaparece vai preparar a morada futura, balizar a estrada comum em que todos nos havemos de reunir; só aparentemente há separação. Sabemos que essas almas não nos deixarão para sempre; íntima comunhão pode estabelecer-se entre elas e nós. Se suas manifestações na ordem sensível encontram obstáculos, podemos pelo menos corresponder-nos com elas pelo pensamento.

Conheceis a lei telepática; não há grito, lágrima, apelo de amor, que não tenha sua repercussão e sua resposta. Solidariedade admirável das almas por quem oramos e que oram por nós, permutas de pensamentos vibrantes e de chamamentos regeneradores, que atravessam o espaço e embebem os corações angustiados em radiações de força e esperança, e nunca deixam de chegar ao alvo!

Julgáveis sofrer sozinhos, mas não é assim. Junto de vós, em roda de vós e até na extensão sem limites, há seres que vibram ao vosso sofrer e participam de vossa dor. Não a torneis demasiadamente viva, por amor deles.

À dor, à tristeza humana, deu Deus por companheira a simpatia celeste, e essa simpatia toma, muitas vezes, a forma de um ser amado que, nos dias de provação, desce, cheio de solicitude, e recolhe cada uma das nossas dores para com elas nos tecer uma coroa de luz no Espaço.

Quantos esposos, noivos, amantes, separados pela morte, vivem em nova união mais apertada e infinita! Nas horas de aflição, o Espírito de um pai, de uma mãe, todos os amigos do Céu se inclinam para nós e nos banham as frontes com seus fluidos suaves e afetuosos; envolvem-nos os corações em tépidas palpitações de amor. Como nos entregarmos ao mal ou ao desespero, em presença de tais testemunhas, certos de que elas veem as nossas inquietações, leem nossos pensamentos, nos esperam e se aprontam para nos receberem nos umbrais da Imensidade!

Ao deixarmos a Terra, iremos encontrá-los todos e, com eles, ainda maior número de Espíritos amigos, que havíamos esquecido durante a nossa estada na Terra, a multidão daqueles que compartilharam das nossas vidas passadas e compõem nossa família espiritual.

Todos os nossos companheiros da grande viagem eterna agrupar-se-ão para nos acolherem, não como pálidas sombras, vagos fantasmas, animados de uma vida indecisa, mas na plenitude das suas faculdades aumentadas, como seres ativos, continuando a interessar-se pelas coisas da Terra, tomando parte na obra universal, cooperando em nossos esforços, em nossos trabalhos, em nossos projetos.

Os laços do passado reatar-se-ão com maior força. O amor, a amizade, a paternidade, outrora esboçados em múltiplas existências, cimentar-se-ão com os compromissos novos tomados, em vista do futuro, a fim de aumentar incessantemente e de elevar à suprema potência os sentimentos que nos unem a todos. E as tristezas das separações passageiras, o afastamento aparente das almas, causados pela morte, fundir-se-ão em efusões de felicidade no enlevo dos regressos e das reuniões inefáveis.

Não deis, pois, crédito algum às sombrias doutrinas que vos falam de leis ferrenhas ou, então, de condenação, de inferno e paraíso, afastando uns dos outros e para sempre aqueles que se amaram.

Não há abismo que o amor não possa encher. Deus, que é todo amor, não podia condenar à extinção o sentimento mais belo, o mais nobre de todos os que vibram no coração do homem. O amor é imortal como a própria alma.

Nas horas de sofrimento, de angústia, de acabrunhamento, concentrai-vos e, por invocação ardente, atraí a vós os seres que foram, como nós, homens e que são agora Espíritos celestes, e forças desconhecidas penetrarão em vós e ajudar-vos-ão a suportar vossas misérias e males.

Homens, pobres viajantes que trilhais penosamente a subida dolorosa da existência, sabei que por toda parte em nosso caminho seres invisíveis, poderosos e bons, caminham a nosso lado. Nas passagens difíceis seus fluidos amparadores sustentam nossa marcha vacilante. Abri-lhes vossas almas, ponde vossos pensamentos de acordo com os seus e logo sentireis a alegria de sua presença; uma atmosfera de paz e bênção envolver-vos-á; suaves consolações descerão para vós.

* * *

No meio das provações, as verdades que acabamos de recordar não nos dispensam das emoções e das lágrimas; seria contra a Natureza. Ensinam-nos pelo menos a não murmurarmos, a não ficarmos acabrunhados sob o peso da dor, afastam de nós os funestos pensamentos de revolta, de desespero ou de suicídio que muitas vezes enxameiam no cérebro dos niilistas. Se continuamos a chorar, é sem amargura e sem blasfêmia.

Mesmo quando se trata do suicídio de mancebos arrebatados pelo ardor de suas paixões, diante da dor imensa de uma mãe, o Neoespiritualismo não fica impotente, derrama também a esperança nos corações angustiados, proporcionando-lhes, pela oração e pelo pensamento ardente, a possibilidade de aliviarem essas almas, que flutuam ou ficam agarradas por seus fluidos grosseiros nas trevas espirituais, entre a Terra e o Espaço, aos meios onde viveram; atenua-lhes a aflição, dizendo-lhes que nada há de irreparável, nada definitivo no mal. Toda evolução contrariada retoma seu curso quando o culpado pagou sua dívida à justiça.

Por toda a parte e em tudo essa doutrina nos oferece uma base, um ponto de apoio, donde a alma pode levantar o voo para o futuro e se consolar das coisas presentes com a perspectiva das futuras. A confiança e a fé em nossos destinos projetam em nossa frente uma luz que ilumina o carreiro da vida, fixa-nos o dever, alarga nossa esfera de ação e nos ensina como devemos proceder com os outros. Sentimos que há no Universo uma força, um poder, uma sabedoria incomparáveis e sentimos também que nós mesmos fazemos parte dessa força e desse poder de que descendemos.

Compreendemos que as vistas de Deus sobre nós, seu plano, sua obra, seu objetivo, tudo tem princípio e origem no seu amor. Em todas as coisas Deus quer nosso bem e para alcançá-lo segue caminhos, ora claros, ora misteriosos, mas constantemente apropriados a nossas necessidades. Se nos separa daqueles que amamos, é para fazer-nos achar mais vivas as alegrias do regresso. Se deixa que passemos por decepções, abandonos, doenças, reveses, é para obrigar-nos a despregar a vista da Terra e elevá-la para Ele, a procurar alegrias superiores àquelas que podemos provar neste mundo.

O Universo é justiça e amor. Na espiral infinita das ascensões, a soma dos sofrimentos, divina alquimia, converte-se, lá em cima, em ondas de luz e torrentes de felicidade.

Não tendes notado no âmago de certas dores um travo particular e tão característico que não é possível deixar de reconhecer uma intervenção benfazeja? Algumas vezes a alma ferida vê brilhar uma claridade desconhecida, tanto mais viva quanto maior é o desastre. Com um só golpe da dor levanta-se a tais alturas onde seriam necessários vinte anos de estudos e esforços para chegar.

Não posso resistir ao desejo de citar dois exemplos, entre muitos outros que me são conhecidos. Trata-se de dois indivíduos que depois foram meus amigos, pais de duas meninas encantadoras que eram toda a sua alegria neste mundo e que a morte arrebatou brutalmente em alguns dias. Um é oficial superior na Região de Leste. Sua filha mais velha possuía todos os dotes de inteligência e de beleza. De caráter sério, desprezava, de bom grado, os prazeres da sua idade, e tomava parte nos trabalhos de seu pai, escritor, militar e publicista de talento. Havia-lhe ele dedicado, por essa razão, um afeto que ia até ao culto. Em pouco tempo uma doença irremediável arrebatava a donzela à ternura dos seus. Entre os seus papéis foi encontrado um caderno com o seguinte título: "Para meu pai quando eu já não existir". Posto que gozasse de perfeita saúde no momento em que traçara essas páginas, tinha o pressentimento de sua morte próxima e dirigia ao pai consolações comovedoras.

Graças a um livro que este descobriu na secretária da filha, entramos em relações. Pouco a pouco, procedendo com método e persistência, fez-se médium vidente e hoje possui, não somente a graça de estar iniciado nos mistérios da sobrevivência, mas também a de tornar a ver muitas vezes a filha perto de si e de receber os testemunhos do seu amor. Yvonne (Espírito) comunica-se igualmente com seu noivo e com um de seus primos, oficial subalterno no Regimento de seu pai. Essas manifestações completam-se e verificam-se umas pelas outras e são também percebidas por dois animais domésticos, assim como o atestam as cartas do general.[213]

O segundo caso, aqui anotado, é o do negociante Debrus, de Valence, cuja única filha, Rose, nascida muitos anos depois do matrimônio, era ternamente amada. Todas as esperanças do pai e da mãe concentravam-se na

---

[213] Estas cartas estão publicadas *in extenso* em minha brochura *O Além e a sobrevivência do ser*, p. 27 e seguintes.

filha estremecida; mas, aos 12 anos, foi a menina bruscamente atacada de uma meningite aguda, que a levou. Inexprimível foi o desespero dos pais e a ideia do suicídio mais de uma vez visitou o espírito do pobre pai. Cobrou, porém, ânimo devido a alguns conhecimentos que tinha do Espiritismo e teve a alegria de tornar-se médium. Atualmente, comunica com a filha sem intermediário, livremente e com segurança. Esta intervém frequentes vezes na vida íntima dos seus e produz, às vezes, ao redor deles, fenômenos luminosos de grande intensidade.

Uns e outros nada sabiam do Além e viviam numa culpada indiferença a respeito dos problemas da vida futura e do destino. Agora, fez-se para eles a luz. Depois de haverem sofrido, foram consolados e consolam, por sua vez, os outros, trabalhando por difundir a verdade em volta de si, impressionando todos os que deles se aproximam pela elevação de suas vistas e pela firmeza de suas convicções. Suas filhas voltaram-lhes transfiguradas e radiantes. E eles chegaram a compreender por que Deus os havia separado e como lhes prepara uma vida comum na luz e na paz dos Espaços. Eis a obra da dor!

* * *

Para o materialista, convém repeti-lo, não há explicação para o enigma do mundo nem para o problema da dor. Toda a magnífica evolução da vida, todas as formas de existência e de beleza lentamente desenvolvidas no decurso dos séculos, tudo isto, a seus olhos, é devido ao capricho de um acaso cego e não tem outra saída além do nada. No fim dos tempos será como se a Humanidade nunca tivesse existido. Todos os seus esforços para elevar-se a um estado superior, todas as suas queixas, sofrimentos, misérias acumuladas, tudo se desvanecerá como uma sombra, tudo terá sido inútil e vão.

Nós, porém, em vez da teoria da esterilidade e do desespero, nós, que temos a certeza da vida futura e do Mundo Espiritual, vemos no Universo o imenso laboratório onde se afina e apura a alma humana, através das existências alternativamente celestes e terrestres. O objetivo das últimas é um só — a educação das Inteligências associadas aos corpos. A matéria é um instrumento de progresso: o que nós chamamos o mal, a dor, é simplesmente um meio de elevação.

O "eu" é coisa odiosa, tem-se dito; todavia, permita-se-me uma confissão. De cada vez que o anjo da dor me tocou com a sua asa, senti agitarem-se em mim potências desconhecidas, ouvi vozes interiores entoarem o cântico eterno da vida e da luz; agora, depois de ter compartilhado de todos os males de meus companheiros de viagem, bendigo o sofrimento. Foi ele que amoldou meu ser, que me fez obter um critério mais seguro, um sentimento mais exato das altas verdades eternas. Minha vida foi mais de uma vez sacudida pela desgraça, como o carvalho pela tempestade; mas nenhuma prova deixou de me ensinar a conhecer-me um pouco mais, a tomar maior posse de mim.

Chega a velhice; aproxima-se o termo da minha obra. Após cinquenta anos de estudos, de trabalho, de meditação, de experiência, é-me grato poder afirmar a todos aqueles que sofrem, a todos os aflitos deste mundo que há no Universo uma Justiça infalível. Nenhum de nossos males se perde; não há dor sem compensação, trabalho sem proveito. Caminhamos todos através das vicissitudes e das lágrimas para um fim grandioso fixado por Deus e temos a nosso lado um guia seguro, um conselheiro invisível para nos sustentar e consolar.

Homem, meu irmão, aprende a sofrer, porque a dor é santa! Ela é o mais nobre agente da perfeição. Penetrante e fecunda, é indispensável à vida de todo aquele que não quer ficar petrificado no egoísmo e na indiferença. É uma verdade filosófica que Deus envia o sofrimento àqueles a quem ama: "Eu sou escravo, aleijado", dizia Epicteto, "um outro Irus em pobreza e miséria e, todavia, amado dos deuses".

Aprende a sofrer. Não te direi: procura a dor. Mas, quando ela se erguer inevitável em teu caminho, acolhe-a como uma amiga. Aprende a conhecê-la, a apreciar-lhe a beleza austera, a entender-lhe os secretos ensinamentos. Estuda-lhe a obra oculta. Em vez de te revoltares contra ela ou, então, de ficares acabrunhado, inerte e fraco debaixo de sua ação, associa tua vontade, teu pensamento ao alvo a que ela visa, procura tirar dela, em sua passagem por tua vida, todo o proveito que ela pode oferecer ao espírito e ao coração.

Esforça-te por seres a teu turno um exemplo para os outros; por tua atitude na dor, pelo modo voluntário e corajoso por que a aceites, por tua confiança no futuro, torna-a mais aceitável aos olhos dos outros.

Numa palavra, faze a dor mais bela. A harmonia e a beleza são leis universais e, nesse conjunto, a dor tem o seu papel estético. Seria pueril enraivecermo-nos contra este elemento necessário à beleza do mundo. Exaltemo-la antes, com vistas e esperanças mais elevadas!

Vejamos nela o remédio para todos os vícios, para todas as decadências, para todas as quedas!

Vós todos que vergais sob o peso do fardo de vossas provações ou que chorais em silêncio, aconteça o que acontecer, nunca desespereis.

Lembrai-vos de que nada sucede debalde, nem sem causa; quase todas as nossas dores vêm de nós mesmos, de nosso passado e abrem-nos os caminhos do Céu. O sofrimento é um iniciador; revela-nos o sentido grave, o lado sério e imponente da vida. Esta não é uma comédia frívola, mas uma tragédia pungente; é a luta para a conquista da vida espiritual e, nessa luta, o que há de maior é a resignação, a paciência, a firmeza, o heroísmo. No fundo, as lendas alegóricas de Prometeu, dos Argonautas, dos Nibelungos, os mistérios sagrados do Oriente não têm outro sentido.

Um instinto profundo faz-nos admirar aqueles cuja existência não é senão um combate perpétuo contra a dor, um esforço constante para escalarem as abruptas ladeiras que conduzem aos cimos virgens, aos tesouros inviolados; e não admiramos somente o heroísmo que se patenteia, as ações que provocam o entusiasmo das multidões, mas também a luta obscura e oculta contra as privações, a doença, a miséria, tudo o que nos desata dos laços materiais e das coisas transitórias.

Dar tensão às vontades; retemperar os caracteres para os combates da vida; desenvolver a força de resistência; afastar da alma da criança tudo o que pode amolentá-la; elevar o ideal a um nível superior de força e grandeza — eis o que a educação moderna deveria adotar como objetivo essencial; mas, em nossa época, tem-se perdido o hábito das lutas morais para se procurarem os prazeres do corpo e do espírito; por isso a sensualidade extravasa de nós, os caracteres aviltam-se, a decadência social acentua-se.

Ergamos os pensamentos, os corações, as vontades! Abramos nossas almas aos grandes sopros do Espaço! Levantemos nossas vistas para o futuro sem limites; lembremo-nos de que esse futuro nos pertence, nossa tarefa é conquistá-lo.

Vivemos em tempos de crise. Para que as inteligências se abram às novas verdades, para que os corações falem, serão necessários avisos ruidosos; serão precisas as duras lições da adversidade. Conheceremos dias sombrios e períodos difíceis. A desgraça aproximará os homens; só a dor verdadeiramente lhes faz sentir que são irmãos.

Parece que a nação segue um caminho orlado de precipícios. O alcoolismo, a imoralidade, o suicídio, o crime e a anarquia fazem as suas devastações. A cada instante, estrugem escândalos, despertando curiosidades novas, remexendo o lodo onde fermentam as corrupções; o pensamento rasteja. A alma da França, que foi muitas vezes a iniciadora dos povos, o seu guia na via sagrada, essa grande alma sofre por sentir que vive num corpo viciado.

Ó alma viva da França, separa-te desse invólucro gangrenado, evoca as grandes recordações, os altos pensamentos, as sublimes inspirações do teu gênio. Porque o teu gênio não está morto, dormita. Amanhã despertará!

A decomposição precede a renovação. Da fermentação social sairá outra vida, mais pura e mais bela. Ao influxo da Ideia Nova, a França encontrará de novo a crença e a confiança. Levantar-se-á maior e mais forte para realizar sua obra neste mundo.

Profissão de fé do século XX

No ponto de evolução a que o pensamento humano chegou; considerando, do alto dos sistemas filosóficos e religiosos, o problema formidável do ser, do Universo e do destino, em que termos poderiam resumir-se as noções adquiridas, numa palavra, qual poderia ser o *credo* filosófico do século XX?

Já tentei resumir no livro *Depois da morte*, à guisa de conclusão, os princípios essenciais do Espiritismo moderno. Se dermos a esse trabalho nova forma, adotando por base, como o fez Descartes, a própria noção do ser pensante, mas desenvolvendo-a e ampliando-a, poderemos dizer:

I – O primeiro princípio do conhecimento é a ideia do Ser (Inteligência e Vida). A ideia do ser impõe-se: *Eu sou!* Esta afirmação é indiscutível. Não podemos duvidar de nós mesmos. Mas esta ideia, só, não pode bastar; deve completar-se com a ideia de ação e vida progressiva: *Eu sou e quero ser, cada vez mais e melhor!*

O Ser, em seu "eu" consciente — a alma, é a única unidade viva, a única mônada indivisível e indestrutível, de substância simples, que debalde se procura na matéria, porque só existe em nós mesmos. A alma permanece invariável em sua unidade através dos milhares e milhares de formas, dos milhares de corpos de carne que constrói e anima para as necessidades de sua evolução eterna; é sempre diferente pelas qualidades adquiridas e pelos progressos realizados, cada vez mais consciente e livre na espiral infinita de suas existências planetárias e celestes.

II – Entretanto, a alma só em metade pertence a si mesma. Pela outra metade ao Universo, ao todo de que faz parte. Por isso só pode chegar ao inteiro conhecimento de si mesma pelo estudo do Universo.

A aquisição desse duplo conhecimento é a própria razão e o objeto de sua vida, de todas as suas vidas, pois que a morte é, simplesmente, a renovação das forças vitais necessárias para mais uma nova fase.

III – O estudo do Universo demonstra, logo à primeira vista, que uma ação superior, inteligente, soberana governa o mundo.

O caráter essencial desta ação, pelo próprio fato de sua perpetuidade, é a duração. Pela necessidade de ser absoluta, esta duração não poderia comportar limites: daí a Eternidade.

IV – A Eternidade, viva e agente, implica o ser eterno e infinito, Deus, causa primária, princípio gerador, origem de todos os seres. Dizemos eterno e infinito, porque o ilimitado na duração implica matematicamente o ilimitado na extensão.

V – A ação infinita está ligada às necessidades da duração. Ora, onde há ligação, relação, há Lei.

A Lei do Universo é a conservação, é a ordem e a harmonia. Da ordem deriva o bem; da harmonia deriva a beleza.

O fim mais elevado do Universo é a beleza sob todos os seus aspectos: material, intelectual, moral. A Justiça e o Amor são seus meios. A beleza, em sua essência, é, pois, inseparável do Bem, e, ambas, por sua estreita união, constituem a Verdade absoluta, a Inteligência suprema, a Perfeição!

VI – O fim da alma, em sua evolução, é atingir e realizar em si e em volta de si, através dos tempos e das estações ascendentes do Universo, pelo desabrochar das potências que possui em gérmen, esta noção eterna do belo e do bem, que exprime a ideia de Deus, a própria ideia de perfeição.

VII – Da lei da ascensão, bem entendida, deriva a explicação de todos os problemas do Ser: a evolução da alma, que recebe, primeiramente, pela transmissão atávica, todas as suas qualidades ancestrais, depois as desenvolve por sua ação própria, para lhes acrescentar novas qualidades, a liberdade relativa do ser relativo no Ser absoluto; a formação lenta da consciência humana através dos séculos e seus desenvolvimentos sucessivos nos infinitos do porvir; a unidade de essência e a solidariedade eterna das almas, em marcha para a conquista dos altos cimos.

Índice geral[214]

A

Abnegação
　engrandecimento e – XXV, 343

Academia Real de Londres
　William Crookes, *Sir*, membro da – VII, 92

Adam-Wisznievski, príncipe
　despertamento de recordação anterior
　ao nascimento e – XIV, 199

Afinidade
　lei dos agrupamentos no Espaço e – XI, 141

Agassiz
　descobertas de * durante o sono – V, 76

Aksakof
　Abdullah, Espírito, e – VII, 92
　Animismo e espiritismo, livro, e – VI,
　87; VII, 92, nota; VII, 97, nota
　aparições de pessoas mortas e – VII, 92
　desdobramento do ser humano e – VI, 87
　estudo do fenômeno espírita e – VII, 92
　John King, Espírito, e – VII, 92

Alcorão
　ideias palingenésicas e – XVII, 255, nota

Alegria
　causa da – XI, 141
　dor, condição da – XVIII, 267

Além
　descida do véu do – I, 21, nota
　preparação para a vida do – X, 127
　primeira mensagem autêntica do – I, 21
　vida atual e vida no – VII, 91

Além e a sobrevivência do ser, O,
　Léon Denis e – XXVII, 368, nota

Alma é imortal, A, livro
　G. Pelham e – IV, 59, nota
　Gabriel Delanne e – IV, 59, nota

Alma(s)
　ação da * sem o auxílio dos
　sentidos – III, 52
　ação da * sobre a alma – II, 28
　amor e plenitude do desenvolvimento
　da – XXV, 340
　aparecimento da * sob a forma

---

[214] O número romano remete ao capítulo. O número arábico remete à página. Foram utilizadas as abreviaturas introd. e prof. para as palavras Introdução e Profissão de fé do século XX.

de fantasma – VI, 85
atrações temíveis para as – XIII, 166
catolicismo e situação da * depois
 da morte – XVI, 243
causa inicial e princípio da
 sensação e – XXI, 304
conceito de – III, 49; VI, 83;
 IX, 109; XXI, 299
condição necessária da *
 humana – XXII, 319
conquista do bem e da verdade e – I, 26
crença comunicada às * pelo
 padre – introd., 7
criação das – XXII, 323
desenvolvimento das altas
 faculdades da – IX, 111
despertamento da * humana – introd., 14
destino da – XIX, 277
dever da * viril – XXV, 343
diferentes estados do sono e – V, 69
dor, asa dada à – XXVI, 353
dor, cânticos da – XXVI, 349
dupla vista e potências da – V, 72
ecos harmoniosos das sociedades
 celestes e – XII, 148
escola Materialista e – III, 50
escola Monista e – III, 50
escolha do sexo e – 164
esferas de ação e expressão e – XX, 289
Espiritismo e regresso da * à
 carne – XIII, 168
esquecimento do passado e – XVI, 240
estados vibratórios da – VIII, 103
estudo do Universo e – prof., 374
evolução e finalidade da – III,
 49; IX, 109; XIII, 153
existência do mal moral e – XXVI, 359
existência e sobrevivência da – VII, 102
felicidade da * pura – XXVI, 348
finalidade da – prof., 374
fugas da * para a vida superior – XI, 136
história da * e história da
 Humanidade – IX, 112
imortalidade e – III, 49
indícios sobre o modo de
 existência da – XI, 136
influência da * emancipada
 sobre o corpo – V, 70

justiça, lei da * e do Universo – XVIII, 271
liberdade da * para aceitação
 ou procrastinação das
 reparações – XIII, 163
libertação da lei dos renascimentos
 e – XVIII, 267
libertação gradual das escravidões
 da matéria e – XII, 147
modelagem da * e do perispírito
 – XXIV, 331
mônada indivisível e indestrutível
 e – prof., 373
morte, libertação completa da – V, 69
morte, retorno da * à liberdade – XI, 137
Natureza e futuro da – introd., 7
necessidade de encarnação
 sucessiva da – XIII, 157
objeto de vida e – prof., 374
oficina das – XXVI, 351
organismo humano e obstáculos às
 concepções da – XXI, 312
papel distribuído à – IX, 114
passagem das * terrestres para
 outros mundos – XIII, 159
pena de talião e mundo das – XIII, 165
percepção e sentimento da * no
 desprendimento – XI, 142
percepções da * no sono – V, 77
perispírito e passagem livre às
 radiações da – XII, 149
preexistência da – II, 28
presença da * ante a sua memória
 aumentada – VIII, 107
pressentimento do passado e
 do futuro e – VI, 89
princípio da inteligência e
 da vida e – IX, 109
princípio de vida e movimento
 e – III, 49, nota
projeção do grande foco eterno
 e * humana – IX, 115
provas da existência da – III, 50
reatamento da cadeia das
 transmigrações e – VIII, 104
regras para o regresso da * à
 carne – XIII, 160, 168
resumo de todo o poder da – XXV, 342
revigoramento da * durante o sono – V, 72

sede da consciência e – V, 73
situação da * no estado de
    perturbação – X, 125; XI, 138
sobrevivência da – II, 28
sono, libertação relativa da – V, 69
sugestão e aumento do ritmo
    vibratório da – VIII, 105
telepatia e – XXIV, 332
telepatia e demonstração da
    indestrutibilidade da – VI, 88
transmissão da vontade da *
    ao cérebro – V, 70
união da * com o corpo – XIII, 161, 162
unicidade da existência da – IX,
    109; XIII, 154, 161; XVI, 238;
    XXII, 322; XXIV, 333
Universidade e Natureza e
    futuro da – introd., 7
valor da dor e * virtuosa – XXVI, 351
vestígios do trabalho da * no sonho – V, 73
vida do Espaço e – III, 49
vidas sucessivas da – II, 28

Almas-irmãs
    Consolador, O, livro, e – XIII, 165, nota
    Francisco Cândido Xavier
    e – XIII, 165, nota

Alphonse, Jules
    Lagrange, C. de, cônsul de França,
    e – XIV, 205, nota
    faculdade de médium curador
    e – XIV, 205, nota
    Revue Spirite e – XIV, 205, nota

Altérations de la Personnalité
    Binet, Dr., e – IV, 60, nota
    caso de Félida e – IV, 60

Amiel
    vidas sucessivas e – XIV, 204

Amnésia
    conceito de – XIV, 172
    J. Maxwell, doutor em
    Medicina, e – XIV, 172

Amnésia retrógrada
    conceito de – XIV, 175

Amor
    depuração da inteligência e – XXV, 343
    força e poder do – XXV, 340
    formas infinitas de – XXV, 339
    imortalidade e – XXVII, 366
    intuição, ideia do * eterno – XXV, 344
    lei de * e liberdade e verdadeiro
    Cristianismo – I, 22
    plenitude do desenvolvimento
    da alma e – XXV, 340
    raio refratados do * Divino – XXV, 340
    segredo da felicidade e – XXV, 344

Amor sexual
    perda do caráter vulgar e – XXV, 344

Anais das ciências psíquicas ver
    Annales des Sciences Psychiques

Anemia intelectual
    educadores da mocidade e – XXIV, 334

Animal
    primeiros rudimentos de
    consciência e – XXVI, 355
    sofrimento e – XXVI, 355

Animismo e espiritismo,
    Aksakof e – VI, 87; VII, 92, nota, 97, nota
    pneumatografia e – VII, 97, nota

Annales des Sciences Psychiques
    anúncio antecipado de reencarnação
    e – XIV, 208-210, nota
    aparição na sessão do Parlamento na
    Câmara dos Comuns e – VI, 86
    aparições a distância de pessoas
    vivas e – VI, 86
    caso da Srta. Marie Mayo e –
    XIV, 190, 191, nota
    caso de amnésia em vigília e – XIV, 175
    caso do rapaz Laurent V...,
    e – XIV, 186, nota
    Charles Richet e – I, 19,
    nota; XV, 224, nota
    de Rochas, coronel, e – VIII, 106, nota;
    XIV, 186, nota; XIV, 190, 198
    Ernesto Bozzano, Sr., e – X, 128, 130, nota
    fenômeno de comunicação
    durante o sono e – VII, 99

Gilbert-Ballet, Dr., e – XIV, 175
impressão telepática de moribundo
– XXI, 307, nota
Laura, Srta., médium-falante,
e – VII, 97; VII, 98, nota
Oliver Lodge, *Sir*, e – I, 23, nota
percepção de moribundos e – X, 128, 130
*Perceptions Psychiques et les
Animaux* e – VI, 89, nota reservas
feitas pelo coronel de Rochas
e – XIV, 197, 198, nota
sonho macabro e – V, 78
sonho premonitório e – V, 77
supressão do sentimento da
dor física e – XX, 293
transmissão de pensamento a
distância e – VI, 84

Annales Médico-Psychologiques
Camuset e – IV, 61, nota
caso de Louis Vivé e – IV, 61, nota

Antigo Testamento
reencarnação e – XVII, 252

Antipatia
explicação para a * repentina – XIV, 200

Aparição
fantasmas dos vivos e – V, 78, nota

Aparições e materializações de Espíritos
Invisível, No, e – I, 25, nota

Apolônio
vidas sucessivas e – XVII, 250

Aptidão física
criação e desenvolvimento da – XIX, 279

Archives de Psychologie de la Suisse Romande
Flournoy, professor, e – II, 36

Arena, revista italiana
Cesare Lombroso e – XXI, 305
leitura com os olhos vendados e – XXI, 306

Arriola, Pepito
Annales des Sciences Psychiques
e – XV, 224, nota
Charles Richet e – XV, 221, nota

*Compte rendu officiel du Congrès de
Psychologie* e – XV, 221, nota
Revue Scientifique e – XV, 221, nota

Arte cristã
catedrais góticas e – I, 22

Arte grega
maravilhas da – I, 22

Association of a Personality, The
caso da Srta. Beauchamp e – IV, 62, nota

Ateísmo
insuficiência do – XXVII, 361

Átomo
teoria do * indivisível – I, 19

Autoprojeção
Friedrich Myers, professor, e – VI, 84, nota

Autoridade
condição para aquisição da – XXI, 318

Autossugestão ver também Sugestão
estranha precaução contra os
excessos da – XIV, 182

Azam, Dr.
caso Félida e – IV, 60, nota

B

Bach, S.
execução de obras durante o
sono e – V, 76, nota

Banner of Light, de Boston
caso da filha do Sr. Isaac G.
Forster e – XIV, 206
transmissão de pensamento a
distância e – VI, 84

Bannerman, Henry Campbell, *Sir*
aparição na sessão do Parlamento na
Câmara dos Comuns e – VI, 87, nota

Baraduc, Dr.
medição da força radiante
e – VIII, 103, nota

Índice geral

Batista, Florindo, capitão
  anúncio antecipado de
    reencarnação e – XIV, 210
  Ultra, revista de Roma, e – XIV, 210

Bayol, Dr., senador das Bocas do Ródano
  fenômenos de aparição e – VII, 94, nota

Beauchamp, Srta.
  Morton-Price, Dr., e caso
    da – IV, 62, nota
  Vies Successives, Les, e caso da – IV, 62, nota

Beaufort, Alm.
  despertar da memória em caso de
    acidente e – XIV, 177, nota
  Journal de Médecine de Paris
    e – XIV, 177, nota

Becquerel
  reconhecimento das forças
    imponderáveis e – II, 28

Bem
  consciência e sanção do * e
    do mal – XXVI, 357
  fonte geradora do – XIX, 278
  relação direta da felicidade com a
    capacidade para o – XIII, 157

Bernard, Claude
  células cerebrais e – III, 51, nota
  *Recherches sur les Problèmes de la
    Physiologie,* e – III, 50, nota
  *Science Expérimentale, Phénomènes
    de la Vie, La,* e – III, 51, nota

Berthe, Sra., vidente
  clarividência e – V, 80

Bertrand, Sr.
  opinião do * sobre despertamento
    de recordação anterior ao
    nascimento – XIV, 196, nota

Besant, Annie
  supressão do sentimento da
    dor física e – XX, 293

Bhagavad-Gita
  vidas sucessivas e – XVII, 249

Bilocação
  anais religiosos e casos de – VI, 87

Bon, Gustave Le
  reconhecimento das forças
    imponderáveis e – II, 28

Boyd-Carpenter, W.,
    rev., bispo de Ripon
  preexistência da alma e – XVI, 247
  Society for Psychical Research – XVI, 247

Bozzano, Ernesto
  Annales des Sciences Psychiques
    e – X, 128, 130, notas
  Enigmas da Psicometria
    e – XXI, 310, nota
  percepção de moribundos
    e – X, 128, 130, nota
  *Perceptions Psychiques et les
    Animaux* e – VI, 89, nota

Bramanismo
  vidas sucessivas e – XVII, 249

Brieu, Jacques
  Moniteur des Études Psychiques
    e – XVI, 241, nota
  teoria da reencarnação e – XVI, 241

Budismo
  vidas sucessivas e – XVII, 249

Buisson
  independência do eu e – III, 52

Bulletin de l'Institut Psychologique
  estigmas e – XX, 292, nota
  Pierre Janet e – XX, 292, nota

*Bulletin de la Société de Psychologie
  Physiologique*
  comunicação telepática a
    distância e – VI, 84, nota
  Gilbert, Dr., e – VI, 84, nota
  Pierre Janet, Sr., e – VI, 84, nota

*Bulletin de la Société Psychique
  de Marseille*
  sinais de nascença e – XX, 292, nota

C

Cabala
vidas sucessivas e – XVII, 252

Caráter
conjunto das qualidades e dos
  defeitos e – XIV, 214
disciplina do pensamento e
  reforma do – XXIV, 331
influência da sugestão sobre o – V, 71, nota

Cardano, Gerolamo
recordações de vidas anteriores
  e – XIV, 201

Caridade
mais bela das virtudes e – XVI, 237

Carlingford, *Lord*
Cartas do mundo dos espíritos
  e – XVI, 247
reencarnação e – XVI, 247

Cartas do mundo dos espíritos
Carlingford, *Lord*, e – XVI, 247
reencarnação e – XVI, 247

Casa mal-assombrada
Cesare Lombroso e – VII, 96

Castigo
críticas a Allan Kardec pela ideia de
  * e expiação – XXVI, 356

Catolicismo
erro do – I, 22
imobilização do pensamento e – I, 22
mal e – XVIII, 269
situação da alma depois da
  morte e – XVI, 243

Cérebro
evolução do Espírito e – III, 51, nota
função do – III, 51
leitura do pensamento e – VI, 89
transmissão da vontade da alma ao – V, 70

Cerimônia fúnebre
atitude dos assistentes na – X, 126

Ceticismo
dissipação das hesitações do – II, 42

Céu e o inferno, O
indicações sobre a vida de além-
  túmulo e – X, 124, nota

Changements de la Personnalité,
  Les Bourru, Dr., e – VIII,
  104, nota; XIV, 173, nota
Burot, Dr., e – VIII, 104,
  nota; XIV, 173, nota
ecmnésia e – XIV, 173

Ciência
alterações e dissociações da personalidade
  e * materialista – IV, 65
antítese entre a * e a ortodoxia – II, 46
impotência da * para
  resolução do problema da
  sobrevivência – XI, 135
incerteza e mutabilidade da – I, 19
manifestações psíquicas e – XI, 135
princípios imutáveis da Lógica e
  das matemáticas e – I, 20
universo invisível, mundo interior
  e * moderna – introd., 14

Ciência biológica
enclausuramento da * dentro de
  estreitos limites – IX, 113, nota

Civilização
nascimento da – XIII, 159

Clariaudiência
conceito de – XXI, 310

Clarividência
conceito de – XXI, 309
percepções da alma no sono e – V, 77

Clarividência migratória ver
  Clarividência dos sonâmbulos

Clemente de Alexandria, São
reencarnação e – XVII, 254

Colavida, F.
despertamento de recordação anterior
  ao nascimento e – XIV, 173

Índice geral

experiências de * sobre lembranças de vidas anteriores – II, 28

Coleridge
execução de obras durante o sono e – V, 76, nota

Comédia, revista criança-prodígio e – XV, 225

Compte rendu du Congrès Spirite
reconstituição da rememoração das vidas anteriores e – II, 28, nota

Compte rendu du Congrès Spirite de Barcelone
adesão dos prisioneiros da prisão de Tarragona e – II, 32-33, nota

Compte rendu du Congrès Spirite et Spiritualiste
renovação das recordações anteriores ao nascimento e – XIV, 181

Compte rendu du Congrès Spiritualiste International
Bayol, Dr., senador das Bocas do Ródano e – VII, 94, nota

Compte rendu officiel du Congrès de Psychologie
Charles Richet e – XV, 221, nota
criança-prodígio e – XV, 221, nota

Compte rendu officiel du IV Congrès de Psychologie
materializações de fantasmas e – VII, 93, nota

Comte, Auguste
positivismo e – introd., 8

Comunicação dos santos
significado da expressão – II, 41

Comunicação espírita
origem da – II, 37
reconhecimento da autenticidade da – II, 40

Concepção filosófica
condição para o triunfo da – II, 29

Concepção moral
condição para o triunfo da – II, 29

Concilio a Dio, Dal, obra
ideias palingenésicas e – XVII, 255

Concílio de Constantinopla
condenação das opiniões de Orígenes e – XVII, 254

Condição de experimentação
Allan Kardec, *O livro dos médiuns,* e – II, 40, nota
Gabriel Delanne, *Recherches sur la Mediumnité,* e – II, 40, nota
Léon Denis, *No invisível,* e – II, 40, nota

Congresso Espírita Internacional de Barcelona
adesão dos prisioneiros da prisão de Tarragona e – II, 32-33, nota

Conhecimento
primeiro princípio do – princ., 373
reinado do – I, 25

Consciência
alma, sede da – V, 73
aparecimento dos diversos estados da – IV, 60, 61, 65; XXI, 300, nota
busca das percepções na * profunda – XIV, 170
complemento da personalidade pela manifestação da * moral – XXI, 301
comunicação, no sonho, da * superior com a * normal – V, 74
conceito de * subliminal – XXI, 302
constituição da * total – XIV, 178
estados distintos da * e da personalidade – XIV, 176
Friedrich Myers e * subliminal – XV, 227
juiz, algoz e – X, 133
lembrança das vidas anteriores e – II, 28
percepções registradas na * profunda – V, 74
períodos de eclipse ou de esplendor e – XIV, 171
planos de – IV, 64
pluralidade de estados da – XXI, 301, nota

primeiros rudimentos de * no
   animal – XXVI, 355
religião e noção moral no íntimo da – I, 22
responsabilidade e – XXII, 319
sanção do bem e do mal e – XXVI, 357

Consolador, O,
   almas-irmãs e – XIII, 165, nota
   Francisco Cândido Xavier
      e – XIII, 165, nota

Corpo espiritual ver Perispírito

Corpo físico
   amortecedor das vibrações da
      alma e – VIII, 104
   características do – III, 50
   influência da alma emancipada
      sobre o – V, 70
   influência do pensamento
      sobre o – XIV, 178
   regeneração do * durante o sono – V, 72
   união da alma com o – XIII, 161

Corpo fluídico ver Perispírito

Corpo material verCorpo físico

Corpo psíquico verPerispírito

Corpo sutil verPerispírito

Cours de Littérature Celtique
   d'Arbois, Sr., e – XVII, 257, nota

Cousin
   ecletismo e – introd., 8

Cremação
   desprendimento e – X, 124, nota
   separação do Espírito, * ou
      inumação – X, 124, nota

Crente ortodoxo
   estado de perturbação e – XI, 139

Criança
   explicação para as reminiscências de
      vidas anteriores na – XIV, 204
   importância das informações da * sobre
      as reminiscências – XIV, 205
   morte de * em tenra idade – XIX, 281

Criança-prodígio
   Beethoven e – XV, 220
   Dennis Mahan e – XV, 226
   diferenças entre manifestações da
      * e mediunidade – XV, 231
   Ericson e – XV, 226, nota
   explicação para as anomalias estranhas
      de caráter e – XV, 227, 228
   George Steuber e – XV, 225
   Harry Dugan e – XV, 225
   Henrique de Heinecken e – XV, 220
   hereditariedade, mediunidade e – XV, 226
   Jacques Chrichton e – XV, 220
   Liszt e – XV, 220
   Mezzofanti e – XV, 221
   Michelangelo e – XV, 220
   Mozart e – XV, 220
   Napoleão e – XV, 220
   Pascal e – XV, 220
   Pepito Arriola e – XV, 221
   Pico de Mirandola e – XV, 221
   Rembrandt e – XV, 220
   Rubinstein e – XV, 220
   Salvatore Rosa e – XV, 220
   Teresa Milanollo e – XV, 220
   Trombetti e – XV, 221
   Van der Kerkhove e – XV, 220
   William Hamilton e – XV, 221
   Willie Gwin e – XV, 225, nota
   Willy Ferreros e – XV, 225

Cristianismo
   cismas e – I, 22
   igrejas e – I, 23
   lei de amor e liberdade e verdadeiro – I, 22
   ponto de partida do – I, 21
   primeira mensagem autêntica
      do Além e – I, 21
   problema da dor e – XXVII, 362
   religião da Humanidade sofredora e – I, 21
   sensualidade pagã e – I, 21

Cristianismo e espiritismo
   alterações e acomodações da
      doutrina cristã e – I, 22, nota
   descida do véu do Além e – I, 21, nota
   Léon Denis e – I, 21, nota; I,
      22, nota; VII, 100, nota

sermões de pastores ligados ao
  Espiritismo e – II, 32, nota
teoria das penas eternas e – XVI, 235, nota

Cristo ver Jesus

Crookes, William, *Sir*
  Academia Real de Londres e – VII, 92
  aparições de pessoas mortas e – VII, 92
  estudo do fenômeno espírita e – VI, 92
  Home, médium, e – VII, 95
  Katie King, Espírito, e – VII, 92, 96
  lei das vibrações e – VI, 89, nota
  realidade das forças imponderáveis
    e – II, 28

Curie
  reconhecimento das forças
    imponderáveis e – II, 28

Cusa, Nicolau de, cardeal
  pluralidade das vidas e dos mundos
    habitados e – XVII, 255

D

D'Espérance, Sra., médium
  Lombroso e – VII, 95

Daily Express,
  aparição na sessão do Parlamento na
    Câmara dos Comuns e – VI, 86, 87
  transmissão de pensamento a
    distância e – VI, 84

Dayly Mail
  caso da reencarnação do Sr.
    Tucker e – XIV, 205, nota
  Matin, Le, e – XIV, 205, nota
  Paris-Nouvelles, e – XIV, 205, nota

Daily News
  aparição na sessão do Parlamento na
    Câmara dos Comuns e – VI, 86

Daily Tribune
  experiências na Sociedade de Pesquisas
    Psíquicas de Londres e – VI, 88, nota

Davis, Andrew Jackson, o vidente
  de Poughkeepsie

clarividência e – XXI, 315
Divinas revelações da Natureza,
  e – XXI, 316
Grande harmonia e – XXI, 316
Idade presente, A, e – XXI, 316
inspiração e – XXI, 314
Vida interiore – XXI, 316

Delanne, Gabriel
  alma é imortal, A, e – IV, 59, nota
  Recherches sur la Mediumnité
    e – II, 40, nota
  sugestão estranha e – VIII, 105

Democracia
  doutrina negativista e * radical
    ou socialista – introd., 11

Democracia socialista
  inexistência do homem interior
    e – introd., 12

Denis, Léon
  Além e a sobrevivência do ser, O,
    e – XXVII, 368, nota
  Depois da morte, e – VI, 85, nota; XI, 135,
    nota; XVII, 250, nota; XX, 292, nota
  ensinamentos de guias espirituais
    e – II, 29, nota
  escada do sonho de Jacó e – IX, 113, nota
  exemplos citados por * sobre a
    obra da dor – XXVII, 368
  experiências de * sobre lembranças
    de vidas anteriores – II, 28
  Invisível, No, e – I, 25, nota; II, 27,
    nota; II, 29, nota; II, 40, nota; II,
    42, nota; II, 46, nota; III, 50, nota;
    IV, 59, nota; IV, 62, nota; IV, 66;
    V, 76, nota; VI, 85, nota; VII, 100,
    nota; XI, 136, nota; XIV, 179, nota;
    XV, 231, nota; XXV, 341, nota
  Jerônimo de Praga, Espírito,
    guia espiritual de – II, 43
  pensamentos de * para os Espíritos
    de luz – XII, 146
  recomendação de * às almas
    aflitas – XXI, 310

Depois da morte
  Léon Denis e – VI, 85, nota; XI, 135,

nota; XVII, 250, nota; XX, 292, nota
princípios essenciais do Espiritismo
moderno e – prof., 373
Sociedade de Pesquisas Psíquicas
de Londres e – VI, 85, nota
sugestão, autossugestão e – XX, 292, nota
Vontade e os fluidos, A,
e – XX, 291, nota

Des Indes à la Planète
Theodore Flournoy e – XIV, 183, nota

Desconhecido e os problemas psíquicos, O
aparições a distância de pessoas
vivas e – VI, 86
Camille Flammarion e – V, 78; VI, 86
sonhos e – V, 78

Desdobramento ver Desprendimento

Desprendimento
ação magnética e – VI, 87; VIII, 105
cremação e – X, 124, nota
fantasmas dos vivos e – V, 78, nota
indícios sobre o modo de existência
da alma e – XI, 137
passe magnético e – XIV, 176
percepção e sentimento da
alma e – XI, 142
provas de nossa fluidez pelo – V, 73
sugestão e – XIV, 176

Destino
segredo do – XVIII, 267
unidade moral e lógica implacável
do – XVI, 241
vista inicial clara e completa do – XVI, 240

Determinismo
negação da liberdade humana e da
responsabilidade e – introd., 12

Dever
direito, resultante do – XVIII, 274
enfraquecimento do sentimento
do – introd., 10
gozo do direito e prática do – introd., 12

Deus
amor na sua plenitude e – XXV, 344

Dialogues sur la Métempsycose
Herder e – XIV, 201
Yarcas, Apolônio de Tiana e – XIV, 201

Didon, padre
Letres à Mlle. Th. V. e – II, 32, nota

Doctrine Monistique de l'Ame, La
Carl du Prel e – III, 50, nota

Doença mental
explicação para a – III, 51

Dogma
necessidade do – I, 25

Dor
ação da * para a coletividade – XXVI, 352
acesso à felicidade espiritual e – XXVI, 354
admiração pelos frutos da – XXVI, 354
agente da perfeição e – XXVII, 370
alma virtuosa e valor da – XXVI, 351
asa dada à alma e – XXVI, 353
atributo da vida terrestre e – XVIII, 270
ausência de * no instante da morte – X, 125
aviso da Natureza e * física – XXVI, 352
cânticos da alma e – XXVI, 349
causa da – XI, 141; XXVI, 358
condição da alegria e – XVIII, 267
desaparecimento da – XXVI, 358
educação dos seres e – III, 54
Espiritismo, remédio moral mais
poderoso contra a – XXVII, 363
formação da experiência e – IX, 110
história do mundo e sagração do
Espírito pela – XXVI, 350
lei de equilíbrio e educação e – XXVI, 347
limitação dos efeitos da – XXVI, 348
meio de elevação e – XXVII, 369
necessidade da * para expansão das
virtudes – XXVI, 349; XXVI, 357
objetivo da – XXVI, 356
obra sublime de educação e
aperfeiçoamento e – XXVI, 353
preço da virtude e – XVIII, 267
razão de ser da – XVIII, 270
remédio para todos os vícios
e – XXVII, 371
repercussão da * física no

perispírito – XXVI, 353
resgate do mal pela – XIX, 277
resolução do problema da
   morte e da – II, 32
supressão do sentimento da
   * física – XX, 293
visão espírita da – XXVII, 364
vontade e – XXVI, 348

Doute, Le
sacerdotes, instruções dos
   Espíritos e – II, 32, nota
Rafael e – II, 32, nota

Doutrina céltica
reaparecimento da * na França
   moderna – XVII, 258

Doutrina cristã
alterações e acomodações da – I, 22, nota
situação das almas depois da
   morte e – XIII, 161

Doutrina das vidas sucessivas
Taggart, professor, e – XV, 247

Doutrina dos Espíritos ver
   também Espiritismo
causa da aversão à – II, 36
qualidades essenciais e – II, 30
razão eterna e – II, 30, nota

Doutrina materialista
morte e – X, 122

Doutrina negativista
anarquia e – introd., 11
democracia, radical ou socialista,
   e – introd., 11
extensão dos desastres causados
   pela – introd., 12
história humana e – introd., 11
insuficiência e fragilidade da – introd., 11

Doutrina socialista
governo do homem social e – introd., 11
ignorância do princípio essencial
   do homem e – introd., 11
lado mais fraco da – introd., 11
nível igualitário e – introd., 11

Druidas
ação dos * nos combates contra os
   romanos – XVII, 256, nota
Commentaires de la guerre des
   Gaules, e – XVII, 256, nota

Dumas, Alexandre
vidas sucessivas e – XIV, 204

Dupla vista
potências da alma e – V, 72

Duplo fluídico ver Perispírito

E

Ecletismo
Cousin e – introd., 8
incerteza da alma de nossos
   filhos e – introd., 8

Ecmnésia
conceito de – XIV, 173
L'Hystérie et l'Hypnotisme, e – XIV, 173
Pitre, Dr., e – XIV, 173

Eco del Sangro
sonho macabro e – V, 79

Edmonds, juiz
presidente do Supremo Tribunal de Justiça
   do Estado de Nova Iorque e – VII, 97

Educação
dor, lei de equilíbrio e – XXVI, 347
esclarecimento quanto ao caminho
   da vida e – introd., 8
fator do progresso e – introd., 14
importância da * mental – XX, 293
males necessários ao funcionamento
   da lei de * geral – IX, 110
objetivo essencial da * moderna
   – XXVII, 371
reforma da * popular – XVIII, 274
restauração da * do homem – introd., 13
sofrimento, instrumento por excelência
   da * e do progresso – IX, 110
vidas sucessivas e * protestante – XVI, 243

Egito
Depois da morte, e – XVII, 250, nota

Índice geral

metempsicose e – XVII, 251, nota
vidas sucessivas e – XVII, 250

Egoísmo
eliminação gradual do – XX, 291, nota

Elgee, Sra.
Phantasms of the living e – VI, 85, nota
transmissão dos pensamentos e
  das imagens e – VI, 85, nota

Empédocles
recordação de vidas anteriores
  e – XIV, 201, nota
Vida de Empédocles, e – XIV, 201, nota
vidas sucessivas e – XVII, 250

Eneias, de Gaza
injustiça no castigo de falta
  esquecida e – XIV, 214
Journal de Charleroi e – XIV, 214
Théophraste, diálogo, e – XIV, 214

Enigmas da psicometria
Ernesto Bozzano e – XXI, 310, nota

Ensino espírita
contradição aparente do – II, 33; XVI, 243

Ensino filosófico
critério mais seguro de todo o – II, 41

Ensino universitário
incerteza a tudo que se refere ao
  problema da vida e – introd., 7

Ensinos espiritualistas,
discurso de J. Savage sobre o * de
  Stainton Moses – II, 39-40, notas
sacerdotes, instruções dos
  Espíritos e – II, 32, nota
Stainton Moses, reverendo,
  e – II, 32, nota, 39

Epicteto
saúde, doença e – XXVI, 352

Equilíbrio social
ruptura do – introd., 11

Escala espírita
ensinamento dos Espíritos e – II, 40

Escola
conhecimento para encaminhamento da
  existência terrestre e – introd., 7

Escola de Alexandria
vidas sucessivas e – XVII, 251

Escola Materialista
alma e – III, 50

Escola Monista
alma e – III, 50

Escravidão
legitimidade da – XV, 236, nota

Escrita direta
Stainton Moses, reverendo, e – II, 40, nota

Espiritismo
adesão dos prisioneiros da prisão de
  Tarragona ao – II, 32-33, nota
aparecimento do – I, 24
aparente contradição e – II, 33
Arte e – XXIII, 327
aversão dos eclesiásticos pelo – II, 39
camadas internas e profundas do
  ser consciente e – IV, 57
características do – introd., 13; I, 24
cético e – XXIII, 327
concordância dos ensinamentos
  espirituais e – II, 33
confiança e fé no destino e – XXVII, 367
considerações sobre – II, 33
contraditores do – II, 39
declaração de pastor eminente da
  igreja reformada e – II, 32, nota
descoberta humana e – II, 31
direcionamento do – I, 25
encontro pelo pensamento com
  entes amados e – I, 25, nota
escopo do – II, 48
espécies de – II, 41
fenômenos de conversão e – II, 32
força moral e – I, 25, nota
funestas consequências da
  ortodoxia e – II, 45
homem do povo e – XXIII, 327
importância da doutrina das
  reencarnações e – XVIII, 267

indicações sobre a vida de além-
  túmulo e – X, 124, nota
J. Maxwell, doutor em Medicina, e – II, 36
laço que reúne duas humanidades e – I, 24
mal e – XVIII, 270
multiplicidade das fontes de ensino
  e de difusão e – II, 33
papel da dor e – XXVII, 364
regresso da alma à carne e – XIII, 168
religiões do futuro e – XXIII, 327
remédio moral mais poderoso
  contra a dor e – XXVII, 363
renovação da Humanidade e – XXIII, 327
reposição do * na base da
  educação – introd., 14
resolução do problema do
  mal e – XVIII, 269
revelação do mundo espiritual e – II, 31
revelação do papel do sofrimento
  e – XXVII, 364
sermões de pastores ligados
  ao – II, 32, nota
sofrimento e – XXVII, 364
unidade de doutrina e – II, 44

Espírito adiantado
  escolha do meio para renascimento
    e – XIII, 161, 163
  estado de perturbação e – XI, 138
  sensações, percepções e – XI, 142

Espírito Azul
  anúncio antecipado da presença
    do – II, 41, nota

Espírito cético
  estado de perturbação e – XI, 139

Espírito consolador, O
  Marchal, padre, e – II, 32, nota
  sacerdotes, instruções dos
    Espíritos e – II, 32, nota

Espírito de luz
  Léon Denis e seu – XII, 146
  missão do – XII, 146

Espírito elevado
  ação do pensamento no – XX, 290

Espírito evolvido
  recordação de vidas anteriores e – XIV, 213

Espírito inferior
  dificuldade de reencarnação do * nos
    mundos elevados – XIII, 160
  estado de perturbação e – XI, 139
  impossibilidade de penetração do * nos
    mundos elevados – XIII, 160

Espírito inspirador
  médium e – XXI, 311

Espírito puro
  influência da lei da gravidade
    sobre o – XIII, 168

Espírito(s)
  avaliação da elevação do – II, 41
  cérebro e evolução do – III, 51, nota
  conceito de – II, 27, nota
  condição para depuração do – XVIII, 266
  confirmação das revelações dos – II, 28
  consequências da saudade violenta
    para o * do morto – X, 126
  descida voluntária ao círculo
    das gerações e – XII, 149
  exteriorização do * e despertamento
    do passado – V, 75
  força vital do homem e *
    exteriorizado – V, 70, nota
  influência da lei da gravidade sobre
    os * puros – XIII, 168
  influência dos * na hora da
    reencarnação – XIX, 279
  liberdade de ação do – XIII, 157
  libertação para sempre do jugo
    material e – XII, 149
  missão dos * na obra de solidariedade
    universal – XII, 145, nota
  mudança de sexo e – XIII, 164, 165
  preparação do * para a liberdade
    – XXII, 323
  probabilidades da revelação dos – II, 31
  provas da independência e da
    sobrevivência do – V, 77
  regresso do * à vida terrestre – XVI, 240
  renascimento do mundo para a
    vida do – XVII, 262

ressurreição, entrada em cena
   do mundo dos – I, 21
situação do * depois da morte – XI, 138
situação do * no Além – XIX, 279
sofrimento, aperfeiçoamento e
   purificação do – XIII, 157
sugestão terapêutica e libertação do – V, 71
Espiritualismo americano moderno
   Andrew Jackson Davis e – XXI, 314
   Emma Harding, Sra., e – XXI, 314

Espiritualismo científico ver Espiritismo

Espiritualismo Kardequiano
   ver Espiritismo

Espiritualismo Moderno ver Espiritismo

Esquecimento
   causa do * das existências passadas
      – XIV, 169, 212, 216
   Espírito inferior e – XIV, 216
   fenômeno constante nos
      sonâmbulos e – XIV, 171
   necessidade do * durante a vida
      material – XIII, 164

Essênios
   reencarnação e – XVII, 252

Estética
   expressão da Harmonia
      Universal e – I, 23

États Profonds de l'Hypnose, Les
   de Rochas, coronel, e – XI, 137
   sensibilidade, percepções e – XI, 137, nota

Éter
   ação da vontade sobre o – XII, 148

Eternidade
   estudo do Universo e – prof., 374
   *Étude Critique du Matérialisme
      et du Spiritisme par la
      Physique Expérimentale*
   Raoul Pictet, professor, e – introd., 9, nota

Evening News
   aparição na sessão do Parlamento na
      Câmara dos Comuns e – VI, 86

Evocação
   celtas e * dos mortos – XVII, 257
   experiências hipnóticas e – VIII, 104

Evolução do meio
   condição para operação da – VI, 90

Expiação
   críticas a Allan Kardec pela ideia
      de castigo e – XXVI, 356
   mérito da – XVI, 240

Êxtase
   Friedrich Myers e – VII, 102
   restabelecimento das vibrações
      da alma e – VIII, 104
   sentidos internos e – V, 70

Exteriorização ver Desdobramento

F

Faculdade intelectual
   criação e desenvolvimento
      da – XIX, 279

Família
   lembrança da * espiritual – XXV, 342
   papel da mulher na sociedade e
      na * forte –XIII, 166
   verdadeira – XXV, 341

Fariseus
   reencarnação e – XVII, 252

Fatalidade
   futuro e – XXII, 322
   inteligência, vontade e – XXII, 320

Fé cega
   incredulidade e – I, 22

Feiticismo
   explicação do – I, 20

Felicidade
   amor, segredo da – XXV, 344
   causas da – XX, 289
   conquista da – XVI, 238; XXVI, 358
   dor e acesso à * espiritual – XXVI, 354

localização da – XXIV, 337
obtenção da verdadeira – XXIV, 335
relação direta da * com a capacidade
    para o bem – XIII, 157
sofrimento e preço da – IX, 116
união dos corações e das vontades
    e – XVIII, 275

Félida
    Azam, Dr., e caso – IV, 60, nota

Fenômeno de materialização
    reaparição das feições e das formas
        humanas e – XI, 136

Fenômeno espírita
    Aksakof e estudo do – VII, 92
    Myers e estudo do – VII, 92
    O. Lodge e estudo do – VII, 92
    Paul Gibier e estudo do – VII, 92
    R. Dale Owen e estudo do – VII, 92
    R. Wallace e estudo do – VII, 92
    William Crookes, Sir, e
        estudo do – VII, 92

Ferreros, Willy
    Intransigeant, e – XV, 225

Filiberto, Ninfa, de Palermo
    ecmnésia e – XIV, 173

Filosofia
    ideias palingenésicas e – XVII, 255

Filosofia da escola
    doutrina sem luz, sem calor, sem
        vida e – introd., 8, nota

Filosofia della Scienza
    Annales des Sciences Psychiques
        e – XIV, 210, nota
    anúncio antecipado de reencarnação
        e – XIV, 208-210, nota
    Carmelo Samona, Dr., e – XIV, 208

Filosofia espírita
    inconsistência da – II, 37

Flammarion, Camille
    *Desconhecido e os problemas
        psíquicos, O,* e – V, 78; VI, 86

Flournoy, Theodore, professor
    *Archives de Psychologie de la
        Suisse Romande* e – II, 36
    Des Indes à la Planète Mars
        e – XIV, 183, nota
    elogio de * ao professor
        Friedrich Myers – II, 36
    Hélène Smith, médium, e – XIV, 182
    Simandini, Espírito, princesa
        hindu, e – XIV, 182

Fluido cósmico etéreo
    desagregação e – II, 28, nota

Fluido universal
    solidificação da matéria e – II, 28, nota

Fluido vital
    perispírito e – XIII, 162

Fluido(s)
    forças imponderáveis e – II, 28, nota
    sensitivos e natureza dos – II, 41

Fontaine, La
    execução de obras durante o
        sono e – V, 76, nota

Força vital
    Espírito exteriorizado e * do
        homem – V, 70, nota
    sugestão e – V, 171

Fourcade
    personalidade dupla e – IV, 59

França
    alma da – XXVII, 372
    ideias palingenésicas e – XVII, 255
    nação de vontade fraca e
        volúvel e – XX, 295

Fraternidade
    explicação para a solidariedade e
        * universais – XXV, 341

Fritz, Charles, espírita militante
    fundação do jornal *La Vie d'Outre-Tombe*,
        em Charleroi, e – XI, 139
    impressões de * logo depois
        da morte – XI, 139

Frontières de la Science, Les
  de Rochas, coronel, e – XI, 137
  sensibilidade, percepções e – XI, 137, nota

Futuro
  fatalidade e – XXII, 322

G

Galichon, Claire, Mme.
  magnetizações do Espírito Cura
    d'Ars e – XII, 145, nota
  Souvenirs et Problèmes Spirites
    e – XII, 145, nota

Gallas, Sra., médium
  Grimaud, abade, diretor do asilo
    dos surdos-mudos de Vaucluse
    e – VII, 100, nota

Gautier, Théophile
  vidas sucessivas e – XIV, 204

Generans generat sibi simile
  significado da frase – XV, 230, nota

Gênese, A
  fluidos e – II, 28, nota

Gênio
  aparecimento do * no seio de
    uma família – XV, 230-231
  aquisição do passado e – XV, 231
  brilho do * enviado do Alto – XVII, 262
  contato pelo pensamento com os
    escritores de – XXIV, 333
  coroação do sofrimento e – XXVI, 349
  descendência dos homens de – XV, 230
  Friedrich Myers e inspiração
    do – IV, 66, nota
  hereditariedade e – XV, 229
  mediunidade e – XV, 231
  poderes psíquicos ocultos no
    homem e – IV, 66
  preexistências e manifestações
    precoces do – XV, 220

Gênio do Espaço
  guia do pensamento e – II, 31, nota
  surto poderoso e – II, 42

Gibier, Paul
  aparições de pessoas mortas e – VII, 92

*Compte rendu officiel du IV Congrès de
  Psychologie* e – VII, 93, nota
  *Congrès International de
    Psychologie* e – VII, 93
  diretor do Instituto Pasteur de
    Nova Iorque e – VII, 93
  estudo do fenômeno espírita e – VII, 92
  materializações de fantasmas
    e – VII, 93, nota

Gilbert, Sr.
  *Bulletin de la Société de Psychologie
    Physiologique* e – VI, 84, nota
  comunicação telepática a
    distância e – VI, 84, nota

Gilbert-Ballet, Dr.
  caso de amnésia em vigília e – XIV, 175

Grécia
  metempsicose e – XVII, 250, nota
  vidas sucessivas e – XVII, 250

Gregório, São, de Nysse
  reencarnação e – XVII, 254

Grimaud, abade
  diretor do asilo dos surdos-mudos
    de Vaucluse e – VII, 100, nota
  Gallas, Sra., médium, e – VII, 100, nota
  mensagem do Espírito Forcade
    e – VII, 100, nota

H

Haas, Dr.
  *Bulletin de la Société des Études Psychiques
    de Nancy* e – X, 130, nota
  percepção de moribundos
    e – X, 130, nota
  presidente da Sociedade dos Estudos
    Psíquicos de Nancy e – X, 130, nota

Haddock
  caso do Almirante Beaufort
    e – XI, 143, nota

Índice geral

consciência superior e revisão de
toda a vida e – XI, 143, nota
Somnolisme et Psychisme e – XI, 143, nota

Haeckel
células do cérebro e – III, 50
influência da doutrina de –
introd., 9, nota

Hallucinations Autoscopiques, Das
Sollier, Dr., e – VIII, 104, nota

Hamilton, Duquesa de
sonho premonitório e – V, 76, nota

Harding, Emma, Sra.
Andrew Jackson Davis e – XXI, 314
Espiritualismo americano
moderno, e – XXI, 314

Hawkins, Sra.
aparição a distância de pessoa
viva e – VI, 85, nota
Phantasms of the living e – VI, 85-86, nota

Hayter, Arthur, *Sir*
aparição na sessão do Parlamento na
Câmara dos Comuns e – VI, 87, nota

Hegel
naturalismo e – introd., 8

Helmont, Van
reencarnação e – XVII, 255
Revolutione Animarum, De, e – XVII, 255

Hereditariedade
considerações sobre – XV, 226
gênio e – XV, 229

Hertz
reconhecimento das forças
imponderáveis e – II, 28

Hipnotismo
ação reflexa do pensamento e – XIV, 179
camadas internas e profundas do
ser consciente e – IV, 57
conceito de – V, 71
finalidade do – V, 71

Hipnotismo e mediunidade,
Lombroso e – VII, 96, nota

Hislop
conversações do professor * com
parentes falecidos – II, 42
história da família – VII, 97
personalidade dupla e – IV, 59

Histeria
significado da palavra – IV, 65

História da diplomacia europeia
Alemanha e – XVII, 261
Inglaterra e – XVII, 260
Rússia e – XVII, 260

Hoffmann, Camille, Sra., vidente
caso do jovem Charles Chapeland
e – V, 81, nota
desaparecimento do Sr. Louis
Cadiou e –V, 81

Holland, Srta.
explicação do desaparecimento da
* por um sonho – V, 78

Homem(ns)
admiração pelos frutos da
dor e – XXVI, 354
analogia entre a vida do * e o Sol
das regiões polares – X, 119
aparecimento do * na escala
dos seres – IX, 113
aparecimento do primeiro * no
planeta – IX, 113
aproximação dos * pela desgraça
– XXVII, 371
causa da fraqueza da ação
moral do – XV, 229
consequências do desconhecimento
dos direitos do – II, 37
consequências do desconhecimento
e transgressão da lei e – XIX, 278
doutrina socialista e ignorância do
princípio essencial do – introd., 11
Espírito exteriorizado e força
vital do – V, 70, nota
espírito, matéria e – III, 54
governo do * social – introd., 11
grandeza e valor do – XXIV, 331
lado mais fraco da doutrina

socialista e – introd., 11
lei da evolução e espiritualidade
   do – IX, 112
libertação das paixões e da
   ignorância e – XXII, 324
medida da verdadeira grandeza
   do – XXVII, 361
obreiro da libertação e – XXII, 24
privilégios do – II, 37
reparação do mal no plano
   físico e – XVIII, 271
restauração da educação do – introd., 13
único castigo e única recompensado
   – X, 133, nota

Homem de gênio
   Invisível, No, e – II, 46, nota

Hopkins, Ella, cega e surda-muda
   Chicago Chronicle e – XXI, 304
   sexto sentido e o caso da
   menina – XXI, 304

Hugo, Victor
   Post scriptum de ma vie e – XXI, 299

Human Personality
   Friedrich Myers e – introd., 9,
   nota; XII, 145, nota
Humanidade
   condição para a renovação
   religiosa da – I, 24
   esboço da trajetória à * futura – introd., 15
   esboço do pensamento crescente
   da – introd., 14
   Espiritismo e renovação da– XXIII, 327
   gradiosidade na marcha da – XV, 232
   história da alma e história da – IX, 112
   lei do progresso, guia da – IX, 112
   mergulho no materialismo e – introd., 13

I

Iamato Damachi
   significado da expressão –
   XVII, 249, 250, nota

Idade Média
   doutrina das vidas sucessivas e – XVII, 254

Igreja
   condições boas ou más da vida
   futura e – X, 124
   Cristianismo e – I, 23
   declaração de pastor eminente da
   * reformada e – II, 32, nota
   dogmas, artigos de fé e – XVII, 254
   incapacidade para afastamento
   do perigo e – introd., 13
   motivo do afastamento dos
   pensadores da – I, 23
   Natureza e futuro da alma e – introd., 7
   origem dos males de nossa
   época e – introd., 7
   prece usada na – XXI, 317

Igreja Anglicana, congresso da
   conferência sobre a reencarnação
   e – XVI, 247

Inconsciente
   retorno das impressões da vida
   celeste ao – XIII, 162

Incorporação
   distinção entre * e fenômeno de
   segunda personalidade – IV, 59

Incredulidade
   credulidade ingênua e *
   sistemática – II, 38, nota

Índia
   metempsicose e – XVII, 251, nota
   vidas sucessivas e – XVII, 249

Infelicidade
   causa da – XIX, 282

Inspiração
   Andrew Jackson Davis e – XXI, 314
   Emerson e fenômeno da – XXI, 313

Jean-Jacques Rousseau e – XXI, 314
   Novalis e – XXI, 313
   perda da consciência e – XXI, 312
   Thomas Paine e – XXI, 312
   Walter Scott e – XXI, 313

Instinto
   razão e desaparecimento do – XXII, 322

Índice geral

Inteligência
  depuração da * pelo amor – XXV, 343
  leitura, meio seguro de fortalecimento
    da – XXIV, 333
  predomínio da – VI, 89

Introspecção
  estudos das escolas antiga e – IV, 57

Intuição
  ideia do Amor eterno e – XXV, 344
  inspiração e – XXI, 311, 312

Inumação
  enterramento de pessoas em estado de
letargia e – X, 124, nota
  separação do Espírito, * ou
    cremação – X, 124, nota

Invisível, No
  Aparições e materializações de
    Espíritos e – I, 25, nota
  caso da senhorita Beauchamp
    e – IV, 62, nota
  conversações do professor Hyslop com
    parentes falecidos e – II, 42
  escrita direta e – II, 27, nota
  estudo do Mundo Invisível e – XI, 136
  G. Pelham e – IV, 59, nota
  homem de gênio e – II, 46, nota
  incorporação e – II, 27, nota
  Léon Denis e – I, 25, nota; II, 27,
    nota; II, 29, nota; II, 40, nota; II,
    42, nota; II, 46, nota; III, 50, nota;
    IV, 59, nota; IV, 62, nota; IV, 66;
    V, 76, nota; VI, 85, nota; VII, 100,
    nota; XI, 136, nota; XIV, 179, nota;
    XV, 231, nota; XXV, 341, nota
  Léon Denis, ensinamentos de guias
    espirituais e – II, 29, nota
  mediunidade gloriosa, A, e – XV, 231, nota
  perispírito, placas fotográficas
    e – III, 50, nota
  Sociedade de Pesquisas Psíquicas
    de Londres e – VI, 85, nota
  tiptologia e – II, 27, nota
  sugestão, autossugestão e – XX, 292, nota

Invólucro fluídico ver Perispírito

Istrat
  caso de desdobramento do ser
    humano e – VI, 87

J

Jaffeux, Th., Sr., advogado
  anúncio antecipado de
    reencarnação e – XIV, 212

James, William, psicólogo
  Ciência e o mundo real e – 303, notas
  consciência profunda e – 303, nota
  consciência, centro da personalidade
    e – XXI, 301
  êxtase e – XXI, 308, nota
  L'Expérience Religieuse e – XXI, 300,
    nota; 303, notas; 304, notas
  misticismo e – XXI, 308, nota

Janet, M. Pierre, professor da Sorbone
  Bulletin de l'Institut Psychologiquee
    – XX, 292, nota
  *Bulletin de la Société de Psychologie
    Physiologique* e – VI, 84, nota
  caso do sujet Rosa e – XIV, 180
  comunicação telepática a
    distância e – VI, 84, nota
  L'Automatisme Psychologique e – XIV, 180
  Une extatique e – XX, 292, nota

Japão
  Iamato Damachi e – XVII, 249, 250, nota
  Kakoro, e – XVII, 249, 250, nota
  vidas sucessivas e – XVII, 249, 250, nota
Jerônimo de Praga, Espírito
  guia espiritual de Léon Denis e – II, 43
Jerônimo, São
  reencarnação e – XVII, 254

Jesus
  velamento e obscurecimento
    do pensamento de – I, 22

João, Evangelho de
  reencarnação e – XVII, 253, nota

Joire, Dr.
  medição da força radiante
    e – VIII, 103, nota

Journal de Charleroi
   Eneias de Gaza e – XIV, 214
   injustiça no castigo de falta
      esquecida e – XIV, 214
   Théophraste, diálogo, e – XIV, 214

Journal des Débats
   percepção de vidas anteriores e – XIV, 206
   sonho premonitório e – V, 77

Journal Littéraire
Joseph Méry e – XIV, 202, 203
   concepção das múltiplas vidas do ser
      e – XIV, 202, 203

Júpiter
   lugar futuro dos seres humanos e – X, 121

Justiça
   doutrina das vidas sucessivas
      e – XVIII, 271
   eternidade e imutabilidade da – XIV, 215
   lei da alma e do Universo
      e – XVIII, 270, 271
   Lei Divina dos destinos e *
      humana – XIX, 277

K

Kakoro,
   Japão, vidas sucessivas e –
      XVII, 249, 250, nota

Kant, Immanuel, filósofo
   Crítica da razão pura, e – XXI, 300
   razão humana e – XXI, 300

Kardec, Allan
   críticas a * pela ideia de castigo
      e expiação – XXVI, 356
   Céu e o inferno, O, e – X, 124, nota
   dogmatismo e espírito de seita e – II, 45
   Livro dos espíritos, O, e método
      adotado por – II, 29-30
   Livro dos médiuns, O, e – II, 28, nota
   magistral exposição de – II, 29

Keller, Hellen, menina cega e surda-muda
   comentários da Sra. Maëterlinck

      sobre o caso da – XXI, 306
   conversação em três línguas
      e – XXI, 306, nota
   desenvolvimento dos sentidos
      psíquicos e – XXI, 306

King, Kate, Espírito
   William Crookes, *Sir*, e – VII, 92

L

L'Automatisme Psychologique
   M. Pierre Janet, professor de
      Psicologia na Sorbonne, e –
      VIII, 104, nota; XIV, 180

Laço fluídico ver Perispírito

Lacoste, Sr.
   opinião do * sobre despertamento
      de recordação anterior ao
      nascimento – XIV, 196, nota

Lagrange, C. de, cônsul de França
   menino com a faculdade de médium
      curador e – XIV, 205, nota

Lamartine
   Chute d'un Ange, La, e – XIV, 202
   Histoire de la Littérature
      Française e – XIV, 202
   Jocelyn, e – XIV, 202
   reminiscências de passado
      longínquo e – XIV, 201
   Voyage en Orient, e – XIV, 201

Lancet, de Londres
   caso de ecmnésia e – XIV, 173, nota
   Henri Frieborn, Dr., e – XIV, 173

Laura, Srta., médium-falante
   Annales des Sciences Psychiques e
      – VII, 97; VII, 98, nota
   Edmonds, juiz, e – VII, 97

L'Expérience Religieuse
   William James e – XXI, 300, nota; 303,
      nota; 304, notas; XXI, 308, notas

L'Extériorisation de la Sensibilité
   de Rochas, coronel, e – XI,

Índice geral

137; XIV, 180, nota
sensibilidade, percepções e – XI, 137, nota

Legislador
defeitos de nossa organização
social e – XVIII, 274

Lei
consequências da transgressão
da – XIX, 281

Lei da evolução
espiritualidade do homem e – IX, 112
segredo da – XX, 291

Lei da gravidade
influência da * sobre o Espírito – XIII, 168
influência da * sobre os Espíritos
puros – XIII, 168

Lei da hereditariedade
dificuldades para manifestações da
individualidade e – XV, 219

Lei das vibrações
astros, almas e – VI, 88
Universo e * harmônicas – VIII, 103
William Crookes e – VI, 89, nota

Lei de ascensão
problemas do ser e – prof., 374

Lei de justiça
revelação da – XIII, 155, 157

Lei de responsabilidade
conhecimento dos efeitos da – XII, 158

Lei de solidariedade
falta à – XVI, 237

Lei Divina
belo e – I, 23
estabelecimento da ordem no mundo
moral e * dos destinos – XIX, 277
justiça humana e * dos destinos – XIX, 277

Lei do Progresso
cadeia das espécies e – IX, 112, nota
guia da Humanidade e – IX, 112
princípio inteligente e – IX, 112
universalidade e – IX, 112

Lei do renascimento
explicação e complemento do princípio
da imortalidade e – XIII, 153

Leibniz
*Nouvelles Recherches sur la Raison
Humaine* e – III, 50, nota

Letes
significado da palavra – XVI, 240, nota

Letres à Mlle. Th. V.
Didon, padre, e – II, 32, nota

Lewis, magnetizador
Revue Scientifique du Spiritisme
e caso do – VI, 87, nota

L'homme de Génie
Cesare Lombroso e – XV, 220, nota
criança-prodígio e – XV, 220, nota

L'Hystérie et l'Hypnotisme
ecmnésia e – XIV, 173
Pitre, Dr., e – XIV, 173

Liberdade
condição necessária da alma
humana e – XXII, 319
disciplina moral e – XXII, 323
escassez da * nos graus inferiores
– XXII, 322
limitação da * no círculo de
fatalidades – XXII, 319
responsabilidade e – XXII, 319
verdadeiro Cristianismo e lei
de amor e – I, 22
vida do ser consciente e – IX, 110
vida superior e – XXII, 323

Livre-arbítrio
expansão da personalidade e da
consciência e – XXII, 320
importância do * sob o ponto de
vista jurídico – XXII, 322
mau uso prolongado do – XIII, 166
negação e restrição do – XXII, 321
presciência divina e – XXII, 320
progresso e extensão do – XXII, 320
reencarnação e – XXII, 322
revelação neo-espiritualista e – XXII, 321

Livro dos espíritos, O
   método adotado por Allan
      Kardec e – II, 29-30
   fluidos e – II, 28, nota
   magistral exposição de Allan
      Kardec e – II, 29

Livro dos médiuns, O
   Allan Kardec e – II, 28, nota
   fluidos e – II, 28, nota

Lodge, Oliver, *Sir*
   Annales des Sciences Psychiques
      e – I, 23, nota
   aparições de pessoas mortas e – VII, 92
   estudo do fenômeno espírita e – VII, 92
   membro da Academia Real
      e – I, 23, nota
   reitor da Universidade de
      Birmingham e – I, 23, nota
   síntese filosófica de Friedrich
      Myers e – II, 35

Lombroso, Cesare, professor da
   Universidade de Turim
   Arena, revista italiana, e – XXI, 305
   casas mal-assombradas e – VII, 96
   D'Espérance, Sra., e – VII, 95
   Eusapia Palladino, médium, e – VII, 95
   Hipnotismo e mediunidade,
      e – VII, 96, nota
   leitura com os olhos vendados
      e – XXI, 306

L'homme de Génie e – XV, 220, nota
   Politi, médium, e – VII, 95

Louise Lateau, la stigmatisée
   de Bois d'Haine
   meditação sobre a Paixão do
      Cristo e – XX, 292, nota

Lucidez
   percepções da alma no sono e – V, 77

Lutte Universelle, La
   Dantec, Le, e – VIII, 114, nota
   luta pelo desenvolvimento do princípio
      da vida e – IX, 114, nota

M

MacAlpine
   visões de – VI, 86, nota

Magnetismo
   lei que rege o ser e o Universo
      e – introd., 13

Mal
   atributo da vida terrestre e – XVIII, 270
   Catolicismo e – XVIII, 269
   consciência e sanção do bem
      e do – XXVI, 357
   Espiritismo e resolução do problema
      do – XVIII, 269, 270
   existência do * moral na alma – XXVI, 359
   fonte geradora do – XIX, 278
   materialistas e – XVIII, 269
   meio de elevação e – XXVII, 369
   origem de todos o nosso – introd., 11
   razão de ser do – XVIII, 270
   reparação do * no plano físico – XVIII, 271
   resgate do * pela dor – XIX, 277

Maladies de la Personnalité, Les
   Th. Ribot e – IV, 58, nota

Manifestação física
   escrita direta e – II, 27
   incorporação e – II, 27
   tiptologia e – II, 27

Manuel Pratique du Magnétisme Animal
   percepção de moribundos
      e – X, 130, nota
   Teste, Dr., e – X, 130, nota

Marata, Esteva
   despertamento de recordação anterior
      ao nascimento e – XIV, 173
   experiências de * sobre lembranças
      de vidas anteriores – II, 28
   presidente da União Espírita de
      Catalunha e – XIV, 182
   renovação das recordações anteriores
      ao nascimento e – XIV, 182

Marchal, padre
   Espírito consolador, O, e – II, 32, nota

Índice geral

Marcos, Evangelho de
   reencarnação e – XVII, 252, nota

Mason, Dr.
   caso de personalidade múltipla
     e – IV, 63, nota

Matéria
   alma e libertação gradual das
     escravidões da – XII, 147
   familiarização com os estados sutis
     e invisíveis da – VII, 92
   instrumento de progresso e – XXVII, 369
   oposição da * à manifestação
     do pensamento – IX, 111
   representação da água entre os
     hebreus e – XVII, 253
   solidificação da * e fluido
     universal – II, 28, nota
   unidade e – III, 55
   vozes do sacrifício e do dever
     e instintos da – III, 53

Materialismo
   anarquia e – XI, 136
   impotência na ordem social e – I, 22
   incerteza da alma de nossos
     filhos e – introd., 8
   insuficiência do – XXVII, 361
   mergulho da Humanidade no – introd., 13
   moral do – I, 23
   negação da liberdade humana e da
     responsabilidade e – introd., 12
   problema da dor e – XXVII, 362, 369
   Stuart Mill e – introd., 8
   terreno perdido pelas igrejas
     e – XXVII, 363

Materialista
   mal e – XVIII, 269
   progresso, palavra vazia na
     boca do – introd., 15

Materialização
   ação da força fluídica do
     médium na – XIV, 179

Mateus, Evangelho de
   reencarnação e – XVII, 252, notas

Matin, Le
   caso do jovem Charles Chapeland
     e – V, 81, nota
   desaparecimento do Sr. Louis
     Cadiou e –V, 81

Maxwell, J,. doutor em Medicina
   Agullana, Sra., sujet, e – V, 80, nota
   amnésia e – XIV, 172
   Espiritismo e – II, 36
   Phénomènes Psychiques, Les, e –
     II, 36, nota;V, 80, nota; VII,
     100, nota; XIV, 172

Mayo, Herbert, Dr.
   fenômeno de memória quíntupla
     e – IV, 62, nota

Mayo, Marie, Srta.
   A. Bouvier, experimentador,
     e – XIV, 195, nota
   caso da – XIV, 190, 191, nota; XIV, 192,
     nota; XIV, 193, nota; XIV, 195, notas
   encadeamento dos estados físicos
     e mentais e – XIV, 195
   fenômeno da exteriorização e – XIV, 191
   renovação da vida atual e das vidas
     anteriores e – XIV, 190, 191, nota

Médecine Française
   Berthe, Sra.,vidente, clarividência e – V, 80

Mediador plástico ver Perispírito

Meditação
   mundo espiritual e – XXIV, 334

Médium
   ação da força fluídica do * na
     materialização – XIV, 179
   anúncio antecipado da presença do
     Espírito Azul e – II, 41, nota
   condições especiais para
     exercício do – XV, 231
   discurso de * de saber e caráter
     modestos e – II, 42
   distinção do Espírito pelo
     cheiro e – II, 41, nota
   Espírito inspirador e – XXI, 311
   ideias acerca da vida futura e – II, 38, nota

opinião do * nas comunicações
espíritas – II, 38, nota

Mediunidade
ação dos sentidos da alma e – XXI, 309
diferenças entre manifestações da
criança-prodígio e – XV, 231
exercício da * intuitiva no estado
de vigília – XXI, 312
gênio e – XV, 231
visão e audição interiores e – XXI, 307

*Mémoire Présenté au Congrès
de Psychologie de Paris*
Pascal, Dr., e – V, 72, nota

Memória
abrangência da * profunda – V, 74
alcance da * distanciada da vida
de vigília – V, 75, nota
amortecimento do movimento vibratório
do perispírito e – XIV, 171
caso de Louis Vivé e regressão
de – IV, 61
causa da perda de * das vidas
passadas – XIII, 162
células cerebrais e – III, 51
Charles Richet, prof., e
indelebilidade da – XIV, 170
conceito de – XIV, 170
despertar da – XIV, 170
extinção e despertamento da – VIII, 106
fase do sono e estado da – VIII, 107
fenômeno de * quíntupla – IV, 62, nota
períodos de eclipse ou de
esplendor e – XIV, 171
precariedade e restrição da
* normal – V, 74
sono e camadas extensas da – V, 74
sono hipnótico ordinário e – V, 75,
nota
sono ordinário e – V, 75

Menino-prodígio
atavismo, hereditariedade e – III, 53
músico, pintor, poeta e – XIII, 153

Mens sana in corpore sano
exceções à máxima – III, 52

Méry, Joseph
concepção das múltiplas vidas
do ser e – XIV, 202
Journal Littéraire e – XIV, 202, 203

Metempsicose
Egito e – XVII, 251, nota
Grécia e – XVII, 250, nota
Índia e – XVII, 251, nota

Michelangelo
princípio do aperfeiçoamento
íntimo e – XXVI, 350

Mijatovitch, Chedo, Sr.
fenômeno de comunicação durante
o sono e – VII, 99

Milagres e o espiritismo moderno, Os
Russel-Wallace e – II, 38, nota

Milèsi, prof. da Universidade de Roma
materializações de Espíritos
e – VII, 94, nota

Mill, Stuart
materialismo e – introd., 8

Monismo
negação da liberdade humana e da
responsabilidade e – introd., 12

Moniteur des Études Psychiques
Jacques Brieu e – XVI, 241, nota
teoria da reencarnação e – XVI, 241

Moody, Dwight L., propagandista
evangélico
percepção de moribundo e – X, 128

Moral
abalo nas bases essenciais
da – introd., 13
causa da crise – introd., 10
construção do ideal – XXIV, 336
criação e desenvolvimento da
qualidade – XIX, 279
disciplina * e liberdade – XXII, 323
existência do mal * na alma – XXVI, 359
explicação para a força * na
luta – XXV, 342

inferioridade *, origem de todos
  os nossos males – introd., 11
lassidão * e abatimento – introd., 9
pessimismo, doença * do nosso
  tempo – introd., 9
preceito por excelência da *
  espírita – XVI, 237
prelúdio da revolução – VI, 89
processo da evolução– XIX, 280
remédio para a anemia – XXIII, 329
restabelecimento do equilíbrio
  – XIX, 279

Moribundo
  Annales des Sciences Psychiques e
    percepção de – X, 128, 130, nota
  Florence Marryat, Sra., e
    percepção de – X, 130
  impressão telepática de – XXI, 307, nota
  leitura do pensamento e percepção
    de – X, 130, nota
  lucidez de – IV, 65
  Paul Edwards, Dr.,e percepção de – X, 129
  percepções de – X, 128
  Proceedings of the S. P. R., e
    percepção de – X, 130
  Some Reminiscences
    e percepção de – X, 128
  subconsciência e percepção
    de – X, 130, nota

Mort et l'Au-Delà, La
  Carl du Prel e – introd., 8, nota

Morte
  ausência de dor no instante da– X, 125
  causa do medo da – X, 122, 125
  conceito de – VII, 91; X, 119, 121;
    XI, 135; XI, 137; prof., 374
  concepção da * para o
    espiritualista – X, 122
  condição para obtenção de * suave
    e tranquila – X, 132
  consequências da extinção da – X, 123
  considerações sobre a * de criança
    em tenra idade – XIX, 281
  dor no instante da – X, 125
  doutrina materialista e – X, 122
  ensino e cerimonial das igrejas e – X, 122
  importância da * na evolução
    dos seres – X, 123
  impressões de Charles Fritz
    logo depois da – XI, 139
  libertação completa da alma e – V, 69
  nível de sofrimento no
    instante da – X, 125
  privação das coisa da Terra e – X, 122
  renascimento e – X, 120
  resolução do problema da *
    e da dor – II, 32
  sensações que precedem a – X, 125
  situação do Espírito depois da – XI, 138
  transição entre dois atos do
    destino e – X, 121
  visão espírita da – XXVII, 365

Morte prematura
  considerações sobre – X, 126

Morton-Prince, Dr.
  *Association of a Personality,
  The,* e – IV, 62, nota
  caso da senhorita Beauchamp
    e – IV, 62, nota

Moses, Stainton, pastor da
  Igreja Anglicana
  escrita direta e – II, 40, nota
  Ensinos espiritualistas e – II, 32, nota, 39
  percepção de moribundos e – X, 131

Mulher
  aperfeiçoamento moral e social e
    educação da – XIII, 165
  família forte, sociedade grande
    e – XIII, 166
  papel da * na vida dos povos – XIII, 165

Mundo espiritual
  estudo do– XI, 136
  Friedrich Myers e existência de um – IV, 58
  linguagem do – XII, 148
  meditação e – XXIV, 334

Mundo imperfeito
  características das almas e – XVIII, 270

Mundo Invisível ver Mundo Espiritual

Mundo moral
    manifestação da força cega e
        irresponsável e – introd., 12

Mundo(s)
    condição para subir na hierarquia
        dos – XXVI, 359
    ordem física do * e estado moral
        da sociedade – XVIII, 270

Myers, Friedrich, professor
    alcance da memória distanciada da
        vida de vigília e – V, 75, nota
    aparições de pessoas mortas e – VII, 92
    autoprojeção e – VI, 84, nota
    caso de personalidade múltipla
        e – IV, 63, nota
    casos de aparições de pessoas
        mortas e – VI, 92, nota
    Cristianismo e – I, 21
    ecmnésia e – XIV, 176
    engano dos psicólogos
        materialistas e –IV, 58
    estudo do fenômeno espírita e – VII, 92
    existência de um Mundo
        Espiritual e – IV, 58
    êxtase e – VII, 102
    faculdades dos invisíveis de situação
        média e – XI, 142, nota
    histéricos e – IV, 66
    Human Personality e – introd.,
        9, nota; XII, 145, nota
    inspiração do gênio e – IV, 66
    Personnalité Humaine, La, e – II, 36,
        nota; IV, 58, nota; IV, 61, nota; IV,
        63, nota; IV, 66, nota; V, 71, nota; V,
        74, nota; V, 75, nota; VI, 84, nota;
        VI, 87, nota; VII, 92, nota; VII,
        101, nota; X, 133, nota; XI, 142,
        nota; XIV, 176, nota; XIV, 177,
        nota; XVI, 242, nota; XVI, 246
    *Personnalité Humaine, La; sa Survivance,
        ses Manifestations Supranormales*
        e – II, 35, nota; IV, 58, nota
    possessão e – VII, 101, notas
    reencarnação e – XVI, 246
    reminiscências de Platão e – XIV, 177
    resultado permanente de um
        sonho e – V, 74
    Society for Psychical Researches,
        de Londres, e – II, 35
    sugestão e – V, 71, nota

Myst. Ercheinungen
    atestado de Perty e – XI, 144, nota
    consciência superior e revisão de
        toda a vida e – XI, 143, nota

N

Napoleão
    causas principais da queda
        de –XVII, 260, nota

Nascimento
    morte para a alma e – XI, 137
    despertamento de recordação
        anterior ao – XIV, 173, 181

Naturalismo
    Hegel e – introd., 8
    incerteza da alma de nossos
        filhos e – introd., 8

Natureza
    aviso da * e dor física – XXVI, 352
    lei fundamental da * e da vida – introd., 11

Nietzsche
    influência da doutrina de – introd., 9, nota

Niilismo
    Espíritos de escol e * metafísico – introd., 12

*Nouvelles Recherches sur la
    Raison Humaine*
    Leibniz e – III, 50, nota

Novo Testamento
    reencarnação e – XVII, 252

O

Obra Divina
    dilatação da concepção da – VII, 102

Obsessão
    sonho e – V, 74

Índice geral

Ódio
   aproximação dos inimigos de
      outrora e – XIII, 163

Oração ver Prece

Origem espiritual
   prova da nossa – III, 53

Orígenes
   Princípios, Dos, livro I, e – XVII, 254
   reencarnação e – XVII, 254

Owen, R. Dale
   aparições de pessoas mortas e – VII, 92
   estudo do fenômeno espírita e – VII, 92

P

Padre
   crença comunicada às almas e – introd., 7

Paganismo
   caráter do – I, 21
   problema da dor e – XXVII, 362

Paix Universelle, Lyon
   A. Bouvier, experimentador, e – XIV, 195

Paixão(ões)
   aplacamento do murmúrio das – IX, 115
   religião e freio às * violentas – I, 22

Palavra
   criação da – IX, 113

Palladino, Eusapia, médium
   Lombroso, prof. da Universidade
      de Turim, e – VII, 95

Paquet, Agnés

Phantasms of the living e – VI, 85, nota

Paralelismo Psicofísico
   Bourru, Dr., e – VIII, 104, nota
   Burot, Dr., e – VIII, 104, nota
   Janet, M. Pierre, prof. da Sorbone,
      e – VIII, 104, nota
   Pitre, Dr., e – VIII, 104, nota
   Psicologia e – VIII, 104, nota
   Sollier, Dr., e – VIII, 104, nota

Parker, Gilbert, *Sir*
   aparição na sessão do Parlamento na
      Câmara dos Comuns e – VI, 86, nota

Parville, M. Henri de
   sonho premonitório e – V, 77

Pascal, Dr.
   estudo das vidas anteriores e – XVII, 263
   *Mémoire Présenté au Congrès de
      Psychologie de Paris* e – V, 72, nota
   sentidos e – V, 72, nota

Passado
   conhecimento do * acusador – XIV, 214
   despertamento do * durante o sono – V, 75
   fenômeno da reconstituição
      artificial do – VIII, 107
   gênio, aquisição do – XV, 231
   necessidade da ignorância do – XIV, 215
   prova de identidade de personalidade
      do – XVI, 242, nota
   revivescência do – VIII, 104
   semente do * e teia do destino – XIII, 155

Passe
   desprendimento e * magnético – XIV, 176
   função do – VIII, 105, 106

Pecado
   ideia da confissão e da absolvição
      e – XVI, 236

Pelham, G.
   personalidade dupla e – IV, 59, nota
   revelação post-mortem e – VII, 97

Pena de talião
   mundo das almas e – XIII, 165
   reparação e – XXVI, 357

Pensamento
   ação do * e da vontade sobre
      o perispírito – XIX, 279
   Catolicismo e imobilização do – I, 22
   considerações sobre transmissão
      do – II, 38, nota
   contato pelo * com os escritores
      de gênio – XXIV, 333
   descoberta de riquezas espirituais
      e – XXIV, 334

disciplina do * e reforma do
   caráter – XXIV, 331
encontro pelo * com entes
   amados – I, 25, nota
esboço do * crescente da
   Humanidade – introd., 14
essência do Mundo Espiritual e – XI, 141
estado de perturbação e *
   da alma – X, 125
evolução do – I, 19
fiscalização do – XXIV, 333
forma do espírito e – III, 54, nota
forma, * materializado – III, 54
gênios do Espaço, guia do – II, 31, nota
grandeza e valor do homem e – XXIV, 331
hipnotismo e ação reflexa do – XIV, 179
importância do estudo do – XXIV, 331
influência do * sobre a matéria
   fluídica – XIV, 179
influência do * sobre o corpo – XIV, 178
leitura do * no cérebro – VI, 89
manifestação do * do homem a
   todas as distâncias – VI, 89
missão dos obreiros do – XXIII, 325, 326
novo edifício moral no *
   humano – XVIII, 272
oposição da matéria à manifestação
   do – IX, 111
prece improvisada e – XXIV, 332
prelúdio de um movimento
   do – I, 23, nota
primeiro problema que se
   apresenta ao – III, 49
realização da beleza na força e
   na unidade do – I, 26
realização da harmonia do – II, 46
renovação do * com os segredos
   do Além – introd., 15
retorno da má vibração do
   ato e do – XIX, 278
salvação para o – introd., 13
transmissão do * e confirmação da ação
   da alma sobre a alma – II, 28
vontade, * e sugestão – V, 71

Percepção
   condição para o aumento dos meios
   de * do Espírito – VII, 91

Perceptions Psychiques et les Animaux
   Ernesto Bozzano e – VI, 89, nota

Perispírito
   ação do pensamento e da vontade
     sobre o – XIX, 279
   alma e – III, 49
   amortecimento do movimento
     vibratório do – XIV, 171
   características do – III, 50
   ciência fisiológica e – III, 50, nota
   concentração da vida no – XI, 135
   condição para materialização e
     purificação do – XIII, 168
   considerações sobre – XIII, 162
   ensaio do * para a vida superior – V, 73
   estado de perturbação e – XI, 138
   fluido vital e – XIII, 162
   função do – III, 560; VIII, 105; XIII,
     161, 162; XIV, 179,180; XIX, 279
   livro da vida e – XIV, 216
   modelagem da alma e do – XXIV, 331
   passagem livre às radiações da
     alma e – XII, 149
   propriedades do – III, 50, nota
   provas objetivas e subjetivas da
     existência do – III, 50, nota
   repercussão da dor física no – XXVI, 353
   sugestão e abalo vibratório do – VIII, 106
   transmissão da vontade da alma
     ao cérebro e – V, 70
   veículo da alma e – VII, 92
   vida ativa e – VIII, 105

Personalidade
   ciência materialista e alterações
     e dissociações da – IV, 65
   complemento da * pela manifestação
     da consciência moral – XXI, 301
   constituição da – III, 53
   essência da – IV, 57
   estados distintos da consciência
     e da – XIV, 176
   sonambulismo e manifestação
     da * oculta e – IV, 65
   sugestão e * dupla – V, 70

Personalidade múltipla
   Altérations de la Personnalité,

Les, e – IV, 64, nota
Changements de la Personnalité, Les, e – IV, 64, nota
Double Personnalité, ses Rapports avec l'Hypnotisme et la Lucidité e – IV, 64, nota
Grande Hystérie chez l'Homme, La, e – IV, 64, nota

Personnalité Humaine, La
– IV, 63, nota

Proceedings S. P. R., e – IV, 64, nota
Suggestion Mentale, De la, e – IV, 64, nota

Personalidade psíquica ver Alma

Personnalité Humaine, La
aparição e anúncio de morte iminente e – VII, 92, nota; VII, 93, nota
caso de Louis Vivé e – IV, 61, nota
caso de personalidade múltipla e – IV, 63, nota
fatos psíquicos e – II, 36
Friedrich Myers e – II, 36, nota; IV, 58, nota; IV, 61, nota; IV, 63, nota; IV, 66, nota; V, 71, nota; V, 74, nota; V, 75, nota, VI, 84, nota; VI, 87, nota; VII, 92, nota; VII, 101, nota; X, 133, nota; XI, 142, nota; XIV, 176, nota; XIV, 177, nota; XVI, 242, nota, 246
possessão e – VII, 101, notas
prova de identidade de personalidade do passado e – XV, 242, nota
síntese filosófica e – II, 35-36, nota

Perturbação
características da – X, 125
crentes ortodoxos e estado de – XI, 139
duração da – X, 125; XI, 138
Espírito adiantado e estado de – XI, 138
Espírito cético e – XI, 139
Espírito inferior e estado de – XI, 139
perispírito e estado de – XI, 138
preparação para a vida do Além e – X, 127-128
situação da alma no estado de – X, 125; XI, 138
suicida e – X, 127

Pessoa sugestionável
características da – V, 71

Petit Journal, crônica
Francisque Sarcey e – introd., 8, nota

Phantasms
caso da Sra. de Fréville e – VII, 93, nota

Phantasms of the living
aparecimento do irmão de Clerk e – VI, 86, nota
Agnés Paquet e – VI, 85, nota
Friedrich Myers e – VI, 85, nota
Hawkins, Sra., e – VI, 85, nota
transmissão do pensamento a distância e – VI, 85, nota
visões de MacAlpine e – VI, 86, nota
visões de um marinheiro e – VI, 86, nota

Phénomènes Psychiques, Les
distinção do Espírito pelo cheiro e – II, 41, nota
J. Maxwell, doutor em Medicina, e – II, 36, nota; V, 80, nota; VII, 100, nota; XIV, 172

Philos der Mystik
consciência superior e revisão de toda a vida e – XI, 143, nota

Pictet, Raoul, professor
Étude Critique du Matérialisme et du Spiritisme par la Physique Expérimentale e – introd., 9, nota

Pitágoras
recordação de vidas anteriores e – XIV, 201, nota
Vida de Pitágoras, e – XIV, 201, nota
vidas sucessivas e – XVII, 250

Pitre, Dr.
deão da Faculdade de Medicina de Bordeaux e – XIV, 173
ecmnésia e – XIV, 173
L'Hystérie et l'Hypnotisme, e – XIV, 173

Platão
Fédon e – XVII, 251
República, A, e – XVII, 251

Timeu e – XVII, 251
vidas sucessivas e – XVII, 250

Politi, médium
Cesare Lombroso e – VII, 95

Positivismo
Auguste Comte e – introd., 8
consequências funestas e – introd. 12
incerteza da alma de nossos
filhos e – introd., 8

Possessão
Friedrich Myers e – VII, 101, notas

Post scriptum de ma vie
Victor Hugo e – XXI, 299

Povo
causa da felicidade e poder do – introd., 12
condição para libertação de
um – XXII, 323
exploração das paixões e ambições
do – introd., 12

Prece
importância da * improvisada – XXI, 317
importância da * no estado de
perturbação – X, 125
pensamento e * improvisada – XXIV, 332
telepatia e – VI, 88
uso da * na igreja – XXI, 317

Prel, Carl du
consciência superior e revisão de
toda a vida e – XI, 143, nota
*Doctrine Monistique de l'Ame,
La,* e – III, 50, nota
Mort et l'Au-Delà, La, e – introd., 8, nota
Philos der Mystik e – XI, 143, nota
vida terrestre, vida do Espírito e – XI, 137

Princípio inteligente
espírito e – III, 54, nota
Lei do Progresso e – IX, 112
três reinos e – IX, 112

Principles of Psychology
caso de Mary Reynolds e – IV, 61, nota
William James e – IV, 61, nota

Proceedings of S. P. R.
Agnés Paquet e – VI, 85, nota
caso da Sra. Piper e – VII, 97, nota
caso de Edwin Russel e – VII, 93, nota
caso de Robert Mackenzie e – VII, 93, nota
caso de um pai de família e – VII, 93, nota
caso do mancebo e – VII, 93, nota
caso do Sr. Town e – VII, 93, nota
experiências na Sociedade de Pesquisas
Psíquicas de Londres e – VI, 88, nota
Friedrich Myers e – VI, 85, nota
Newbold, professor da Universidade
da Pensilvânia, e – V, 79
percepção de moribundo e – X, 130
sonho da Duquesa de Hamilton
e – V, 76, nota
sonho do Dr. Hilprecht e – V, 79
transmissão do pensamento a
distância e – VI, 85, nota
visões de MacAlpine e – VI, 86, nota

*Proceedings da Sociedade de Pesquisas
Psíquicas de Londres*
fantasmas dos vivos e – V, 78, nota

Progressive Thinker, de Chicago
sonho premonitório e – V, 76, nota

Progresso
educação, poderoso fator do – introd., 14
extensão do livre-arbítrio e – XXII, 320
fé no * e fé no futuro – introd., 15
objetivo do – introd., 15
sofrimento, instrumento por excelência
da educação e do – IX, 110

Projeção a distância do
pensamento ver Telepatia

Protestantismo
vidas sucessivas e – XVI, 243

Provação
aceitação da * sem amargura – XXIV, 337

Psicometria
considerações sobre – XXI, 310, nota

Psychic Magazine
Gaston Durville, Dr., e – XIV, 207

Laura Raynaud, Sra., e – XIV, 207
  percepção de vidas anteriores e – XIV, 207

R

R. L..., Srta.
  Dufay, Dr., e – IV, 61

Revue Scientifique e caso da – IV, 61

Raça
  preconceitos de * e de religião
    – II, 33; XVI, 243
  renovação da – IX, 113

Radioatividade
  lei que rege o ser e o Universo
    e – introd., 13

Rafael
  Doute, Le, e – II, 32, nota

Raschse, Carne, major *Sir*
  aparição do * na sessão do Parlamento
    na Câmara dos Comuns e – VI, 86

Razão
  desaparecimento do instinto e – XXII, 322
  união da * humana com a razão
    divina – IX, 112

Recherches sur la Mediumnité
  Gabriel Delanne e – II, 40, nota

*Recherches sur les Phénomènes
  du Spiritisme*
  Kate King, Espírito, e – VII, 92, nota
  William Crookes, *Sir*, e – VII, 92, nota

*Recherches sur les Problèmes
  de la Physiologie*,
  Claude Bernard e – III, 50, nota

Recordação
  condição para exercício da – XIV, 172
  despertamento de * anterior ao
    nascimento – XIV, 173

Reencarnação
  aceitação ou escolha espontânea
    da – XVI, 240
  caso da * do Sr. Tucker – XIV, 205
  egoísta, orgulhoso, paixões e
    doutrina da – XVI, 237
  escolas espiritualistas e – XIII, 158
  esquecimento das existências
    anteriores e – XIV, 200
  influência dos Espíritos na
    hora da – XIX, 279
  influência moral da doutrina
    da – XVI, 235-236
  Jacques Brieu e teoria da – XVI, 241, nota
  livre-arbítrio e – XXII, 322
  objeções à doutrina da – XVI, 235
  reparação das faltas cometidas e – XIII, 153
  testemunhos obtidos na América e na
    Inglaterra favoráveis à – II, 34
  Van Helmont e – XVII, 255
  Window's Mite, The, e – XVI, 243

Reincarnation, La
  regresso da alma à carne e – XIII, 168, nota

Religião
  conceito de – I, 23
  conhecimento para encaminhamento da
    existência terrestre e – introd., 7
  contribuição da * para a
    educação humana – I, 22
  criação de * exotérica para
    Espíritos infantis – II, 47
  dogmas, mistérios e – I, 24
  Espiritismo e * do futuro – XXIII, 327
  fenômenos ocultos e * pagã – I, 21
  freio às paixões violentas e – I, 22
  imobilidade e inflexibilidade
    dos dogmas e – II, 45
  noção moral no íntimo das
    consciências e – I, 22
  problema da dor e – XXVII, 362

Remorso
  responsabilidade e sensação do – XXII, 319

Renouvier, Charles
  teoria das causas indeterminadas
    e – XXII, 321

Reparação
  explicação para a * dolorosa – XIX, 281

Resgate
  mérito do – XVI, 240

Résie, conde de
  Histoire des Sciences Occultes,
    e – XIV, 204
  vidas sucessivas e – XIV, 204

Responsabilidade
  consciência e – XXII, 319
  dignidade, moralidade e – XXII, 319
  liberdade e – XXII, 319
  sensação do remorso e – XXII, 319
  vidas sucessivas e * individual – XVIII, 272

Ressurreição
  entrada em cena do Mundo
    dos Espíritos e – I, 21

Revelação
  falibilidade da * pessoal – II, 31
  objeções, críticas e * Espírita – II, 34
  Revista Científica e Moral do Espiritismo
  reconstituição da rememoração das
    vidas anteriores e – II, 28, nota

Revista Espírita
  fluidos e – II, 28, nota
  *Revue de Psychologie de la
    Suisse Romande*
  sonho premonitório e – V, 77

Revue des Études Psychiques
  caso do professor Sidgwick,
    e – VII, 99, nota
  materializações de Espíritos
    e – VII, 94, nota

Revue du Spiritualisme Moderne
  discurso de J. Savage, pregador
    de fama, e – II, 39-40, nota

Revue Philosophique
  fenômeno de memória quíntupla
    e – IV, 62, nota

Revue Scientifique
  caso da Srta. R. L..., e – IV, 61
  Charles Richet e – XV, 221, nota
  criança-prodígio e – XV, 221, nota

Revue Scientifique du Spiritisme
  caso do magnetizador Lewis
    e – VI, 87, nota

Revue Spirite
  Albert de Rochas, Coronel,
    e – XIV, 184, nota
  C. de Lagrange, cônsul de França,
    e – XIV, 205, nota
  reminiscências anteriores ao
    nascimento e – XIV, 184, nota

Reynolds, Mary
  Principle of Psychology e caso
    de – IV, 61, nota

Ribot, Théodule, chefe do
  Positivismo francês
  afirmações de * sobre o eu – IV, 58, nota
  despertar da memória em caso
    de acidente e – XIV, 177
  *Maladies de la Personnalité,
    Les,* e – IV, 58, nota

Richet, Charles
  Academia de Medicina de Paris e – VII, 95
  Anais das ciências psíquicas e – I, 19, nota
  indelebilidade da memória e – XIV, 170
  insuficiência das teorias da
    seleção e – IX, 113, nota
  materializações de Espíritos e – VII, 95
  Pepito Arriola e – XV, 221, nota

Rochas, Albert de, Coronel
  Annales des Sciences Psychiques e
    – VIII, 106, nota; XIV, 186,
    nota; XIV, 190, 198
  caso do rapaz Laurent V...,
    e – XIV, 186, nota
  clarividência e – XXI, 309, nota
  despertamento de recordação anterior
    ao nascimento e – XIV, 173
  experiências de * sobre lembranças
    de vidas anteriores – II, 28
  instinto do pudor e – XIV, 188
  reconstituição da rememoração das
    vidas anteriores e – II, 28, nota
  reminiscências anteriores ao
    nascimento e – XIV, 184, nota

reservas feitas pelo – XIV, 197, 198, nota
Revue Spirite e – XIV, 184, nota
vidas sucessivas, As, livro, e – II, 28, nota
Vies Successives, Les, e – IV, 62, nota; XIV, 186, nota; XIV, 196, nota; XXI, 309, nota

Roentgen
reconhecimento das forças imponderáveis e – II, 28

Rousseau, Jean-Jacques
inspiração e – XXI, 314

Ruffinus
reencarnação e – XVII, 254

S

Sacerdote
instruções dos Espíritos e – II, 32
necessidade do – I, 25

Sacrifício
prática do * nas humanidades purificadas – XXVI, 359

Salmon, Sra., médium
materializações de fantasmas e – VII, 93

Salvação
concepção católica da – XVI, 238
preço da * social – XI, 136

Sanctuaires d'Orient
festas eleusianas e – XVII, 251

Sarcey, Francisque, crítico literário
Petit Journal, crônica, e – introd., 8, nota

Saturno
lugar futuro dos seres humanos e – X, 121

Saudade
consequências da * violenta para o Espírito do morto – X, 126

Savage, J., pregador de fama
discurso de * sobre o livro de Stainton Moses – II, 39-40, nota

Schopenhauer
influência da doutrina de – introd., 9, nota

Science Expérimentale, Phénomènes de la Vie, La,
células cerebrais e – III, 51, nota
Claude Bernard e – III, 51, nota

Scott, Walter
inspiração e – XXI, 313
L'Antiquaire e – XXI, 313
vidas sucessivas e – XIV, 204
Vie de W. Scott, e – XIV, 204
Segunda personalidade
distinção entre * e fenômeno de incorporação – IV, 59
fenômeno de – IV, 59; VII, 101

Sensação
dor e prazer, formas extremas da – XXVI, 348, nota
dor física e – XXVI, 348, nota

Sensibilidade
condição para o aumento da * do Espírito – VII, 91
nascimento da – IX, 114

Sensorium
sentidos físicos e – XXI, 302
significado da palavra – XXI, 301

Sentido psíquico
método para desenvolvimento do – XXI, 317

Sexo
alma e escolha do – 164
mudança de – XIII, 164, 165

Sidgwick, professor
Thompson, Sra., médium, e – VII, 99, nota

Simandini, Espírito, princesa hindu
Héléne Smith, médium, e – XIV, 182
Theodore Flournoy, Sr., e – XIV, 182

Simpatia
explicação para a * repentina – XIV, 200

Smith, Héléne, médium
falta de precaução nas incorporações

de – XIV, 182
fenômeno da princesa hindu Simandini,
   Espírito, e – XIV, 182
Theodore Flournoy, Sr., e – XIV, 182

Socialismo
despotismo novo e – introd., 12

Sociedade
classificação do cidadão na *
   organizada – XVIII, 274
correção com amor e não com
   ódio e – XXII, 323
debilidade, impotência e divisão
   da – introd., 11
estado atual da – introd., 12
moléstias da * decadente – introd., 8
processo para melhoria da
   forma da – introd., 12
relação entre a ordem física do mundo e
   o estado moral da – XVIII, 270
transformação da – introd., 12

Sociedade de Pesquisas
   Psíquicas de Londres
aparições a distância de pessoas
   vivas e – VI, 85
Depois da Morte, e – VI, 85, nota
descobertas no domínio psíquico
   e – VI, 88, nota
Invisível, No, e – VI, 85, nota
métodos precisos e rigorosos e – XIV, 182

Society for Psychical Researches
Friedrich Myers, presidente
   honorário da – II, 35
W. Boyd-Carpenter, rev., bispo
   de Ripon e – XVI, 247

Sócrates
enterramento de – X, 124, nota
morte e – X, 134
vidas sucessivas e – XVII, 250

Sofrimento
aperfeiçoamento e purificação
   do Espírito e – XIII, 157
aspectos do – XXVI, 357, 358
atributo da vida terrestre e – XVIII, 270
condição para viver a vida
superior e – IX, 116
escola do – IX, 117
Espiritismo e revelação do papel
   do – XXVII, 364
gênio, coroação do – XXVI, 349
humildade, resignação, compaixão
   e – XXVI, 357
instrumento por excelência da educação
   e do progresso e – IX, 110
libertação pelo – XXVI, 357
meio de evolução e educação e – XVI, 240
necessidade do – XXVI, 356
nível de * no instante da morte – X, 125
preço da felicidade e – IX, 116
razão de ser do – XVIII, 270
reparação e – XXVI, 357
repercussão das violações da ordem
   eterna e – XXVI, 348
resultado útil do – XXVI, 353
sentimento e * moral – XXVI, 348, nota

Soir, Le
crianças-prodígio e – XV, 225

Solidariedade
explicação para a * e fraternidade
   universais – XXV, 341
vida do ser consciente e – IX, 110

Sollier, Dr.
caso de ecmnésia e – XIV, 174
Phénomènes d'Autoscopie, e – XIV, 174

Some Reminiscences
Alfred Smedley, Sr., e – X, 128
percepção de moribundo e – X, 128

Somnambulisme et l'Hystérie, Le
Pitre, Dr., e – VIII, 104, nota

Sonambulismo
aparecimento de reservas latentes
   no estado de – IV, 64
casos de clarividência no estado de – V, 80
manifestação da personalidade
   oculta e – IV, 65
resolução de problemas insolúveis e – V, 76
restabelecimento das vibrações
   da alma e – VIII, 104
sentidos internos e transe de – V, 70

separação do Espírito do corpo
  físico e – XIV, 170
transe do * e voz do passado – XV, 233

Sonâmbulo
  esquecimento, fenômeno
    constante no – XIV, 171
  influência da alma emancipada sobre
    o corpo e marcha do – V, 70

Sonho de Jacó
  Léon Denis e a escada do – IX, 113, nota

Sonho premonitório
  Annales des Sciences Psychiques,
    Les, e – V, 77
  características do – V, 76
  Hamilton, Duquesa de, e – V, 76, nota
  Invisível, No, e – V, 76, nota
  Journal des Débats e – V, 77
  M. Henri de Parville e – V, 77
  Progressive Thinker de Chicago e – V, 76
  Revue de Psychologie de la Suisse
    Romande e – V, 77

Sonho psíquico
  características do – V, 72, nota

Sonho vulgar
  características do – V, 72, nota

Sonho(s)
  ação dos sentidos psíquicos e – V, 69, nota
  comunicação, no *, da consciência
    superior com a consciência normal – V, 74
  dificuldade na análise dos
    mais belos – V, 73
  espécies de – V, 72, nota
  explicação do desaparecimento da
    Srta. Holland por um – V, 78
  motivo da lucidez do – V, 72
  obsessão e – V, 74
  origem da incoerência do – V, 72
  resolução de problemas insolúveis e – V, 76
  resultado permanente de um – V, 74
  vestígios do trabalho da alma no – V, 73
  visão no – V, 70, nota

Sono
  alma e diferentes estados do – V, 69

analogia entre o brilho das estrelas
  e a sombra do – XIV, 215
atitude de Hélène Smith no *
  sonambúlico – XIV, 183
camadas extensas da memória e – V, 74
clarividência no * provocado – V, 80
Coleridge e execução de obras
  durante o – V, 76, nota
conceito de – V, 69, 70; XI, 135
considerações sobre – V, 69
descobertas de Agassiz durante o – V, 76
desenvolvimento dos sentidos de
  intuição durante o – V, 73
despertamento do passado
  durante o – V, 75
exercício na via fluídica durante o – V, 73
faculdades superiores ao estado
  de vigília e – V, 76
fase do * e estado da memória – VIII, 107
função do – V, 72
incorporação de Espíritos e – IV, 59
intervenção de personalidades
  secundárias e – IV, 59
La Fontaine e execução de obras
  durante o – V, 76, nota
liberdade relativa da alma e – V, 69
mecanismo do – VIII, 105
memória e * hipnótico
  ordinário – V, 75, nota
memória pertencente ao * ordinário – V, 75
percepções da alma no – V, 77
posicionamento do * ordinário – V, 75
restabelecimento das vibrações
  da alma e – VIII, 104
revigoramento da alma durante o – V, 72
S. Bach e execução de obras
  durante o – V, 76, nota
sentidos internos e * provocado – V, 70
Tartini e execução de obras
  durante o – V, 76, nota
fenômenos de visão no * natural – V, 80
vida na carne, * da alma – XIV, 215
Voltaire e execução de obras
  durante o – V, 76, nota

Souvenirs et Problèmes Spirites
  Claire Galichon, Mme.,
    e – XII, 145, nota

magnetizações do Espírito Cura
d'Ars e – XII, 145, nota

Spencer, Herbert
processos de construção da
consciência e – XIV, 197

Spiritisme dans le Monde, Le
criança-prodígio e – XV, 226, nota

Spiritisme et l'Anarchie, Le
Cottin, Sr., e – XIV, 177, nota
despertamento da memória em caso
de acidente e – XIV, 177, nota

Spirits' World, The
Florence Marryat, Sra., e – X, 130
percepção de moribundos e – X, 130

Stapfer, Paul
Victor Hugo à Guernesey, e – XIV, 203
vidas sucessivas e – XIV, 203

Stead, W., diretor do Borderland
desdobramento do ser humano e – VI, 87

Sugestão
abalo vibratório do perispírito e – VIII, 106
ação terapêutica provocada pela – V, 70
aparição de chagas, estigmas
e – XIV, 179, nota
aumento do ritmo vibratório
da alma e – VIII, 105
conceito de * terapêutica – V, 71
confirmação da ação da alma sobre
a alma e * mental – II, 28
considerações sobre * mental – II, 38, nota
desprendimento e – XIV, 176
diferença entre * e vontade
ordinária – V, 71
eficácia da – V, 70
força vital e – V, 71
frutos proporcionados pela *
hipnótica – V, 71, nota
importância da – V, 71
influência da * sobre o caráter – V, 71, nota
pensamento, vontade e – V, 71
personalidade dupla e – V, 70

Sugestão estranha ver também autossugestão
Gabriel Delanne e – VIII, 105, nota

vontade e – VIII, 105

Sugestão hipnótica
reconstituição das recordações
da vida atual e – V, 76

Suicida
alívio pela oração e pelo pensamento
ardente e – XXVI, 367
considerações sobre – X, 127
estado de perturbação e – X, 127
perispírito e – X, 127
provações e – X, 127

T

Taine, Hyppolyte
*Nouveaux Essais de Critique et
d'Histoire* e – XVI, 236, nota
objeção à doutrina da reencarnação
e – XVI, 236, nota

Talmude
vidas sucessivas e – XVII, 252

Tartini
execução de obras durante o
sono e – V, 76, nota

Telepatia
alma e – XXIV, 332
conceito de – VI, 83; VI, 88
confirmação da ação da alma
sobre a alma e – II, 28
considerações sobre – VI, 83
demonstração da indestrutibilidade
da alma e – VI, 88
lei que rege o ser e o Universo
e – introd., 13
percepções da alma no sono e – V, 77

*Perceptions Psychiques et les
Animaux* e – VI, 89, nota
prece e – VI, 88

Telestesia
percepções da alma no sono e – V, 77

Teoria das penas eternas
Cristianismo e espiritismo,
e – XV, 235, nota

Índice geral

Teoria de além-Reno
  influência da – introd., 9, nota

Teoria do eu
  memória e consciência e – XIV, 171

Teoria materialista
  efeito desastroso produzido
    pela – introd., 9

Terra
  consequências da posição
    astronômica da – XVIII, 270
  extinção da vida humana na – X, 121
  necessidade de desatamento dos laços
    que nos amarram à – XIII, 160
  objetivo da encarnação na – XIII, 158

Terrail, Ponson du
  vidas sucessivas e – XIV, 204

Teste, Dr.
  *Manuel Pratique du Magnétisme
    Animal* e – X, 130, nota
  percepção de moribundos e – X, 130, nota

Thompson, Dr.
  fotografia espírita e – VII, 92

Thompson, Sra., médium
  Sidgwick, professor, e – VII, 99, nota

Transe
  papel desempenhado pelo Espírito
    guia no – XIV, 178
  separação do Espírito do corpo
    físico e – XIV, 170

Tríades
  liberdade e – XXI, 319
  proclamação da evolução das
    almas e – XVII, 256, nota

U

Umpire, The
  aparição na sessão do Parlamento na
    Câmara dos Comuns e – VI, 86

Unidade de doutrina
  Espiritismo e – II, 44

obtenção da – II, 45

Universidade
  conhecimento para encaminhamento da
    existência terrestre e – introd., 7
  Natureza e futuro da alma e – introd., 7
  origem dos males de nossa
    época e – introd., 7

Universo
  alma e estudo do – prof., 374
  fim mais elevado do – prof., 3374
  justiça, lei da alma e do – XVIII, 270, 271
  lei da evolução e – introd., 15
  lei do – prof., 374
  obra humana e Leis Eternas
    do – introd., 11
  progressos do espírito humano
    e compreensão do – I, 19
  repercussão do * na sua dupla
    imensidade – IV, 57

V

Vedas
  vidas sucessivas e – XVII, 249

Velhice
  complemento das purificações e
    * dolorosa – XXVI, 355
  grandeza e serena beleza na
    * resignada – XXVI, 356

Velpeau
  separação do espírito da matéria e – III, 52

Verdade
  crenças e representações da – I, 20

Via et la Mort, La
  A. Dastre e – XVII, 250, nota
  Egito, vidas sucessivas e – XVII, 250, nota

Vicissitude
  remédio para as nossas
    imperfeições e – X, 127

Victor Hugo à Guernesey,
  Paul Stapfer e – XIV, 203
  vidas sucessivas e – XIV, 203

Vida de Pitágoras
    Pitágoras e lembrança de vidas
        anteriores – XIV, 201, nota

Vida espiritual
    intensidade da * e desenvolvimento dos
        sentidos interiores – XXI, 307

Vida universal
    lei dos renascimentos e – XVIII, 265

Vida(s)
    alcance da memória distanciada da
        * de vigília – V, 75, nota
    alma, centro da * e da vontade – VI, 83
    analogia entre a * do homem e o Sol
        das regiões polares – X, 119
    antiguidade e * sucessivas – XVII, 249
    causa da perda de memória das
        * passadas – XIII, 162
    conceito de – VIII, 103
    concentração da * no perispírito – XI, 135
    condição para recordação das
        * passadas – XIV, 201
    condição para viver a * superior – IX, 116
    condições boas ou ruins da * de
        Além-Túmulo – X, 132
    consciência superior e revisão de
        toda a – XI, 143, nota
    consciência, responsabilidade e
        mérito da – XVI, 240
    dilatação da concepção da *
        universal – VII, 102
    escolha de * penosas – XIX, 279
    explicação para as reminiscências de *
        anteriores na criança – XIV, 204
    extinção da * humana na Terra – X, 121
    fase primária da epopeia da – IX, 114
    inconveniente do conhecimento integral
        das * passadas – XIV, 214
    indicação da * no Espaço – X, 120
    liberdade e * superior – XXII, 323
    luta pelo desenvolvimento do
        princípio da – IX, 114, nota
    mistério do porquê da – introd., 15
    necessidade do esquecimento durante
        a * material – XIII, 164
    objeções ao esquecimento das
        * anteriores – XVI, 235
    organismo material e princípio da – III, 51
    perispírito e * ativa – VIII, 105
    perispírito, livro da – XIV, 216
    preparação para a * futura – X, 133
    prova das * anteriores – XV, 229
    razão de ser da – IX, 110
    realidade da outra – I, 20, nota
    situação do Espírito na * do
        Espaço – XIII, 167
    sugestão hipnótica e reconstituição das
        recordações da * atual – V, 76
    vida atual e * no Além – VII, 91
    vulgarização da crença nas * sucessivas
        da alma – XVII, 258

Vies Successives, Les
    A. de Rochas e – IV, 62, nota; XIV, 186,
        nota; XIV, 196, nota; XXI, 309, nota
    caso da jovem Josefina e – XIV, 187, nota
    caso da viúva Eugênia e – XIV, 187, nota
    caso da Srta. Beauchamp e – IV, 62, nota

Virgílio
    Eneida e – XVII, 251, nota
    vidas sucessivas e – XVII, 251

Virtude
    dor, preço da – XVIII, 267
    necessidade da dor para expansão
        da – XXVI, 349

Visão a distância
    percepções da alma no sono e – V, 77

Vivé, Louis
    Annales Médico-Psychologiques
        e caso de – IV, 61, nota
    estigmas e – XX, 292
    Personnalité Humaine, La, e
        caso de – IV, 61, nota
    regressão da memória e – IV, 61

Voltaire
    execução de obras durante o
        sono e – V, 76, nota

Vontade
    ação da * na formação do herói – XX, 293
    ação da * no sono e na vigília – XX, 291
    ação da * sobre o éter – XII, 148

ação da * sobre o pensamento – XX, 290
ação do pensamento e da * sobre
   o perispírito – XIX, 279
diferença entre sugestão e *
   ordinária – V, 71
domínio dos chamamentos das
   baixas regiões e – IX, 115
influência da * sobre a matéria
   – XIV, 179; XX, 292
motor da existência e – XX, 291
pensamento, * e sugestão – V, 71
princípio de evolução e – XX, 291
sugestão estranha e – VIII, 105
transmissão da * da alma ao cérebro – V, 70

Vontade e os fluidos, A
Depois da morte, e – XX, 292, nota

Voyage en Orient
Lamartine e – XIV, 201
reminiscências de passado
   longínquo e – XIV, 201

W

Wallace-Russel, acadêmico inglês
aparições de pessoas mortas e – VII, 92
estudo do fenômeno espírita e – VII, 92
fotografia espírita e – VII, 92
Milagres e o espiritismo moderno,
   Os, e – II, 38, nota

Widow's Mite, The
fenômenos psíquicos e – XVI, 244
reencarnação e – XVI, 243

Winsa
significado da palavra – XIV, 205

Z

Zohar
vidas sucessivas e – XVII, 252, 253

O PROBLEMA DO SER, DO DESTINO E DA DOR				
EDIÇÃO	IMPRESSÃO	ANO	TIRAGEM	FORMATO
1	1	1910	5.000	13x18
2	1	1925	3.000	13x18
3	1	1931	3.000	13x18
4	1	1936	3.000	13x18
5	1	1941	3.000	13x18
6	1	1947	3.000	13x18
7	1	1955	5.000	13x18
8	1	1961	5.000	13x18
9	1	1975	5.000	13x18
10	1	1977	5.000	13x18
11	1	1979	10.000	13x18
12	1	1983	5.000	13x18
13	1	1985	10.000	13x18
14	1	1987	10.000	13x18
15	1	1989	10.000	13x18
16	1	1991	10.000	13x18
17	1	1993	10.000	13x18
18	1	1995	10.000	13x18
19	1	1997	7.400	13x18
20	1	1998	5.000	13x18
21	1	1999	5.000	13x18
22	1	2000	5.000	13x18
23	1	2000	3.000	12,5x17,5
24	1	2001	3.000	12,5x17,5
25	1	2002	3.000	12,5x17,5

O PROBLEMA DO SER, DO DESTINO E DA DOR				
EDIÇÃO	IMPRESSÃO	ANO	TIRAGEM	FORMATO
26	1	2003	5.000	12,5x17,5
27	1	2004	3.000	12,5x17,5
28	1	2005	4.000	12,5x17,5
29	1	2006	3.000	12,5x17,5
30	1	2006	3.000	12,5x17,5
31	1	2008	10.000	14x21
31	2	2008	3.000	14x21
31	3	2009	4.000	14x21
31	4	2011	3.000	14x21
32	1	2013	5.000	16x23
32	2	2013	2.000	16x23
32	3	2014	1.000	16x23
32	4	2014	3.000	15,7x23
32	5	2015	2.000	16x23
32	6	2015	2.500	16x23
32	7	2016	3.000	16x23
32	8	2017	3.500	16x23
32	9	2018	1.000	16x23
32	10	2018	1.500	16x23
32	11	2019	1.200	16x23
32	12	2019	1.150	16x23
32	13	2020	2.700	16x23
32	14	2021	2.400	16x23
32	15	2022	2.500	15,5x23
32	16	2024	1.000	15,5x23
32	17	2024	1.500	15,5x23

FEB editora
Livro espírita para um novo mundo
www.febeditora.com.br
@febeditoraoficial
@febeditora

Conselho Editorial:
Carlos Roberto Campetti
Cirne Ferreira de Araújo
Evandro Noleto Bezerra
Geraldo Campetti Sobrinho – Coord. Editorial
Jorge Godinho Barreto Nery – Presidente
Maria de Lourdes Pereira de Oliveira
Miriam Lúcia Herrera Masotti Dusi

Produção Editorial:
Elizabete de Jesus Moreira

Revisão:
Elizabete de Jesus Moreira

Capa:
Ingrid Saori Furuta

Projeto Gráfico e Diagramação:
Eward Siqueira Bonasser Júnior

Normalização Técnica:
Biblioteca de Obras Raras e Documentos Patrimoniais do Livro

Esta edição foi impressa pela Editora Vozes Ltda., Petrópolis, RJ, com tiragem de 2 mil exemplares, todos em formato fechado de 155x230 mm e com mancha de 116,4x179,9 mm. Os papéis utilizados foram o Off white bulk 58 g/m² para o miolo e o Cartão 250 g/m² para a capa. O texto principal foi composto em fonte Adobe Garamond Pro 12/15 e os títulos em Adobe Garamond Pro 28/30. Impresso no Brasil. *Presita en Brazilo.*